① **Der Norden**

② **Perugia und Lago Trasimeno**

③ **Valle Umbra**

④ **Valnerina, Orvieto und der Süden**

Nachlesen & Nachschlagen

Unterwegs mit
Marcus X. Schmid

Geboren und aufgewachsen in der Schweiz, im etwas öden Mittelland zwischen Zürich und Bern. Der fehlende Blick aufs Matterhorn oder in die Sonnenstube Tessin hat seine spätere Reisetätigkeit erheblich begünstigt. Studium in Basel, in Erlangen und im damaligen Westberlin, dortselbst die akademischen Weihen in Germanistik, Komparatistik und Politologie empfangen. Lebt und arbeitet freiberuflich als Autor und Übersetzer in der französischsprachigen Schweiz.

Wie viel Zeit nehmen Sie sich für Ihre Reise durch Umbrien? Wollen Sie von Florenz oder Rom aus noch schnell einen Sprung ins „grüne Herz Italiens" machen? Dann sage ich Ihnen gleich: keine gute Idee!

„Europe in seven days", sagte mir einmal stolz ein Amerikaner in Rom, der zuvor noch Paris, London und Berlin besichtigt hatte. Schneller geht Reisen nur noch im Internet. Fast Food bekommt der Verdauung nicht, mit dem „Fast Trip" ist es ähnlich. Auch Reiseeindrücke wollen verdaut sein, und es würde mich nicht wundern, wenn mein Amerikaner zuhause erzählt, am besten in Europa hätte ihm Rom gefallen, der Eiffelturm dort sei einfach „crazy", da sei das Kolosseum in Berlin nichts dagegen.

Vielleicht folgt der Slow-Food-Bewegung eine Slow-Trip-Bewegung – Entschleunigung, Reisen als Genuss. Sich Zeit nehmen für das Land, für die Menschen, für ihre Kultur und selbstverständlich für ein gutes Essen. Und das Faulenzen muss wieder zu seinem Recht kommen in unserer aufgescheuchten Zeit!

„Chi va piano va sano e va lontano" (Wer langsam geht, bleibt gesund und kommt weit), sagt ein etwas altbackenes italienisches Sprichwort. Dass Langsamkeit den Horizont erweitert, habe ich bei Spaziergängen am Lago Trasimeno und anderswo in Umbrien entdeckt. Auch das Faulenzen habe ich ausprobiert – auf einer wunderschönen Wiese über dem Örtchen Cesi: einfach traumhaft!

Was haben Sie entdeckt?
Haben Sie ein besonderes Restaurant, ein neues Museum oder ein nettes Hotel entdeckt? Wenn Sie Ergänzungen, Verbesserungen oder Tipps zum Buch haben, lassen Sie es uns bitte wissen!
Schreiben Sie an: Marcus X. Schmid, Stichwort „Umbrien"
c/o Michael Müller Verlag GmbH | Gerberei 19, D – 91054 Erlangen
mxs@michael-mueller-verlag.de

Umbrien

Marcus X. Schmid

7. komplett überarbeitete und aktualisierte Auflage 2019

Inhalt

Orientiert in Umbrien ■ 8
Umbrien im Profil ■ 10 | Erlebnis Kultur ■ 12 | Natur und Sport ■ 14

Unterwegs in Umbrien ■ 16

Der Norden ■ 18

Das ummauerte Città di Castello wird von Touristen nur selten besucht – zu Unrecht, es ist eine ganz und gar lebendige Kleinstadt. Mehr Zulauf erfährt das mittelalterliche Gubbio, das mit seinen stolzen Palazzi am Berghang klebt. Von Gubbio aus bietet sich eine Tour ins Gebirge des Monte Cucco an. Höhlenforscher und Drachenflieger sind hier zu Hause, und Wanderer finden ein ausgezeichnetes Wegenetz.

Città di Castello ■ 20
Terme di Fontecchio ■ 25
San Giustino ■ 25
Cospaia ■ 26
Umbértide ■ 26
Montone ■ 27
Gubbio ■ 28

Rund um den Monte Cucco ■ 36
Costacciaro ■ 36
Grotta di Monte Cucco ■ 37
Rundwanderung am Monte Cucco ■ 38
Gualdo Tadino ■ 42
Nocera Umbra ■ 46

Perugia und Lago Trasimeno ■ 48

In Perugio treffen sich Mittelalter und 21. Jahrhundert: Eine elegante Minimetro fährt von den neuen Außenquartieren hoch ins mittelalterliche Gemäuer. Flanierende Studenten, unzählige Cafés, Museen, Shoppingverführungen …
Wer vor der pulsierenden Stadt Ruhe sucht, begibt sich zum nahen Lago Trasimeno, wo zahlreiche Fischlokale locken, oder ins Hinterland, am besten über Città della Pieve

Perugia ■ 50
Monte Tézio ■ 69
Corciano ■ 69
Solomeo ■ 69
Torgiano ■ 70
Bettona ■ 72
Deruta ■ 73

Lago Trasimeno ■ 75
Castiglione del Lago ■ 78
San Feliciano ■ 82
Isola Polvese ■ 84
Monte del Lago ■ 85
Magione ■ 86
Torricella ■ 87

Castel Rigone ▪ 88
Passignano sul Trasimeno ▪ 89
Tuoro ▪ 90
Isola Maggiore ▪ 92
Borghetto ▪ 94
Città della Pieve ▪ 94

Paciano ▪ 99
Panicale ▪ 101
Santuario della Madonna
di Mongiovino ▪ 105
Fontignano ▪ 105

Valle Umbra ▪ 110

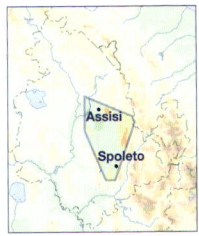

Perle der Ebene zwischen Perugia und Spoleto ist die mittelalterliche Pilgerstadt Assisi mit der von Giotto und Cimabue ausgeschmückten Franziskus-Basilika. Beschaulicher geht es im benachbarten Spello zu. Auf der anderen Talseite gelangt man ins komplett ummauerte Weinstädtchen Montefalco, am südlichen Ende der Valle Umbra wartet die Kulturstadt Spoleto, wo ein verwegener Aquädukt die Talebene überspannt.

Assisi ▪ 112
Einsiedelei Eremo delle Carceri ▪ 124
San Damiano ▪ 124
Santa Maria degli Angeli ▪ 124
Spello ▪ 126
Umgebung von Spello ▪ 131
Foligno ▪ 132
Umgebung von Foligno ▪ 135

Bevagna ▪ 136
Montefalco ▪ 138
Trevi ▪ 142
Umgebung von Trevi ▪ 145
Spoleto ▪ 147
Umgebung von Spoleto ▪ 157

Valnerina und der Süden ▪ 158

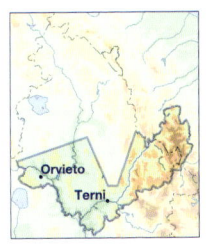

Das 2016 von einem Erdbeben zu großen Teilen zerstörte Städten Nórcia ist der Ausgangspunkt in die Hochebene des Piano Grande. Wanderer starten von hier aus in das Gebirge der Sibillinen. Knapp vor der Industriestadt Terni erreicht man die Cascata delle Marmore, einen künstlichen Wasserfall aus dem 3. Jh. v. Chr. Den Abschluss einer Reise in den Süden bildet Orvieto, das auf einem gewaltigen Tufffelsen thront.

Oberes Cornotal ▪ 162
Monteleone di Spoleto ▪ 162
Einsiedelei Madonna della Stella ▪ 163
Cáscia ▪ 164
Roccaporena ▪ 166
Nórcia ▪ 167
Hochebene um Castelluccio ▪ 171

Castelluccio ▪ 172
Das Tal der Nera ▪ 174
Preci ▪ 174
Abbazia Sant'Eutizio ▪ 174
Bagni di Triponzo
(Terme Cerreto di Spoleto) ▪ 177
Sellano ▪ 177

Castel San Felice ▪ 178
Sant'Anatolia di Narco ▪ 179
Scheggino ▪ 179
San Pietro in Valle ▪ 180
Ferentillo ▪ 180
Terni ▪ 181
Cascata delle Marmore ▪ 185
Lago di Piediluco ▪ 187
Cesi ▪ 188
San Gémini ▪ 188
Carsulae ▪ 189
Narni ▪ 189
Visciano ▪ 195
Convento Lo Speco ▪ 195
Calvi dell'Umbria ▪ 195
Ocriculum ▪ 196
Amélia ▪ 196
Kloster Sant'Annunziata ▪ 198
Lugano in Teverina ▪ 198
Alviano ▪ 199
Lago di Alviano ▪ 199
Todi ▪ 201
Montecastello di Vibio ▪ 209
Collevalenza ▪ 209
Villa San Faustino ▪ 210
Versteinerter Wald
bei Dunarobba ▪ 210
Orvieto ▪ 211

Nachlesen & Nachschlagen ▪ 224

Geschichte Umbriens: Im Zeitraffer durch 2700 Jahre ▪ 226
Anreise ▪ 230
Verkehrsmittel vor Ort ▪ 234
Übernachten ▪ 237
Essen und Trinken ▪ 239
Sport ▪ 245
Wissenswertes von A bis Z ▪ 246

Adresse ▪ 246 | Ärztliche Versorgung ▪ 246 | Borgo ▪ 246 | Centro storico ▪ 247 | Diebstahl ▪ 247 | Ermäßigungen ▪ 247 | Feiertage ▪ 247 | Haustiere ▪ 247 | Information ▪ 248 | Internet/WiFi ▪ 249 | Klima/Reisezeit ▪ 249 | Polizei ▪ 249 | Post ▪ 249 | Radio ▪ 250 | Strom ▪ 250 | Telefonieren ▪ 250 | Zeitungen/Zeitschriften ▪ 252 | Zoll ▪ 252

Verzeichnisse ▪ 254

Kartenverzeichnis ▪ 254 | Umbrien im Kasten ▪ 254 | Fotonachweis ▪ 255 | Impressum ▪ 256 | Etwas Italienisch ▪ 259 | Register ▪ 269

🍃 nachhaltig, ökologisch, regional

meinTipp Die besondere Empfehlung unseres Autors

Was haben Sie entdeckt?

Haben Sie ein besonderes Restaurant, ein neues Museum oder ein nettes Hotel entdeckt? Wenn Sie Ergänzungen, Verbesserungen oder Tipps zum Buch haben, lassen Sie es uns bitte wissen!

Schreiben Sie an: Marcus X. Schmid, Stichwort „Umbrien"
c/o Michael Müller Verlag GmbH | Gerberei 19, D – 91054 Erlangen
mxs@michael-mueller-verlag.de

Orientiert
in Umbrien

Die Region im Profil ■ 10

Erlebnis Kultur ■ 12

Natur und Sport ■ 14

Die Region im Profil

Umbrien ist ...

Umbrien war in seiner Geschichte oft ein Zankapfel zwischen Florenz und Rom. Erst mit dem Niedergang des Kirchenstaats wurde es 1860 im Zug der Einigung Italiens als selbstständige Region anerkannt.

- Knapp 900.000 Menschen wohnen in Umbrien – weniger als im Saarland.
- Umbriens Fläche beträgt rund 8500 km² – rund ein Viertel der Fläche Nordrhein-Westfalens.
- Die umbrische Hauptstadt Perugia ist fast 1400 Straßenkilometer von Berlin entfernt – am Grenzübergang nach Österreich ist die Hälfte erreicht.
- Vom südlichsten Punkt Umbriens sind es nur noch 50 Kilometer nach Rom.

... das grüne Herz Italiens – „il cuore verde d'Italia"

Grün sind die Berge des Monte Cucco, grün die Olivenhaine bei Trevi, grün die Wälder bei Spoleto – und sogar eine grüne Partei gibt es: Die „Verdi" haben sich bei den letzten Regionalwahlen mit ähnlich gesinnten Parteien zusammengeschlossen – ohne Erfolg.

... eine Region ohne Meer

Damit unterscheidet sich Umbrien von allen anderen Regionen Italiens südlich der Poebene. Die Umbrier halten sich am Lago Trasimeno schadlos, Fische schwimmen schließlich auch in Süßwasser. Die besten von ihnen kommen in den Fischeintopf, den „Tegamaccio".

... die Wiege von Heiligen

Papst Franziskus residiert im Vatikan. Die Umbrier haben ihren eigenen Franziskus. Die Basilika des heiligen Franz von Assisi, Gründers des Franziskanerordens, ist ein Tourismusmagnet der Region. Der zweite große umbrische Heilige ist der im Bergstädtchen Nórcia geborene Benedikt, Gründer des Benediktinerordens. Seine Basilika lag nach dem großen Beben von 2016 in Trümmern. Und in Cáscia wurde Rita geboren, die „Heilige der Hausfrauen".

... voll kulinarischer Köstlichkeiten

Die umbrische Küche ist in erster Linie bodenständig. Umbrien gilt als das Land der Trüffel und Wildschweine. Die Trüffel verfeinert die „Strangozzi", die klassische Form der umbrischen Pasta, das Wildschwein kommt meist in Form eines schmackhaften Bratens auf den Tisch. Manchmal kommen auch beide zusammen: Wildschwein an Trüffelsauce. Zu den regionalen Spezialitäten zählen die Würstchen aus Nórcia, die vor Ort oft mit den zarten feinen Linsen aus dem nahen Castel-luccio serviert werden. Im Lago Trasimeno schwimmen Aale, Schleien, Forellen und andere Fische – die im klassischen Fischeintopf, dem „Tegamaccio", landen. Zur umbrischen Küche passt ein umbrischer Wein, rot und kräftig aus Montefalco oder strohgelb und leicht aus Orvieto.

... vulkanisches Gebiet

Vorteil: Auf den vulkanischen Sandsteinböden rund um Orvieto wachsen hervorragende, strohgelbe Weine. Nachteil: Vulkanisches Gebiet ist oft Erdbebengebiet. 1996 stürzte das historische Zentrum von Nocera Umbra zusammen, 2016 wurde das Bergstädtchen Nórcia zum Opfer eines Bebens. Der Wiederaufbau wird noch Jahre dauern.

... international

Das gilt zumindest für Perugia und Assisi. Während Letzteres mit seiner Franziskus-Basilika Millionen von Pilgern aus aller Welt anzieht, gibt sich die Hauptstadt weltlicher: In Perugias „Università Italiana per Stranieri" bemühen sich ausländische Studenten und Studentinnen um ein korrektes Italienisch. Entsprechend herrscht auf dem zentralen Corso jugendliches, internationales Flair.

... ein neues Domizil

Lange Zeit galt die Region zwischen Florenz und Rom als eine Art ärmere Toscana oder wurde überhaupt nicht wahrgenommen. Das hat sich in den letzten zwanzig Jahren geändert. Kauften sich in den 1970er Jahren zahlreiche Deutsche ein heruntergekommenes Gehöft in der Toscana, um im warmen Süden ein neues Leben zu beginnen, so schwappte das Phänomen wegen der dort gestiegenen Preise bald ins günstigere Umbrien über – mit dem Erfolg, dass nun auch hier der Boden teurer gehandelt wird. Von Norden die Germanen, von Süden die Römer: Manch betuchter Hauptstädter hat sich im mittelalterlichen Gemäuer eines umbrischen Städtchens eine Wohnung gekauft und renovieren lassen, und so flanieren am Wochenende immer mehr Römer durch Città della Pieve, Orvieto oder Spoleto. Die Frischblutzufuhr lässt neue Enotheken, Boutiquen, Bars und Restaurants entstehen. Wogegen nichts einzuwenden ist, solange sie sich ins Stadtbild fügen.

Versteckte Schätze

Erlebnis Kultur

Das Land zwischen der Toscana und Rom hat zwar keine Renaissance-Schätze wie Florenz und keine Kirchenschätze wie der Vatikan, es hat keine Medici und keine Päpste. Das große Geld war hier nie zu Hause. Doch Sehenswertes gibt es in Umbrien genug, nicht nur den berühmten gestreiften Dom von Orvieto oder die Franziskusbasilika von Assisi, um die man kaum herumkommt, wenn man glaubhaft versichern will, in Umbrien gewesen zu sein. Und es gibt viele kleine, feine Perlen, die sich oft abseits der Hauptrouten verstecken.

Auch wenn die Kirche an Macht eingebüßt hat: Prozessionen sind nach wie vor beliebt. Sie enden oft ganz säkular in einem Volksfest.

Der schönste Platz in Umbrien

Die Piazza del Popolo von Todi, eingerahmt von drei Palästen und der Kathedrale, ist so harmonisch wie filmreif. 1963 schritt Elizabeth Taylor als Kleopatra die Freitreppe des Palazzo del Popolo herunter. Dreißig Jahre später erklärte ein amerikanisches Magazin Todi zur lebenswertesten Stadt Italiens. Die Immobilienpreise stiegen. → S. 201

Das kleinste Theater der Welt

Im Dörfchen Montecastello di Vibio leisteten sich wohlhabende Bürger im 19. Jahrhundert ihr eigenes, kleines Theater: 37 samtbezogene Sessel im Parkett, 62 weitere Plätze in den zweistöckigen Logen, ein bemalter Bühnenvorhang, Künstlergarderobe und sogar ein Theatercafé. Das „Teatro della Concordia", eine veritable Mini-Scala, bezeichnet sich als „das kleinste Theater der Welt". Das ist durchaus möglich, jedenfalls ist es ein Juwel. 1945 trat die damals 18-jährige Gina Lollobrigida hier auf. Nach langjähriger Schließung und Restaurierung wird es heute wieder bespielt. → S. 209

Wein unterm Schildkrötenpanzer

Unweit des malerischen Städtchens Bevagna liegt mitten in der Landschaft – erkenntlich an einem roten Turm – die Tenuta Castelbuono, auch als „Cantina Ferrari" oder „Carapace" (Rückenpanzer) bekannt. Unter der eleganten Architektur, die wie ein gigantischer Schildkrötenpanzer auf der Wiese steht, können hervorragende Weine aus dem nahen Montefalco verkostet werden. → S. 137

Utopie in Stein

Tomaso Buzzi (1900–1981), ein eigenwilliger Architekt, kaufte 1957 ein altes

Franziskanerkloster, rund 25 km von Città della Pieve entfernt, um hier in abgeschiedener Lage seine Utopie zu verwirklichen. Seine „città ideale" – ein Ensemble von Tempeln und Türmen, Figuren und Theaterbühnen – steckt voller Rätsel, die schwer zu entschlüsseln sind. Die Lektüre der „Hypnerotomachia Poliphili", eines Romans aus der Renaissance, könnte vielleicht weiterhelfen. Aber auch ohne Vorkenntnisse ist der Spaziergang durch die wunderliche Architektur anregend.
→ S. 106

Kunst und Kachel

Das Städtchen Deruta ist ein Zentrum der Keramikkunst. Zahlreiche Läden im Centro storico verkaufen, was in den Ateliers oder unten in den Fabriken an der Straße produziert wird. Das Keramikmuseum zeigt einige besonders exquisite Stücke. 3 km südlich des Orts steht das „Santuario Madonna dei Bagni" mit rund 700 Votivkacheln. Was man sonst alles noch aus der Tonerde, die meist aus dem oberen Tibertal kommt, machen kann, zeigt am besten ein Fabrikbesuch in Deruta. → S. 74

Mumien in der Krypta

Das Valnerina-Dörfchen Ferentillo wartet in der Kirche Stefano mit einem spektakulären Fund auf. Vermutlich dank der chemischen Zusammensetzung der porösen Erde wurden die in der Krypta beerdigten Toten perfekt mumifiziert. Einer steckt noch in seiner bäuerlichen Kleidung, bei zwei anderen soll es sich um chinesische Pilger handeln, die auf dem Weg nach Rom in Ferentillo starben. Das kann man als Spekulation abtun, aber die beiden sehen tatsächlich verdächtig chinesisch aus.
→ S. 181

Fauchende Feuer

Nicht mehr in Umbrien, aber gleich hinter der Grenze liegt das Dörfchen Civitella d'Agliano, in dessen Nähe der Schweizer Bildhauer Paul Wiedmer mit „La Serpara" eine verspielte Welt eingerichtet hat, eine Symbiose von Natur und Kultur. Auf dem Gelände, das er wie einen botanischen Garten unterhält, sind Skulpturen vor allem italienischer, deutscher und schweizerischer Künstler zu sehen, jährlich kommen neue hinzu. Petra Fiebig und Uwe Schloen haben im Wrack eines Cinquecento das „Albergo Goldoni" eröffnet. Gegen die Raser unter den Fischen im Bach des Geländes hat Samuele Vesuvio Radarfallen aufgebaut. Paul Wiedmers eigene Werke fauchen und speien Feuer. → S. 200

Genuss und Fitness

Natur und Sport

Die Vielfalt der umbrischen Natur mit all ihren optischen Reizen und ihren Gerüchen erfährt am besten, wer sich in ihr ausführlich bewegt: als Wanderer, Bergsteiger, Radler oder Wildwasserfahrer.

In Umbrien wird wie in ganz Italien Radfahren vorzugsweise als Rennsport betrieben. Langsameres Radeln ist noch wenig bekannt. Das Wandern hingegen gewinnt eindeutig an Beliebtheit. Zunehmend werden Wege markiert, in den alpinen Gegenden ohnehin.

Vielfältige Landschaften

Nicht umsonst gilt Umbrien als das „grüne Herz Italiens". Es liegt im Zentrum des italienischen Stiefels und ist südlich der Poebene Italiens einzige Region, die keinen Zugang zum Meer hat. Einen blauen Tupfer zeigt die Landkarte dennoch: den sanft in die Landschaft eingebetteten Lago Trasimeno. Während im Westen Umbriens, ähnlich wie in der benachbarten Toscana, weiche Hügel und bewirtschaftete Flächen das Bild bestimmen, bildet im Osten der Höhenkamm des Apennin die Grenze zur Region Marken, mit der sich Umbrien den Nationalpark der Monti Sibillini teilt. Mit seinen über 2000 m hohen Gipfeln zeigt Umbriens Südosten ein Stück hochalpiner Landschaft. In den Sibillinen entspringt auch die Nera, die als rauschender Fluss durch die Valnerina zieht, bei Terni unterhalb der berühmten Cascata delle Marmore die Wasser des Velino aufnimmt und sich an der umbrischen Grenze in den Tiber ergießt, damit die Römer genug Wasser haben.

Naturparks

Parco regionale del Monte Cucco: Der Naturpark im Norden Umbriens ist nicht nur bei Wanderern und Höhlengängern beliebt, sondern auch bei Delta- und Gleitschirmfliegern. → S. 36
Parco del Monte Subasio: Der Naturpark östlich von Assisi bietet sich für Wanderungen und Radfahrten mit der Franziskusstadt als Ausgangspunkt an. Idealerweise plant man eine Tour, die am Eremo delle Carceri vorbeiführt; die Einsiedelei von Franziskus ist in einem alten Steineichenwald gelegen. → S. 126
Parco regionale Nazionale dei Monti Sibillini: Der Park, den sich Umbrien und die Marken teilen, wird von Wanderern mit Kondition und Bergsteigern aufgesucht. Zahlreiche Wanderwege

und sämtliche Berghütten im Park wurden jedoch vom Erdbeben 2016 zerstört. Der Wiederaufbau ist im Gang. → S. 171

Höhlen und Wasserfälle

Grotta di Monte Cucco: Die riesige Höhle ist noch längst nicht zu Ende erforscht. Der mit Führung begehbare Abschnitt ist rund 1 km lang und führt an wunderbaren Tropfsteingebilden entlang zu einem kleinen, unterirdischen See. → S. 37

Cascata delle Marmore: Kein Naturwunder, sondern vor fast 2300 Jahren von Menschenhand geschaffen: Die Römer leiteten das Wasser des Velino um und ließen es in einer breiten dreistufigen, gewaltigen Kaskade 165 m in die Tiefe fallen. Täglich mehrmals werden die Schleusen geöffnet, die tosenden Wassermassen und die aufspritzende Gischt sind ein erstrangiges Spektakel. → S. 185

Wassersport

Lago Trasimeno: Für einen ausgiebigen Badeurlaub ist der einzige See Umbriens wegen seiner geringen Tiefe nur bedingt geeignet. Insgesamt 18 Strände, deren Wasserqualität vierzehntäglich kontrolliert wird, sind ausgewiesen. Die schönsten Badestellen findet man in Castiglione del Lago und auf der Isola Maggiore. → S. 76

Nera: Das Hauptgewässer der Valnerina ist ein Paradies für Kanuten und Kajakfahrer, auch Rafting ist möglich. Den besten Einstieg findet man in Serravalle bei Nórcia, weitere Basen werden unterhalb von Vallo di Nera und in Scheggino unterhalten. → S. 166, S. 177 und S. 179

Wandern

Wandern kann man in Umbrien überall: am Trasimenischen See wie in der Valle Umbra, in den Hügeln um Perugia wie in den Wäldern hinter Spoleto. Besonders beliebte Wandergebiete sind die Naturparks des Monte Subasio und des Monte Cucco, zu anspruchsvolleren Bergtouren fordern die Sibillinen heraus. Für mehrtägige Wanderungen bietet sich der 2008 eröffnete Pilgerweg von Perugia nach Piediluco an, ein Teilstück der „Via Francigena", der Route vom englischen Canterbury nach Rom.

Biken

Bei Radlern sind das Trasimeno-Gebiet und die Valle Umbra beliebt, wo in den letzten Jahren Radwege angelegt wurden. Mountainbiker mit Kondition unternehmen Touren in die höher gelegenen Regionen, z. B. von Nórcia auf die Hochebene des Piano Grande und noch weiter hinauf in die Sibillinen.

Bei Orvieto

Unterwegs
in Umbrien

Der Norden ■ 18
Perugia und Lago Trasimeno ■ 48
Valle Umbra ■ 110
Valnerina und der Süden ■ 158

Der Norden

Der Norden Umbriens umfasst das obere Tibertal und die östlich anschließenden Abhänge des Apennins. Mit Ausnahme der uralten Stadt Gubbio, die oft als Tagesausflug von Perugia aus angesteuert wird, wird die Gegend eher selten besucht.

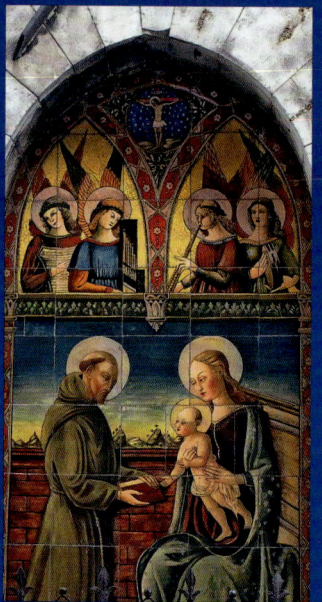

Die Wanderer, Mountainbiker, Paraglider und Höhlenforscher, die im Naturschutzgebiet des Monte Cucco einzigartige Bedingungen vorfinden, sind größtenteils Italiener. Auch in den beiden Städtchen weiter südlich, Gualdo Tadino und Nocera Umbra, trifft man kaum auf ausländische Besucher.

Der Tiber, der längste Fluss Mittelitaliens, der im Norden noch zur Toscana gehört, ist die Lebensader der Gegend.

Für alle, die über die E 45 von Cesena anreisen, ist das obere Tibertal das Eingangstor zum „grünen Herzen" Italiens. Das erste umbrische Städtchen ist San Giustino, wo noch heute Tabak angebaut wird. Ein wichtiges Standbein war allerdings im oberen Tibertal die Tuchherstellung. In Gubbio wiederum spielte die Keramik eine größere Rolle, heute lebt die Stadt in erster Linie vom Tourismus. Östlich von Gubbio liegt der Monte Cucco, ein ausgezeichnetes Wandergebiet. Für Höhlenexpeditionen obligatorisch, für Wanderer nützlich ist vorab ein Besuch im schönsten Dorf der Gegend, dem kleinen Borgo von Costacciaro.

An den Abhängen des umbrischen Apennins entlang führt eine Straße nach Gualdo Tadino, zu wenig spektakulär, als dass der Tourismus die Keramikfabrikation verdrängen konnte. Als nächster Ort folgt Nocera Umbra, das sich stolz „Città delle Acque" nennt; immerhin gibt es dort ein schönes Schwimmbad. Die Stadt lag 1997 im Zentrum eines gewaltigen Erdbebens, das ganze Centro storico krachte zusammen. Davon hatte sich Nocera Umbra auch 2018 noch nicht ganz erholt.

Was anschauen?

Weberei in Città di Castello: In der Webmanufaktur Tela Umbra verarbeiten noch heute Frauen reines Leinen zu feinen Tischdecken. Ein kleines Museum erzählt die bewegte Geschichte der Manufaktur, in der auch die weltberühmte Reformpädagogin Maria Montessori eine Rolle spielt. Im Palazzo Albizzini sind großformatige Werke des bekannten Künstlers Alberto Burri zu sehen. Seine Skulpturen hingegen waren zu groß, man findet sie in der alten Tabaktrocknerei am Ortsrand. → S. 21, S. 23

Tabakmuseum in San Giustino: Das Haus erzählt die regionale Geschichte des blauen Dunstes. Der heutige Tabakanbau ist nur noch bescheiden, ein Teil der Blätter findet sich vermischt mit Tabaken aus aller Welt in Philip-Morris-Zigaretten. → S. 26

Eugubinische Tafeln in Gubbio: Sie sind das bedeutendste Zeugnis umbrischer Kultur: sieben beidseitig beschriebene Bronzetafeln aus dem 2. Jahrhundert v. Chr., teils in einem vom Etruskischen abstammenden Alphabet, teils in lateinischem Alphabet.

Mausoleum der 40 Märtyrer in Gubbio: Die Gedenkstätte ist ein Zeugnis aus der neueren Geschichte und erinnert an vierzig im Juni 1944 von der SS erschossene Einheimische.

Museum der Emigration in Gualdo Tadino: Die einzigartige Ausstellung dokumentiert die große Auswanderungswelle in die USA und nach Argentinien 1876–1914, aber auch die neuere Emigration 1946–1970 nach Deutschland und in die Schweiz. → S. 44

Was unternehmen?

Wandern: Ab auf den Monte Cucco! Im Naturschutzgebiet sind etliche Routen ausgeschildert. Weg Nr. 5 beispielsweise führt zur Felsenschlucht Valle delle Prigioni („Tal der Gefängnisse") und zu einer einsamen Einsiedelei. → S. 38

Mountainbiken: Auch Fahrradfahrer kommen auf Touren, indem sie z. B. über die Grenze in die Marken fahren.

Paragliden: Den Monte Cucco aus der Luft entdecken? Ganz einfach: Paraglider haben hier einen Start- und einen Landeplatz, und auch Ungeschulte können sich huckepack durch die Lüfte fliegen lassen. → S. 39

Was sonst?

Gualdo Tadino: Am Ortsrand sprudelt die Fonte Rocchetta. Das mineralhaltige Quellwasser gibt´s im Supermarkt – und gratis vom Brunnen am Straßenrand. → S. 43

Was und wo essen und trinken?

„Lea" in Città di Catello: Das Restaurant serviert eine ausgezeichnete regionale Küche, die dem Slowfood verpflichtet ist. Die Pasta ist selbstverständlich hausgemacht. → S. 25

„L'Antica Osteria" in Montone: Der Tipp für Fleischliebhaber. Ob Lamm, Chianina-Rind oder Florentiner Steak – hier stimmt einfach alles. → S. 27

Città di Castello

Das mittelalterliche Städtchen, heute das Handels- und Industriezentrum des oberen Tibertals, ist zwar kein touristisches Glanzlicht, dafür pulsiert auf den Straßen und in den Bars noch unverfälschte Italianità.

Wie im nahen toscanischen Sansepolcro war auch in Città di Castello die Textilherstellung noch bis in die jüngste Zeit ein wichtiger Wirtschaftsfaktor. Die regionale Tradition wird heute in der *Webmanufaktur Tela Umbra* fortgesetzt, die in ihren Räumen ein schmuckes Museum eingerichtet hat. Einen Kontrapunkt zu diesem der soliden Tradition verbundenen Museum bildet die *Sammlung Alberto Burri*. Der Künstler mit internationalem Renommee hat seiner Heimatstadt zahlreiche Werke vermacht – zu sehen im Palazzo Albizzini und in den Trockenräumen einer früheren Tabakfabrik.

Sehenswertes

Dom: Wie schon von der Schwelle aus über dem Chor zu lesen, ist das Gotteshaus mit dem zylinderförmigen Campanile den Heiligen Floridus und Aman-

Città di Castello

tius gewidmet, ersterer war 580–600 Bischof der Stadt, letzterer unter ihm Priester. Die Innenausstattung – Wandmalereien mit Motiven aus dem Leben des Bischofs – bietet wenig. An die große einschiffige Halle mit ihrer Kassettendecke wurde im 18. Jahrhundert rechts eine kleine Kuppelkapelle angebaut, in der ein kürzlich restaurierter „Glorreicher Christus" von *Rosso Fiorentino* (16. Jh.) zu sehen ist. Die Krypta, ein riesiger renovierter Gewölbekeller, wirkt so profan, dass man sie sich ohne weiteres als Lagerraum für altotiberinische Weine vorstellen kann.

▪ Turmbesteigung ist zu den Öffnungszeiten des Dommuseums möglich: April–Sept. Di–So 10–13 und 15.30–17.30 Uhr, Okt.–März Di–So 10–13 und 18 Uhr. Eintritt Museum 6 € (zusammen mit Turm 7 €).

Städtische Pinakothek: Sie befindet sich im *Palazzo Vitelli alla Cannoniera* (nicht zu verwechseln mit anderen Palazzi Vitelli in der Stadt!) und wurde im 15. Jahrhundert von *Antonio da Sangallo il Giovane* erbaut; die dem Innenhof zugewandte Fassade ist mit prächtigen Wandmalereien versehen. Werke von *Antonio Vivarini* und *Luca Signorelli* („Martyrium des heiligen Sebastian"), Fresken aus Sieneser Schule und ungewöhnliche Darstellungen der Madonna mit Kind – z. B. eine blonde Madonna mit kurz geschnittenem Haar, eine dunkelhäutige Madonna mit Kind sowie eine asiatische Variante. Am beeindruckendsten ist neben fotografischen Reproduktionen in Originalformaten eine beidseitig bemalte Standarte von Raffael, der in seinen jungen Jahren in Città di Castello tätig war (1500–1504). Sie ist jedoch stark beschädigt; von Kunstbanausen über längere Zeit als provisorischer Ersatz für zerbrochene Fensterscheiben zweckentfremdet, war sie jeder Witterung ausgesetzt.

▪ April–Okt. 10–13/14.30–18.30 Uhr, Nov.–März 10–13/15–18 Uhr. Mo geschlossen. Eintritt 6 €.

Sammlung Alberto Burri: Eine Kunstausstellung ganz anderer Art ist im *Palazzo Albizzini* (Via Albizzini) zu sehen. Dort hat der berühmte Künstler Alberto Burri (1915–1995), geboren in Città del Castello, eine größere Kollektion seiner Werke der Öffentlichkeit zugänglich gemacht. Charakteristische Merkmale für Burris Plastiken sind die auf Weiß, Schwarz und Rot basierende

Burri-Skulptur vor der ehemaligen Tabakfabrik

Farbenpalette und die ungewöhnliche Wahl der Materialien: Säcke, Lumpen, einzelne Kleidungsstücke, angekohlte Hölzer, Metalle, Plastikfolien. Ausstellungen Burris fanden auf der ganzen Welt Beachtung, darunter auch auf der Documenta II in Kassel und 1980 zusammen mit Joseph Beuys im Haus der Kunst in München.

- Juni–Sept. Di–Fr 10–12.30 und 14.30–18.30, Sa/So 10.30–18.30 Uhr, Okt.–Mai Di–Fr 9–12.30 und 14.30–18, Sa/So 10–18 Uhr. Eintritt 8 €, Sammelticket Palazzo Albizzini und ehemalige Tabaktrocknerei 15 €.

Alice im Weberland

Tela Umbra ist nicht nur ein Gütesiegel für handwerkliche Textilproduktion, der Name hat auch in der Sozialgeschichte seinen Platz. Am Anfang steht Alice Hallgarten, eine amerikanische Jüdin deutscher Herkunft, die 1900 den Baron Leopoldo Franchetti heiratete. Während der umtriebige Leopoldo sich vor allem um die Modernisierung der Agrarwirtschaft verdient machte, gründete Alice 1901 in der Nähe von Città di Castello die Landschulen von Montesca und Rovigliano – damals ein geradezu revolutionäres Unternehmen. Im städtischen Krankenhaus richtete sie ein Zentrum für Mütter ein, das auch Milch und Medikamente für die Kinder verteilte. Bald erweiterten eine Haushaltsschule und eine spezielle Schule für Frauen das Reformprojekt. Dass die später weltberühmte Maria Montessori ihre pädagogischen Ideen in den Schulen von Alice Franchetti zum ersten Mal in die Praxis umsetzte, sei nur am Rande erwähnt. Heute ist der ehemalige Wohnsitz von Alice und Leopoldo, die *Villa Montesca* in den Wäldern über dem rechten Tiberufer, Sitz eines Zentrums für pädagogische Forschung, das innovative didaktische Methoden entwickelt.

1908 gründete Alice mit der tatkräftigen Unterstützung Leopoldos die Webmanufaktur Tela Umbra. Die Textilherstellung war damals schon heimisch im oberen Tibertal, aber mit Tela Umbra und ihrer rührigen, sozial engagierten Exportmanagerin wurden die umbrischen Stoffe auch außer Landes bekannt: 1910 waren Produkte der Tela Umbra auf der Brüsseler Weltausstellung vertreten.

Mit dem Tod von Leopoldo Franchetti 1917 gingen Schulen und Manufaktur, wie es die 1911 verstorbene Alice testamentarisch bestimmt hatte, an eine wohltätige Organisation über, die für die nächsten siebzig Jahre durch alle Krisen und Kriegswirren hindurch die Produktion aufrechterhielt. 1982 wurde Tela Umbra von der Region Umbrien übernommen, 1985 die Tela Umbra GmbH gegründet, an der neben der Stadt Città di Castello und dem regionalen Entwicklungsfond auch die derzeit sieben Arbeiterinnen beteiligt sind. Ihr Ziel ist es, die Produktion aufrechtzuerhalten und mit ihrem Museum die Geschichte von „Alice im Weberland" vor der Vergessenheit zu bewahren.

Città di Castello

1990 schenkte Burri seiner Heimatstadt weitere 128 Werke, vor allem großformatige Bilder und Plastiken – Grund genug, um eine *frühere Tabaktrocknerei* zum Kunstmuseum umzufunktionieren. Das Gebäude liegt an der alten Straße nach Perugia und ist leicht zu übersehen; knapp nach der Esso-Tankstelle bestätigt links auf der Wiese eine rostrote abstrakte Burri-Skulptur, dass man angekommen ist.

- Gleiche Öffnungszeiten wie die Sammlung im Palazzo Albizzini. Eintritt 10 €, Sammelticket ehemalige Tabaktrocknerei und Palazzo Albizzini 15 €.

Webmanufaktur Tela Umbra: Die Textilmanufaktur an der Via S. Antonio hat eine stolze, über hundertjährige Tradition (→ Kastentext „Alice im Weberland"). In den 1920er Jahren beschäftigte Tela Umbra bis zu sechzig Weberinnen, nach dem Zweiten Weltkrieg schrumpfte die Belegschaft rapide. Heute arbeiten im *Laboratorio* in der ersten Etage noch sieben Frauen an den Handwebstühlen. Sie verarbeiten reines Leinen zu feinen Tischdecken, Servietten und Handtüchern. Es sind Facharbeiterinnen – jede mit ihrem eigenen Spezialgebiet – die um den guten Ruf von Tela Umbra wissen und dafür sorgen, dass die kostbaren Tuche weiterhin in der Qualität auf den Markt kommen, für die der Name Tela Umbra bürgt. Die Werkstatt kann während der Arbeitszeiten besichtigt werden.

In der zweiten Etage hat Tela Umbra ein kleines Museum eingerichtet: Spinnräder, Webstühle, Klöppelarbeiten. In Schaukästen mit Stoffmustern wird die ganze Palette der hier produzierten Stoffe gezeigt, ein Saal mit Gobelins aus den 1980er- und 90er Jahren. Fotos an den Wänden erinnern an die bewegte Geschichte der Werkstatt.

- April–Okt. Mo 9–12, Di–Do 10–13 und 15.30–18.30, Fr–So 10.30–13 und 15.30–18.30 Uhr. Nov.–März Mo 9–12, Di–Do 10–13 und 15–18, Fr–So 10.30–13/15.30–18 Uhr. Eintritt 4 €, der Eintritt in den Verkaufsladen ist frei.

Bauern- und Kunsthandwerksmuseum *(Centro delle Tradizioni Popolari)*: am Stadtrand von Città di Castello, an der alten Straße nach Perugia. Ein überaus sehenswertes Museum, in dem allerlei aus dem ländlichen Leben des oberen Tibertals zusammengetragen ist: Weinpressen, Ölmühlen, mittelalterliche Rasiermesser und andere Mordinstrumente, urzeitliche Mäusefallen, Webstühle, Spinnräder, das Ehebett mit Großmutters Pyjama usw. In der ersten Etage eine bäuerliche Kantine, in der sich Brueghel wohl gefühlt hätte. Kompetente Führung, allerdings nur in italienischer Sprache.

- Sa/So 10–12.30/15–18.30 Uhr. Eintritt 5 €.

Basis-Infos

Postleitzahl 06012

Information Ufficio Turistico, Corso Cavour 5, im Palazzo della Podestà. Kompetentes Personal. Mo–Fr 8.30–13.30 und 15–18, Sa 9.30–12.30/15–18, So 9.30–12.30 Uhr. ☎ 075-8554922, www.cittadicastelloturismo.it.

Hin und weg Bahn: Ausreichend Verbindungen über Umbértide nach Perugia und weiter in die Valle Umbra oder nach Norden bis Sansepolcro.

Bus: Verbindung nach Arezzo, Gubbio, Perugia. Busbahnhof an der Piazza Garibaldi.

Stadtbus: Regelmäßiger Verkehr an der Stadtmauer entlang rund um die Stadt.

Parken Problemlos und gratis an der Stadtmauer im Westen, von da mit der Rolltreppe (scala mobile) hoch zur Piazza Gabriotti.

Feste/Veranstaltungen Festival delle Nazioni, alljährlich Ende Aug./Anfang Sept.: internationales Festival der Kammermusik. Programm unter https://festivalnazioni.com.

Mostra Nazionale del Cavallo, jährlich am 2. Wochenende im September. Nach Verona Italiens zweitwichtigste Pferdeschau.

Fiera di San Florido, Mitte November; bunter, dreitägiger Jahrmarkt zu Ehren von Florido, dem Schutzpatron der Stadt.

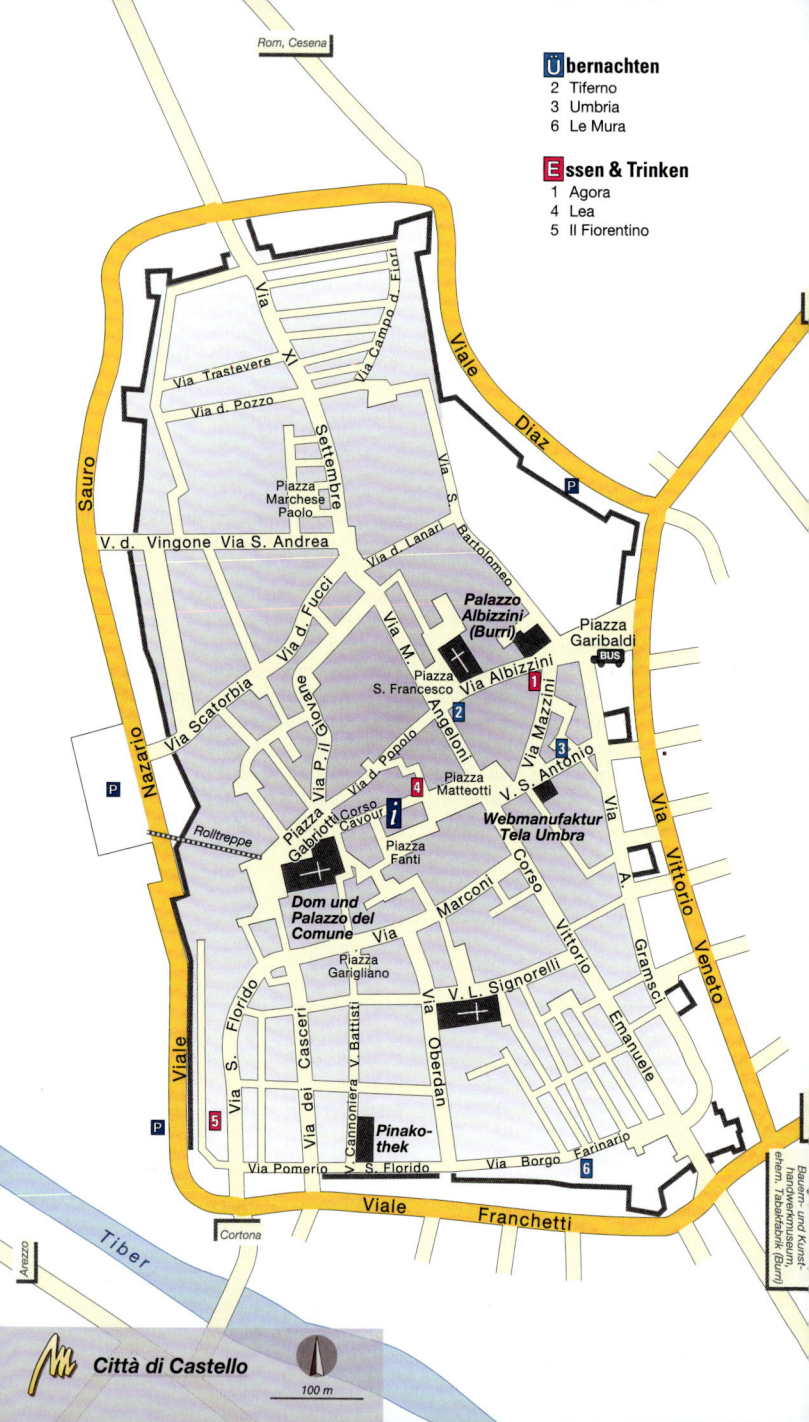

Mostra Mercato del Tartufo Bianco, Anfang Nov.; 4-tägige Messe der Trüffeln und anderer Früchte des Waldes. Von sechs essbaren Trüffelsorten werden allein fünf in Umbrien geerntet! In einer großen Halle bekommt man die im oberen Tibertal weit verbreiteten weißen Trüffeln und andere Pilz- bzw. Trüffelsorten aus umbrischen Wäldern angeboten – frisch geerntet, getrocknet oder in bauchigen Gläsern in Olivenöl eingelegt. Schlaraffenland-Verhältnisse – doch muss, wer sich durch die Trüffelknollenberge essen will, schon ein kleines Vermögen hinlegen. Der Preis für weiße Trüffeln liegt bei ca. 700–900 € pro 100 g.

Märkte   **Wochenmarkt** Donnerstag und Samstag.

Trödelmarkt (Fiera del Rigattiere): Piazza Matteotti, jeden 3. Sonntag im Monat; Secondhand-Kleidung, Gebrauchtwaren, Bücher …

Übernachten/Essen & Trinken

Hotels ****** Tiferno** 2, seit 1895 die erste Adresse in der Stadt. Hoher Komfort in einem restaurierten Palazzo, in dem auch Alberto Burri (→ Sehenswertes) mit einigen Werken vertreten ist. DZ inkl. Frühstücksbuffet 90–150 €. Piazza R. Sanzio 13 (Piazza San Francesco), ☎ 075-8550331, www.hoteltiferno.it.

*** Le Mura 6, geschmackvoller Neubau mit zwei Konferenzsälen und deutschkundigem Manager. Die große Mosaikwand im Inneren ist übrigens das Werk von Menschen mit Trisomie. DZ 60–95 €. Via Borgo Farinario 24, ☎ 075-8521070, www.hotellemura.it.

** Umbria 3, modernisierter Altbau in einer Seitenstraße der Via S. Antonio mit weiteren Zimmern in der Dipendenza gegenüber. Kleine Zimmer, aber alle mit Dusche/WC. Klitzekleiner hoteleigener Parkplatz gleich ums Eck. DZ 50–65 €. Via S. Antonio 6, ☎ 075-8554925, www.hotelumbria.net.

Wohnmobil Stellplatz und Service am Parkplatz bei der Rolltreppe an der westlichen Stadtmauer.

Restaurants **Lea** 4, ausgezeichnete regionale Küche, die dem Slow Food verpflichtet ist. Hausgemachte Pasta, fabriziert am früheren Standort des Restaurants an der Via S. Florido. Mo Ruhetag. Corso Cavour 8, ☎ 075-8521678.

Il Fiorentino 5, klassische italienische Küche und Beefsteaks, letztere klassisch, texanisch oder auf Florentiner Art (kräftig gewürzt). Di Ruhetag. Via S. Florido 55, ☎ 075-8559035.

Mein Tipp **Bar Agora** 1, beliebtes „Anytime-Café" mit mehreren Abteilungen: im ersten Raum Bar, Tabak-, Sandwichverkauf, im zweiten Raum ein elegantes Lounge-Café, von dem man in einen sonnenbeschienenen Innenhof mit einem hübschen, kieselgemauerten Brunnen gelangt. Piazza Garibaldi 1, ☎ 075-8521687.

Umgebung von Città di Castello

Terme di Fontecchio

Plinius der Jüngere suchte die Thermen von Fontecchio, 3,5 km östlich von Città di Castello, im Jahr 80 n. Chr. mit seiner Liebsten auf – deren grazile Schönheit sollte hier einem Verjüngungsbad unterzogen werden. Heute zeugt nur noch ein im Hauptgebäude gehüteter Steinbrunnen mit Bodenmosaik von der römischen Vergangenheit. Das Thermalbad im Haus (37° C) wird hauptsächlich von Kur- und Wellnessgästen genutzt, die ein mehrtägiges Gesundheits- oder Beautyprogramm absolvieren. Wer nicht dazu zählt und nur ein Thermalbad nehmen will, zahlt 10 € Eintritt (ab 15 Uhr 8 €). Den kleinen Kurpark gibt's gratis dazu.

San Giustino

Mitten im Ort steht das **Schloss Bufalini**, eine imposante, burgähnliche Anlage, die zum „Museo Nazionale" erklärt wurde. Im Inneren hat der Manierist *Cristofano Gherardi* (16. Jh.) einige Räume mit mythologischen Fresken geschmückt. Der Maler wurde von den Medici aus Florenz verbannt und fand hier Zuflucht. Im Schlosspark ist ein mannshohes Heckenlabyrinth die Hauptattraktion.

▪ Nur mit ca. 30-minütiger Führung zu besichtigen. April–Okt. Sa/So 10–13 und 15.30–18.30 Uhr, Nov.–März Sa/So 10–13 und 14.30–17.30 Uhr. Eintritt frei.

Tabakmuseum (*Museo storico scientifico del Tabacco*): Das Museum an der Hauptstraße erinnert an die regionale Geschichte des blauen Dunstes. Mit viel Engagement und wenig Geld hat ein lokaler Verein im früheren Gebäude der Tabakverarbeitung eine überzeugende Dokumentation zusammengestellt. Das Pflücken der Tabakblätter war Frauenarbeit, ebenso das Sortieren, Blatt für Blatt. Das Aufhängen der schweren Blätterbündel im Trockenraum besorgten dann die Männer. Der Tabakanbau spielt in der Gegend immer noch eine Rolle. Früher wurde der Tabak zu italienischen Zigaretten verarbeitet, heute verhandelt ein Konsortium direkt mit Giganten wie Philip Morris, die dann den heimischen Tabak mit Sorten aus aller Welt mischen.

▪ April–Sept. Sa/So 10–13/15.30–18.30 Uhr, Okt.–März So 10–13/14.30–17.30 Uhr. Eintritt 3 €.

Cospaia

In dem Weiler knapp nördlich von San Giustino macht ein Schild darauf aufmerksam, dass der Reisende das Territorium der Ex-Republik von Cospaia betritt. Tatsächlich wurde der Ort 1440 bei den Grenzverhandlungen zwischen der Republik Florenz und dem Kirchenstaat vergessen, woraufhin die Bewohner Cospaias im Niemandsland kurzerhand ihre eigene Republik ausriefen. Die sympathische Republik ohne Regierung, ohne Armee und ohne Steuern lebte vom Tabakanbau und von Schmuggelgeschäften und behauptete sich fast 400 Jahre lang. Erst 1826 machte ein Vertrag zwischen der Toscana und dem Kirchenstaat der Republik von Cospaia den Garaus.

Umbértide

Die zweite Stadt des umbrischen Alto Tevere (Oberes Tibertal) kann sich mit Città di Castello nicht messen. Umbértide ist kleiner, provinzieller und nur selten verirren sich Touristen hierher.

Das von Verkehrsadern eingerahmte Centro storico wird von einem zinnenbewehrten *Kastell* mit zwei Rundtürmen aus dem 14. Jahrhundert bewacht, das heute als Zentrum für Gegenwartskunst gelegentlich mit Ausstellungen auf sich aufmerksam macht. Ihm gegenüber steht der oktogonale Bau der Kollegiatskirche; sie hütet ein Himmelfahrtsgemälde von Niccolò Circignani, Il Pomarancio genannt, das allerdings einer besseren Ausleuchtung, wenn nicht gar einer Restaurierung bedürfte. Das schönste Bild, das wir von Umbértide mitnehmen, sind die mitten im Tiber stehenden Fischer; sie wissen, dass ihnen in der Stadt nichts davonrennt, und warten geduldig auf ihr bisschen Glück.

Information A.P.T Alto Tevere, in der Nähe des Kastells. Mo–Sa 9–13, Di und Do auch 15–18 Uhr. Via Andrea Cibo 26, ☏ 075-9417099.

Einkaufen Busatti, die alteingesessene Stofffabrik, die seit dem 19. Jh. in Anghiari und Sansepolcro (beide im toscanischen Teil des Alto Tevere) aktiv ist, hat auch in Umbértide ein Standbein. Die hochwertigen Stoffe sind in der Nähe des Castellos zu finden: Via Alberto Guidalotti 1.

Hotel/Restaurant ** Capponi, im Ortskern. Empfang in der 1. Etage. Bescheiden eingerichtete Zimmer, das Mobiliar ist etwas zusammengewürfelt, mit Dusche, z. T. mit Bad. Das nicht vom Hotel geführte Restaurant im

Erdgeschoss bietet preiswerte regionale Küche. DZ 50–75 €. Piazza 25 Aprile 19, 06019 Umbértide, ℡ 075-9412662, www.hotelcapponi.com.

🌿 Agriturismo **Tribewanted Monestevole**, vom Ortszentrum erst in Richtung Città di Castello über den Tiber, dann links in die SP 142 (Richtung Preggio) einbiegen, nach 7,5 km rechts ausgeschildert (Schotterstraße, 700 m). „Tribewanted" ist eine weltweite Initiative, die alternative Lebensformen pflegt, ökologische Landwirtschaft und nachhaltiges Bauen sind selbstverständlich. Eine erste Community wurde im westafrikanischen Sierra Leone gegründet, weitere sind in Bali und Papa-Neuguinea im Aufbau. Wie weit sich die Gäste im Projekt engagieren, bleibt ihnen überlassen. Man kann in Montestevole auch nur einen wunderbaren naturnahen Urlaub machen. Auf dem Areal befinden sich eine Pferdekoppel, ein Volleyballfeld, ein Musiksaal und viele Hängematten. 3 Appartemente stehen zur Verfügung (für maximal 4, 5 und 10 Personen). Für 2 Pers. 700 €/Woche, zusätzliche Pers. 25–30 €/Tag. Tribewanted-Mitglieder 20 % Nachlass. Loc. Monestevole 492, ℡ 075-9415569, www.monestevole.it.

Montone

Ein kleines, von einer Mauer komplett eingefasstes mittelalterliches Borgo in den Hügeln über Umbértide. Die Autos bleiben draußen, so kann man ungestört zwischen den beiden Stadthügeln herumspazieren: Auf dem einen steht die Ruine eines Wachturms und das ehemalige Katharinenkloster, heute Sitz des Stadtarchivs, auf dem anderen das ehemalige Franziskanerkloster, in dem Ferienappartements eingerichtet wurden. Wer am Wochenende in Montone ist, findet hier das Dokumentationszentrum **Il Tamburo Parlante** geöffnet, ein von einem lokalen Anthropologen gegründetes ethnographisches Museum mit Schwerpunkt Ostafrika.

▪ April/Mai Fr–So 10.30–13 und 15.30–18 Uhr, Juni–Sept. Fr–So 10.30–13/16–18.30 Uhr, Okt.–März Sa/So 10.30–13/15–17.30 Uhr. Eintritt 4 €.

Ist die Museumstür verschlossen, so sind Sie trotzdem nicht vergebens gekommen. Gehen Sie die Via San Francesco bis ans Ende der Treppe hoch,

Kastell von Umbértide

von dort genießen Sie einen großartigen Ausblick in die umbrischen Hügel. Ein weiterer Grund, nach Montone zu kommen: Das mittelalterliche Gemäuer hat in gastronomischer Hinsicht einiges zu bieten.

Hotel *** **La Locanda del Capitano**, im Ortskern; angeblich ist hier schon der peruginische Söldnerführer Fontebraccio abgestiegen. Deutschsprachige Rezeption. Komfortable Zimmer mit Dusche, z. T. mit Balkon. Im Speisesaal wie im Frühstückszimmer fühlt man sich fast wie zu Hause. Leider nicht ganz billig. DZ 100–140 €. Via Roma 5/7, 06014 Montone, ℡ 075-9306521, www.ilcapitano.com.

*mein*Tipp Restaurants **L'Antica Osteria**, von Lamm bis Cianina-Rind oder Florentiner Steak – hier stimmt einfach alles. Die Pasta ist selbstverständlich hausgemacht, das Gemüse kommt je nach Saison auf den Tisch, im

September wird kräftig getrüffelt. Im Sommer wird draußen getafelt, bei schlechtem Wetter stehen zwei Säle zur Verfügung, der obere mit Panoramablick in die Hügel. Piazza Fortebraccio 5/6, ✆ 075-9306271.

🍃 **Tipico**, bei der Locanada del Capitano. Nomen est omen: Hier ist alles „100 % made in Umbria". Das Chianina-Rind liefert nicht nur Steaks, sondern auch das Ragu zu den bringoli (hausgemachte Pasta). Der Couscous wird aus Emmer (Einkorn) von Colfiorito gemacht. Der Pecorino kommt aus den Hügeln über Montone, und der Kaffee wird im Nachbardorf geröstet. Speiseraum mit Kamin, ein paar Tische draußen auf dem Vicolo Tipico, das gegenüber bergab führt. Geöffnet April–Okt., Mi Ruhetag. Via Roma 3, ✆ 075-9288040.

Gubbio

Die alte umbrische Stadt am Abhang des Monte Ingino zeigt eine seltene architektonische Geschlossenheit: mittelalterliche Bauten und dunkle Kopfsteinpflastergassen, keinerlei Störungen durch moderne Bauten. Oben auf dem Monte thront, abends effektvoll angestrahlt, die Basilika San Ubaldo.

Neuzeitliche Gebäude – Wohnblocks, Tankstellen, eine Zementfabrik – mussten sich außerhalb der historischen Mauern ansiedeln. So bleibt Gubbio ein verschlafenes Städtchen, sobald es die Touristen verlassen haben. In den Sommermonaten kommen sie zwar zuhauf und durchstreifen die Gassen, doch meist nur für einige Stunden.

Berühmt ist Gubbio für seine Keramik und das Schmiedehandwerk. Überall in den Gassen stößt man auf kleine Läden mit handgemalten Tellern und Untersätzen, so dass man bald nicht mehr näher hinsieht. Kostbare alte Stücke der Gubbio-Keramik kann man im *Museum des Palazzo dei Consoli* besichtigen.

Eine architektonische Besonderheit Gubbios sind die sogenannten *Porte dei Morti* (Totentüren), schmale Torbögen, etwas erhöht über dem Haupteingang. Sie führen direkt ins Obergeschoss und wurden früher nur geöffnet, um Tote aus dem Haus zu tragen. Ein sehr schönes Beispiel findet sich an der Via dei Consoli, knapp unterhalb der Fontana dei Matti, weitere am Corso Garibaldi, dort teils zugemauert, teils zu Schaufenstern umgestaltet.

Die Stadtbesichtigung führt steil bergauf, bei sommerlichen Temperaturen gerät man schnell ins Schwitzen – und entdeckt erst, wenn man oben ist, dass andere ganz entspannt einem Lift entsteigen. Tatsächlich haben die Behörden ziemlich versteckt zwei öffentliche Aufzüge installiert. Der eine führt von der Via Baledassani (am oberen Ende der Via della Repubblica) hoch zur Piazza della Siognoria, der andere von der Via XX Settembre Nr. 25 bis unterhalb des Doms, den man dann durch ein Seitenschiff betritt.

Sehenswertes

Palazzo dei Consoli: Der wuchtige Bau aus der ersten Hälfte des 14. Jahrhunderts mit seinen hohen Stützpfeilern, Zinnen und seiner eleganten Freitreppe zum Eingangsportal ist das Wahrzeichen Gubbios. Der Palazzo ist Teil eines größeren Komplexes von Palästen, in deren Mitte sich die **Piazza della Signoria** *(Piazza Grande)* erstreckt. Angesichts der starken Hanglage der Stadt ist allein schon die weitläufige Piazza ein architektonisches Meisterwerk. Im Innern des Palazzo herrscht Schlichtheit – schmucklose, geräumige Säle.

Das Wahrzeichen von Gubbio: Palazzo dei Consoli

Archäologisches Museum: Das Museum im Erdgeschoss des Palazzo dei Consoli verdiente kaum eine Erwähnung, würden hier nicht die sog. *Eugubinischen Tafeln* (2. Jh. v. Chr.) aufbewahrt. Die sieben teils beidseitig beschriebenen Bronzetafeln wurden im 15. Jahrhundert von einem Bauern in den unterirdischen Kammern des römischen Theaters gefunden und gelten als das wichtigste Zeugnis der umbrischen Kultur schlechthin. Die Tafeln I–IV sind in einem vom Etruskischen abstammenden Alphabet verfasst (von rechts nach links zu lesen), Tafel V zeigt dieselbe Schrift und zusätzlich einen Abschnitt in lateinischem Alphabet, auf den Tafeln VI und VII ist nur noch das lateinische Alphabet vertreten. Inhaltlich handeln die Texte von Vorschriften für Rituale, Opfer und Gebete. In welchen Schriftzeichen auch immer: die Sprache ist Umbrisch.

Die **Städtische Pinakothek** im zweiten Obergeschoss des Palastes zeigt umbrische Maler, größtenteils aus dem 16. Jahrhundert. Neben all der religiösen Kunst sticht ein heidnisch-fröhliches *Baccanale* angenehm hervor, ebenso das *Convivio di Baldessare*, ein perspektivisches Gemälde eines Massengelages bei Kerzenlicht. Insgesamt scheint die Pinakothek jedoch kein Ausstellungskonzept zu haben, man stellt einfach hin, was man hat. Die Museumsleitung sieht das anders. Sie weist darauf hin, dass die Sammlung 1913 in eine bestimmte Ordnung gebracht und 1933 erneut inventarisiert wurde – dass der Besucher somit in den Genuss einer Ausstellungsidee aus den Anfängen des 20. Jahrhunderts kommt. So kann man den Job eines Museumspädagogen natürlich auch verstehen.

▪ April/Mai–Okt. 10–13 und 15–18 Uhr, Nov.–März 10–13/14.30–17.30 Uhr. Geschlossen von 13.–15. Mai (dann ist man in Gubbio mit den Vorbereitungen zum Ceri-Wettlauf beschäftigt). Eintritt 7 €.

Dom: Der schlichte Bau stammt aus dem 13. und 14. Jahrhundert. Über dem Eingangsportal ziert ein kreisrundes Fenster die Fassade, umgeben von den vier Evangelisten mit ihren Tiersymbolen.

Leider sind die Steinreliefs ziemlich heruntergekommen. Am deutlichsten ist noch links unten der Lukas symbolisierende Stier zu erkennen.

Im Dom liegen mehrere eugubinische Bischöfe begraben. Besondere Verehrung gilt dem seliggesprochenen *Villano*, dessen Reliquien unter dem Altar verwahrt werden – ein Freund des Franziskus von Assisi. Vom Armutsgelübde weniger hielt vermutlich Bischof *Alessandro Sperelli* (17. Jh.), der für seine sterblichen Überreste an der rechten Längswand eine prunkvolle Grabkapelle in Auftrag gab.

Leider nicht aus der Nähe zu betrachten sind die Fresken des Chors und das Chorgestühl mit seinen feinen Intarsienarbeiten.

Via Galeotti: Die zwar nicht die lebendigste, aber schönste Gasse von ganz Gubbio führt unterhalb des Doms am oberen Teil des Hotels Relais Ducale vorbei zur Piazzetta Bargello – pures Mittelalter.

Palazzo Ducale: Der Palast mit einem hübschen, dreiseitig mit Säulengängen gesäumten Innenhof war einst Sitz der Herzöge von Urbino, die im 15. und 16. Jahrhundert die Politik in Gubbio bestimmten. Heute wird der Bau als Kunstgalerie genutzt.

▪ 8.30–19.30 Uhr (Nov.–Febr. Mo geschlossen). Eintritt 5 €.

Fontana dei Matti *(Brunnen der Verrückten)*: an der Piazzetta Largo del Bargello. Rennen Sie dreimal um den hübschen Brunnen herum, rufen Sie dabei unentwegt und laut hörbar „udite! udite! sono pazzo" (hört! hört! ich bin verrückt) – und schon haben Sie die Ehrenbürgerschaft von Gubbio erworben. Tipp: Wildes Gestikulieren unterstreicht Ihre Glaubwürdigkeit.

Kloster San Agostino: direkt hinter der Porta Romana (am Ende des Corso Garibaldi ein paar Schritte links hoch). Die einschiffige Klosterkirche zeigt im Chor einen gut erhaltenen Freskenzyklus, die *Vita des heiligen Augustinus*, sowie ein *Jüngstes Gericht* – beides aus der Werkstatt Ottaviano Nellis (15. Jh.) aus Gubbio.

Kloster San Francesco: Gubbios größter Kirchenbau steht an der Stelle des einstigen Wohnsitzes der Spedalunga, die in der Franziskus-Legende einen Ehrenplatz einnehmen. Die wohlhabende eugubinische Familie soll den jungen Franz aufgenommen haben, nachdem er von seinem Vater aus dem Haus geworfen wurde. Die Kirche wurde ebenfalls von Ottaviano Nelli (s. o.) mit einem Freskenzyklus geschmückt: In der linken Chorkapelle finden sich seine *Szenen aus dem Leben Marias*.

Nach dem Kirchenbesuch werfe man einen Blick auf die ausdrucksstarke Bronzeskulptur im Park daneben: *Francesco und der von ihm gezähmte Wolf*, signiert von Roberto Bellucci, 1997.

Loggia dei Tiratori/Piazza 40 Martiri: Die langgestreckte Loggia gegenüber dem Franziskanerkloster hat nichts mit einem Schützenhaus zu tun, wie der Name suggerieren könnte. Sie datiert

Gubbio im Guinness

Mit dem größten „Weihnachtsbaum" der Welt wirbt die Stadt seit 1980 im Guinness-Buch der Rekorde. 400 (!) Meter misst die Lichtertanne von der Basis (letzte Häuser am oberen Stadtrand) bis zur Spitze (Basilika San Ubaldo). Die Illumination ist selbst von den Hügeln Perugias aus zu sehen – von der zweiten Dezember- bis zur ersten Januarwoche.

Gläsernes Grab für Gubbios Stadtheiligen

aus dem Jahr 1603 und diente Gubbios Wollweberzunft einst als Trockenboden. Hier wurden die nach dem Einfärben feuchten Stoffe gespannt und zum Trocknen ausgebreitet.

Die *Piazza 40 Martiri* vor der Loggia, Verkehrsknotenpunkt der Stadt, erinnert mit ihrem Namen an das Massaker vom 22. Juni 1944 (s. u.).

Mausoleum der 40 Märtyrer: Nachdem italienische Partisanen in einer Bar in Gubbio einen deutschen Offizier getötet hatten, rächte sich die SS in barbarischer Weise an der Zivilbevölkerung: Am 22. Juni 1944 trieb sie in Gubbio wahllos 40 Personen zusammen, fesselte sie an Händen und Füßen und erschoss sie vor den Toren der Stadt. Etwas hinter dem Römischen Theater, ganz in der Nähe der Stelle des Massakers, wurde 1949 zu Ehren der Ermordeten ein Mausoleum errichtet. Im schlichten Bau, der wie eine Kirche aussieht, hat jedes Opfer ein würdiges Grab bekommen. Vor dem Mausoleum steht ein Stück der fatalen Mauer, die Einschusslöcher sind immer noch zu sehen.

▪ 9–13 und 15–18 Uhr (im Winter bis 17 Uhr).

Römisches Theater: Das Theater außerhalb der Stadtmauer, im Westen, stammt aus dem 1. Jahrhundert und ist mit seinen rund 70 m Durchmesser eines der größten in Umbrien. Die Restaurierung ist etwas Flickwerk, die grasüberwachsenen Treppenplätze erfüllen aber noch heute ihren Zweck: Im Sommer wird klassisches Theater geboten.

Basilika San Ubaldo: Sie ist längst nicht so sehenswert, wie ihre Lage knapp unterhalb des Gipfels des Monte Ingino vermuten lässt. Im Kircheninneren sind die riesigen hölzernen Untersätze der Ceri (→ Kastentext „Der Wettlauf der Ceri") zu besichtigen. Hoch über dem Altar ruht in einem gläsernen Sarg der mumifizierte Körper des Stadtheiligen – eine ziemlich ungewöhnliche Zurschaustellung. Der heilige Ubald gehört bei vielen Gläubigen zu den sogenannten inkorruptiblen, d. h. „unverderblichen" Personen, deren Körper nicht der Verwesung anheimfällt.

Aufregender als die Basilika ist der Spaziergang zu ihr hinauf (von der Porta Sant'Ubaldo, oberhalb des Doms, das Zickzack-Sträßchen hoch). Nach der mittelalterlichen Enge der Stadt kann der Ausflug eine erholsame Abwechslung sein. Schon Dante wusste die luftige Örtlichkeit zu schätzen, wie eine Gedenktafel mit einem Zitat aus der *Divina Commèdia* erinnert. Bequeme nehmen die **Drahtseilbahn** *(Funivia)* und fahren in einem eisernen „Käfig" hoch. Die Talstation befindet sich östlich der Stadtummauerung (Nähe Porta Sant'Agostino). In sechs Minuten schwebt man hinauf zur Basilika.

Drahtseilbahn: Mo-Sa 9.30-19, So 9–19.30 Uhr; im Winter erste Bergfahrt später, letzte Talfahrt früher, im Sommer erste Bergfahrt früher, letzte Talfahrt später. Einfache Fahrt 4 €, hin/zurück 5 €.

Der Wettlauf der Ceri

Jedes Jahr am 15. Mai, dem Todestag ihres Schutzpatrons Sant'Ubaldo, feiert die ganze Stadt die *Festa dei Ceri*. Ein „Cero" (Kerze) ist eine vier Zentner schwere Holzkonstruktion, die auf einer Bahre befestigt wird. Drei Ceri sind im Spiel, jeder von der Statue eines Heiligen gekrönt: Ubaldo ziert den Cero der Maurer-Zunft, Giorgio den der Handwerker und Kaufleute, der Abt Antonio schließlich den der Bauern.

Jährlich am 1. Sonntag im Mai ziehen die Statuenträger *(Ceraioli)* bei Sonnenaufgang die zwei Kilometer zur Basilika Sant'Ubaldo auf den Monte Ingino hinauf, um die dort verwahrten Ceri in die Stadt zu holen. Am 15. Mai dann werden die Ceri von jeweils mehreren Trägern geschultert und feierlich durch Gubbio getragen. Den spektakulären Höhepunkt der Festivitäten bildet jedoch der Wettlauf am späten Nachmittag. Trotz ihres Gewichts werden die Ceri mit ihren Heiligen im rasanten Staffellauf – durch das Spalier der jubelnden Menschenmenge – die steilen Gassen hinauf auf den Berg zurückgebracht, wobei zwei kurze Rastpausen eingelegt werden. In achteinhalb Minuten schaffen die Cerioli mit ihrer beträchtlichen Last eine Strecke, für die der betuliche Spaziergänger eine knappe Stunde braucht. Dann ruhen die Ceri wieder für ein Jahr in der Basilika Sant'Ubaldo.

Am Tag des Wettlaufs der Ceri ist die Stadt komplett aus dem Häuschen, das Gedränge in den Gassen ist unbeschreiblich; wer kleine Kinder dabei hat, meidet das Spektakel besser. Die Straßen, Bars und Weinkeller, wo oft umsonst ausgeschenkt wird, sind brechend voll.

Basis-Infos

Postleitzahl 06024

Information IAT-Büro, Via della Repubblica. Mitte März-Okt. Mo-Fr 8.30-13.45 und 15.30-18, Sa 9-13 und 15.30-18.30, So 9.30-13 und 15-18 Uhr, Okt.-März Mo-Fr 8.30-13.45 und 15-18, Sa 9-13/15-18, So 9.30-13/15-18 Uhr (Jan./Febr. Sonntagnachmittag geschlossen). ℡ 075-9220693, info@iat.gubbio.pg.

Trüffeln sind eine eugubinische Spezialität

Hin und weg **Bus**: Tägl. nach Perugia, Scheggia (Monte-Cucco-Gebiet), Città di Castello (umsteigen in Umbértide), Assisi und über Fossato (Bahnlinie Rom–Ancona) nach Gualdo Tadino. Werktags früh am Morgen auch nach Florenz und Rom. Abfahrt: Piazza 40 Martiri (an der Loggia dei Tiratori).

Einkaufen **Kunsthandwerk/Keramik**: Kleine Keramikläden zieren praktisch jede größere Gasse der Stadt. Beim „Consorzio Artigianato Artistico" im Palazzo dei Consoli findet man etwas mehr als das übliche Angebot.

Spezialitäten/Trüffeln: La Buca del Tartufo, Via XX Settembre 33. Regionale Leckereien.

Feste **Wettlauf der Ceri**, am 15. Mai. Gubbios spektakulärstes Stadtfest (→ Kastentext „Der Wettlauf der Ceri").

Palio della Balestra, am letzten Sonntag im Mai. Der folkloristische Wettkampf der Armbrustschützen wird begleitet von Damen, Rittern und Pagen in mittelalterlichen Trachten, von Posaunenklängen und Fahnenschwingern.

Märkte **Trüffelmesse**, Ende Okt./Anfang Nov. Die kostbaren weißen Trüffeln *(tartufi bianchi)* stehen im Mittelpunkt dieser gastronomischen Messe auf der Piazza 40 Martiri. Die Köche Gubbios wetteifern um die beste Trüffelküche, die mit der „goldenen Trüffel" ausgezeichnet wird. Im Rahmen der Messe findet auch ein Wettbewerb unter den Trüffelhunden statt. Siegerehrung für die beste Spürnase.

Antiquitätenmarkt jeden 2. Sonntag im Monat in der Via Baldassini.

Wochenmarkt Di morgens an der Piazza 40 Martiri.

Übernachten → Karte S. 35

Hotels ****** Relais Ducale** **6**, die nobelste Herberge im Centro storico zieht sich von der Piazza della Signoria (Piazza Grande) bis zum Palazzo Ducale hoch, letzterer ist durch den sogenannten „Geheimtunnel der Grafen" direkt vom Hotel aus zugänglich. Wenn Sie eine Luxusnacht verbringen wollen, wählen Sie die Suite des Duca di Montefeltro: Stilmöbel und ein traumhaftes Badezimmer. Von der obersten Etage Zugang zu einem schmucken Dachgarten mit Blick über die Dächer Gubbios – man befindet sich auf der Höhe der Zinnen des Palazzo dei Consoli. Rezeption im Caffè Ducale an der Piazza della Signoria 5 (Piazza Grande). DZ 160–245 €, Suiten teurer. Via Galeotti 19/Via Ducale 2, ☏ 075-9220157, www.relaisducale.com.

34 Der Norden

★★★★ Dei Consoli ❷, zentrale Lage im Centro storico. Nach den Erdbebenschäden von 1997 in jahrelanger Arbeit komplett renoviert und vom 2-Sterne zum 4-Sterne-Hotel avanciert. In der 4. Etage einige Zimmer, in denen man von der Dusche aus seinen Blick über Gubbios Dächer schweifen lassen kann. Der Geschlechterturm, der sich hinter dem Hotel erhebt, ist leider nicht zu besichtigen. DZ 70–160 €. Via dei Consoli 59, ☏ 075-9220639, www.hoteldeiconsoligubbio.it.

MeinTipp **★★★ Tre Ceri** ❸, etwas versteckt, aber keine schlechte Wahl. Zimmer teils etwas klein im Stammhaus, teils im Gebäude gegenüber. Das Restaurant ist nur für Hotelgäste geöffnet. DZ 70–120 € inkl. üppiges Frühstücksbuffet. Via Benamati 7/8, ☏ 075-9277543, www.treceri.it.

★★ Alla Casella ⓫, an der Stadtmauer bei der Piazza 40 Martiri. Das frühere „Oderisi" wurde von der Locanda della Duca übernommen und renoviert. Korrekte, kleine Zimmer, zur Straße hin etwas laut. DZ mit Bad 60–80 €. Via Mazzatinti 2, ☏ 075-9275956, www.hotelallacasella.com.

★★ Grotta dell'Angelo ⓬, der Tipp für Gäste des empfehlenswerten, gleichnamigen Restaurants, die nach der Schlemmerei auf kürzestem Weg ins Bett wollen. DZ 55–70 €, HP 55–65 €/Pers. Via Gioia 47, ☏ 075-9271747, www.grottadellangelo.it.

Zimmer Residenza di Via Piccardi ❽, auch Mini-Appartements. Verträumter, betischter Garten mitten in Gubbios Gemäuer. DZ mit Du/WC inkl. Frühstück 50–60 €. Via Piccardi 12, ☏ 349-3910155, www.residenzadiviapiccardi.it.

MeinTipp **Villa Serena**, 13 km außerhalb, an der wenig befahrenen „Eugubina" (SS 298 nach Perugia, das erste Haus links der Straße im Weiler Scritto. Ein Landhaus in wunderbarer Lage und ein älteres, überaus freundliches Wirtspaar – er ein ehemaliger Tischler, sie eine ehemalige Schneiderin. Abends ist meist auch die Tochter da, die den Betrieb managed, perfekt Englisch spricht und nebenbei künstlerisch tätig ist. Die Zimmer sind alle mit Liebe eingerichtet, im Gartenhaus gibt es eine zusätzliche Küche. Im Erdgeschoss nach hinten eine kleine Terrasse, die direkt in eine Wiese übergeht (mit Aussicht auf den Monte Cucco), auf der manchmal die Produzenten Ihres Frühstückseis zwischen den Liegestühlen herumspazieren. DZ inklusive opulentes Frühstück 65 €. Petroia 38, Loc. Scritto, www.agrigubbio.it.

Agriturismo Casella del Piano, 4 km östlich von Gubbio, im Weiler San Marco, dort in die Via Linosa Richtung Mariano, immer geradeaus, zum Schluss ein kleines Stück Schotterstraße, eine Linkskurve, und man ist da. Im großen Betrieb (Wurstwaren, Marmelade) sind 4 Familienmitglieder und 4 angestellte Arbeiter zugange. Für Gäste stehen ein Swimmingpool, ein Tenniscourt und ein 3-Loch-Golfplatz (Schläger werden zur Verfügung gestellt) bereit. Spa-Abteilung mit Sauna, Hamam und Wassermassage. Großes Restaurant, das auf biologische Produkte Wert legt. Insgesamt 9 Appartements (auch für 6 Pers., mit zwei Bädern), teils im Stammhaus, teils in Gebäuden, die über das riesige Gelände verteilt sind. Für 2 Pers. 70–105 €, je nach Saison, die etwas teureren mit Balkon. Via Linosa 12, ☏ 075-9229321, www.caselladelpiano.com.

Camping ★★★★ Villa Ortoguidone, nur wenige Kilometer vom Zentrum entfernt, an der Straße nach Perugia. Kaum Schatten, dafür mit Swimmingpool. 14 Stellplätze. Geöffnet April–Sept. Cipolleto 49, Loc. Ortoguidone, ☏ 075-9272037, www.gubbiocamping.com.

★★★ Città di Gubbio, gleich neben dem vorgenannten; gehört zum gleichen Betrieb. Gleichfalls wenig Schatten, aber etwas billiger. Das Zweiklassensystem gründet im fehlenden Swimmingpool. Wer sein Zelt hier aufschlägt, zahlt halbtags 3 € für den Sprung ins Wasser beim Nachbarn. 100 Stellplätze. Geöffnet April–Sept. Cipolleto 49, Loc. Ortoguidone, ☏ 075-9272037, www.gubbiocamping.com.

Wohnmobil Stellplatz (Entsorgung, Wasser) in der Nähe des Teatro Romano.

Essen & Trinken

Restaurants Del Lupo ❾, benannt nach dem legendären Wolf, den der heilige Franz in Gubbio gezähmt haben soll. Ein gehobenes Restaurant der Mencarelli-Group mit typisch eugubinischer (so das Adjektiv zu Gubbio) Küche: Polenta mit Bohnen und Knoblauchwurst, dicke Linsen- und Gemüsesuppen, gemischte Fleischspieße. Die Lasagne alla taverna ist mit frischen Pilzen und Schinken gefüllt. Via Ansidei 21, ☏ 075-9274368.

Alla Balestra ❿, ebenfalls in den Händen der Mencarelli-Group. Vorzügliche regionale Kü-

Gubbio

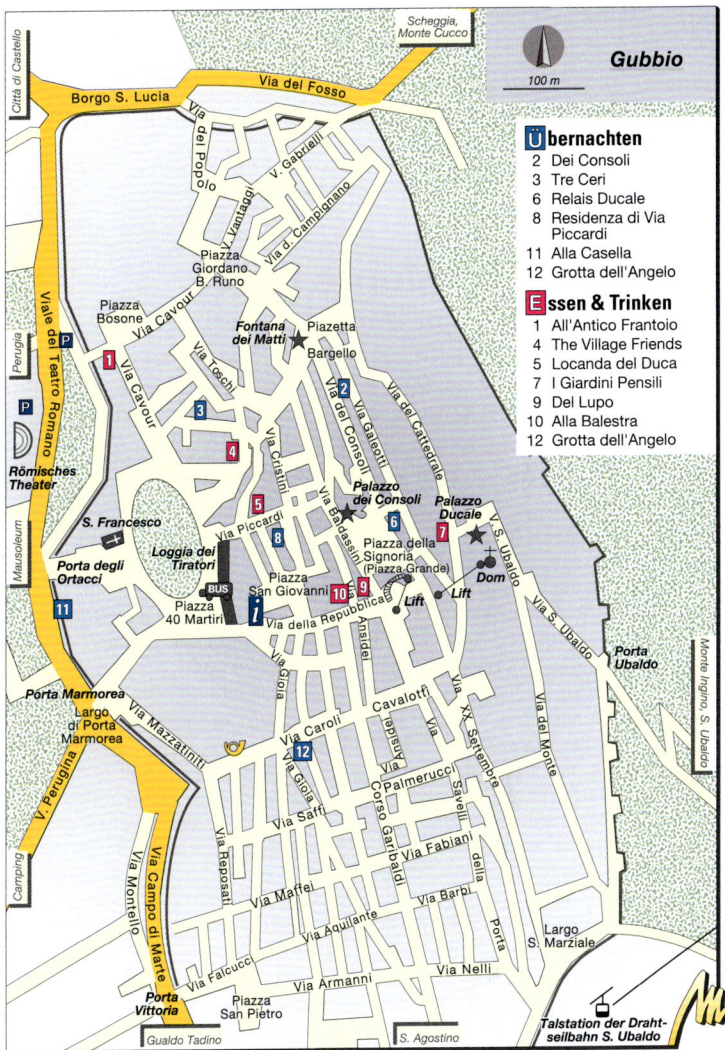

Übernachten
- 2 Dei Consoli
- 3 Tre Ceri
- 6 Relais Ducale
- 8 Residenza di Via Piccardi
- 11 Alla Casella
- 12 Grotta dell'Angelo

Essen & Trinken
- 1 All'Antico Frantoio
- 4 The Village Friends
- 5 Locanda del Duca
- 7 I Giardini Pensili
- 9 Del Lupo
- 10 Alla Balestra
- 12 Grotta dell'Angelo

che, in der die Trüffeln natürlich nicht fehlen. Exquisites Angebot an Vorspeisen. Pizze. Großer Garten. Via della Repubblica 41, ℡ 075-9273810.

All'Antico Frantoio 1, in der Stadtmauer, mit Gartenbetischung extra muros. Klassische regionale Küche in gediegenem Interieur, aber auch Pizze. Mo Ruhetag. Via Cavour 18, ℡ 075-9221780.

Grotta dell'Angelo 12, im gleichnamigen Hotel. Hübsch gelegen, mit großem Garten; einfache, traditionelle Gerichte zu erschwinglichen Preisen und deshalb gern von Familien besucht. Gefüllte Täubchen (pigione ripieno), große Grillplatten und leckere Cannelloni al forno. Di Ruhetag. Via Gioia 47, ℡ 075-9271747.

Del Duca 5, eine junge Crew hat ein ehemaliges Hotelrestaurant übernommen. Getrüffelte Küche, ambitionierte Pläne, leicht überfordertes Personal. Mi Ruhetag. Via Piccardi 1, ☏ 075-9277753.

Bars | Giardini Pensili 7, Snackbar in bester Lage am oberen Stadtende. Hamburger und Focacce in einer klitzekleinen Parkanlage. Kulinarisch gewiss kein Höhepunkt, dafür Fassbier und ein großartiger Blick auf den Palazzo dei Consoli.

The Village Friends 4, hinter der Loggia dei Tiratori. Pub im English Style. Fassbiere aus England, Belgien und Deutschland. Longdrinks und laute Rhythmen. Freitag bis 2 Uhr früh geöffnet.

Rund um den Monte Cucco

Dichte Buchenwälder, karstige Weiden, tiefe Schluchten und ein hinreißender Panoramablick auf sanfte, gerundete Berge und weite Täler – das Bergmassiv des Monte Cucco, an der Ostflanke des Apennins, bietet einen erhebenden Anblick. Die Gegend ist ein Eldorado für Drachenflieger, Wanderer, Alpinisten und nicht zuletzt für die Speläologen: Das Berginnere birgt eine der weitläufigsten Höhlen Europas.

Stützpunkte für sportliche Aktivitäten rund um den Monte Cuccio sind das mittelalterliche Dörfchen **Costacciaro** (s. u.) und das vom Bergtourismus belebte **Sigillo**. Auch **Scheggia** ist als Basis geeignet.

Seit 1995 steht das Gebiet um den Monte Cuccio als Regionalpark unter besonderem Schutz, was sich mittlerweile auch in der wilden Tierwelt herumgesprochen hat. Wölfe, Königsadler und Wildkatzen sind hier heimisch, es besteht der begründete Verdacht, dass sich sogar Luchse angesiedelt haben. Und wenn man einem Jäger aus Scheggia Glauben schenken darf, ist auch Meister Petz am Monte Cucco unterwegs: ein Exemplar mit dichtem, dunklem Fell, das sich gelegentlich auf die Hintertatzen stellt und ein unmenschliches Gebrüll ausstößt ...

Costacciaro

Eine „Hauptstraße" (Corso Mazzini) mit kaum mehr als hundert Metern Länge, ein paar Gässchen und eine Mauer drumherum, ein kompaktes, kleines Borgo in dieser unwirtlichen Gegend.

Costacciaro ist das einzige mittelalterliche Dorf am Monte Cucco. Der Ort liegt an der Via Flaminia, der in der Antike wichtigsten Straße zwischen Rom und der Adria. Urkundlich erwähnt wird Costacciaro erst 1250, als der Ort von den Eugubinern als militärischer Stützpunkt genutzt wurde, um die Grenzen des ausgedehnten Territoriums von Gubbio zu verteidigen.

Mitten im Borgo, an der Via Massarello, stößt man auf eine alte **Ölmühle** (*Antico Frantoio*) aus dem 17. Jahrhundert. Hier wurden bis 1960 Oliven gepresst. Heute ist die wunderschön eingerichtete Ölmühle in kommunalem Besitz und ein kleines Gratismuseum; im Sommer steht sie in der Regel offen; ansonsten verwahrt das Informationsbüro den Schlüssel.

In der **Ortskirche S. Francesco** (gegründet 1253) liegt in einem gläsernen Sarg der mumifizierte Körper des Kamaldulensermönchs *Beato Tommaso* (1262–1337). Der Schutzpatron von Costacciaro verbrachte sein Leben zu einem großen Teil im Eremo di Monte Cucco (→ Kastentext „Eremo die Monte Cucco"). Das Fest zu seinen Ehren findet jedes Jahr am 1. Sonntag im September statt.

Viele Häuser des Orts sind mit Tafeln versehen, die über ihre Geschichte,

manchmal auch über ihre Bewohner informieren. Zu ihnen gehört auch das Geburtshaus von Efrem Bartoletti (1889–1961), Bergarbeiter, Poet und Antifaschist. Mit 20 Jahren wandert er in die USA aus, arbeitet dort in den Eisenerzminen, organisiert als gewerkschaftlicher Aktivist Streiks, mit 30 Jahren kehrt er nach Costacciaro zurück, wo er 1920 zum Bürgermeister gewählt wird. 10 Jahre später flieht er unter dem Druck des Faschismus – Mussolinis Schwarzhemden bedrohen ihn in Costacciaro – in die USA und widmet sich nun vermehrt dem Schreiben von politischen Essays und Lyrik. In Costacciaro ist die Gemeindeschule nach ihm benannt.

Am Ortsende wacht rechts an der Nordmauer der **Rivellino-Turm**; er wurde restauriert, zu seinen Füßen wurden ein paar steinerne Ränge gebaut – ein kleiner, idyllischer Ort für gelegentliche Open-Air-Konzerte.

Grotta di Monte Cucco

Der bis heute erforschte Teil der Höhle hat eine Ausdehnung von 24,3 km und eine Tiefe von 945 m. Der schönste Abschnitt ist horizontal, etwa einen

Kilometer weit und begehbar – sofern man sich einer Führung anschließt. Gutes Schuhwerk mit rutschfester Sohle ist für den Höhlenbesuch unabdingbar, ebenso warme Kleidung: Die Höhlentemperatur beträgt konstant 6° C, die Luftfeuchtigkeit 90 %!

Nach einem senkrechten, 27 Meter tiefen Einstieg gelangt man über große Versturzblöcke zu einer Reihe von Sälen mit wundervollen Tropfsteingebilden – zuerst in den *Saal der Kathedrale*, der wegen seiner Größe und der spitz zulaufenden Kuppel an eine gotische Kirche erinnert. An der Stelle, wo die *Sala Margherita* in einen Gang mit mehreren kleinen Seen mündet, endet der touristische Teil. Für Speläologen zeigt sich die Höhle jedoch viel komplexer und weitläufiger, wobei noch längst nicht alles erforscht ist. Jedes Jahr werden neue Schächte und Galerien entdeckt.

■ Nur mit Führung, Dauer 2–3 Stunden, Ausgangspunkt ist Pian di Monte. Juni & Sept. Sa/So 10 und 15 Uhr, Juli/Aug. tägl. 10 und 15 Uhr. Eintritt 14 €. Voranmeldung ist nicht nötig. Wer sicher gehen will: ✆ 075-9171046.

🚶 Rundwanderung am Monte Cucco

Folgende Rundwanderung an der Nordseite des Monte Cucco ist nur ein Beispiel der zahlreichen markierten Wandermöglichkeiten. Dauer: ca. 4 Std.; Ausgangspunkt: Casa Il Sasso. (Das auf der Karte verzeichnete Rifugio beim Casa Il Sasso ist nur als Notunterkunft geeignet!)

Wegbeschreibung: Der Beginn der Wanderung (Wanderweg Nr. 5) führt vom *Casa Il Sasso* rechts am ersten Haus vorbei – anfangs eben am Fluss entlang, es folgt ein leicht ansteigender Pfad durch die Felsenschlucht *Valle delle Prigioni*.

Das Eremo di Monte Cucco (Eremo di San Girolamo)

Die Gründung der Einsiedelei von Monte Cucco wird dem Eremiten *Beato Tommaso* (→ Costacciaro/Kirche S. Francesco) zugeschrieben, der sich hier – wie es im 13. und 14. Jahrhundert bei den Kamaldulensermönchen üblich war – in die Einsamkeit der Bergwelt zurückzog. Kaum aber war der fromme Mann verstorben, rissen sich die Herzöge von Urbino das Eremo unter den Nagel und säkularisierten den geweihten Ort zum Jagdquartier. Das fröhliche Treiben fand erst ein Ende, als um 1500 *Paolo Giustiniani*, Spross einer reichen venezianischen Familie, auf den Plan trat. Er verfocht die Idee eines weltabgeschiedenen, ursprünglichen Christentums und erhielt von Papst *Leo X.* die Erlaubnis, die religiöse Tradition im Eremo di Monte Cucco wieder aufleben zu lassen.

Die Chronik berichtet, dass im Lauf der Jahrhunderte die Einsiedelei auch von Österreichern, Spaniern, Franzosen und später hauptsächlich von polnischen Mönchen bewohnt wurde, die aus der Krakauer Gegend stammten.

Seit 1925 steht das Eremo leer, die Mönche wurden in ihre Heimat zurückberufen. Der verlassene Gebäudekomplex brannte ab, verfiel zur Ruine; erst in den letzten Jahren ging man daran, ihn wieder originalgetreu aufzurichten und bewohnbar zu machen – für Mönche.

Der Monte Cucco im Frühling

Ca. 30 m muss man in gebückter Haltung einen engen Felsentunnel passieren und geht dann aufrecht durch den Wald. An der Stelle, wo rechts der Wanderweg Nr. 22 einmündet, kommt man an einem Brunnen und einem Wasserreservoir vorbei. Dann steigt der Pfad stetig an – durch einen Wald und später über Wiesen, bis man auf eine breite Schotterstraße trifft. Die letzte Etappe führt auf Weg Nr. 4 – zum Teil steil abwärts – am *Eremo di Monte Cucco* vorbei, zurück zum Ausgangspunkt.

Anfahrt zum Casa Il Sasso: *Variante 1, von Scheggia aus:* Richtung Sassoferrato, nach ca. 11 km die Asphaltstraße rechts ab in Richtung Pascelupo. Kurz hinter Pascelupo das Auto stehen lassen und einen Schotterweg hinunter zu zwei leer stehenden Häusern (= Casa Il Sasso) am Rio Freddo gehen.

Variante 2, von Sigillo aus: auf die Panoramastraße, die in Richtung Val di Ranco führt. Kurz unterhalb des Sendeturms rechts abbiegen in eine Schotterstraße Richtung Bastia (kein Hinweisschild). Durch die Ortschaften Bastia, Rucce und Perticano. Kurz unterhalb von Pascelupo das Auto stehen lassen – dann wie Variante 1.

Basis-Infos

Postleitzahl 06021 (Costacciaro), 06027 (Scheggia), 06028 (Sigillo)

Information **Punto Informazioni**, am Ortseingang von Costacciaro. Zentrale Anlaufstelle für das ganze Monte-Cucco-Gebiet. Viel Material, sehr freundliches, kompetentes Personal, das auch Englisch spricht. Juli/Aug. tägl. 8.30–12.30/16–18, in der Nebensaison nur Sa/So 9–12 Uhr. Corso Mazzini 22, ☏ 075-917271, www.comunecostacciaro.it.

Hin und weg **Bahn**: Sehr umständlich. Von Perugia nach Foligno, dort umsteigen in Richtung Ancona, bis Fossato di Vico. Von dort aus mit dem Bus weiter nach Sigillo bzw. Costacciaro.

Bus: Verbindung von Perugia (Piazza Partigiani) oder Gubbio nach Costacciaro bzw. nach Sigillo.

Feste Il Focaraccio, am 9. Dez. in Sigillo. Mehr darüber im Kastentext „Albergo Monte Cucco da Tobia".

Aktivitäten am Monte Cuccio

Drachenfliegen/Paragliding Wer möchte hier nicht wie ein Vogel die Flügel spreizen und losfliegen! Der Monte Cucco ist Italiens Drachenflugplatz Nummer eins. Zwei Startplätze, je nach Windrichtung: der Nordstartplatz (I Piani) mit Landeplatz in Bastia und der Südstartplatz (Pian di Monte) mit Landung in Scirca.

Scuola di Volo: Flugschule für Drachenflüge und Paragliding, auch Tandem. Infos im Ostello del Volo in Villa Scirca (→ Übernachten) oder unter ☏ 349-0925353 (Maurizio Tassinari).

Kletterführungen Es geht durch die Felsenschlucht des Rio Freddo („Kalter Fluss"): mehr als 20 Wasserfälle in der tief ausgewaschenen, 4 km langen Schlucht. Die sehr reizvolle Tour ist nur mit Seilsicherung möglich. Dauer ca. 3½ Std. Auch ganztägige Führungen sind möglich. Ebenfalls im Informationsbüro nachfragen.

Reiten Der Campingplatz Rio Verde (s. u.) unterhält eine Reitschule. Kurse und Ausritte im Monte-Cucco-Gebiet.

Schwimmen Wenn's für alle anderen Sportarten zu heiß ist: In Costacciaro gibt es ein kommunales Schwimmbad.

Wandern Dreißig gut markierte Routen gibt es rund um den Monte Cucco. Im Winter werden zwei **Langlaufloipen** unterhalten. Eine genaue Karte (1:16.000) mit ausführlicher (italienischer) Beschreibung des Gebiets ist im Informationsbüro in Costacciaro, im Zeitungsladen am Ortseingang von Costacciaro, bei der Informationsstelle in Gubbio sowie im Albergo „Monte Cucco da Tobia" im Val di Ranco erhältlich. Gelegentlich allerdings scheint die Karte Mangelware zu sein. Am sichersten ist es, man kümmert sich bereits in Gubbio darum.

Übernachten

Hotels *** Dominus, in Sigillo, am Ortsausgang Richtung Costacciaro. Die beste Adresse im Monte-Cucco-Gebiet. Große Zimmer mit Komfort – von der Zahnbürste bis zur Minibar. Gediegenes Restaurant. DZ inkl. Frühstück 60–75 €. Via Matteotti 55/57, 06028 Siogillo, ☏ 075-9179074, www.dominushotel.it.

** La Pineta, in Scheggia, ca. 700 m oberhalb des Dorfs. Wunderschöne Lage im Pinienhain. Etwas kleine Zimmer. Restaurant mit regionalen Spezialitäten. DZ mit Du/WC inkl. Frühstück 60 €. Loc. Monte Calvario 40, 06027 Scheggia, ☏ 075-9259142, www.lapinetahotel.net.

Zimmer Lepri Elio, in Sigillo. Das Haus verfügt über teilweise geräumige Zimmer. Auch einige 4-Bett-Zimmer sind vorhanden, teils aber ohne Waschbecken. Beliebter Treffpunkt der Drachenflieger. DZ mit Dusche 45–55 €. Via Livio Fazi 21, 06028 Sigillo, ☏ 338-1863355, f.lepri1971@tiscali.it.

MeinTipp Im Val di Ranco (1566 m) **** Monte Cucco „da Tobia"**, beliebter Ausflugsort, große Terrasse und Kinderspielplatz. Freundlicher Familienbetrieb mit Restaurant (→ Essen & Trinken). Die Wirtsleute sprechen auch Deutsch. Mehr über diesen angenehmen Ort im Kastentext „Im Albergo Monte Cucco". DZ mit Du/WC und Frühstück 54–60 €. Geöffnet April bis Mitte Okt. Loc. Val di Ranco, 06028 Sigillo, ☏ 075-9177194, www.albergomontecucco.it.

Jugendherberge Ostello del Volo, in Villa Scirca, über der Durchgangsstraße. Auch für Familien geeignet (Mehrbettzimmer). Snackbar und Biertische im Hof. DZ inkl. Frühstück 22 €/Pers. Loc. Villa Scirca 32, 06028 Sigillo, ☏ 340-4749624, www.ostellodelvolo.com.

Rifugio La Valletta – Monte Cucco, auf dem Pian di Monte, vom Ristorante dal Lepre (s. u.) geführt, man isst hier wie dort hervorragend. 4 Mehrbettzimmer für Wanderer, insgesamt 20 Betten. Halbpension 40 €/Pers. Geöffnet Mai–Okt. Loc. Pian del Monte, 06028 Sigillo, ☏ 338-1863355, f.lepri1971@tiscali.it.

Agriturismo Villa Dama, großes, familiär geführtes Landhaus mit traumhaftem Blick auf das Tal und den Monte Cucco dahinter. Swimmingpool.

Anfahrt von Costacciaro: bei der Ortseinfahrt von Sigillo links (Schild), dann bei einem Gehöft weder rechts noch links, sondern mittendurch auf den oberen Weg, dann links. Wochenweise Vermietung wird vorgezogen. DZ mit Dusche 70–80 €, Halbpension 65–70 €/Pers. Auch Appartements. Loc. Torre dell'Olmo 10, Gubbio, ☏ 075-9256130, www.villadama.it.

Camping *** Rio Verde, 3 km außerhalb von Costacciaro. Liegt mit seinen 50 Stellplätzen ganz versteckt in einer bewaldeten Flussebene, alter Fichten- und Pinienbestand. Swimmingpool. Auch Bungalow-Vermietung. Dem Campingplatz ist eine Reitschule angeschlossen. Geöffnet April–Sept. Loc. Fornace, 06021 Costacciaro, ☏ 075-9170181, www.campingrioverde.it.

Essen & Trinken, Picknicken

Restaurant La Locanda, am Fuß von Costacciaro, gegenüber dem Schwimmbad (Zufahrt vom südlichen Ortsausgang her). Gute Nudel- und Fleischgerichte. Spezialitäten: Tagliatelle alla patriotica (bunte Bandnudeln mit Champignons, Erbsen, schwarzen und weißen Trüffeln in Sahnesoße), Lammfleisch oder gemischte Spieße vom Grill. Di Ruhetag. Via Fossa Secca 19, Costacciaro, ℅ 075-9170351.

Mein Tipp Monte Cucco „da Tobia", außerhalb, im gleichnamigen Hotel (s. o.) im Val di Ranco. Serviert wird Cucina casalinga; die Nudelgerichte sind hausgemacht und schmecken lecker. Im Speisesaal überrascht ein mächtiger Baum, dessen Krone durchs Dach ragt. Mehr über diesen freundlichen Betrieb siehe Kastentext. Geöffnet April bis Mitte Okt., Mo Ruhetag. ℅ 075-9177194.

Mein Tipp Ristorante dal Lepre, außerhalb, auf dem Pian del Monte (knapp vor dem Val di Ranco links in Richtung „Decollo Sud" ausgeschildert). Stefano und Francesca servieren bodenständige Küche, die Pasta ist hausgemacht. Die Aussicht von der Speiseterrasse auf die Ebene bei Sigillo ist einmalig. Geöffnet Mai–Okt., Mo Ruhetag. ℅ 338-1863355.

Picknick im Grünen Am Monte Cucco gibt es im **Val di Ranco** und auf der **Pian delle Macinare** jeweils eine große Wiese mit Wasserquelle, Tischen und Bänken zum Picknicken. Kostenlos.

Im Albergo Monte Cucco da Tobia

Wir verbrachten einen halben Tag in der kleinen Gaststube. Draußen war's kalt, die Wolken hingen am Himmel, es fegte der erste Regen seit Monaten. Nachsaison. Doch die Zeit verging wie im Flug, denn jeder aus der Familie wusste etwas von der Gegend zu erzählen: Sohn Alberto, selbst Drachenflieger und Speläologe, gab in fließendem Deutsch fachkundige Auskunft. Seine deutsche Frau, die, wie sie erklärte, einem schönen Spaziergang mehr abgewinnen könne als dem Gekraxel in der feuchten, dunklen Höhlenwelt, übersetzte uns die eifrigen Worte des alten Signore. Ihm waren die geschichtlichen Ereignisse der Region mitteilenswerter. Mit dem Finger auf der Landkarte folgte er den Fluchtwegen und Verstecken italienischer Partisanen hinauf zum Monte Testagrossa und machte uns aufmerksam auf die römischen Ruinen und Ausgrabungen bei Sasso Baldo und unterhalb des Berges Nofegge.

Die Frage, was es denn mit dem Fest des „Focaraccio" in Sigillo auf sich habe, wusste keiner so recht zu beantworten. Die Großmutter wurde geholt, denn in kirchlichen Fragen, da kenne sie sich am besten aus. So erfuhren wir, dass es das Fest zu Ehren der heiligen Madonna ist, deren Statue man einst von der Kapelle in Sigillo in die große Kirche von Loreto umsiedelte, weil man diese für einen würdigeren Ort hielt. Die Legende erzählt, dass eines Nachts die Madonna als brennende Statue den Weg zurück zu ihrer Kapelle gesucht hätte. Seitdem feiert man jedes Jahr am 9. Dezember das „Focaraccio" – überall in Sigillo brennen Feuer, um der Heiligen „heimzuleuchten". Später in der Nacht geht man dann zum gemütlichen Teil über, Vino wird ausgeschenkt, und in der Feuersglut brutzeln die Würstchen.

Das war etwa 1989 – und auch bei unserem letzten Besuch, 2018, erwies sich das Albergo als wunderbare Adresse.

Gualdo Tadino

Das auf einem Hügel thronende Städtchen – im unteren Teil noch vom mittelalterlichen Wall umgeben – geht auf eine Siedlung der Umbrer zurück. Von dieser „Gründerzeit" wie auch von der späteren römischen Besiedlung ist heute nichts mehr zu sehen. Der Stauferkaiser Friedrich II. ließ den Ort Mitte des 13. Jahrhunderts vollständig neu befestigen.

In die Geschichtsbücher ging Gualdo Tadino mit der *Schlacht bei Tadinae* im Jahr 552 ein. Hier stellte sich dem legendären Ostgotenkönig Totila, der bis auf Ravenna ganz Italien erobert hatte, das byzantinische Heer entgegen. Unter der militärischen Führung des bereits 65-jährigen Narses, eines armenischen Eunuchen und Günstlings der byzantinischen Kaiserin, entschieden die Byzantiner die Schlacht für sich. Totilas Kopf wurde auf eine Lanze gespießt und, wie die Chronisten berichten, der hurrarufenden Bevölkerung präsentiert.

Im Zentrum von Gualdo – auf der Kuppe des Hügels – liegt die *Piazza Martiri della Libertà*, deren Namen an die vier Bürger der Stadt erinnert, die von den Nazis hier öffentlich erschossen wurden. Auf der einen Seite des Platzes steht die dreischiffige *Basilika di San Benedetto*, auf der anderen – weniger auffällig – die gotische *Kirche San Francesco*, deren Fresken teilweise noch erhalten sind. Das etwas heruntergekommene Innenportal aus Holz – bemalt und verziert – stammt aus einer späteren Epoche.

Am Stadtrand fallen einige *Keramikfabriken* auf – der größte Industriezweig der Stadt und ihr traditionsreichster: Die Majolika-Produktion von Gualdo Tadino reicht bis ins 14. Jahr-

Gualdo Tadino

hundert zurück. Schmucke Kacheln an den Fassaden der Stadt fielen dem großen Erdbeben 1997 zum Opfer. Die wenigen Kacheln, die heute die Häuser zieren, stammen fast ausnahmslos aus der Zeit nach der Katastrophe. Wer Exemplare klassisch gualdesischer Keramik sehen will – Kennzeichen: rubingoldener Lüster – sucht am besten das Museum der *Rocca Flea* auf.

Etwas unterhalb des Orts zweigt von der alten Verbindungsstraße nach Nocera Umbra links (vor einer Straßenbrücke) die Via della Rocchetta zur *Fonte Rocchetta* ab. Das mineralhaltige Quellwasser kann direkt und gratis vom Brunnen an der Straße abgefüllt werden. Einheimische fahren mit einem Kofferraum voller Kanister vor und decken sich mit dem gesunden Wasser ein. Die Abfüllfabrik steht weiter unten an der Straße nach Nocera. Großabnehmer sind unter anderem Schweizer Supermärkte, die dafür gelegentlich kritisiert werden – nicht wegen der Qualität des „Rocchetta", die ist unbestritten, sondern wegen der Transportkosten, die sich in einer schlechten Ökobilanz niederschlagen.

Kachelkunst in Gualdo Tadino

Sehenswertes

Rocca Flea: Die heutigen Ausmaße der Festung gehen auf den Stauferkaiser Friedrich II. zurück. Nach jahrelangen Renovierungsarbeiten brachte die Stadt 1998 ihre musealen Werte hierher zur Verwahrung. Bedeutend ist die Sammlung nicht, weder qualitativ noch quantitativ. Für Letzteres ist der Besucher schon fast wieder dankbar: statt Überladenheit wenige Exponate, die besucherfreundlich ausgeleuchtet sind.

Aus dem nahen Klarissinnenkloster haben drei Fresken den Weg hierher gefunden, die festungseigene Kapelle steuerte einen Johannes der Täufer bei, das schönste Werk aus der Kunstabteilung ist ein Hochaltar, der noch bis Ende des 18. Jahrhunderts die Franziskuskirche zierte: viel Gold, viele Heilige, im Zentrum Madonna mit Kind, darüber die Kreuzigung und ganz oben ein segnender Christus. Das farbenprächtige Werk stammt aus der Werkstatt von *Niccolò di Liberatore* (1430–1502) aus Foligno, ein Schüler von Benozzo Gozzoli.

Die Keramikabteilung zeigt Beispiele aus der sog. Lüster-Technik, die über Spanien nach Italien kam und in Gualdo seit dem 16. Jahrhundert angewandt wird. Islamische Keramik aus dem mesopotamisch-ägyptischen Raum (9.–10. Jh.) gibt der Sammlung einen exotischen Tupfer, und schließlich sei auch noch die wundervolle große Vase aus Alhambra erwähnt (roter Lüster): das Original stammt aus dem 14. Jahrhundert, die ausgestellte Kopie fertigte 1925 ein Gualdeser Keramikkünstler.

In der ehemaligen Chiesa Sant'Angelo de Flea, die im 15. Jahrhundert mit dem Bau der Festungskapelle überflüssig und zum Pferdestall umfunktioniert wurde, ist die archäologische Abteilung untergebracht. Aufregender als die Mini-Sammlung ist das Dreifaltigkeitsfresko an der Wand: Die drei göttlichen Köpfe wurden auf ein und denselben Körper gesetzt.

■ Juni–Sept. Di–So 10–13 und 15–19 Uhr, Okt.–Mai Do–So 10–13 und 15–18 Uhr. Eintritt 6 € (zusammen mit Museo Regionale dell'Emigrazione).

Museo Regionale dell'Emigrazione: *"Mamma mia dammi cento lire che in America voglio andar."* Die Mamma wollte die 100 Lire gerne geben, aber „in America – no no no". Der Titel des während der großen Emigration (1876–1914) entstandenen populären Volkslieds ziert eine der Abteilungen dieses einzigartigen, auf drei Etagen verteilten Museums. Etwas Zeit muss man mitbringen für die im Palazzo del Podestà und der Torre civica untergebrachte Dokumentation – und mit Vorteil auch Italienischkenntnisse. Ein museographisch überzeugendes Konzept: zahlreiche Dokumente, Videoinstallationen, auf alte Reisekoffer projizierte Diapanoramen und leserfreundlich langsam über die Wände fließende Informationstexte thematisieren die verschiedensten Aspekte der italienischen Emigration. Während der sogenannten „großen Emigration" suchten 14,3 Millionen Italiener ihr Glück in der Fremde, in der blühenden Industrie der USA, in den Bergwerken Lothringens und anderswo. Eine zweite Auswanderungswelle löste der Faschismus aus: 350.000 Italiener verließen das Land, um sich vor allem in New York oder Buenos Aires eine neue Existenz aufzubauen. Nach dem Zweiten Weltkrieg lag die italienische Wirtschaft am Boden: 1946 bis 1970 erfolgte eine erneute Emigrationswelle, diesmal vor allem in die Schweiz und nach Deutschland. „Man hat Arbeitskräfte gerufen, und es kommen Menschen", notierte 1965 der Schweizer Schriftsteller Max Frisch. Auch diesen Satz hat das Museum festgehalten.

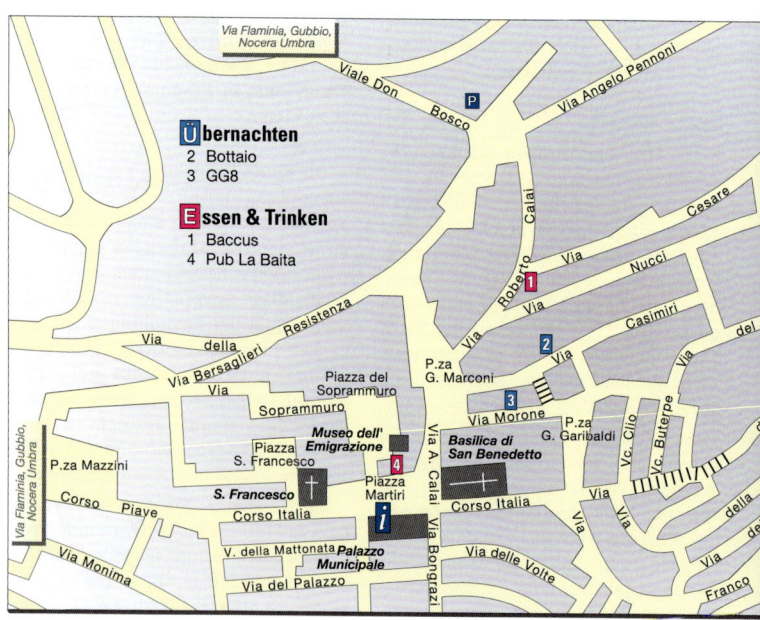

Gualdo Tadino 45

Di–Fr 10–13 und 16–18.30, Sa/So 10–13 und 15–18 Uhr. Eintritt 5 €, im Sammelticket mit Rocca Flea 6 €.

Wandern

Nordöstlich von Gualdo Tadino führt ein enges Sträßchen zum knapp über 1000 m hoch gelegenen **Weiler Valsorda**. Man befindet sich mitten in einer alpinen Region, in der sich Nadelholz und Wiesen abwechseln – ein ideales Wandergebiet. Allerdings lassen die Markierungen (Wege von 2 bis 6 Std.) zu wünschen übrig, eine gute Karte ist hilfreich. Von Gualdo Tadino fährt jeweils morgens und abends ein Bus nach Valsorda und zurück. Wer oben bleiben will findet einen bescheidenen Camping vor (s. u.).

Postleitzahl 06023

Information **Info Point Pro Tadino**, Piazza Martiri. Viel darf man nicht erwarten; Italienischkenntnisse sind von Vorteil. Di/Mi und Fr/Sa 9.30–13.30, Do 9.30–13.30 und 16–18 Uhr. ☎ 075-9150263.

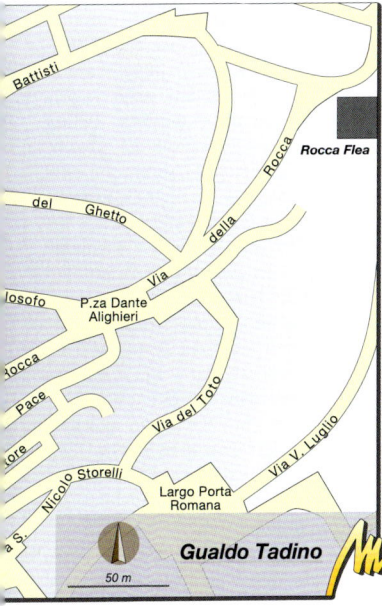

Hin und weg **Bahn**: Gualdo Tadino liegt an der Strecke Rom–Ascona. Gute Verbindung nach Foligno und Fabriano, gelegentlich auch Züge bis nach Rom bzw. Ancona. Bahnhof 1 km unterhalb des Orts.

Bus: Mindestens ein halbes Dutzend Fahrten pro Tag nach Gubbio, Perugia und Nocera Umbra.

Feste **Giochi de le Porte**, letztes Septemberwochenende. Den Start macht der Geschenkeaustausch der Tavernenbesitzer. Dann taucht die Stadt drei Tage lang ins Mittelalter ein. Historischer Umzug am Samstagabend und Sonntagmittag.

Die Organisatoren erwarten über die drei Tage um die 100.000 Besucher. Ein Zimmer in Gualdo zu suchen, ist dann ein aussichtsloses Unterfangen.

Hotel ***** GG8** **3**, hinter der Basilika. Das Hotel „Gigiotto" blickte auf eine über 100-jährige Tradition zurück, als es 1997 vom Erdbeben weitgehend zerstört wurde. Nach langjährigen Arbeiten erblickte 2012 – Phönix aus der Asche – das GG8 (ausgesprochen „Gigiotto", immer noch im selben Familienbesitz) das Licht der Welt. Alles neu: großer, heller Speisesaal mit einem Wandgemälde, das von Mondrian stammen könnte, komfortabel eingerichtete Zimmer. DZ 65–95 €. Via Morone 5, ☎ 075075-912283, www.gg8.it.

*** Bottaio **2**, ebenfalls hinter der Basilika; durchschnittliches Mittelklassehotel. DZ mit Dusche 60 €. Via Nucci 1, ☎ 075-913230, www.hotelristorantebottaio.it.

Camping *** Valsorda**, 6 km nordöstlich von Gualdo Tadino auf knapp über 1000 m Höhe. Bescheiden, aber in sehr schöner Lage am Waldrand. 40 Stellplätze. Geöffnet Juni–Sept. Außerhalb der Saison wird wildes Zelten geduldet. Loc. Valsorda, ☎ 075-913261.

Restaurants Die Hotels **GG8** und **Bottaio** (s. o.) führen beide eine exzellente, mehrfach ausgezeichnete Küche.

Baccus **1**, regionale Küche, sympathische Atmosphäre. Spezialität bacchantischer Gelage sind Fleischspieße, aber auch Pizze werden serviert. Mo Ruhetag. Via Roberto Calai 32, ☎ 075-4653156.

Bar La Baita **4**, diverse Biere vom Fass, u. a. Guinness und deutsche Sorten, Flaschenbiere aus Belgien, Korsika … Wer sich schneller betrinken will, studiere das umfangreiche Whisk(e)y-Angebot. Piazza Martiri della Libertà.

Nocera Umbra

Die „Città delle acque", wie sich Nocera in Anspielung auf die nahen Thermalquellen nennt, lag im Epizentrum, als 1997 die Erde bebte. Das ganze Fundament der Oberstadt musste danach neu abgestützt werden. 2018 war das Centro storico im Wesentlichen geflickt, einzig einige noch nicht angeschlossene Gas- und Wasserleitungen ragten noch aus dem Gemäuer.

Soll man's Glück im Unglück nennen? Die Altstadt von Nocera war schon seit Jahren heruntergekommen, viele Häuser waren bereits vor dem Erdbeben unbewohnt. Das Gros der Bevölkerung lebte außerhalb der Stadtmauer und war dort zumindest etwas sicherer als in den ruinösen, mittelalterlichen Gemäuern der Oberstadt.

Nach den Reparaturarbeiten sieht man jetzt oft statt des früheren dunklen Gemäuers hellen Verputz in optimistischen Ocker-, Rosa- und Gelbtönen. Am Corso Vittorio Emanuele haben die ersten Boutiquen wiedereröffnet. Einige Häuser sind wieder bewohnt, andere stehen zum Verkauf.

Stadtspaziergang: Man betritt das Centro storico durch die *Porta Vecchia*, die inzwischen in *Porta San Francesco* umbenannt wurde, der Name hat sich aber noch nicht durchgesetzt. Dahinter steigt die enge Hauptgasse an, die sich stolz *Corso Vittorio Emanuele* nennt und von der beiderseits noch engere Gassen und Treppen abgehen. Richtig hell wird's erst oben auf der überraschend großen *Piazza Caprera* mit dem Rathaus, dem die Pinakothek gegenübersteht. Eine Gedenktafel hält die Erinnerung an die leidvolle Geschichte wach und ehrt zwei lokale Carabinieri für ihren Widerstand gegen die deutschen Besatzer. Am obersten Punkt des Centro storico steht der *Dom*, nach der Wiederinstandsetzung im Inneren kühl, unweit daneben der restaurierte *Campanaccio*, ein Wachturm aus dem 11. Jahrhundert. Letzterer ist ein Überbleibsel einer einstigen Festung und bietet einen großartigen Ausblick bis zum Apennin.

Wer noch mehr von Nocera sehen will, findet den Weg über Treppen und

Nach dem Erdbeben wieder aufgebaut: Chiesa San Filippo

Nocera Umbra 47

Gassen hinunter zu einem weiteren Wachturm, der *Palambara*. Von hier führt eine Gasse an der Stadtmauer entlang zur neugotischen *Chiesa San Filippo*, die beim Erdbeben stark beschädigt wurde und jetzt im neuen Verputz dasteht. Der Spaziergang führt weiter zu den *Portici San Filippo*, einem hübschen Arkadengang (2018 weitgehend repariert, aber mit noch leerstehenden Geschäftsräumen) und zurück zur Porta Vecchia.

Bagni di Nocera (Stravignano): Rund 5 km außerhalb liegen die *Thermalquellen* von Nocera. Die päpstliche Anlage aus dem Jahr 1717 – ein lauschiger Ort mit einem Bergbach, der sich über mehrere Stufen in ein altes Badebecken ergoss – stand schon einige Jahre leer, als sie 1996 unter kirchlicher Regie wiedereröffnet wurde. Die neue, familienfreundliche Ferieneinrichtung hatte gerade ein Jahr Bestand, als sie im Erdbeben 1997 zusammenkrachte. Doch die Anlage ging wie ein Phönix aus der Asche hervor – als *Ferien- und Kongresszentrum Fonte Angelica*. Die Gebäudetrakte sind allesamt renoviert, die hübsche Gartenanlage mit dem treppenweise hinunterfließenden Bächlein und dem Bassin ist wieder instandgesetzt, das historische Badebecken repariert. Wo man früher noch ein Bad nehmen durfte, ziehen heute Schwäne ihre Bahnen. Einzig der päpstliche Gedenkstein hatte die Katastrophe unbeschädigt überlebt.

Postleitzahl 06025

Hin und weg Bahn: Gualdo Tadino liegt an der Strecke Rom – Ascona. Gute Verbindung nach Foligno und Fabriano (Marken).

Bus: 4 x tägl. nach Gualdo Tadino, 6 x tägl. nach Foligno.

Schwimmbad am unteren Ortsausgang an der Straße nach Foligno. Modernes Bad mit Kinderbecken, Rutsche, Bar-Pizzeria und einer kleinen Wellness-Abteilung, in der Sie sich einer Drainage unterziehen können, um wieder eine „bella figura" zu machen.

Hotels *** **Europa**, an der Durchgangsstraße. Nach dem Erdbeben zerstört und komplett neu aufgebaut. Etwas unpersönlicher Empfang, modern eingerichtete Zimmer. Restaurant mit akzeptablen Menus. DZ 60–80 €. Largo Bisleri 9, ☏ 0742-818774, www.hotelristoranteeuropa.it.

** **Flaminio**, an der Durchgangsstraße. Ebenfalls nach dem Erdbeben komplett renoviert und 2010 neu eröffnet. Korrekte, geräumige Zimmer. Restaurant. DZ 50–70 €. Via Garibaldi 4, ☏ 0742-818883, www.flaminiohotel.com.

*** **Fonte Angelica**, 5 km außerhalb in Bagni di Nocera, Ferien- und Kongresszentrum. Die päpstliche Anlage aus dem 18. Jh. mit 185 Zimmern wird oft von Gruppen besucht, doch finden auch individuell Reisende eine Unterkunft. Leser lobten die Anlage als angenehme Basis für Unternehmungen ins Umland. DZ inkl. Frühstück 60–120 €. Gelegentlich wird Halbpension oder mehrtägiger Aufenthalt verlangt. Spezielle Tarife für Familie. Geöffnet Mai–Okt. Loc. Stravignano, Bagni di Nocera Umbra, ☏ 0742-813266, www.fonteangelica.it.

MeinTipp **Agriturismo La Costa**, ca. 5 km in Richtung Gualdo Tadino, dann rechts nach Costa abzweigen, und schon ist man da. Sympathischer, familiär geführter Betrieb mit Olivenanbau. Zu den Tieren des Hofs zählen Hühner, Gänse, Kaninchen, ein beeindruckender Wachhund (gut eingesperrt) sowie zwei Trüffelhunde. Vom letzten Maisonntag bis Ende September können die Gäste mit einem der beiden Söhne des Hauses auf Trüffelsuche (schwarze Trüffeln) gehen und erfahren dabei alles rund um den kostbaren Pilz: wie man ihn findet, wie Trüffelhunde dressiert werden und mehr. Speisesaal für 30 Pers. mit Terrasse. Alles in absolut ruhiger Lage. 5 Zimmer für 2, 3 oder 4 Pers. DZ inkl. Frühstück 42–70 €, HP 42 €/Pers. Loc. Costa, ☏ 0742-810042, ☏ 393-1517957, www.aziendaagricolalacosta.it.

MeinTipp **Restaurant Di Piazza Grande**, das beliebte Restaurant im Centro storico zählte 1997 ebenfalls zu den Erdbebenopfern, 12 Jahre später feierte es mit einem Generationenwechsel die Neueröffnung. Der einstige Besitzer übergab das Etablissement seiner Tochter und konzentriert sich seither ohne administrative Nebenaufgaben ganz auf sein Metier: Er schwingt die Kelle in der Küche. Mi Ruhetag. Piazza Caprera 12, ☏ 0742-818854.

Der Norden → Karte S. 20

Perugia und Lago Trasimeno

Im Zentrum der Region thront stolz auf einem Hügel Perugia, die Hauptstadt. Hier herrscht tagsüber Trubel, und weil Perugia nicht nur eine klassische Universität besitzt, sondern auch eine spezielle Universität für Ausländer, die korrektes Italienisch lernen wollen, ist auch nachts noch etwas los.

Wenn die Peruginer sich vom lauten Leben in der Stadt erholen wollen oder ihnen das Dach in der engen Wohnung auf den Kopf fällt, fahren sie gerne zum nahen Lago Trasimeno. Brauchen sie noch mehr Ruhe, setzen sie auf die Isola Polvese über.

Perugia hat wohl jeder Umbrien-Urlauber im Programm. Viele wollen einfach mal wieder Großstadtluft schnuppern, Kulturbeflissene studieren die Liste der Museen, andere sind auf Shopping aus, und wieder andere wollen den Abend nicht schon um 22 Uhr ausklingen lassen.

Am Lago Trasimeno lockt im malerischen **Castiglione del Lago** die Burg mit ihrer spektakulären Aussicht, hier hat man auch eine gute Auswahl an Restaurants. Das kleine **San Feliciano** zwischen den beiden Hauptorten verströmt noch die Atmosphäre eines Fischerdorfs, auch wenn die Fischer hier rar geworden sind. **Monte del Lago** ist ein wunderschöner Ort über dem See, vor allem für die, die hier ein Haus haben. Das letzte Hotel hat schon lange geschlossen, kein Restaurant, nicht mal eine Bar gibt es.

Città della Pieve im Hinterland des Trasimenischen Sees spielt die Hauptstadtrolle – und macht nicht nur mit dem umbrischen Maler Perugino Reklame, sondern auch mit dem Safran, der hier angebaut wird. Weitere Ziele im Hinterland sind die Dörfer **Paciano** und **Panicale,** letzteres hat sich angesichts der wachsenden Besucherscharen herausgeputzt, sowie **Piegaro,** wo die Glasfabrikation bis ins 13. Jahrhundert zurückreicht.

Was anschauen?

Fontana Maggiore in Perugia: Der dreistöckige Marmorbrunnen, der direkt auf dem Domplatz plätschert, ist gekrönt von drei Wasserträgerinnen und ein Meisterwerk aus dem 13. Jahrhundert. Allein die Komposition eines 25-Ecks unten und eines 24-Ecks in der Mitte verdient Beachtung, die Reliefs erst recht. → S. 54

Schilfwerkstatt in San Feliciano: Am Lago Trasimeno stellt am südlichen Ortsende von San Feliciano die Werkstatt von Zoppitelli mit ratternden, museumsreifen Schilfflechtmaschinen nützliche Dinge aus Schilf her. → S. 83

Kunstsammlung in Città della Pieve: Am Ortsausgang Richtung Chiusi präsentiert der Giardino dei Lauri die Sammlung des kunstsinnigen Ehepaars Massimo und Angela Lauri: Gemälde, Fotografien, Skulpturen Videoinstallationen – ganz und gar sehenswert. → S. 97

Ex-Glasfabrik in Piegaro: Die alte Vetreria erzählt die bewegte Geschichte der lokalen Glaserstellung, heute findet die Produktion der „Vetreria Piegaro" – sie ist eine der größten Flaschenherstellerinnen Europas – unten an der Durchgangsstraße statt. → S. 102

La Scarzuola: Der Ort liegt ganz versteckt im Hinterland. Die in Stein gehauene Philosophie eines wunderlichen Architekten ist eine wahre Überraschung! → S. 106

Was unternehmen?

Radtour um den Lago Trasimeno: Die 160 km lange Via del Trasimeno lässt sich in mehrere Etappen einteilen, die Markierung ist vorbildlich. Der gesamte Weg ist auch für Mountainbikes geeignet, dann ist mit drei Etappen zu rechnen. → S. 77

Besuch der Isola Maggiore: Die Überfahrt von Tuoro ist kurz, ein Spaziergang über die Insel erholsam, ein Bad im See erfrischend. → S. 92

Was und wo shoppen?

Wein in Torgiano: Die Familie Lungarotti hat bewiesen, dass man in dieser Gegend einen guten Tropfen ziehen kann, und sie hat ein Weinmuseum eröffnet, das vermutlich beste seiner Art in ganz Italien. → S. 70

Keramik in Deruta: In der umbrischen Majolika-Zentrale reihen sich im Centro storico die kleinen Keramik-Galerien. Interessierte Nicht-Käufer suchen besser das Keramik-Museum auf. → S. 74

Was und wo essen und trinken?

„Mediterranea" in Perugia: Die Pizzeria sticht aus ihresgleichen heraus. Die Einheimischen wissen es und stehen bis auf die Straße an. → S. 66

„Rosso di Sera" in San Feliciano: Man isst auf dem Balkon und blickt auf den See. Spezialität sind Fische, der Tegamaccio (Fischsuppe) schmeckt ausgezeichnet. → S. 84

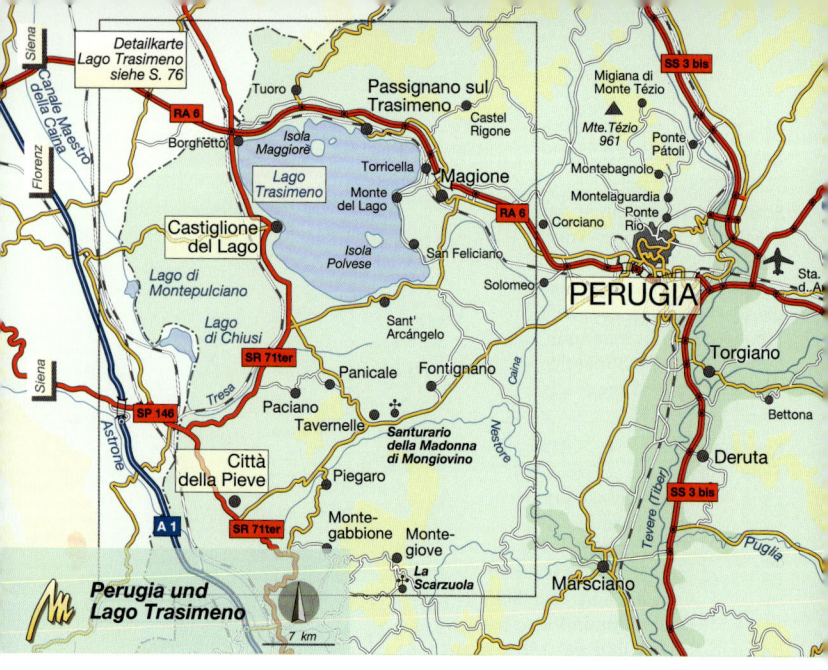

Perugia

Die Hauptstadt Umbriens präsentiert sich als moderne Großstadt in uraltem Kleid. Dicht gedrängt stehen die Häuser des historischen Zentrums auf einer 500 Meter hohen Hügelgruppe: viel treppauf, treppab, Straßenschluchten, düstere Gassen.

Ganz oben lockt die sonnige Piazza IV Novembre mit ihren Palazzi und der Fonte Maggiore als Schmuckstück; sie geht über in den Corso Vannucci, die Flaniermeile Perugias mit ihren noblen Läden und Cafés. Am anderen Ende des Corso, an der Piazza Italia, öffnet sich ein weiter Blick ins Tibertal.

Der Individualverkehr ist größtenteils aus der Innenstadt verbannt. Wer nicht riskieren will, für sein im Halteverbot abgestelltes Auto eine teure „Multa" zu bezahlen oder gar abgeschleppt zu werden, macht besser von den Beinen Gebrauch oder von öffentlichen Verkehrsmitteln. Von den Großparkplätzen *Piazza Partigiani*, *Piazzale Europa* und *Cupa* führt eine Rolltreppe *(scala mobile)* durchs unterirdische Mittelalter hinauf in die Fußgängerzone des *Corso Vannucci*. Von den Parkplätzen *Pian di Massiano* und *Cupa* aus bietet sich auch die elegante Minimetro (s. u.) an, um in die Stadt hochzukommen.

Unten im Tal liegt die schnell gewachsene Trabantenstadt **San Sisto**: Wohnsilos, Industrieanlagen und die bekannte Schokoladenfabrik *Perugina*, wo die über Italien hinaus bekannten *„Baci di Perugia"* produziert werden. Die Pralinenküsse gehören heute zum Nestlé-Imperium (→ Kastentext „Süße Küsse aus Perugia").

Stadtgeschichte

Die düsteren Gassen Perugias haben eine ebenso düstere Vergangenheit. Im Laufe ihrer Geschichte wurde die Stadt oft belagert, in der verwinkelten Altstadt spielten sich erbitterte Kämpfe zwischen verfeindeten Adelsfamilien ab. Auch die wenig frommen Päpste der Renaissance hinterließen blutige Spuren in der Stadtchronik.

Aus etruskischer Zeit stehen noch Reste von mächtigen Mauern und Toren. *Persna* gehörte im Altertum zum *Zwölfstädtebund* der Etrusker. Zahlreiche Ausgrabungen in und um Perugia dokumentieren die Bedeutung der etruskischen Stadt. Um 310 v. Chr. fiel sie in die Hand der Römer, die damals den Karthagern den Einfluss im Mittelmeerraum streitig machten. Im Bürgerkrieg, der nach der Ermordung *Cäsars* 44 v. Chr. zwischen den Konsuln *Marc Antonius* und *Octavian* (dem späteren Kaiser *Augustus*) ausbrach, stellte sich Perugia auf die Seite von Marc Antonius. Sieben Monate lang belagerte Octavian die Stadt, bis Hunger die Einwohner zur Aufgabe zwang. Als dann die Soldaten mit der Plünderung beginnen wollten, stand die Stadt plötzlich in Flammen. Dem Feind sollte nichts in die Hände fallen – schon damals war die Politik der verbrannten Erde eine bekannte Praxis.

Wieder aufgebaut, erhielt die Stadt den Namen *Augusta Perusa*. In der Zeit der germanischen Völkerwanderung (4./5. Jh. n. Chr.) wurde sie erneut belagert, diesmal von den Ostgoten (530–537). Dann nahm sie der oströmische Feldherr *Belisar* ein, 547 eroberte ein Gotenheer unter König *Totila* die Stadt zurück und zerstörte sie völlig. Fünf Jahre später erschienen erneut die Oströmer auf dem Plan, diesmal unter *Narses*, und entschieden das ostgotisch-oströmische Gezänk zugunsten von Byzanz.

Nach dem 11. Jahrhundert war Perugia ein freier Stadtstaat – wohlwollend

Der Dom mit Fontana Maggiore

geduldet von den Päpsten, die sich in unruhigen Zeiten gern hierher zurückzogen und große Kirchenversammlungen abhielten.

Im 14. Jahrhundert errichtete der bekannte Zitadellenbauer Matteo Gattapone unter der heutigen Piazza d'Italia eine der mächtigsten Festungen Italiens. Zerstört wurde sie 1375 nicht von Feinden, sondern von den Bürgern Perugias. Stattliche Patrizierhäuser mit hohen Türmen zeugten fortan vom Einfluss und Wohlstand der Kaufmannsfamilien.

Im 15. Jahrhundert lebte die Stadt mehr oder weniger im Bürgerkrieg, den die Adelsgeschlechter der *Oddi* und der *Baglioni* entfacht hatten. Jahrelang kam es immer wieder zu Scharmützeln. 1500, anlässlich der Hochzeit des *Astorre Baglione*, steigerte sich die Blutfehde dann zum makabren Finale: Vor dem Dom San Lorenzo (gegenüber dem Palazzo Pubblico) fielen die beiden Familien und deren Anhänger übereinander her. Nach zeitgenössischen Berichten stapelten sich auf dem Platz die Leichen – die beiden einflussreichsten Adelsgeschlechter der Stadt hatten sich gegenseitig ausgerottet. Der Dom, meterhoch mit Blut besprizt, soll zur Sühne später gänzlich mit Wein abgewaschen worden sein.

Papst *Paul III.*, der 1540 nach dem adeligen Blutbad die Macht über die Stadt an sich gerissen hatte, ließ um die halb zerstörten Palastruinen der Baglioni-Familie eine mächtige Festung bauen, die berüchtigte *Rocca Paolina*. Da er es damit sehr eilig hatte, schütteten die Bauarbeiter kurzerhand ein ganzes Wohnviertel zu und errichteten darüber die Burg.

Mit der päpstlichen Machtübernahme verlor Perugia seine Unabhängigkeit. Fortan hatte die Kirche über Jahrhunderte das Sagen, sie konnte ihren Einfluss bis ins 19. Jahrhundert verteidigen. Erst mit der nationalen Einigung Italiens wurde die Macht des Vatikans gebrochen, 1860 stürmten die Bürger den verhassten Papstzwinger, dessen Besatzung, papsttreue Iren, bis zum letzten Mann kämpfte. Der seither unterirdische Stadtteil ist erhalten geblieben und heute teilweise zugänglich: praktisch unversehrte mittelalterliche Straßen und Häuser, konserviert unter einer ehemaligen Papstfestung!

Die Ausländer-Universität

Die populärste Uni in ganz Italien für alle, die die Sprache Dantes lernen wollen. Das ganze Jahr über werden ein-, zwei- und dreimonatige Kurse angeboten. Der Unterricht umfasst 20 Wochenstunden.

Im Juli, August und September findet jeweils ein 4-wöchiger Intensivkurs statt. Möglichkeiten, seine frischen Sprachkenntnisse anzuwenden, gibt es gerade in Perugia zur Genüge. Es sei denn, man unterliegt der Verlockung, sich vorwiegend im Kreis deutscher Studenten zu bewegen.

Kosten: Im Vergleich zu anderen Universitätsstädten Italiens sind die Preise der Sprachkurse in Perugia mit die niedrigsten – ca. 600 € pro Monat, ein Fortgeschrittenenkurs knapp 700 €. Für die Unterkunft in Familien, kirchlichen Häusern oder kleinen Wohnungen ist mit zusätzlich 500–700 € zu rechnen.

Information/Anmeldung: Università Italiana per Stranieri, Palazzo Gallenga, Piazza Fortebraccio 4, 06122 Perugia. ℡ 075-57461, www.unistrapg.it

Fontana Maggiore

Sehenswertes

Mit ihren mittelalterlichen Toren, Palästen, Kirchen und Bogengängen ist die Stadt als Ganzes sehenswert – jeder Spaziergang im romantischen Gewirr der Gassen und Treppen verheißt neue Entdeckungen. Große Kunstwerke wurden, mit Ausnahme der Fontana Maggiore und der Gemälde von Perugino, in Perugia wenige geschaffen. Die Stadt war die meiste Zeit damit beschäftigt, die umliegenden Gemeinden und Burgherren unter dem Joch zu halten und sich gegen übermächtige Feinde zu verteidigen.

Dom San Lorenzo: ein gutes Beispiel für die halbfertige Bauart, die man in Perugia häufig antrifft – von 1345 bis 1490 (!) wurde am Kirchenbau gearbeitet. Die Fassade sollte ursprünglich vollständig mit Marmor verkleidet werden. Außer einem kümmerlichen Anfang wurde nichts daraus. Ein Schmuckstück hingegen ist die schmucke Außenkanzel rechts des Eingangs. Sie wurde eigens für *Bernhardin von Siena* gebaut, der 1425 und 1427 von hier aus den Bürgern der Stadt predigte und nach seinem Tod bald heiliggesprochen wurde.

Das Kirchenschiff ist auffallend hoch. Die Deckenmalereien (18. Jh.) wurden 2012 aufgefrischt, seither wirkt das Innere freundlicher. In der ersten Seitenkapelle rechts ist auf einem Glasfenster Bernhardin als Prediger festgehalten. Ebenfalls auf der rechten Seite befindet sich die Taufkapelle mit einem bärtigen Gottvater im Fenster, hinter dem sich Engelchen scharen. Auf der linken Seite brennen vor der ersten Seitenkapelle besonders viele Kerzen, hier wird im Reliquiar ein Ring aufbewahrt, den

angeblich Josef der Muttergottes zur Verlobung schenkte.
- Mo-Sa 7.30–12.30 und 15.30–18.45, So 8–13 und 16–19.30 Uhr.

> **Tipp für Museumsgänger**: Die „Perugia Città Museo"-Card für 14 € berechtigt zum freien Eintritt in 10 Sehenswürdigkeiten, darunter: Nationalgalerie, Collegio del Cambio, Collegio della Mercanzia, Palazzo della Penna, Etruskischer Brunnen, Kapelle San Severo, Ipogeo dei Volumni. Weitere Museen gewähren einen Nachlass, ebenso einige Restaurants in der Stadt.

Fontana Maggiore: Der prächtige, dreistöckige Marmorbrunnen vor der Kathedrale, der sich vom dunkelgrauen Stadtbild abhebt, wurde 1275 vom Architekten *Fra Bevignate* für den einstigen Marktplatz entworfen, die Reliefs stammen von *Nicola Pisano* und seinem Sohn *Giovanni*, den berühmtesten Bildhauern ihrer Zeit.

Das untere Becken ist ein von Säulen gegliedertes 25-Eck, wobei jede Seite durch eine weitere Säule halbiert wurde, so dass insgesamt 50 Felder für 50 fein gearbeitete Flachreliefs entstanden, die das Auge zur Entdeckungsreise anregen: Darstellungen aus der Bibel, aus der Literatur (Äsop), Zyklus der zwölf Monate, Allegorien auf Wissenschaft und Künste. Das mittlere Becken basiert auf einem von Statuetten gegliederten 24-Eck, wobei jede zweite Ecke gleichsam nach innen geklappt ist. Der unterschiedliche Aufbau der beiden polygonalen Becken (25-Eck und 24-Eck) verhindert, dass die Statuetten des mittleren Teils exakt über den Säulen des unteren Teils zu stehen kommen und erzeugt damit eine optische Dynamik. Die Statuetten stellen schicksalsentscheidende Persönlichkeiten der Stadt dar, Gestalten aus dem Alten Testament sowie die Nymphen des Trasimenischen Sees. In der obersten Etage wird die Fontana Maggiore von drei in Bronze gegossenen Wasserträgerinnen gekrönt.

Der berühmte Brunnen wurde immer wieder gründlich restauriert. Experten entdeckten jedoch noch immer haarfeine Risse im Gestein der unteren Reliefreihe sowie in der krönenden Bronzestatue. Damit das einmalige Kunstwerk ein leichtes Erdbeben überstehen kann, wurde 1991 eine Restaurierung mit modernsten Techniken unternommen. Teile des Originals sind heute erdbebensicher in der Umbrischen Nationalgalerie untergebracht.

Palazzo Comunale (*Palazzo dei Priori*): Gebaut wurde der beeindruckende, kolossale Bau gegenüber der Kathedrale von 1297 bis 1423. Bemerkenswert ist die Fassade zum Corso Vannucci, 120 Meter lang, unterbrochen von einem reich verzierten Rundbogenportal. Eine großherzige Inschrift begrüßt den Fremden: „*Entra pure, movi securo*" (Tritt ein und beweg dich frei), und tatsächlich zahlt man keinen Eintritt.

Sala dei Notari: im Palazzo Comunale, über eine Freitreppe vom Platz aus erreichbar. Auch innen wurde im Palazzo – anders als beim Bau der Kathedrale – wenig gespart. Eindrucksvoller Beleg dafür ist die **Sala dei Notari**, in der einst die Volksversammlung tagte: ein prunkvoller, riesiger Saal mit reich verzierten Deckenbögen und Freskenmotiven aus dem Alten Testament.
- Di–So 9–13 und 15–19 Uhr. Eintritt frei.

Umbrische Nationalgalerie (*Galleria Nazionale dell'Umbria*): im 3. Stock des Palazzo Comunale. Hier ist die umfangreichste Sammlung umbrischer Kunst untergebracht. Während im 15. Jahrhundert in Florenz die Renaissance erblühte, befand sich in Umbrien die Malerei noch im mystischen Mittelalter. Die größten umbrischen Meister dieser Zeit waren *Benedetto Bonfigli*, *Bernardino di Betto*, genannt *Pinturicchio* und *Pietro Vannucci*, heute unter dem Namen *Perugino* bekannt, der Vorgänger und Lehrer von Raffael. Mehr über Perugino siehe unter seinem Geburtsort Città della Pieve.

- Di–So 8.30–19.30 Uhr. Eintritt 8 €.

Säle 1–4 – Malerei und Bildhauerei, 13. und 14. Jh.: Von der Fontana Maggiore, Perugias berühmtem Marmorbrunnen auf dem Domplatz, sind einige originale Teile zu sehen (Saal 1), darunter die das Kunstwerk krönende Bronzegruppe der Wasserträgerinnen. Man achte auf die elegante „Verknüpfung" der Arme der drei Damen.

Säle 5–7 – Sienesische und florentinische Malerei aus dem 15. Jh., internationale Gotik: Der Sienese *Taddeo di Bartolo* ist mit mehreren Altarbildern vertreten, darunter eine Pfingstdarstellung mit den überraschten Gesichtern der Jünger (Saal 5).

Ein Meisterwerk der Spätgotik ist *Gentile da Fabrianos* „Madonna mit Kind" (Saal 6). In den goldenen Hintergrund sind – kaum wahrnehmbar – Engel eingeritzt. Ein interaktiver Bildschirm macht den Besucher auf weitere Details des Kunstwerks aufmerksam.

Säle 8–11 – Hauptwerke der Renaissance: Der Dominikanermönch *Beato Angelico*, der sich zeitlebens mit der Wirkung des Lichts auseinandersetzte, schuf für die Dominikanerkirche von Perugia ein mehrteiliges Altarbild, im Zentrum Madonna mit Kind, umrahmt von Heiligen (Saal 8).

Perugino ist mit einer in düsteren Tönen gehaltenen Pietà vertreten, einem relativ frühen Werk, das bereits die für ihn typische Hintergrundlandschaft zeigt (Saal 9).

Auch *Benozzo Gozzoli*, ein Schüler des vorgenannten Beato Angelico und Umbrien-Reisenden vor allem von Montefalco her ein Begriff (siehe dort), hat in Perugia ein Bild mit Heiligen hinterlassen und dabei mit Gold nicht gespart (Saal 10).

Von *Piero della Francesca*, nahe der umbrischen Grenze in Sansepolcro geboren, stammt ein ungewöhnliches Altarbild: Die von Blautönen beherrschte Verkündigungsszene spielt gleichsam auf dem Dach der in Gold gehaltenen, zentralen Darstellung von Maria mit Kind und Heiligen. Das Spiel mit der Perspektive erweitert das Bild im oberen Teil um eine Dimension (Saal 11).

Säle 12–16 – Malerei aus Umbrien und den Marken, 15. Jh.: Mit *Bartolomeo di Tommasos* dramatisch gestaltetem Predella-Teil „Christus im Grab mit Frauen" und einer

Umbrische Nationalgalerie

künstlerisch weniger überzeugenden Prozessionsstandarte von *Niccolò di Liberatore* sind die wichtigsten Maler aus Foligno vertreten (Saal 12).

Einen Saal für sich allein hat *Benedetto Bonfigli* bekommen (Saal 14), Perugias berühmtester Maler, bevor Perugino ihm diesen Titel streitig machte. Am meisten imponierte die großformatige „Anbetung der heiligen drei Könige" von 1466 mit einer hübschen Szene in der Predella: Der heilige Nikolaus rettet drei unschuldig zum Tod Verurteilte, indem er dem Scharfrichter ins Schwert fällt. Nur fünf Jahre später machte sich auch der junge *Perugino* an das Thema der „Anbetung" (Saal 15).

Säle 17–20 – Die „Schatzkammer": Umbrische Stoffe, Elfenbeinschnitzereien, Keramik, u. a. auch bemalte Kacheln aus Deruta (Saal 20).

Saal 21 – Prioratskapelle: Zwischen 1442 und 1450 wurde im Palast eine neue Kapelle gebaut, deren Ausgestaltung man in der

Hauptsache *Benedetto Bonfigli* anvertraute. Seine Fresken sind noch weitgehend erhalten, dargestellt sind u. a. die Belagerung Perugias durch den Gotenkönig Totila sowie die Überführung des Leichnams des heiligen Ercolano, von Totila ermordeter Schutzpatron der Stadt. Erst 1494 wurde Perugino – inzwischen berühmt geworden und wohl nicht mehr zu übergehen – mit einem Gemälde für die Kapelle beauftragt. Sein Werk wurde jedoch 1815 in die Vatikanischen Museen abtransportiert, einzig eine Christusfigur mit Dornenkrone verblieb in Perugia.

Säle 22 und 23 – Meisterwerke der umbrischen Malerei, Pinturicchio und Perugino
Bernardino di Betto, genannt *Pinturicchio*, ist Umbriens berühmtester Perugino-Schüler. Von ihm zeigt die Nationalgalerie eine „Maria mit Kind", die früher die Kirche Santa Maria dei Fossi zierte (Saal 22).

Von den Bildern des reifen *Perugino* (Saal 23) ist „Christi Geburt" (1501–02) ein Klassiker: axialsymmetrisch komponiert, im Hintergrund der Trasimenische See. Von *Luca Signorelli*, dessen berühmteste Arbeit die Ausgestaltung der Brizio-Kapelle im Dom von Orvieto ist (siehe dort), zeigt die Nationalgalerie ein eher sekundäres Werk: eine ziemlich lädierte „Glorreiche Madonna" – in der Predella stützt der heilige Franz die auseinanderbrechende Kirche (ebenfalls Saal 23).

Säle 24–30 – Werke aus dem 16.–18. Jh.
Knapp 50 Gemälde aus der Zeit nach Perugino sind hier zu sehen. Selbst die Konservatoren scheinen nicht überzeugt: Im offiziellen Katalog sind die Bilder weder abgelichtet noch kommentiert, einfach nur aufgelistet. Man kann den Besuch der Nationalgalerie also getrost mit Saal 23 abschließen.

Collegio del Cambio
Der Sitz der Geldwechsler sowie der **Collegio della Mercanzia**, Sitz der Kaufleute, befinden sich links und rechts des Haupteingangs zur Nationalgalerie. Im Collegio del Cambio ist ein großes Perugino-Fresko zu sehen, zu dem auch das einzige überlieferte Selbstbildnis des Meisters gehört. Eine Kopie des berühmten Kopfs findet man in der Kathedrale von Città della Pieve. Im Collegio della Mercanzia überraschen die mit Edelhölzern getäfelten Wände aus dem 15. Jahrhundert.

Collegio del Cambio: Jan.–Nov. Mo–Sa 9–12.30 und 14.30–17.30, So 9–13 Uhr. Nov.–März Mo nachmittags geschlossen. Eintritt 4,50 € oder Sammelticket Collegio del Cambio + Collegio della Mercanzia 5,50 €.

Collegio della Mercanzia: März–Okt. Di–Sa 9–13 und 14.30–17.30, So 9–13 Uhr. Nov.–Febr. Di und Do/Fr 8–14, Mi und Sa 8–16.30, So 9–13 Uhr. Eintritt 1,50 € oder Sammelticket Collegio del Cambio + Collegio della Mercanzia 5,50 €.

Kirche San Domenico
Sie ist Perugias größte Kirche – eine wuchtige Fassade, beidseitig ein Treppenaufgang zum Hauptportal, durch das man ins dreischiffige Innere gelangt, das dann erst einmal erschreckend kahl wirkt. Erbaut wurde die Kirche im 14. Jahrhundert, wohl nicht stabil genug. Im 17. Jahrhundert stürzten die Gewölbe ein, eine Rundum-Restaurierung war die Folge. Als Schmuckstück präsentiert San Domenico heute im rechten Schiff die *Kapelle der Madonna del Voto* mit einer bemalten und skulptierten Altarwand aus Stein (15. Jh.). Im Chor in der ersten Seitenkapelle rechts stößt man auf das fein skulptierte, marmorne *Grabmal von Benedikt XI.*: Zwei Engel öffnen den Vorhang und geben den Blick frei auf den nach nur einem Jahr Regentschaft 1304 in Perugia verstorbenen Papst.

■ Tägl. 7–12 und 16–19 Uhr.

Nationales Archäologisches Museum Umbriens
im ersten Kreuzgang von San Domenico. In erster Linie sind hier etruskischer Schmuck und Grabfunde aus der Umgebung versammelt. Einen besonderen Platz hat der *Cippo di Perugia* bekommen, ein etruskischer, von oben bis unten beschrifteter Grenzstein. Der im etruskischen Alphabet geschriebene Text (von rechts nach links zu lesen) regelt den Besitz des Terrains zwischen zwei Familien.

Die obere Etage besteht dann gänzlich aus der Sammlung von *Giuseppe Bellucci*, eines Spezialisten in Sachen Prähistorie, der seine Schätze dem Mu-

Geh'mer Tauben vergiften im Park

... sang mit schwarzem Humor der berühmte Georg Kreisler. Doch den Peruginern ist in Sachen Tauben der Humor abhanden gekommen: Tauben gibt's in Perugia viel zu viele, wie angesichts der verkoteten Plätze nicht nur die Stadtverwaltung meint. Eine Taube produziert pro Jahr 2,5 kg Fäkalien. Da kommt einiges zusammen an der Piazza mit der berühmten Fontana Maggiore. Zudem enthält der Taubenkot Mikroorganismen, die den Stein angreifen. Also erklärte man im Rathaus den allerorten gurrenden Piccioni den Krieg. Zunächst verzichtete man noch auf den von Kreisler favorisierten Einsatz der C-Waffe zugunsten einer eher mechanischen Kriegführung: Die Taubennester werden systematisch mit Eisendraht unzugänglich gemacht. Und natürlich wird in der Guerra ai piccioni Sabotage geahndet. So flatterte einer älteren Signora, die beim Füttern von Tauben ertappt wurde, ein Bußgeldbescheid ins Haus. Die tierliebende Gesetzesbrecherin fand bei den Grünen Verständnis. Deren Pressesprecher beschwerte sich über die repressive Politik beim Bürgermeister und wies auch gleich auf die humaneren Konzepte seiner Partei hin: Sterilisation, Sensoren, welche die Tauben vertreiben sollen, oder die Deportation ihrer Nester an die Stadtperipherie ...

Mittlerweile greifen die Stadtväter doch zur C-Waffe. Das Wundermittel heißt „Ovistop", ein Pharmazeutikum, das ins Futter gemischt wird und die Männchen unfruchtbar macht, sozusagen eine Antibabypille für das männliche Geschlecht; schädliche Nebenwirkungen des Medikaments sind bislang nicht bekannt. Wie der Taubenkrieg von Perugia ausgeht, bleibt ungewiss. Sie dürfen sich weiterhin ärgern, wenn Ihnen etwas Breiigweißes auf die Frisur klatscht, Sie dürfen dem Missetäter sogar ungestraft den Hals umdrehen, falls Sie ihn erwischen. Nur füttern dürfen Sie ihn nicht.

seum überantwortete. Dass derselbe Bellucci sich auch für Amulette interessiert hat, macht ihn dann doch noch interessant und den Besuch des Museums auch für Laien zum Genuss. Man muss sich Zeit nehmen im Amulette-Kabinett. Zu den skurrilen Ausstellungsstücken gehören Wildschweinzähne, Hufeisen, in Briefchen verpackter Staub vom Bett des heiligen Franziskus, Muscheln, Korallen und dergleichen mehr. Glücksbringer aus außereuropäischen Ländern ergänzen die Sammlung.

Zum Abschluss des Besuchs wandelt man noch einmal auf der oberen Etage des Kreuzgangs – an Urnen und Grabstelen entlang, einige reich mit Skulpturenschmuck versehen, die meisten nüchtern nur mit etruskisch geschriebener Namensangabe.

■ Mo 10–19.30, Di–So 8.30–19.30 Uhr. Eintritt 4 €, EU-Bürger bis 25 J. gratis.

Basilika San Pietro: Sie steht knapp vor den Toren der Stadt, genauer vor der *Porta San Pietro,* deren äußere Fassade wesentlich imposanter ist als die innere. Das Benediktinerkloster aus dem 10. Jahrhundert mit drei Kreuzgängen und einem schlanken Campanile, der schon fast an ein Minarett erinnert, gehört zu den ältesten Kirchen der Stadt. Im ersten Kreuzgang erinnert eine Gedenktafel, dass die Benediktinermönche 1859 in der Auseinandersetzung zwischen der Kirche und dem sich herausbildenden italienischen Nationalstaat das Gesetz Christi gegen den Vatikan verteidigten und manchen Patrioten vor den päpstlichen Schweizergarden in Schutz brachten.

Das Innere der Kirche ist reich ausgestattet mit Bildern aus dem 15. bis 17. Jh. An der Rückwand ist auch Perugino mit einigen Darstellungen von Heiligen vertreten. Der Chor zeigt zwei große Fresken: Petrus, der den Schlüssel in Empfang nimmt, und die Bekehrung des Paulus. Ein besonderes Augenmerk verdient das Chorgestühl: feinste Holzschnitzkunst aus dem 16. Jahrhundert.

Wo früher die Benediktiner ihrem frommen Leben nachgingen, drücken heute Studenten der agrarwissenschaftlichen Fakultät der Universität Perugia die Schulbank. Ihnen obliegt auch die Pflege des „mittelalterlichen Gartens" hinter dem Kloster. Das Wasser sprudelt an mehreren Stellen und hält die wissenschaftlich beschilderten Bäume grün.

■ April/Mai und Sept./Okt. Mo–Sa 9–19, So15–19 Uhr; Juni–Aug. Mo–Sa 9–19, So16–19 Uhr; Nov.–März Mo–Sa 9–18 Uhr.

Kirche San Michele Arcangelo: Die frühchristliche Rundkirche aus dem 5./6. Jahrhundert steht direkt neben der Porta Sant'Angelo, hinter einer kleinen, gepflegten Grünfläche. Den 16 Seiten des Baus entsprechen im Inneren 16 Säulen (z. T. von einem früheren römischen Tempel stammend) mit Rundbogen, die die Kuppel tragen – vermutlich Perugias frühester Kirchenbau. Die Taufkapelle rechts des Eingangs mit dem Madonnenfresko ist ein Anbau aus dem 14. Jahrhundert.

■ 9–16 Uhr.

Kapelle San Severo: in der Nähe des Etruskischen Brunnens. Die Kapelle gehört zu einem früheren Kamaldulenserkloster und behütet Umbriens einziges Fresko von *Raffael,* die Trinität Gottes (Gottvater ist nicht mehr erhalten), von fünf Heiligen umgeben. Als dritter von rechts wird Romuald porträtiert, Begründer des Kamaldulenserordens und Auftraggeber des Freskos. Erst nach dem Tod des Meisters – er starb mit 37 Jahren – fügte 1521 sein damals bereits 76-jähriger Lehrer *Perugino* un-

Zeitungslektüre über Perugia

ten eine Reihe von weiteren sechs Heiligen hinzu.

■ April/Mai Di–So 10–13.30 und 14.30–18 Uhr; Juni–Aug. Di–So 10–18 Uhr; Sept./Okt. tägl. 10–18 Uhr; Nov.–März tägl. 11–13.30 und 14.30–17 Uhr. Eintritt 4 €.

Etruskischer Brunnen: In der Nähe des Doms, auf der malerischen *Piazza Piccinino*, steht der vermutlich älteste Brunnen Perugias. Er ist etruskischen Ursprungs (4.–3. Jh. v. Chr.), 36 m tief und wird von kräftigen Wasseradern gespeist. Der Eingang zur unterirdischen Besichtigung befindet sich an der Piazza Danti. Aus halber Höhe kann man hier die Einfassung des Brunnens (16. Jh.) betrachten. In alter Zeit wurde das Wasser durch an ein Seil geknüpfte Eimer geschöpft. Der Brunnen zeigt starke Schleifspuren an der Innenseite der Tuffsteinquader.

■ April bis Mitte Juli und Mitte Sept.–Okt. Mo 10–13.30, Di–So 10–13.30 und 14.30–18 Uhr; Mitte Juli bis Mitte Sept. tägl. 10–13.30 und 14.30–18 Uhr; Nov.–März Di–So 11–13.30 und 14.30–17 Uhr. Eintritt 3 €.

Etruskischer Torbogen: Bei der Piazza Fortebraccio steht Perugias wuchtigstes Zeugnis der Etruskerzeit. Von zwei mächtigen Wachtürmen flankiert – den einen krönt eine Loggia aus dem 16. Jahrhundert – wirkt das Tor wie ein enger Schlitz in der Stadtbefestigung. Die Inschrift über dem Torbogen AUGUSTA PERUSIA ließ der römische Konsul *Octavian* (der spätere *Kaiser Augustus*) anbringen, der nach siebenmonatiger Belagerung 40 v. Chr. die Stadt einnahm.

Palazzo della Penna: Barock und Beuys unter einem Dach. Der Römer, Kunsthistoriker und Barockspezialist *Valentino Martinelli* (1923–1999) vermachte Perugia seine Sammlung barocker Malerei und Skulpturen – der Grundstock für Perugias neuestes Museum. Da man schon mal die Räumlichkeiten hatte, brachte man gleich noch den in Perugia geborenen und in Perugia gestorbenen *Gerardo Dottori* (1884–1977) unter, einen der wichtigsten Vertreter des italienischen Futurismus. Seinem Werk ist ein eigener Saal gewidmet. Und schließlich trafen sich in Perugia 1980 zwei Exponenten der zeitgenössischen Kunst: *Alberto Burri* (→ Città di Castello) und *Joseph Beuys* (1921–1986). Frucht der Begegnung waren Beuys'sche Überlegungen zu einem erweiterten Kunstbegriff, die der Meister mit dem Filzhut auf sechs großen Schiefertafeln festhielt. Der „Energieplan" sieht vor: „Geld- und steuerpolitische Demokratisierung statt Monopolisierung des Geldes." Auch die Seele hat Beuys nicht vergessen: ein Geißbock in einem Würfel ...

■ April und Aug. tägl. 10–19 Uhr; Mai–Juli und Sept./Okt. Di–So 10–19 Uhr; Nov.–März Di–So 10–18 Uhr. Eintritt 3 €.

Palazzo Sorbello: Das „Hausmuseum", wie es sich nennt, ist ohne Führung (30 Min., Italienisch oder Englisch) nicht zu besichtigen, und das ist gut so: Der Besucher wäre rasch verloren. Die Räume in der ersten Etage des Palazzo Sorbello sind ein Spiegel der Familiengeschichte der Markgrafen Ranieri Bourbon di Sorbello. Deren Anfang spielt im 15. Jahrhundert in einem Schloss über Tuoro am Trasimenischen See, deren Gegenwart im Palazzo Sorbello in Perugia, wo in einem Flügel immer noch Familienmitglieder wohnen. Eine vom derzeitigen Stammhalter ins Leben gerufene Stiftung präsentiert nun die Schätze des Palasts in dessen teilweise mit Fresken bemalten Räumen: eine umfangreiche Bibliothek (ca. 25.000 Bände, auch Kinderbücher), eine Porzellansammlung aus dem 18./19. Jahrhundert, eine beträchtliche Gemäldesammlung (vorwiegend 18./19. Jh.) und einige Stoffstrickereien machen den Kern des Museums aus. Letztere stammen aus einer 1904 von der Großmutter des heutigen Familienoberhaupts am Trasimenischen See gegründeten Stickereischule.

Daneben finden sich kleine Einsprengsel aus der Familiengeschichte der Ranieri di Sorbello. Das Hausmuseum ist sehr ambitioniert, davon zeugt auch der sorgfältige und aufwendige Ausstellungskatalog. Im Erdgeschoss ist für die Besucher ein kleines Dokumentationszentrum eingerichtet, in dem sie nach Belieben stöbern können: alte Alben der Familie, Ansichtskarten, Bücher rund um die Sammlung, Kinderbücher und ein kleiner Shop. Und

Süße Küsse aus Perugia

Seit 1988 prangt an *Perugina*, Italiens berühmtester Schokoladenfabrik, der Schriftzug von Nestlé. Das mag traditionsbewussten Italienern ein Dorn im Auge sein, doch bleiben die berühmten „Baci" auch unter Schweizer Kontrolle ein Symbol der Italianità – in Silberpapier mit blauen Sternen verpackte Küsse und ein „billet d'amour" als Zugabe, früher in jeder Dorfbar des Landes zu finden. Die 1922 von Luisa Spagnoli, Unternehmerin und Mitgründerin von *Perugina*, kreierte Praline aus Schokolade und Haselnuss wurde wegen ihrer Form, die einer geschlossenen Faust gleicht, erst „Cazzotto" (Faustschlag) genannt. Aber wie hört sich das an – so überlegte Luisas Liebhaber, Giovanni Buitoni – wenn der Kunde der freundlichen Verkäuferin „per favore, un cazzotto" sagt? Wäre es nicht besser mit „Signorina, mi dá un bacio?", und die Verkäuferin überreicht ihm lächelnd die Praline: „Ecco un bacio." Der *Bacio Perugina* war geboren, und Federico Seneca, der Art Director, half mit seinen heute noch sehenswerten Plakaten kräftig mit beim Siegeszug der „Praline der Verliebten". Heute gehen jährlich rund 300 Millionen Peruginer Küsse über den Ladentisch.

Perugina war bald nach seiner Gründung ein Vorzeigeunternehmen. Von Benito Mussolini bis Giorgio Napolitano ließen sich so ziemlich alle italienischen Staatsoberhäupter und Regierungschefs bei einem Fabrikbesuch in Perugia ablichten. Das hauseigene Museum dokumentiert die Geschichte des Unternehmens. In den Vitrinen werden historische Fotos kommentiert, an den Wänden hängen die einst landesweit bekannten Plakate von Federico Seneca, und zum Schluss steht der Besucher vor einem Modell des „BaciOne" (als „baci 1" oder „bacione" zu lesen). Das Original wurde 2003 von einem Konditorenteam in 1000 Arbeitsstunden hergestellt: sieben Meter Umfang, zwei Meter hoch und 5980 Kilo schwer – ein Geschenk an die Bevölkerung von Perugia, die mehr als sechs Stunden brauchte, um den monströsen Kuss auf den Zungen zergehen zu lassen.

Museo storico della Perugina: südwestlich der Stadt, im Vorort San Sisto. Mo–Fr 9–13/14–17.30 Uhr, März–Mai, Juli/Aug. und Okt.–Dez. auch Sa 10–16 Uhr. Mo–Fr vormittags auch Führungen durch die Fabrik In Betrieb. Eintritt 9 €, 13–17 J. 7 €.
Noch mehr Küsse? → Literaturtipp: „Baci aus Perugia" (S. 251).

schließlich sei auch auf den einmaligen Boden hingewiesen, auf dem man in den Palazzo schreitet: Was wie ein gepflegtes Kopfsteinpflaster aussieht, besteht aus abgeschrägten Eichenholzklötzen – um den Lärm der ein- und ausfahrenden Kutschen zu dämpfen.

▪ Mo–Sa 10.30–14 Uhr; die Öffnungszeiten am Nachmittag sowie am Sonntag wechseln monatlich und sind ausgehängt. Letzte Führung 30 Min. vor Kassenschluss. Eintritt 4 €.

Piazza Italia: Die Piazza am Südende des Corso Vannucci bildet das Gegenstück zur Piazza IV Novembre. Beherrscht wird der Platz vom *Palazzo della Provincia* aus dem 19. Jahrhundert. Dahinter befindet sich der *Giardino Carducci*, eine schmale Parkanlage, benannt nach dem italienischen Lyriker und Nobelpreisträger von 1906, *Giosuè Carducci*, der sich hier zu seinen schönsten Gedichten inspirieren ließ. Kein Wunder, die Aussicht ist phantastisch: unten der Stadtteil San Pietro mit dem *Corso Cavour* als Hauptschlagader und der *Basilika San Pietro* am Ende, im Hintergrund der Monte Subasio mit den hellen Häusern von Assisi am Bergfuß.

Rocca Paolina (Via Bagliona Sotterranea): Eingang über die Rolltreppe von der Piazza Italia, rechts neben dem Palazzo della Provincia. Ausgegraben und restauriert wurde der unterirdische Stadtteil zwischen 1932 und 1965. Während der Sommermonate finden hier gelegentlich Theater- und Musikveranstaltungen statt – ein würdiger Rahmen. Da die unterirdischen Räume oft als Galerie für hochkarätige Kunstausstellungen genutzt werden, ist die Besichtigung oft nur bedingt möglich und mit einem teuren Eintrittsticket für die Ausstellung verbunden.

Direkt vor dem Eingang illustriert ein Plan die verschiedenen Entwicklungsphasen: Zuschüttung des Geländes um die mittelalterlichen Palastruinen – Bau der Festung *Rocca Paolina* im 16. Jahrhundert – Sprengung der Festung im 19. Jahrhundert – vorläufig endgültige Neugestaltung zur *Piazza Italia* im 20. Jahrhundert.

▪ Ein weiterer Eingang zum unterirdischen Stadtteil befindet sich bei der *Porta Marzia*, einem etruskischen Stadttor (3. Jh. v. Chr.), das beim Bau der Festung Rocca Paolina (s. o.) kurzerhand eingemauert wurde.

Kirche Sant'Ercolano: an der Via S. Ercolano, unterhalb der Piazza Italia. Eher wie ein gigantisches Grabmal sieht sie aus, und das ist die Kirche in erster Linie tatsächlich. Im Inneren hingegen dominiert barocke Üppigkeit. Unter dem Hochaltar werden die sterblichen Überreste des Bischofs *Ercolano* aufbewahrt. Dieser leitete im 6. Jahrhundert den Widerstand Perugias gegen die gotischen Belagerer und wurde dafür vom siegreichen *Totila* auf grausamste Weise hingerichtet. Sant'Ercolano ist heute der Schutzpatron Perugias.

▪ Fr 16–18.30, Sa 9.30–13 Uhr, Messe So um 10.30 Uhr.

Ipogeo dei Volumni: Das größte etruskische Grab Umbriens wurde 1840 bei Straßenbauarbeiten entdeckt. Es birgt in ca. 10 m tiefen Grabkammern mit sieben Urnen der vermutlich sehr einflussreichen und wohlhabenden Familie *Volumni*. Die Gruft ist wie ein Wohnhaus gebaut und mit einem spitz zulaufenden Dach versehen. Das Eingangsportal ist aus Travertin (Tuffgestein), ansonsten wurde meist Sandstein verwendet. Im oberen Ausstellungsbereich stehen über 100 steinerne Urnen und Grabbeigaben aus 39 Gräbern der Umgebung. Auf den Urnendeckeln sind die Verstorbenen in liegender Haltung dargestellt. Wo und auf welche Weise die Etrusker ihre Toten verbrannten, ist bis heute unbekannt.

▪ Das Volumni-Grab liegt nicht sehr idyllisch – direkt an einer Durchgangsstraße von Ponte S. Giovanni, einem Knotenpunkt bei Perugia. Mit dem Wagen auf der Schnellstraße Richtung Assisi, Ausfahrt Ponte S. Giovanni. Juli/Aug. 9–19 Uhr, Sept.–Juni 9–18.30 Uhr. Maximale Besucherzahl 7 Pers., max. Aufenthaltsdauer 5 Min! Eintritt 3 €, EU-Bürger bis 25 J. frei.

Perugia und Lago Trasimeno

Basis-Infos

Postleitzahl 06100

Information Informazioni Turistiche, ausführliches Informationsmaterial über Perugia und Umgebung. Mo–Sa 9–18, So 9–13 Uhr. Piazza Matteotti 18, ✆ 075-5736458, http://turismo.comune.perugia.it.

Weiteres Info-Büro am Hauptbahnhof Fontivegge. Tägl. 8.30–13.30 Uhr.

Hin und weg Bahn: Züge nach Spoleto, Terni und Rom. Mit Umsteigen in Teróntola nach Orvieto und – z. T. ebenfalls mit Umsteigen in Teróntola – nach Arezzo und Florenz. Der Hauptbahnhof Fontivegge liegt an der Piazza V. Veneto, ca. 1 km außerhalb der Stadtmauer im Süden; von dort einfach mit der Minimetro ins Zentrum.

Bus: Fahrten nach Assisi (ca. 8-mal tägl.) und nach Gubbio (ca. 10-mal tägl.). Fahrpläne im Informationsbüro. Eine elektronische Fahrplanauskunft befindet sich am Busterminal an der Piazza dei Partigiani.

Parken Hotels geben ihren Gästen in der Regel eine Parklizenz für ein begrenztes Revier. Damit ist man vor Strafzetteln und Abschleppwagen sicher, nicht aber vor Radio-Dieben. Ansonsten ist es Unsinn, in die Innenstadt zu fahren, und dieser wird sinnvollerweise auch bestraft. Direkt außerhalb der Stadtmauer wurden an verschiedenen Stellen Parkplätze angelegt, teils unbewacht und gebührenfrei, mehrheitlich bewacht gegen Gebühr. Einige Plätze sind rund um die Uhr bewacht, andere nur von 6–22 Uhr.

Empfehlenswert sind die Parkhäuser bzw. Parkplätze **Piazza Partigiani** (24-Std.-Bewachung) und **Piazzale Europa**, beide im Süden, da man von ihnen aus mit der Rolltreppe bequem ins Zentrum gelangt. Ebenso praktisch sind die Parkplätze **Pian di Massimo** (gratis) und **Cupa**, beide im Westen und Stationen der schicken Minimetro, die ins Zentrum hochfährt.

Buchhandlung **La Feltrinelli**, Piazza della Repubblica. Die größte Buchhandlung der Stadt auf zwei mit einem gläsernen Lift verbundenen Etagen. Italienischbücher für die Sprachkurse, große Auswahl an englischsprachiger Literatur, Reiseführern etc.

Feste/Veranstaltungen **Umbria Jazz**, im Juli. Das bekannteste Jazzfestival Italiens. Eröffnungskonzert in Terni, alle anderen Abende in Perugia auf verschiedenen Bühnen und Plätzen, z. T. freier Eintritt. Das Festival-Büro findet man an der Piazza Danti 28. Programm unter www.umbriajazz.com.

Rockin' Umbria, in der letzten Juliwoche. Rockfestival mit Nebenschauplätzen in Umbertide und Città di Castello. Kein Festival der großen Stars, eher der noch unbekannten Gruppen. Auf verschiedenen Bühnen und Plätzen in der Stadt. Programm unter www.rockinumbria.it.

Eurochocolate, alljährlich in der zweiten Oktoberhälfte. Alles dreht sich um die Schoko-

---

Minimetro – schick und effizient

Perugias schickestes Verkehrsmittel wurde 2008 eingeweiht: die Minimetro, ein Projekt der österreichischen Leitner AG, der Spezialistin für Luftseilbahnen. Fast geräuschlos gleitet der von einem Seil gezogene 5 m lange Wagen, der Platz für 25 Personen bietet, auf den Schienen dahin. Die Linie führt erst ober-, dann unterirdisch vom westlichen Vorort Pian di Massiano zum Hauptbahnhof Fontivegge und weiter in die Altstadt hoch zur Endstation Pincetto (Nähe Piazza Matteotti). Insgesamt 25 Wagen sind auf der zweispurigen, 3,2 km langen Strecke unterwegs. Derzeit kann man an 7 Stationen zusteigen, eine zweite Strecke ist in Planung. Einfache Fahrt 1,50 €, das Ticket wird auch benötigt, um die Ausgangsschranke zu passieren!

lade. Von Lindt bis Sprüngli ist alles vertreten, was in der Branche einen Namen hat, der Corso Vannucci duftet von zartbitter bis süß. www.eurochocolate.com.

Märkte Fiera dei Morti, Anfang November. Großer, bunter Jahrmarkt beim Stadion (Richtung Lago di Trasimeno).

Mercato Coperto, Piazza Matteotti. Mo–Sa auf 3 Etagen Verkauf von Kleidern und Schuhen, Lebensmitteln, Obst, Gemüse, Fleisch und Geflügel. Freitag Fischmarkt.

Wochenmarkt, Piazza Danti. Di und Sa jeweils morgens: Kleider, Schuhe, Kurzwaren, Wolle und Stoffe, Pflanzen und auch Gemüse.

Sa Vormittag auf dem Piazzale Umbria Jazz beim Parkplatz Porta Nova (Endstation der Minimetro). Ebenfalls Lebensmittel, Haushaltswaren, Kleidung.

Biomarkt, am 1. So des Monats 9.30–19 Uhr auf der Piazza Piccinini.

Schwimmbäder Städtisches Bad, Piaggia Colombata (westlich der Stadtmauer, Nähe Porta S. Susanna). Mo–Sa 11.30–19, So 9–19 Uhr.

Parco Lacugnano, etwas außerhalb, vom Bahnhof in Richtung Lago Trasimeno (Bus Nr. 36 ab Piazza Matteotti). Empfehlenswerter als das vorgenannte. Das Bad liegt in einer parkähnlichen Anlage. Hier auch jeden Abend Open-Air-Disko. Geöffnet leider nur Juni bis Sept.

Übernachten → Karten S. 64 und S. 67

Hotels ** La Rosetta** 22, zentral gelegen, mit romantischem Eingang – ein alter Innenhof mit Palmen. Hier wird auch das Abendessen eingenommen (hervorragende Küche). Die fast 100 Zimmer (stilvoll eingerichtet, sei es im Rokoko oder modern) verteilen sich im Altbau und einem Seitenflügel neueren Datums. DZ inkl. Frühstück 130–210 €. Piazza Italia 19, ✆ 075-5720841, www.perugiaonline.com/larosetta.

****** Locanda della Posta** 20, Perugias ehemalige Postkutschenstation – Heine und Goethe, Humboldt und Märchenautor Andersen haben hier genächtigt. Seither wurde der Palazzo aus dem 17. Jh. mehrmals renoviert. Stilvolle, ruhige Zimmer mit luxuriösen Bädern, Frühstück unter historischem Gewölbedekor. DZ inkl. Frühstück 140–175 €. Corso Vannucci 97, ✆ 075-5728925, www.locandadellapostahotel.it.

****** Giò Wine e Jazz Area** 1, moderner Komplex außerhalb der Stadtmauern. 206 sehr komfortable Zimmer, wovon zwei Drittel dem Jazz und ein Drittel dem Wein gewidmet sind. In den „Jazz-Zimmern" kann man per Schnurzug eine 45-Minuten-CD mit sanfter Jazzmusik in Bewegung setzen, die Weinzimmer wurden von lokalen Weinbaronen gesponsert, auf dem Tisch steht eine Flasche zur Degustation. Zur Jazz-Abteilung gehört ein großer Konzertsaal (700 Plätze), der auch bei „Umbria Jazz" Verwendung findet, zur Weinabteilung selbstverständlich eine Cantina. Ob Sie Jazz- oder Weingast sind: Auf dem Dach steht Ihnen ein Schwimmbad zur Verfügung, auch ein Fitnessraum ist vorhanden. DZ inkl. Frühstück 70–170 €. Via R. D'Andreotto 19/a, ✆ 075-5731100, www.hotelgio.it.

***** Fortuna** 21, zentrale Lage. Vom dunklen Gässchen ins Entrée und mit dem Lift hoch ins helle Zimmer, einige mit Deckenfresken aus dem 17. Jh., einige mit Balkon und Blick ins Grüne. Einzelne Terrässchen im verwinkelten Bau – kaum zu glauben, welch freundliche Seite sich hinter Perugias düsterstem Winkel auftut. Über Feiertage und während Festivals drei Nächte Mindestaufenthalt. DZ 77–123 €. Via Bonazzi 19, ✆ 075-5722845, www.umbriahotels.com.

***** Etruscan Chocohotel** 2, in Bahnhofsnähe, siehe Plan „Perugia Übersicht". Rechtzeitig zur „Eurochocolate '98", einer Fachmesse für Schoko-Spezialisten, eröffnete in Perugia das Chocohotel. Die Fassade ist einer Schokoladentafel nachempfunden, im Foyer ist der Choco-Shop eingerichtet, wo der Besucher von Schweizer Alpenmilch- bis südamerikanischer Schokolade, von Katzenzungen bis zur Schokoladenzigarre und Zahnpasta mit Schokoaroma alles findet. Dass im Restaurant das Spezialmenu vom Antipasto bis zum Nachtisch mit Schokolade versetzt ist, darf den Gast nicht wundern. Absolut schokoladenfrei sind die Tiefgarage unten und der wunderbare Swimmingpool oben auf dem Dach. Choco-DZ 65–125 €. Via Campo di Marte 134, ✆ 075-5837314, www.chocohotel.it.

mein Tipp ***** Priori** 14, komfortable, ruhige Zimmer mit Minibar in einem restaurierten Gebäude, sehr große Sonnenterrasse. Der Besitzer

64 Perugia und Lago Trasimeno

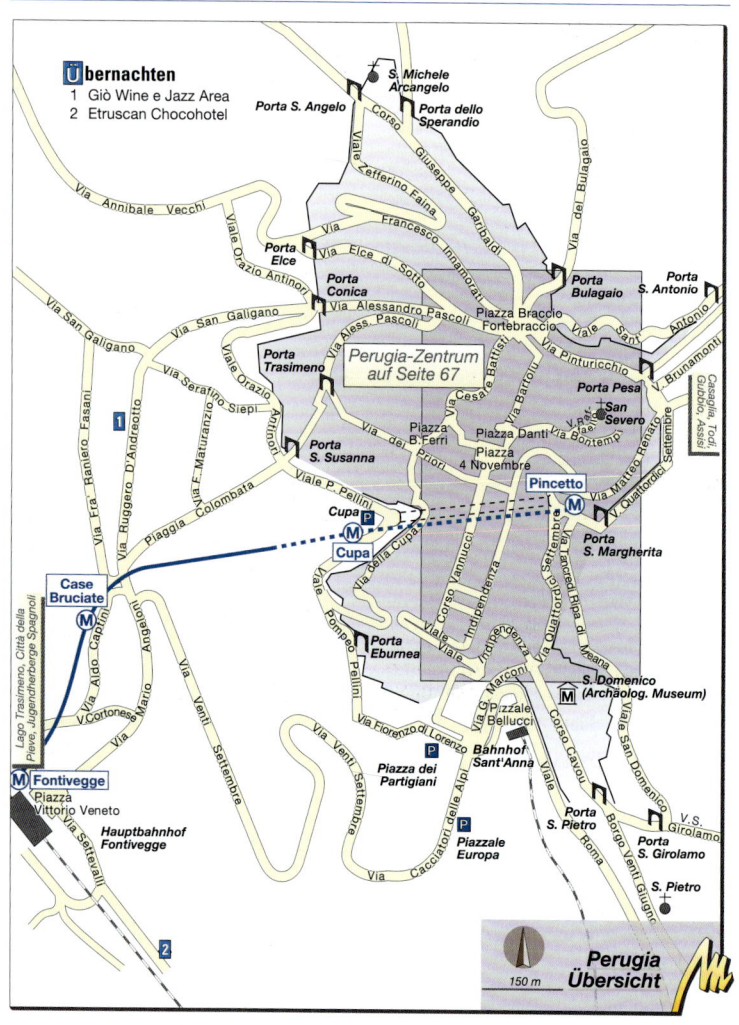

hat nun den lange verdienten dritten Stern bekommen. DZ mit Dusche/WC und Frühstück 60–120 €. Via Vermiglioli 3, ☏ 075-5723378, www.hotelpriori.it.

meinTipp ** Iris 24, etwas oberhalb des Parkplatzes der Piazza Partigiani; über Rolltreppen ist die Piazza Italia bequem zu erreichen. Stiche im Flur und eine Gedenktafel erinnern an die besseren Zeiten dieses Traditionshotels, als noch Richard Wagner hier übersommerte.

Der Bau imponiert noch immer, besonders die weit geschwungene, betischte Terrasse über der Via Marconi. Hoteleigener Parkplatz. DZ mit Dusche/WC 75–105 €. Via Marconi 37, ☏ 075-5720259, www.hotelirispg.com.

**** Umbria** 15, über eine Treppe vom Corso Vannucci aus zu erreichen. Relativ ruhig im Zentrum gelegen, grenzt das Hotel an eine schmale, halbdunkle Fußgängerzone und an einen Innenhof. Die 17 Zimmer sind einfach und mit modernen Möbeln eingerichtet. Klein und familiär. DZ mit Du/WC 55–100 €. Via Boncambi 37, ✆ 075-5721203, www.hotel-umbria.com.

** **Sant' Ercolano** 23, gepflegte, freundliche Bleibe. Mit jeder Etage werden die Zimmer eine Stufe heller, und ganz oben von der Nr. 53 genießt man dann einen traumhaften Blick über die Dächer der Stadt auf die Valle Umbra. DZ mit Dusche/WC 50–100 €. Via del Bovaro 9, ✆ 075-5724650, www.santercolano.com.

** **Rosalba** 25, außerhalb der Stadtmauer, nahe der Rolltreppe für Piazza Italia. Das rostrot-orange Haus ist ein ausgesprochen freundlicher Familienbetrieb. DZ mit Du/WC und Frühstück 60–85 €. Via del Circo 7, ✆ 075-5728285, www.hotelrosalba.com.

** **Morlacchi** 6, hilfsbereite Mamma an der Rezeption. DZ mit Dusche/WC 60–80 €. Via Leopoldo Tiberi 2, ✆ 075-5720319, www.hotel-morlacchi.it.

** **Stella**, in Casaglia, ca. 4 km außerhalb der Stadt. Der freundliche Betrieb ist eine gute Alternative, falls in Perugia alles ausgebucht ist. Angeschlossen ist ein Restaurant, in dem man vorzüglich speist. Hoteleigener Parkplatz. Der Bus nach Perugia hält direkt vor dem Haus. Für Selbstfahrer: Die Stadt über die Via XIV Settembre in Richtung Gubbio/Cesena verlassen – der erste Ort im Grünen ist Casaglia. Von der Superstrada Todi–Cesena aus: Ausfahrt Ponte Vallecepi, dann Richtung Perugia. DZ mit Du/WC 65–75 €. Via dei Narcisi 47, 06126 Casaglia, ✆ 075-6920002, www.stellaperugia.it.

meinTipp **B & B Le Naiadi** 19, seit Jahren empfängt im Centro storico die freundliche Paola ihre meist jugendlichen Gäste. Drei gut eingerichtete Zimmer in der 2. Etage eines alten Stadthauses. Das Gästebuch hängt in Form von begeisterten Notizzetteln im kleinen Frühstücksraum. DZ mit Du/WC und Frühstück 75 €. Via L. Bonazzi 17, ✆ 333-7417408, www.beblenaiadi.com.

Jugendherbergen Spagnoli, in einem öffentlichen Park außerhalb der Stadt, 700 m vom Bahnhof Fontivegge. Ein mittelalterliches Zollgebäude wurde 2000 in kommunaler Regie zu einer einladenden, modernen Herberge mit 186 Betten umgebaut. Die nahe Minimetro (Station „Cortonese") und gute Busverbindung zum Bahnhof und in die Stadt machen die etwas abseitige Lage wett. Waschmaschine vorhanden. Das Abendessen wurde von einer Leserin als „billig, aber nicht unbedingt empfehlenswert" beurteilt. Weibliche und männliche Mehrbettzimmer, 4-Bett-, Doppel- und Einzelzimmer. DZ inkl. Frühstück 46 €, übernachten im Mehrbettzimmer inkl. Frühstück 18 €/Pers. Ganzjährig geöffnet, Rezeption ab 14 Uhr. Via Cortonese 4, Loc. Pian di Massiano, ✆ 075-5011366, www.hihostels.com/de/hostels/perugia-mario-spagnoli.

Centro Internazionale di accoglienza per la Gioventù 10, bei der Piazza Piccinino, Nähe Dom. In kirchlich-ökumenischer Regie. 90 Betten (min. 4 Betten pro Zimmer), Küche mit Kochmöglichkeit zur Selbstverpflegung. Männlein und Weiblein getrennt! Keine Mitgliedschaft nötig. Übernachtung 17 €/Pers. inkl. Bettlaken. Rezeption ab 15 Uhr. Geschlossen Mitte Dez. bis Mitte Jan. Via Bontempi 13, ✆ 075-5722880.

meinTipp **Appartements Casale Monticchio**, in Sant'Apollinare, rund 15 km südwestlich von Perugia, eine phantastische Adresse in der Einsamkeit! Andrew, ein Schotte, und Hugues, ein Franzose, haben hier ein Idyll geschaffen. Die gestalterische Phantasie von Andrew sprengt alle Grenzen: Heiligenbilder, Kitsch, moderne Skulpturen werden in einen Zusammenhang gestellt, der den Gast immer wieder neu erstaunt. Hugues wiederum lässt seiner Phantasie in der Küche freien Lauf. Falls er Sie zum Essen einlädt, nehmen Sie an! 4 Appartements: Das größte erstreckt sich über 2 Etagen und bietet bis 6 Pers. Platz: 3 Schlafzimmer, 3 Bäder, Salon, geräumige Küche und große Terrasse. Das kleinste Appartement, eine „moderne" Wohnung, bietet bis zu 3 Personen Platz: „Living area" mit Küche, durch eine offene, elegant geschwungene Wand abgetrennt, Bad und Schlafzimmer; auch hier eine große Terrasse. Den Gästen steht ein Swimmingpool (mit Bar) zur Verfügung, der in Umbrien seinesgleichen sucht: von drei Seiten vegetativ gesäumt, die vierte Seite gibt den Blick in die Landschaft frei. App. 80–135 € (2–3 Pers.), 125–220 € (4–5 Pers.), 135–180 € (6 Pers., 3 Zimmer, 2 Bäder), 150–270 € (6 Pers., 3 Zimmer, 3 Bäder). In der Hochsaison nur wochenweise Vermietung. Anfahrt: In Perugia die Straße nach Pila nehmen, dort einfach geradeaus weiter … dann die freundlichen Gastgeber anrufen, die Sie ins Paradies lotsen. Voc. Monticchio 2, 06072 Sant'Apollinare, ✆ 075-8738321, www.casalemonticchio.com.

Agriturismo Cresta Verde, 7 km von Perugia. In einem liebevoll renovierten Bauernhaus mit 20 Hektar Land und vielen Streicheltieren vermieten Jutta und ihr Sohn Michael in familiärer Atmosphäre einige Zimmer mit Frühstück oder Halbpension. Auch zwei Appartements und ein herrlich gelegenes Holzhaus sind vorhanden. Reichhaltiges Frühstück, phantasievolle italienische Küche, viele eigene Produkte (eigener Olivenhain). Natürlich verraten Ihnen die beiden auch, wo Sie wunderbare Wanderungen oder Mountainbike-Touren unternehmen können. Danach zur Erfrischung ins kleine Schwimmbad oder zur Ruhepause in den Pinienwald. Nur zum Anschauen und Schmusen, nicht zum Reiten begrüßen Sie rassige Araber-Pferde (alle über 25 Jahre alt). Übernachtung im DZ oder App. inkl. Frühstück 35 €/Pers. Anfahrt: Von Perugia auf der Superstrada Richtung Cesena, Ausfahrt Ponte Felcino, dann über Ponte Rio und Montelaguardia nach Montebagnolo. Ganz oben auf dem einzigen Pinienhügel liegt die „Cresta Verde". Loc. Montebagnolo (Ponte Páttoli), 06085 Perugia, ℡ 328-0365660, www.crestaverde.it.

Camping Zwei Plätze liegen ca. 8 km außerhalb, oberhalb von Fontana (westlich der Stadt, Richtung Lago Trasimeno). Beide in von viel Grün umgebener, sehr schöner Lage an den Hängen des „Dreifaltigkeitshügels" (Colle della Trinità). Busverbindung: Nr. 36 ab Piazza Italia bis nach Olmo, Haltestelle „Ellera"; von dort noch knapp eine Viertelstunde zu Fuß bis zum Camping „Il Rocolo", eine weitere Viertelstunde bis zum Camping „Paradis d'Eté".

*** Paradis d'Eté, von der Hauptstraße zum Lago Trasimeno ca. 3 km bergauf. Schlecht ausgeschildert, auf das gelbe Tor achten (darüber steht verwittert der Name des Campings). 50 Stellplätze. Swimmingpool. Geöffnet Mai–Okt. Strada Fontana 29/H, Loc. Colle della Trinità, ℡ 075-5173121, www.wel.it/cparadis.

** Il Rocolo, ca. 300 m oberhalb der Hauptstraße. 100 Stellplätze. Gepflegtes Gelände, kleiner Swimmingpool und Snackbar. Freundliches Personal, das den Gast u. a. mit aktuellen Busfahrplänen und Informationen über Perugua versorgt. Geöffnet Mitte Mai bis Mitte Sept. Strada Fontana la Trinità 1/N, Loc. Colle della Trinità, ℡ 075-9288029, www.ilrocolo.it.

Essen & Trinken → auch Karte S. 64

Restaurants La Taverna 17, sehr schöne Lage im historischen Gemäuer und eine kleine Piazza dazu, die betischt wird. Gutes Suppenangebot, hervorragende hausgemachte Pasta, u. a. kreativ gefüllte Teigtaschen, dann geht's mit Lamm, Rind oder Fisch weiter. Gehobene Küche, gehobene Preise. Via delle Streghe 8, ℡ 075-5724128.

Del Sole 18, ausgezeichnete italienische Küche, z. B. Bistecca alla Fiorentina, vom Grill und saftig zart. Beliebt ist das Restaurant jedoch vor allem seiner Lage wegen: atemberaubendes Panorama hinunter in die Ebene. Mo Ruhetag. Via della Rupe 1, ℡ 075-5735031.

La Botte 11, hinter dem Dom rechts. Das Restaurant liegt in einem Kellergewölbe. Zur Auswahl einige Festpreismenüs (drei Gänge plus Nachtisch oder Wein), aber auch das Menu à la carte ist preiswert. Auch Pizza. So Ruhetag. Via Volte della Pace 31, ℡ 075-5722679.

MeinTipp Mediterranea 9, die beste Pizzeria der Stadt macht nicht viel Aufhebens von sich: Zwei kleine Räume, im vorderen steht der Holzkohleofen, der Gast kann zuschauen, wie seine Pizza gebacken wird. Mittags oft voll, dann wartet die Kundschaft vor der Tür. Piazza Piccinino 11/12, ℡ 075-5724021.

Brizi 3, rechts hinter der Ausländer-Uni. Kleines, gemütliches Restaurant, das von Peruginern wie Ausländern gerne besucht wird. Spezialität: verschieden gefülltes Gemüse als Vorspeise, Gegrilltes vom Kamin und als Beilage gerösteter Champignon-Spieß. Nicht teuer. Di Ruhetag. Via Fabretti 75, ℡ 075-5721386.

Dal Mi'Cocco 5, groß, mit rustikalem Touch. Hier werden ausschließlich traditionelle, zum Teil wiederentdeckte Peruginer Gerichte serviert. Das Tagesmenü ist äußerst preiswert und besteht aus 4 reichlichen Gängen, die kaum zu bewältigen sind. Dazu wird warmes, selbst gebackenes Brot gereicht oder „la Schiacciata", eine spezielle Zwiebelpizza auf trasimenische Art, und ein guter Tischwein serviert; Vinsanto und Kaffee schließen das Gelage ab. Würde das Essen etwas weniger lauwarm serviert, wäre unsere Begeisterung noch größer. Leser beschweren sich über den nicht gerade freundlichen Service. Junges, studentisches Publikum. Reservierung empfohlen. Mo Ruhetag. Corso Garibaldi 12, ℡ 075-5732511.

Al Mangiar Bene 16, großes, sympathisches Gewölbelokal mit klassischer italienischer Küche zu räsonnablen Preisen: Kutteln, Beafsteak, Scamorza mit Rohschinken und ein guter Hauswein. Abends auch Pizza. So Ruhetag, Mo mittags geschlossen. Via della Luna 21, ℡ 075-5731047.

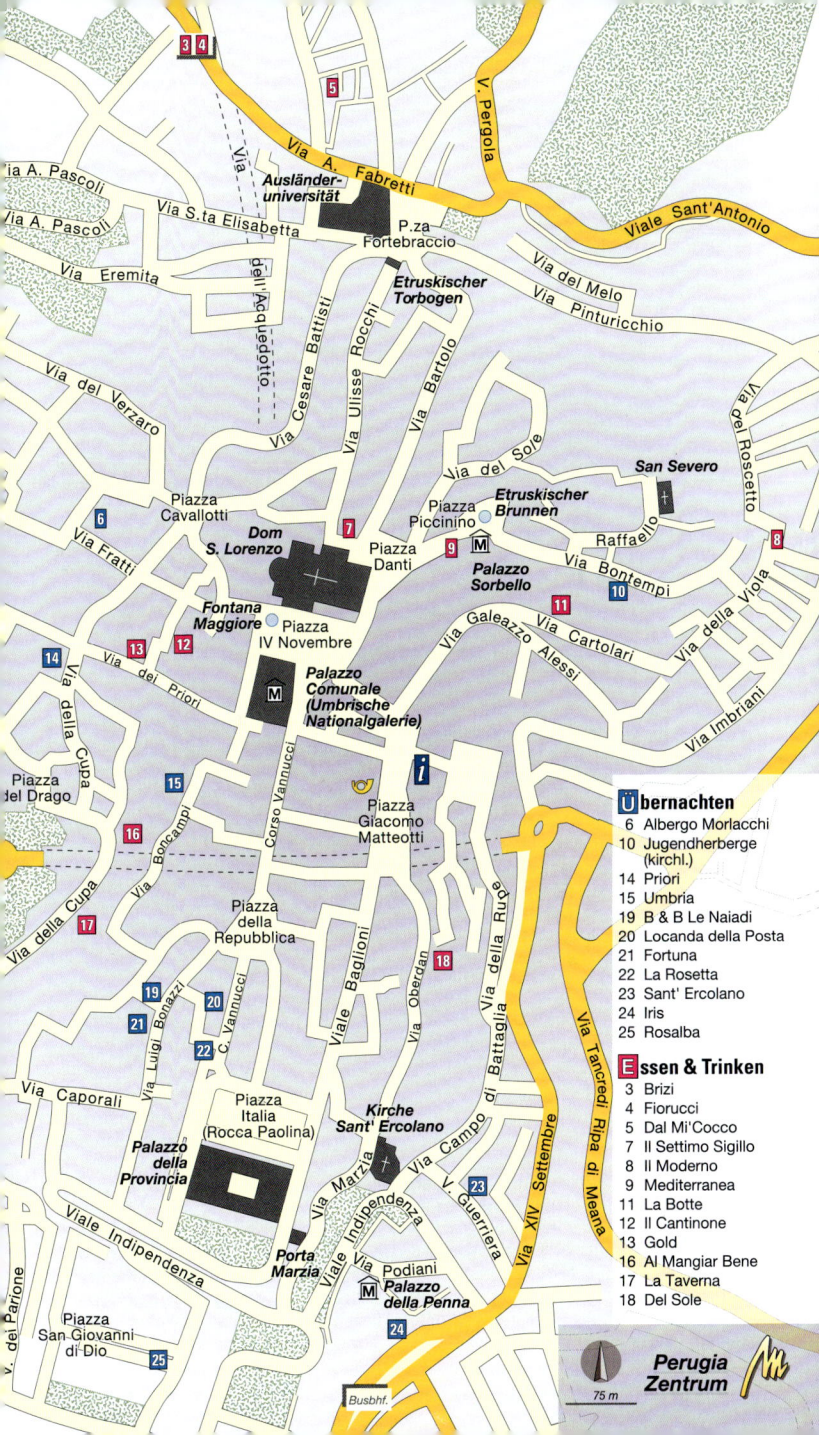

Am Domplatz

Il Moderno 8, gegenüber dem Cineasten-Kino Postmodernissimo. Mitten in einem lebhaften Studentenviertel serviert Livia biologische Slowfood-Küche. Die Karte ist nicht groß, die Zubereitung hervorragend, die Stimmung ausgelassen. Nur abends; Mo Ruhetag. Via del Carmine 1, ☏ 075-9471930.

Il Cantinone 12, vor dem Dom links hinunter. Gemütliche Atmosphäre im Kellergewölbe. Aufmerksamer, unaufdringlicher Service. Durchschnittliche Preise. Die Portionen sind nicht groß, Heißhungrigen sei deshalb ein Antipasto empfohlen – oder gleich auf eine Pizza ausweichen. Im Sommer Außenbetischung in angenehm ruhiger Nebenstraße. Di Ruhetag. Via Ritorta 6, ☏ 075-5734430.

Il Settimo Sigillo 7, Kellerlokal, das mit einem etwas martialisch-mittelalterlichen Empfang aufwartet: Ritterrüstung, Hellebarden und Eisenfesseln. Wer sich davon nicht abhalten lässt, findet eine nette Bedienung, klassisch umbrische Küche und einen guten umbrischen Hauswein. Auch Torta al testo (gefülltes Fladenbrot) im Angebot. Die Preise sind akzeptabel. Nur abends geöffnet. Via Ulisse Rocchi 1, ☏ 075-5724506.

Fiorucci 4, trotz der nahen Ausländeruni erstaunlich wenig studentisches Publikum, eher Menschen aus dem Quartier und hungrige Beamte, die hier die Mittagspause verbringen. 3 kleine Speisesäle, in denen lokale Küche serviert wird: Saltimbocca, Bistecca und große Salate. Viel steht nicht auf der Karte, die Preise sind sehr niedrig – alles ganz unprätentiös. So Ruhetag. Via Fabretti 27, 075-5737273.

Gold 13, zur Straße hin Verkauf von Hot Dogs, Pommes und Panini, im Untergeschoss nettes Restaurant, das bei Bedarf, noch weiter unten, auch im elegant gestylten Lounge-Café serviert. Nur abends geöffnet. Via dei Priori 7, ☏ 075-5729346.

Il Falchetto, außerhalb, im Stadtteil Olmo. Der Klassiker der gehobenen Küche hat seinen langjährigen Platz hinter der Kathedrale verlassen und 2014 weitab vom Zentrum neueröffnet. Derselbe Koch, dieselbe exzellente Küche: Reiche Auswahl an vorzüglichen Spezialitäten – u. a. leckere Vorspeisen, z. B. Fischsalat mit kleinen Kraken, Muscheln etc. Anfahrt mit Bus Nr. 36, in Olmo an der Haltestelle „Ellera" aussteigen. Das Restaurant – jetzt mit einer großen Sonnenterrasse – liegt direkt oberhalb des Supermarkts „Pam". Strada Fontana La Trinità 2d, ☏ 075-5731775.

Süßigkeiten Sandri, die 1860 von einem Engadiner Zuckerbäcker gegründete Patisserie, heute von seiner begnadeten Urenkelin in der vierten Generation weitergeführt, ist weit über Perugia hinaus bekannt – in den Auslagen liegen die besten und teuersten Dolci der Stadt. Die Versuchung lauert hinter Glasvitrinen: kleine Berge von Teegebäck und Pralinen. Auch innen ist das Café eine Augenweide: polierte Mahagoni-Regale, gefüllt mit Pralinenschachteln und unzähligen Spirituosen. Besonders schön sind die Fresken am Deckengewölbe. Liebenswürdige Bedienung von etwas betagten „Pinguinen" mit roten Jacketts und Fliegen. Ein Café mit Stil – leider so schmal, dass es kaum Sitzmöglichkeiten gibt. Mo geschlossen. Corso Vannucci 32.

Umgebung von Perugia

Monte Tézio

Wanderung: Eine reizvolle Wanderung in der unmittelbaren Umgebung von Perugia führt auf den *Monte Tézio* (971 m). Man lässt das Gefährt in Migiana di Monte Tézio, 10 km nördlich von Perugia, stehen – eine Weiterfahrt auf den Schotterpisten ist nicht ratsam – und macht sich zu Fuß auf den Weg zum Gipfel, den man in ca. 2 Stunden erreicht.

Am *Castello Migiane* vorbei gelangt man zur Nordostseite des kargen *Monte Tezino*, auf dem meist ein kräftiger Wind bläst. Direkt unter dessen Gipfelkreuz befindet sich in der steilen, brüchigen Felswand eine kleine Höhle, „Teufelshöhle" genannt, weil sich darin der Klauenabdruck Luzifers befinden soll. Vom Gipfelkreuz geht es durch eine kleine Senke hinüber zum Gipfel des *Monte Tézio*. Bei klarer Wetterlage öffnet sich ein herrliches Panorama über Perugia, auf den Lago Trasimeno und – auf der anderen Seite – zum Monte Subasio und zum Monte Cucco.

Ein etwas kürzerer Aufstieg (ca. 1½ Std.) führt von Migiana aus – erst Richtung Castello, dann über Fels und Distelwiesen – von Osten her direkt auf den Gipfel des Monte Tézio.

▪ Von Perugia auf die Schnellstraße Richtung Cesena, diese bei Ponte Páttoli verlassen. Von hier aus sind es noch ca. 5 km nach Migiane di Monte Tézio.

Corciano

Das im hügeligen Hinterland von Perugia gelegene Corciano (über die Straße zum Trasimenischen See erreichbar) präsentiert das klassische Bild eines mittelalterlichen Borgos, auch wenn einige Gebäude wie der Campanile der Assunta-Kirche neueren Datums sind. Der lokale „Pro Loco"-Verband hat einen ganz praktischen Ortsführer geschrieben, in dem er zahlreiche Häuser mit einem dezenten Keramiktäfelchen versehen hat, das dem Besucher beim Rundgang Versatzstücke der Ortsgeschichte liefert.

Auf dem höchsten Punkt Corcianos steht ein mittelalterlicher Turm. Eine Kirche, dem heiligen Christophorus gewidmet, findet als Museum der lokalen Sakralkunst Verwendung. Knapp unterhalb entdeckt der Besucher eine „Totentür", eine architektonische Besonderheit, die vor allem in Gubbio bekannt ist (siehe dort).

Hauptkirche von Corciano ist heute die **Kirche Santa Maria Assunta**, ein nüchterner neoklassischer Bau, der eine „Himmelfahrt Mariens" von *Perugino* hütet. Wie so oft hat Umbriens berühmtester Meister auch hier die heimatliche Landschaft als Hintergrund verwendet. Auf der Predella sind die beiden wichtigsten Ereignisse in Mariens Leben dargestellt: Verkündigung und Geburt Jesu. Ebenfalls bemerkenswert ist die Prozessionsstandarte an der linken Kirchenwand: Maria mit ausgebreitetem Mantel, unter dem die Menschen Schutz finden, links ein Bischof mit riesigem Stab, rechts der von gefiederten Pfeilen durchbohrte heilige Sebastian, darunter – kunsthistorisches Lokalkolorit – ein Stadtmodell von Corciano. Das Werk stammt von *Benedetto Bonfigli*, einem Zeitgenossen Peruginos.

Solomeo

Das Dörfchen im grünen, leicht hügeligen Umland westlich von Perugia überrascht durch ein auffallend gepflegtes Ortsbild. Das gesamte Dorfzentrum wurde restauriert. Hier und dort liest man neben einer Hausklingel ein Zitat von Shakespeare, Dostojewskij, Kafka – oder ganz einfach: „Ich fühle mich für die Schönheit der Welt verantwortlich." Oberhalb des Ortskerns tritt man auf die moderne „Piazza della Pace" (Platz des Friedens), unterhalb des Ortskerns steht ein neu gebautes Theater.

Der Initiator dieser einmaligen Ortsveränderung, der auch die dafür nötigen Gelder zur Verfügung stellte, ist *Brunello Cucinelli*, ein Arbeitersohn aus einem Nachbardorf von Solomeo, der als Unternehmer mit der Produktion von Kaschmirpullovern einen rasanten Aufstieg erlebte. Heute arbeitet halb Solomeo für sein Unternehmen, das mittlerweile weit über Kaschmirpullis hinaus in die Modebranche verankert ist. Der Mann, der seinen größten Umsatz in Deutschland macht, hat mehr im Kopf, als sich im Wettbewerb des Turbokapitalismus zu verausgaben. Der globale Wirtschaftskollaps versetze ihn in gute Stimmung, gab er einst fröhlich einer Journalistin der „Süddeutschen Zeitung" zur Auskunft, ein solcher Kapitalismus hätte keine Daseinsberechtigung mehr – seine eigene Firma sieht er als „humanistisches Unternehmen" und fährt mit seiner ausgesprochen menschenfreundlichen Betriebsführung weiterhin auf der Erfolgsschiene. So kam das kleine Solomeo nach Abschluss der Restaurierungsarbeiten zu seinem „Teatro Cucinelli", um das es manch anderer Ort beneiden dürfte.

Torgiano

Der Ort zwischen Perugia und Todi ist ein kleines, aber berühmtes Zentrum des umbrischen Weinanbaus. Die Verbesserung der Qualität und die sukessive Steigerung der Erträge hat Torgiano dem Sachverstand des 1999 verstorbenen Gutsbesitzers Giorgio Lungarotti zu verdanken. In den 1950er Jahren wandelte er das Weingut der Familie in einen modernen Fachbetrieb um, in dem heute seine Tochter Chiara das Szepter schwingt.

Aus dem Torgiano-Gebiet kommen sehr unterschiedliche Weine. Der bekannteste ist der rote Torgiano – *Rubesco* genannt –, der in der Gegend bereits seit über 100 Jahren gekeltert wird. Die Reben des Rubesco wachsen auf einem ca. 300 Hektar großen Gebiet, wesentlicher Faktor für ihr Gedeihen sind die trockenen Winde. Der *Torgiano Rubesco* zählt zu den Verschnittweinen; er wird nach klassischer Methode aus verschiedenen Rebsorten gekeltert, weiß und rot gemischt. Hauptbestandteil ist mit 50 bis 70 % die Sangiovese-Traube. Dazu kommen die Trauben Canaiolo, Trebbiano, Toscano, Ciliegiolo und Montepulciano.

Überregionale Bedeutung erlangte der Rubesco erst 1968, als Torgiano zum D.O.C.-Gebiet erklärt wurde, einer der seltenen Fälle in Italien, in dem Lage und Ortsbezeichnung identisch sind und sich überdies im Alleinbesitz eines Guts befinden. Heute zählt *Lungarotti* rund 100 Beschäftigte; die hochmoderne Cantina liegt etwas außerhalb und kann besichtigt werden.

Weinmuseum *(Museo del Vino):* Mitten in Torgiano, im Palazzo Baglioni, gründete 1974 *Maria Grazia Lungarotti*, Gattin des Weinpioniers Giorgio Lungarotti und promovierte Kunsthistorikerin, ein Museum des Weins. Mit seinen Tausenden von sorgfältig inventarisierten Exponaten zur bacchantischen Wissenschaft und Praxis ist das *Museo del Vino* einzigartig in Europa. Die auf 20 Ausstellungsräume verteilte Sammlung belegt die Geschichte des italienischen Weinbaus und seine tief verwurzelten Traditionen von der vorrömischen Zeit bis heute. Das Museum versteht sich als interdisziplinär: Neben Winzergerät, das man auch in anderen Weinmuseen sehen kann, haben hier Archäologie, Geschichte, Technik, Kunst und Mythologie ihren Platz.

Bereits die umfangreiche Handschriftensammlung aus dem 13. Jahrhundert im zweiten Saal, z. T. aus den

International renommiert: das Weinmuseum von Torgiano

Archiven Perugias, dokumentiert die Seriosität des Unternehmens. In den Keramik-Sälen mit unzähligen Amphoren und Weinkrügen kann das Auge auf Entdeckungsreise gehen. Aus der Keramikstadt Gubbio stammt ein wundervoll bemalter Zierteller aus dem Jahr 1528 mit funkelndem Goldrelief, der die Lehrzeit des jungen Bacchus unter den Fittichen des Teufels zeigt. Besonders amüsant ist die Mittelalterabteilung mit ihren Bilderbuchdarstellungen. In der mythologischen Abteilung ist die fröhliche Figur des Bacchus vorherrschend. In den unzähligen feinen Drucken und Stichen zum Thema verliert sich des Besuchers Auge schon wieder, die Abteilung Literatur und Wissenschaft reicht von Plato und Homer bis in die Gegenwart. Auch Cocteau und Picasso sind im Museum vertreten – und neben all den Exklusivitäten auch das ganz praktische Handwerk mit Weinpressen, Spritzgeräten, Verkorkungsvorrichtungen etc.

■ April–Juni Di–So 10–13 und 15–18 Uhr, Juli–Sept. Di–So tägl. 10–18 Uhr, Okt.–März Di–So 10–13/15–17 Uhr. Eintritt nur im Doppelpack mit Ölbaum- und Olivenölmuseum 7 €. Im Eintrittspreis enthalten ist ein Glas Wein in der benachbarten Osteria del Museo.

Ölbaum- und Olivenölmuseum (*Museo dell'Olivo e dell'Olio*), an der Via Garibaldi 10. Ebenso preziös wie das Weinmuseum ist dieses zweite von *Maria Grazia Lungarotti* eingerichtete Museum. Ursprung und Verbreitung des Olivenöls werden ebenso professionell dokumentiert wie Schnitt-, Sammel-, Press- und Mahltechniken. Alte Ölpressen und Ölmühlen belegen allein schon zwei der elf Räume. Es folgen – wie im Weinmuseum – thematische Abteilungen mit ebenso ausführlichen wie klugen Begleittexten (auf Italienisch und Englisch). Im Sektor „Das Öl und das Heilige" ist ein fein bearbeiteter marmorner Ölbehälter aus dem 7. Jahrhundert v. Chr. das zentrale Schmuckstück, im Raum „Das Öl als Lichtquelle" sind unzählige Öllampen von der Antike bis heute ausgestellt, vom reich verzierten Silbergefäß bis zum schnörkellosen Öllicht. „Öl und Sport" ist eine weitere Abteilung, und natürlich fehlt auch der Ölzweig als Symbol des Friedens nicht

– ein überzeugendes museographisches Konzept, in dessen Umsetzung enorm viel Arbeit und Sorgfalt investiert wurde.

■ Öffnungszeiten wie Weinmuseum. Eintritt nur im Doppelpack mit Weinmuseum 7 €.

Postleitzahl 06089

Wein Kenner halten sich an die Bezeichnung „Riserva" – dann hat der Wein 12 % Alkohol und wurde mindestens drei Jahre gelagert. Die Cantina Lungarotti führt neben dem Rubesco ein breit gefächertes Angebot, u. a. den weißen, spritzigen Tafelwein Buffaloro, die guten Tischweine Castell (rosé) und Torre di Giano (weiß), ein Vinsanto sowie den seltenen, sherryähnlichen, trockenen Aperitifwein Solleone.

Hotels/Restaurants ***** **Le Tre Vaselle**, beim Weinmuseum ums Eck. Das Luxushotel der Lungarotti, in einem von außen unscheinbaren alten Castello untergebracht, ist vor allem wegen seines Restaurants berühmt. Höhepunkte der umbrischen Küche in gediegener Atmosphäre zu Höchstpreisen. DZ ab 250 €. Via Garibaldi 48, ✆ 075-9880447, www.3vaselle.it.

*** **Siro**, die billigere Alternative im unteren Ortsteil. Das Restaurant serviert auf zwei Etagen ausgezeichnete regionale Küche, ist preiswert und oft gerammelt voll (Reservierung empfohlen). DZ mit Bad 70–90 €. Via G. Bruno 16, ✆ 075-982010, www.hotelsirotorgiano.it.

Bettona

Die Lage in den Hügeln über Torgiano ist großartig, die mittelalterliche Ummauerung noch komplett erhalten. Dass das Städtchen noch nicht von Amerikanern, Deutschen und betuchten Römern aufgekauft wurde, verwundert geradezu.

Bettona ist umbrischen Ursprungs. Später errichteten die Etrusker hier eine Stadt, was insofern eine Ausnahme darstellt, als deren Städte sich sonst allesamt rechts des Tiberlaufs befinden. Von ihnen stammen nebst einem Grab unterhalb des Orts noch Teile der Stadtmauer, die nach der Zerstörung in den guelfisch-ghibellinischen Kriegen von Kardinal *Albornoz* neu aufgebaut wurde. Wer einen Spaziergang entlang der Stadtmauer unternimmt – in 15 Minuten hat man Bettona umrundet – sieht schnell die Verschiedenheit des Mauerwerks. Einer Stelle mit zwei besonders gerundeten und leicht geteilten Steinen hat der respektlose Volksmund den Namen *culi delle suore* (Nonnenärsche) verpasst. Das Mauerstück ist als Postkarte zu kaufen, dort allerdings mit *culi dei monache* (Mönchsärsche) betitelt ...

Das schönste Gebäude des vom *Corso* in zwei gleich große Hälften geteilten Städtchens ist der *Palazzo della Podestà* mit seiner Freitreppe. Zusammen mit dem benachbarten Palast beherbergt er das **Museo della Città**, das aus der kommunalen Pinakothek und einer kleinen archäologischen Abteilung besteht.

In der Pinakothek ist alles, was man in den Kirchen Bettonas für museumswürdig befand, zu finden. Dass die Sammlung durchaus Qualität hat, erkannten auch die Diebe, die 1987 insgesamt 29 Kunstwerke mitgehen ließen. Man fand die gestohlenen Gemälde vier Jahre später in Jamaika (!) wieder und verwahrt seither einige von ihnen an sichereren Orten. Geblieben sind in Bettona u. a. zwei Gemälde von *Perugino* und das Fresko „Der Erzengel Michael triumphiert über Satan" von *Fiorenzo di Lorenzo* – in der Linken eine Seelenwaage mit je einer Figur in jeder Schale steht der siegreiche Michael mit beiden Beinen auf dem Gehörnten. Die „Glorreiche Madonna mit sechs Heiligen" des Sizilianers *Iacopo Siculo* zeigt Lokalkolorit: Im Hintergrund erhebt sich das mittelalterliche Bettona, der Heilige links ist wohl Crispolto, der Schirmherr der Stadt. Er wurde von Petrus persönlich nach Italien geschickt, um das Christentum zu verbreiten und starb als Märtyrer – ein Sägeblatt über seinem Kopf deutet die grausame Hinrichtungsart an. Was der menschlich dreinblickende Löwe auf dem Bild soll, entzieht sich unserer Kenntnis, ebenso die Bedeutung der

Keramikarbeit erfordert eine ruhige Hand

Eidechse im Vordergrund, die sich gleich über die Heuschrecke daneben hermachen wird – oder über den weiter entfernten Nachtfalter?

Im Untergeschoss ist Bettonas archäologische Sammlung untergebracht, Funde aus der Etrusker- und Römerzeit, wenig spektakulär und allenfalls für Spezialisten von Interesse.

■ Di–So 10.30–13 und 15–18 Uhr. Eintritt 7 €.

Hotel **** Relais La Corte di Bettona, am nördlichen Ende der zentralen Piazza und Bettonas einziges Hotel. Zimmer, Luxuszimmer, Suiten und eine kleine Wellness-Abteilung – alles sehr schick. Der Empfang ist etwas steif, aber vielleicht macht jemand anders eine andere Erfahrung. DZ inkl. Frühstück 140–200 €, teurer sind die Suiten. Via Santa caterina 2, 06084 Bettona, ℡ 075-987114, www.relaisbettona.com.

B & B La Piazzetta, beim südlichen Ende der zentralen Piazzetta ums Eck. Ein Zimmer mit Bad, zwei weitere Zimmer teilen sich ein Bad, zwei Appartements. Die namensgebende Piazzetta ist mit Tischen bestückt und wird gemeinsam genutzt. DZ 70–90 €. Via Aldo Moro 5, 06084 Bettona, ℡ 075-9869110, www.bbpiazzetta.it.

Deruta

Umbriens Hochburg der Kachelkunst: Majolika-Kacheln haben in Deruta eine bis ins 14. Jahrhundert zurückreichende Tradition. *Maioliche* ist in Italien der übliche Begriff für Fayencen, da diese Kunst über *Mallorca* nach Italien gelangte. Nördlich der Alpen ist der Begriff *Fayencen* heimisch geworden, weil man die begehrte Keramik aus der oberitalienischen Keramikstadt *Faenza* einführte.

Im Centro storico, das sonst ohne besonderen Reiz ist, findet man zahlreiche einschlägige Läden, die dem klassischen Deruta-Muster treu bleiben und sich deshalb wie ein Ei dem anderen gleichen.

Besondere Erwähnung verdient der unbekannte Künstler, der 1995 eine Kopie des gekachelten Fußbodens herstellte, der im 16. Jahrhundert die Kirche S. Angelo zierte: viele Heilige, Kentauren, Sphingen – und eine kranke Frau im Bett. Letztere ist ein Motiv aus dem nahen Santuario della

Madonna dei Bagni (siehe unten). Das sonderbare Werk ist an einer Hauswand knapp oberhalb des Stadttors zu sehen.

Wer nur ein Souvenir kaufen will, muss nicht unbedingt in den Stadtkern hochfahren. An der Via Tiberina, der Durchgangsstraße unterhalb des Orts, reihen sich Keramikstände, -geschäfte und -fabriken. Rund 100 Majolika-Betriebe sind in Deruta ansässig; einige stellen nur die Töpferware her, die dann andere weiterverarbeiten *(semilavorati)*, andere beschränken sich auf das Design.

Fabrikbesuch Bei **Maioliche Artistiche Nataloni** kann man den Produktionsprozess von Anfang bis Ende verfolgen, von der Tonerde, die in Briketts zu 25 kg aus dem Alto Tevere (oberes Tibertal) geliefert wird, bis zum bemalten Majolika-Stück. Getöpfert, gebrannt, poliert, ins Emailbad gesteckt, bemalt, Glasur und nochmals in den Ofen ... Rina, heute im Ruhestand, die in allen Etappen der Produktion gearbeitet hat, bietet hervorragende Führungen in deutscher Sprache an – kostenlos. Selbstverständlich können Sie die Produkte auch vor Ort kaufen – dies nicht zu „Made in China"-Preisen, das werden Sie nach der Führung verstehen – billiger als in den Boutiquen im Centro storico aber sind sie allemal. Nur nach Voranmeldung: ✆ 338-8725694 (Rina). Via della Tecnica 20.

Museo Regionale della Ceramica: Prunkstücke des Museums sind die hübschen Votivkacheln aus der Kirche San Francesco, ansonsten ist die Sammlung aus der einheimischen Produktion etwas monoton. Die wertvollsten Deruta-Majoliken haben den Weg nach Paris und London gefunden.

▪ März und Okt. Mi–So 10.30–13/14.30–17 Uhr; April–Juni Mi–So 10.30–13/15–18 Uhr; Juli–Sept. Mi–So 10–13/15–18 Uhr; Nov.–Febr. Mi–So 10.30–13/14.30–16.30 Uhr. Eintritt 5 €; von März bis Okt. sonntags aus unerfindlichen Gründen nur zusammen mit der Pinakothek 7 €.

Kirche San Francesco: In der einschiffigen Kirche sind einige Fresken aus dem 15. Jahrhundert erhalten, die schönsten in der ersten Seitenkapelle rechts: „Szenen aus der Vita des heiligen Antonius" mit einer drastischen Darstellung von zwei Gehängten. Und natürlich ist auch hier die Majolika-Kunst vertreten, u. a. eine gekachelte Stadtansicht von Deruta.

Santuario Madonna dei Bagni: Noch mehr Kachelkunst findet man in dieser kleinen Wallfahrtskirche aus dem 17. Jahrhundert, ca. 3 km südlich von Deruta. Das Santuario ist im Inneren komplett mit Votivtafeln bedeckt, sowohl an den Wänden wie an den dicken Stützpfeilern. In einem bunten Bilderbogen – Kranke im Bett, Stürze vom Baum, Autounfälle und weitere Unannehmlichkeiten des Lebens – wird Maria für die Rettung gedankt. Jede der rund 700 Tafeln zeigt als zentrales Motiv in einer Lunette die Madonna mit dem Kind, das eine Weltkugel in der Hand hält. Das klitzekleine Original dieses Motivs, die *Madonna della tazza*, prangt im Strahlenkranz über dem Altar, hinter dem eine längst abgestorbene Eiche aus dem Boden ragt. Die Keramik ist das Fragment einer Tasse, die ein Franziskaner in der Erde fand und die später von einem lokalen Händler, dessen Frau schwer krank war, an der Eiche befestigt wurde. Der Mann kehrte nach Hause zurück und fand seine Frau komplett gesund vor.

Vandalen raubten 1980 rund 200 Tafeln und zerstörten einige von ihnen. Doch weit kamen sie mit ihrer Beute nicht. Sie wurden von der *Guardia di Finanza* (Finanzpolizei) gestellt und den Carabinieri übergeben. Einige zerbrochene Tafeln erinnern noch an die Übeltäter.

▪ Deruta in südliche Richtung verlassen, nicht auf die Schnellstraße, sondern der Beschilderung „Casalina" folgen. Das Santuario befindet sich direkt neben der Schnellstraße. Im Sommer 7.30–12.30 und 14.30–19.30 Uhr; Winter 8–12.30 und 14.30–18.30 Uhr. Eintritt frei.

Lago Trasimeno

Lago Trasimeno

Kaum mehr als 20 km westlich von Perugia erstreckt sich inmitten von grünen Hügeln der Lago Trasimeno, Umbriens „Meer". Im 128 Quadratkilometer großen See liegen drei Inseln: Isola Polvese, Isola Maggiore und Isola Minore. Die ersten beiden werden regelmäßig von kleinen Dampfern angefahren, die dritte ist in Privatbesitz und nicht zugänglich.

Leider ist der Trasimenische See relativ seicht; bei nur sechs bis sieben Metern Tiefe kann sich das Wasser im Sommer zu sehr erwärmen und „umkippen" – tote Fische am Strand sind dann die Folge. Das war nicht immer so. Noch im 16. Jahrhundert berichtet ein päpstlicher Abgesandter nach Rom: „Hier gibt es Schleien, Hechte, Weißfische, Rundfische, Aale und Rotaugen in so großer Zahl, dass man nicht nur das Umland und die benachbarten Provinzen versorgt, sondern auch nach Rom und Pesaro liefert ... Der Seegrund ist gleichmäßig von weißem Sand bedeckt, nicht der geringste Schlamm, daher die hohe Qualität der Fische."

Der heute so niedrige Wasserstand des Lago Trasimeno ist die Folge von wiederholten menschlichen Eingriffen. Bereits die Römer errichteten Deiche und unterirdische Abflüsse, um die häufigen Überschwemmungen zu verhindern. Vom 15. bis Ende des 19. Jahrhunderts wurden zwei Zuflüsse in den Tiber umgeleitet, ein weiterer unterirdischer Abflusskanal wurde gegraben. Mit diesen Baumaßnahmen bekam man das Problem der Überschwemmungen in den Griff. Allerdings wirkt sich heute die Absenkung des Wasserpegels auf Flora und Fauna aus, und in Rom hat man schon lange keinen Fisch aus dem Lago mehr gesehen ...

Die Behörden haben das Problem erkannt und vorläufig im Griff. Wissenschaftler aus Perugia, die seit Jahren den Lago untersuchen, attestieren ihm regelmäßig ein „gesundes Ökosystem, wenn auch mit einem fragilen Gleichgewicht, besonders in den tieferen Lagen". Ebenso regelmäßig prognostizieren Pessimisten bei jeder Trockenperiode den Tod und die Versumpfung des Lago. Andere Bewässerungsmethoden für die Landwirtschaft werden diskutiert, auch

Lago Trasimeno und Umgebung
1,5 km

ein Verbot des Maisanbaus (zu viel Wasserverbrauch) und eine zusätzliche Wasserzufuhr aus dem Chiascio, einem Nebenfluss des Tiber, sind im Gespräch, der dazu notwendige Staudamm oben bei Valfabbrica wird 2019 fertiggestellt sein, ein Aquädukt vom Valdichiana her könnte den See speisen ... Gerede, das regelmäßig abflaut, wenn der erste Regen kommt.

Es gibt 18 ausgewiesene Strände am Trasimenischen See, alle unterstehen von April bis September einer vierzehntägigen Kontrolle der Wasserqualität nach den EU-Normen. Eine Wasserverschmutzung, die ein Badevergnügen beeinträchtigen könnte, war bisher nicht auszumachen.

Baden: In den Sommermonaten steigt die Wassertemperatur bis auf 25° C, Ba-

Lago Trasimeno

degelegenheiten findet man vor allem an der Ost- und der Nordseite des Sees sowie in Castiglione. Allerdings bleibt das Badevergnügen wegen des niedrigen Wasserstands oft beschränkt – und Vorsicht: Der Sage zufolge soll sich eine Seejungfrau in den Prinzen Trasimenus verliebt und ihn zu sich in die Tiefe gezogen haben …

Information Das ganze Jahr über in Castiglione del Lago, Passignano und Città della Pieve (Details siehe dort). Während der Sommermonate auch in San Feliciano. Informationen im Netz: www.lagotrasimeno.net.

Hin und weg **Bahn**: Castiglione del Lago (Westufer) liegt an der Strecke Florenz–Rom. Nach Tuoro und Passignano (Nordufer): in Teróntola (Strecke Florenz–Rom) in den Zug nach Perugia umsteigen.

Bus: Relativ häufige Verbindung zwischen Passignano und Castiglione; seltener verkehren Busse am Süd- und Ostufer.

Fahrradtouren Die Gegend um den Lago Trasimeno ist bei Radlern beliebt. Wer sich für eine Seeumrundung entscheidet, wird etwa zu zwei Dritteln Radwege vorfinden, im restlichen Drittel (am südlichen Ufer) muss er sich mit dem Autoverkehr abfinden.

Professionell geführte Touren (auch in entfernte Regionen) sowie gepflegte Unterkunft für Radler bietet das **Bikehotel Villa Rey** in Panicale (siehe dort). Das Hotel verleiht auch Mountainbikes und GPS-Geräte.

Festivals **Trasimeno Blues**, jährlich Ende Juli bis Anfang August. Zehn Tage lang Openair-

Wandern am Lago – Camminare Guarisce

„Camminare Guarisce" (Wandern heilt) – so nennt sich der Verein, der seit 2018 eine Wanderung „in 200.000 Schritten rund um den See" vorschlägt: In sieben Etappen werden 160 Kilometer zurückgelegt. Bei einer Schrittlänge von 80 cm geht das mathematisch gesehen auf, und der mit dem Logo des Vereins (eine Spirale, im Inneren ein blaues Herz) markierte Weg, der im Süden bis Città della Pieve führt, hat sich auch in der Praxis bewährt.

Die Idee zur *Via del Trasimeno* kam Fabrizio Pepini aus Passignano bei einer seiner zahlreichen Wanderungen nach Santiago de Compostela. Wandern half ihm bei der Überwindung einer Krankheit, und wandern kann man schließlich auch in seiner Heimat am Trasimenischen See. Mittlerweile bietet der Verein auch professionell begleitete Wanderungen für Menschen mit physischen oder psychischen Problemen an. Dass Wandern auch der sozialen Inklusion förderlich ist, beweisen mehrtägige Exkursionen, die von „Camminare Guarisce" mit straffällig gewordenen Jugendlichen durchgeführt wurden.

Die 160 km lange Via del Trasimeno (oder auch nur Etappen) kann man natürlich auch individuell, ganz ohne Begleitung begehen, die Markierung ist vorbildlich. Der gesamte Weg ist auch für Mountainbikes geeignet, dann ist mit drei Etappen zu rechnen. Es wird empfohlen, vorher am Sitz des Vereins vorbeizuschauen; dort gibt's neben Detailinformationen zu den Etappen auch Auskünfte über preiswerte Übernachtungsmöglichkeiten.

Cammina Guarisce, Via San Donato 2, Passignano sul Trasimeno, ✆ 327-4964754 und ✆ 338-9362313. Weitere Informationen: www.laviadeltrasimeno.org.

Konzerte rund um den Trasimenischen See. Jazzgruppen mit internationaler Besetzung. Konzerte in Castiglione del Lago, Passignano sul Trasimeno, Tuoro und den „Hinterland"-Orten Città della Pieve, Piegaro, Magione und Paciano. Programm unter www.trasimenoblues.it.

Schiffe zu den Inseln → Isola Polvese, Isola Maggiore.

Touren auf der Vespa Warum nicht auf einer Vespa durch Umbrien touren? Verleih der Gefährte oder geführte Touren bei **Umbria in Vespa**. Mehr darüber im Kapitel Unterwegs in Umbrien, Kastentext „Wespen in Umbrien".

Wandern In den Hügeln rund um den See hat der Italienische Alpenclub (CAI) insgesamt 16 Wanderwege markiert. Informationen – mit etwas Glück auch Kartenmaterial – in den Tourismusbüros von Castiglione und Passignano. Siehe auch Kastentext „Camminare Guarisce".

Camping Über ein Dutzend Campingplätze sind am Seeufer eingerichtet, die meisten von Ostern bis Sept. geöffnet.

Castiglione del Lago

Das auf einer Halbinsel an der Westseite des Sees gelegene Castiglione ist ein ganz und gar malerischer Ort. Um den mittelalterlichen Kern, geprägt vom Palast der Herzöge della Corgna, zieht sich eine hohe Befestigungsmauer. Der Besuch des Palazzo ist schon wegen des Rundgangs auf der Zitadellenmauer zu empfehlen: traumhafte Aussicht auf den Lago.

Durch das Zentrum der Altstadt zieht sich die schmale *Via Vittorio Emanuele*, Treffpunkt und Marktplatz zugleich. Hier steht auch die *Chiesa Santa Maria Maddalena* mit klassizistischem Säulenvorbau und rotgeziegeltem Turm. Sie stammt aus dem 19. Jahrhundert und bietet kunsthistorisch nichts. Erwähnt sei aber, dass ihre Glocke aus dem Jahr 1887 ein Geschenk der Arbeiter der katholischen Kirchengemeinde Bochum war.

Eine einladende Promenade führt unterhalb der Zitadelle um die Halbin-

Castiglione del Lago

Castiglione del Lago

sel, mancher Einheimische angelt sich hier den Hauptgang zum Mittagessen. Badegelegenheiten finden sich sowohl nördlich wie südlich der Halbinsel.

Palazzo della Corgna/Rocca del Leone: Im etwas heruntergekommenen Renaissance-Palast am Ende des Corso Vittorio Emanuele, teilweise von der Stadtverwaltung in Beschlag genommen, teilweise als Kunstgalerie genutzt, sind in mehreren Sälen noch die originalen Fresken aus dem 16. Jahrhundert erhalten. Besonders beeindruckend sind die restaurierten Gemälde von *Niccolò Circignani*, *Il Pomarancio* genannt. Die gesamte *Sala dell'Investitura* wurde von ihm dekoriert: Geschichten aus dem Leben der Familie della Corgna, denen Papst Julius III. im 16. Jahrhundert die Herrschaft über Castiglione übertrug, Schlachten um Castiglione, Fechtszenen und mythologische Gestalten. Ebenfalls komplett mit Fresken ausgeschmückt, aber nicht restauriert ist die *Sala di Cesare*, in der der manieristische Stil dominiert: Cäsars Vita bis zu seiner Erdolchung, Cleopatra taucht in einer Lünette auf. In der *Sala d'Annibale* schließlich wird auf einem großflächigen Deckengemälde die Schlacht am Trasimenischen See nachgespielt – Inszenierung 16. Jahrhundert.

Ein langer Tunnel in der Mauer führt vom Palazzo zur **Rocca del Leone**, einer mittelalterlichen Burg. Der Rundgang auf der Festungsmauer – rund um den als Openair-Kino verwendeten Innenhof – ist großartig: eine Vogelperspektive auf den Lago, wie sie die Herzöge della Corgna genossen haben.

▪ April–Juni und Sept. tägl. 9.30–19 Uhr, Juli/Aug. tägl. 9.20–19.30 Uhr, Okt. tägl. 9.30–18.30 Uhr, Nov.–März Fr–Mo 9.30–17.30 Uhr. Eintritt 8 €.

Baden: Der Sandstrand beginnt gleich nördlich des Orts *(Lido Arezzo)*. Das Wasser ist seicht, 20 m vom Ufer kann man noch immer stehen. Am Fuß des Palazzo della Corgna folgt eine Steinpromenade, hier sitzen die Angler. Südlich des alten Stadtkerns setzt sich der Strand mehrere hundert Meter fort *(Lido Comunale)*. Nur am Wochenende, wenn die ganze Familie in der Sonne schmort, ist er überlaufen. Zwischen Asphaltstraße – wenig befahren, am Wochenende gesperrt – und Strand erstreckt sich eine mit niedrigen Bäumen bestandene Allee, die in der Mittagshitze etwas Schatten spendet.

Basis-Infos

Postleitzahl 06061

Information IAT-Büro, Piazza Gramsci 1, im Untergeschoss des Palazzo della Corgna. Diese provisorische Unterbringung wird vermutlich auch 2019 noch gültig sein, ein neuer Raum wird gesucht. Keine Zimmervermittlung, das Büro hat aber eine Liste mit privaten Vermietern rund um den See. Mo–Fr 8.30–13 und 15.30–19, Sa 9–13 und 15.30–19 Uhr; April–Sept. auch So 9–13 Uhr. ℡ 075-9658293, www.lagotrasimeno.net.

Hin und weg Bahn: tägl. mehrere Züge nach Chiusi, Florenz und Rom. Bahnhof 2,5 km außerhalb des Orts.

Bus: tägl. mehrmals nach Perugia.

Einkaufen Regionale Weine verkauft die **Cantina Duca della Corgna** an der Straße nach Chiusi; die hauseigenen Produkte dürfen degustiert werden.

Il Poggio, Weingut oberhalb des Dörfchens Macchie an der Straße nach Panicale). Sehr freundlicher Empfang und eine kompetente Führung, die den Prozess der „Vinificazione" erläutert. Nette Degustationsstube. In der Hauptsache Rotweine aus den Trauben Merlot und Sangiovese. ℡ 075-9680381.

Fahrradverleih Marinelli Ferrettini, Via B. Buozzi 26 (Richtung Bahnhof). Fahrräder, Mountainbikes und Mofas. Auch Reparaturen. ℡ 075-953126.

Cicli Valentini, Via Firenze 78b (Straße nach Arezzo). MTBs, Tourenräder, Rennräder. ℡ 075-951663.

Markt Mittwochvormittag

Perugia und Lago Trasimeno

Übernachten

Hotels ***Duca della Corgna**, 1,5 km außerhalb des Zentrums, Nähe Bahnhof. Freundlicher Empfang in gepflegter, moderner, aus zwei Häusern bestehender Anlage. Einige Zimmer mit Balkon zum Garten, von anderen aus kann man fast direkt in den Pool springen. Hoteleigener Parkplatz, Tiefgarage. Restaurant. DZ 70–150 € je nach Kategorie und Saison. Via B. Buozzi 143, ℡ 075-953238, www.hotelcorgna.com.

*** **La Torre**, mitten im historischen Kern gelegen. Familiär, mit viel Freundlichkeit geführtes Haus, modern, sehr sauber und für den Komfort (alle Zimmer mit TV, einige sogar mit Eisschrank) preiswert. Reichliches Frühstück mit Produkten aus der eigenen Bäckerei. Allerdings sind die 8 Zimmer schnell ausgebucht. DZ 75–80 €. Via Vittorio Emanuele 50, ℡ 075-951666, www.latorretrasimeno.com.

*** **Aganoor**, am Corso, gehört zum Restaurant „La Cantina" und ist in der 2. Etage des Palasts untergebracht. Beim Aufgang grüßt Botticellis Venus, dann gelangt man zu sehr unterschiedlich großen Zimmern, aber alle sehr komfortabel und geschmackvoll eingerichtet. Die Hälfte der Zimmer mit Seeblick, eines mit Mini-Terrasse. Ein Plus sind der große Aufenthaltsraum (Seeblick) und ganz oben – über eine Wendeltreppe erreichbar – eine kleine Sonnenterrasse (kein Schatten) mit Liegestühlen. DZ 60–68 €. Via Vittorio Emanuele 91, ℡ 075-953837, www.hotelaganoor.it.

mein Tipp B & B **Il Torrione**, bei der Porta Senese. 5 Zimmer, 2 davon in traumhafter Lage mit Seeblick und Zugang zum idyllischen kleinen Garten des Hauses, sowie Appartements. DZ mit Dusche inkl. Frühstück 80–90 €. Via delle Mura 4, ℡ 075-953236, www.iltorrionetrasimeno.com.

Wer's auf eigene Faust versuchen will: An der Straße zum Camping Listro ziert fast jedes Haus ein „Camere"-Schild.

Camping ** **Listro**, knapp 1 km außerhalb, direkt am Seeufer, mit großen Bäumen und Wiese zum Strand. Blauweiß gestreifter Sichtschutz zum Dorf hin. Kleiner Lebensmittelladen, Bar. Fahrradverleih. 100 Stellplätze. Geöffnet April–Sept. Via Lungolago 9, ℡ 075-951193, www.listro.it.

Essen & Trinken

Restaurants **L'Acquario**, kleines, gepflegtes Lokal, das Einheimische und Touristen gleichermaßen anzieht. Mit Freundlichkeit servierte Fischspezialitäten. Von Okt. bis Juni: Mi Ruhetag. Via Vittorio Emanuele 69, ℡ 075-9652432.

mein Tipp **Monna Lisa**, am zentralen Platz der Altstadt. Traditionelle trasimenische Küche, über zwei Etagen und im Sommer auch auf dem Platz serviert. Großes Vorspeisenangebot, hausgemachte Teigwaren (Pici, Ravioli, Fettu-

Castiglione del Lago

cine ...) und als Spezialität ein hervorragender „Tegamaccio", eine Fischsuppe, in der alle Spezies des Lago landen. Hinterher krönen die liebevoll zubereiteten Dolci den kulinarischen Ausflug. Reservierung empfohlen. Mi Ruhetag. Piazza Mazzmini, ℅ 075-951071.

Mein Tipp La Cantina, im Centro storico, mit einem wunderbaren Garten. Die Dinkelsuppe ist mit Safran gewürzt, die Maltagliati (Teigwaren) mit Trüffeln. Große Auswahl, auch an lokalen Fischgerichten wie Schleien, Karpfen etc., große Portionen. Fleischliebhaber werden mit einem guten Chianina-Rind verwöhnt, Vegetarier finden einen speziellen Menuvorschlag. Auch Pizza (über Holzkohle). Von Okt. bis Mai: Mo Ruhetag. Via Vittorio Emanuele 93, ℅ 075-9652463.

Le Scalette, direkt unterhalb der Porta Senese. Familiär geführte Osteria, von Einheimischen und Touristen gleichermaßen besucht. Neben Fisch aus dem See gehört auch die „Cinta sense" zu den Spezialitäten, das schwarze Schwein mit dem weißen Streifen über Nacken und Brust. Daraus lässt sich ein ganzes Menü zaubern: Salami (Antipasto), handgemachte Pasta mit Schinken und schließlich das Filet des kräftigen Tiers. Auch Wild kommt auf den Tisch, und schließlich sei das breitgefächerte Angebot an regionalen Weinen erwähnt. Reservierung empfohlen. Do Ruhetag. Via 25 Aprile 24a/b, ℅ 075-952113.

Caffè Latino, vorne eine Bar wie andere auch, aber groß, nach hinten eine wunderbare Terrasse mit Blick auf den See. Bar- und Restaurantbetrieb. Letzterer bietet neben Pasta, Pizza und Fleischgerichten auch einen „Tegamaccio" (Fischeintopf) mit Fisch aus dem Lago an. Mo Ruhetag. Via Vittorio Emanuele 45, ℅ 075-953585.

Das Eldorado der Torta calda

Am Südufer des Sees, 6 km von San Feliciano entfernt, liegt das **Faliero** – einst eine kleine Snackbar, heute ein riesiger gastronomischer Betrieb mit angeschlossenem Hotel und Diskothek.

Begonnen hat die Karriere des Hauses mit Maria, deren Mann die von ihr gebackene *Torta calda* (Fladenbrot) geschickt zu vermarkten wusste. Heute stehen oft über hundert Autos auf dem Parkplatz, getafelt wird bei schönem Wetter im riesigen, baumbestandenen Garten. In der Backstube hinter der Bar wird emsig gearbeitet. Neben dem Mehltrog knetet Maria mit ihren Gehilfinnen riesige Teigfladen, die dann, zwischen Holzscheiben gepresst, übers Feuer gelegt werden. Sie werden heiß gegessen und schmecken – Einlage Schinken, Käse oder frittierte Fische – vorzüglich! Marias Mann, „il mago della torta", wie er auf einem Porträt an der Wand bezeichnet wird, ist derweil mit der Empfangslogistik beschäftigt. Schließlich kommen an sommerlichen Wochenenden oft bis zu 3000 Gäste. Dann hilft nur noch die Ticket-Maschine bei der Abfertigung. Die Wartezeit – bei Hochbetrieb bis zu zwei Stunden – kann man mit einem Tropfen Roten, der sofort serviert wird, und dem Studium des italienischen Volkslebens überbrücken. Die *Torta calda* ist noch immer der Renner, doch mittlerweile gibt's auch ein großes Vorspeisenangebot, Schnitzel, Kutteln und anderes mehr. Große Portionen und dank Selbstbedienung günstige Preise – das zieht die Massen an. Unser Eindruck: alles eine Nummer zu groß geworden.

In der Schilfwerkstatt von Signore Zoppitelli

San Feliciano

Am verträumten Fischerhafen reicht das Wasser zum Teil bis zur Straße. Es lässt sich leicht ermessen, welche Ausmaße der Trasimenische See einst hatte und wie er zusehends verlandete und verschilfte.

Die Macchia über dem Ort versteckt einige Villen und wenig romantische Appartementburgen. Vielleicht aus Sorge, dass die Tage des Fischereigewerbes am Lago gezählt sein könnten, wurde in der Via Lungolago (Uferpromenade) ein *Fischereimuseum* eingerichtet. Aber noch flicken die Fischer ihre Netze am Strand, nicht im Museum.

Nördlich von San Feliciano steht auf einem Hügel das *Castel di Zocco*, eine Märchenruine. Sie ist in Privatbesitz, unzugänglich und wird aus Finanzmangel seit Jahren belassen, wie sie ist. Gleich dahinter erstrecken sich die Olivenfelder der Gebrüder Palombaro, die ihr Öl im nahen Monte del Lago verkaufen (siehe dort).

Fischereimuseum (*Museo della Pesca del Lago Trasimeno*): ein selten aufgesuchtes, doch sehr informatives und obendrein liebenswert aufgemachtes Museum, einige Erklärungen sind auch ins Englische übersetzt, ein längerer deutschsprachiger Text über das Museum und die Exponate wird an der Kasse ausgeliehen. Mit alten Fischerutensilien, Skizzen, Fotos und Texten werden die Geschichte der Fischerei im See und die angewandten Fangtechniken dokumentiert. Das im 16. Jahrhundert übliche *Tori-Fischen*, ein kompliziertes Manöver mit zwei Schiffen, wird heute nicht mehr praktiziert, ebenso wenig das Fischen mit der *Arèlla*, bei dem die Opfer quasi eingezäunt werden. Der *Tofarello* hingegen, eine getarnte Reuse, wird gelegentlich noch verwendet. Auch der *Tofóne*, ein Fanggerät mit aneinander gefügten trichterförmigen Drahtgeflechten, in dem sich der Fisch heillos verliert und dann herausgeschüttelt wird, ist noch in Gebrauch, wie ein Spaziergang am Fischerhafen vor dem Museum zeigt. Daneben hat auch das moderne Nylon-

San Feliciano

netz in verschiedenen Ausführungen seinen Platz im Museum bekommen. Ohne Fisch keine Fischerei, ein Aquarium zeigt, was im Lago Trasimeno alles schwimmt: Schleien, Aale, Barsche und was man sonst noch in einem guten „Tegamaccio" (Fischeintopf) findet. Ein stimmungsvoller Film, den man auch ohne Italienischkenntnisse genießen kann, schließt den Besuch ab.

■ März und Okt.–Dez. Sa/So 10.30–13 und 15–17.30 Uhr, April–Juni und Sept. Do–So 10–12.30 und 15–18 Uhr, Juli/Aug. Di–So 10.30–13 und 16–19.30 Uhr. Eintritt 3 €.

Oasi Naturalistica La Valle: Das Naturreservat im Ortsteil San Savino (südlich von San Feliciano) ist nicht nur für Ornithologen interessant. Der Spaziergang über Wege und Stege durch das Schilf ist auch für Laien ein Vergnügen, und an den Beobachtungsposten zückt man dann doch das Fernglas, das man mit dem Eintritt geliehen bekommen hat: Gewässer und Gelände werden nach Enten, Reihern, Rohrspatzen und Zwergdommeln abgesucht. Im Frühjahr fliegen die Migranten aus Afrika ein, im Herbst bereiten sie sich auf den Rückflug vor, dazwischen wird genistet.

Im zweiten Teil erfährt man einiges über die Regulierung des Wasserstandes. Schon die Römer legten auf dem Gelände der heutigen Oasi einen unterirdischen Abflusskanal an, der im Mittelalter ausgebessert wurde und noch zu sehen ist (trockengelegt und nicht mehr mit dem See verbunden). Der Wasserstand bereitet auch heute noch Probleme, der Seespiegel – 1958 257,33 m ü. M. – sinkt derzeit leicht.

Zum Abschluss des Besuchs: Werfen Sie einen Blick aufs Empfangsgebäude, es zeigt eine wunderbare bzw. wunderbar komplizierte Sonnenuhr aus dem Jahr 1904!

■ Juni–Sept. tägl. 9–13 und 16–20 Uhr; Okt.–Mai Di–So 9–13 und 15–18 Uhr. Eintritt 4 € (Fernglas inklusive).

Schilfwerkstatt (*Lavorazione Canna Palustre*): Südlich des Orts, im Ortsteil San Savino (dort knapp hinter der Oasi La Valle), unterhält der freundliche Signore Zoppitelli eine einzigartige Werkstatt. Er baut aus Schilfrohr Sonnendächer, Rollos, Matten und vieles Nützliche mehr. Das aussterbende Metier hat er von seinem Vater geerbt, und wenn Sie Italienisch verstehen, wird er Ihnen vieles erzählen. Gerne demonstriert er die urzeitlichen Schilfflechtmaschinen, an denen er als Kind im Schichtdienst arbeitete. Selbst die elektrisch betriebenen Maschinen sind schon wieder museumswürdig, aber sie rattern noch wunderbar. Hinter der Werkstatt, direkt am Ufer, liegt das Schilfrohr zum Trocknen gestapelt, gelegentlich irren Enten und Wasserhühner umher – ein wunderbares Biotop!

Postleitzahl 06060 (Magione-S. Feliciano)

Information **Pro Loco**, im Zentrum an der Durchgangsstraße. Nur im Sommer geöffnet: Mo–Sa 9.30–12.30 und 16.30–18.30, So 9–12.30 Uhr. ☏ 075-8476027.

Markt Freitagvormittag

Vespa-Verleih **Umbria in Vespa** hat seine Basis knapp südlich von San Feliciano. Mehr darüber im Kapitel Verkehrsmittel vor Ort, Kastentext „Wespen in Umbrien".

Hotel **** Da Settimio**, bei der Schiffsanlegestelle. Das Haus ist vor allem wegen seines Restaurants beliebt (s. u.). DZ mit Du/WC und Frühstück 62 €. Via Lungolago 1, ☏ 075-8476000, www.albergoristorantedasettimio.it.

Camping *** Riva Verde**, am nördlichen Ortsrand. Mit ansprechendem Swimmingpool, im Sommer sind die 55 Stellplätze mit Wohnwagen und Hauszelten zugebaut. Geöffnet Mai–Sept. Via Gandhi 5-7, ☏ 393-9573665.

Restaurants **Da Massimo**, ca. 1,5 km südlich des Ortskerns, am Ortseingang von S. Savino dem Schild mit dem großen Wal links hoch folgen, am Ende des asphaltierten Teils des Sträßchens. „Ob Pizza oder See- und Meeresgetier, hier findet man alles. Zwar ist die Speisekarte nicht sehr umfassend, dafür aber die Portionen. Geschmacklich waren wir mit der Zubereitung der Fischgerichte zufrieden", schreibt uns ein Gast. Sehr schöne Speiseterrasse in großartiger, ruhiger Lage. Mo Ruhetag. Via dei Romani 16, Loc. San Savino, ℅ 075-9476269.

meinTipp **Rosso di Sera**, an der Durchgangsstraße in Richtung östlicher Ortsausgang. Sehr freundliches Ambiente und wunderbarer Speisebalkon zum See. Das Essen schmeckt ausgezeichnet, Spezialität sind Fische, das Nonplusultra der „Tegamaccio" (Fischsuppe), bemerkenswerte Nachspeisen ergänzen das kulinarische Angebot. Di Ruhetag. Via Fratelli Papini 79, ℅ 075-8476277.

meinTipp **Da Settimio**, im gleichnamigen Albergo (s. o.). Im geräumigen Speisesaal zeigt sich die Leidenschaft des Wirts – die Wände hängen voll mit ausgestopftem Federvieh vom See. Den Badefreunden zur Beruhigung: Das arme Krokodil an der Wand stammt nicht aus dem Lago. Viele Fischgerichte frisch aus dem See (z. B. Coregone, Aal). Beliebt sind die frittierten Fische, auch die Fischsuppe ist nicht zu verachten. Geschlossen am Do, ebenso Nov./Dez. Via Lungolago 1, ℅ 075-8476000.

Spiaggia del Giramondo, am nördlichen Ortsausgang. Gepflegter Rasen zum See, viele Tische im Freien, ein durch und durch idyllischer Ort. Allerdings: Etwas Kontinuität stünde der schönen Örtlichkeit gut an. In letzter Zeit waren ungefähr alle zwei Jahre neue Pächter anzutreffen. 2018 war die Küche hervorragend, vielleicht bleibt das so. Di Ruhetag. Via Gandhi, ℅ 075-841059.

Isola Polvese

Die mit knapp 70 Hektar größte Insel im Lago ist weniger bewaldet als die Isola Maggiore, hat aber durchaus ihre Reize. Im Sommer bietet sich nach einem Spaziergang, vorbei an den Überresten menschlicher Siedlungen, ein erfrischendes Bad an der Spiaggia an.

Die Insel-Chronik verzeichnet im Jahr 1342 etwa 500 Einwohner; aufgrund der Malaria im 17. Jahrhundert schrumpfte die Zahl beträchtlich, und 1772 waren gerade noch 80 Einwohner registriert. Heute ist die Isola Polvese unbewohnt, sofern man von der *Fattoria Il Poggio* absieht, die Spaziergänger verpflegt und auch Zimmer anbietet (siehe unten). Einen früheren Wiederbelebungsversuch unternahm ein gewisser *Conte Citterio*, der 1939 die Insel kaufte, in der Hoffnung, hier über ein privates Jagdreservat zu verfügen.

Oasi Naturalistica La Valle

Den gräflichen Swimmingpool transformierte die Provinzregierung – seit 1973 Eigentümerin der Insel – zum Biotop für Wasserpflanzen (nur mit Führung zu besichtigen).

Schöner als der wenig aufregende „wissenschaftlich-didaktische Park" ist der Spaziergang quer über die Insel. Vom Landungssteg führt der Weg an einer Burgruine mit zinnenbewehrtem Mauerwerk und dem Kirchlein San Giuliano vorbei. Dessen Inneres – u. a. ein Fresko aus dem 14. Jahrhundert der sienesischen Schule – ist ebenfalls nur mit Führung zu besichtigen. Etwas weiter oben steht eine Ruine des 20. Jahrhunderts, ein verlassener Bauernhof – Zeuge eines Landwirtschaftsprojekts, das sich als unrentabel erwies. Ebenfalls Relikte aus hoffnungsvolleren Zeiten sind eine zinnenbewehrte Villa *(Casa Merlata)*, die aus den Olivenhainen hervorragt, sowie die Mauerreste des Klosters San Secondo im hinteren Teil der Insel; die letzten Mönche verließen den Ort während der Malaria-Epidemie von 1624.

Am Wochenende ist viel Betrieb, der Weg zur *Spiaggia* ist überlaufen – Perugia liegt nah. Am 100 m langen Sandstrand mit seinen schattenspendenden Buchen merkt man nichts von der kargen Trockenheit, die im Inselinneren herrscht.

Überfahrt 10-mal tägl. ab San Feliciano, Ticket hin/zurück 6 €.

Zimmer/Restaurant Fattoria Il Poggio, mitten auf der Insel und nicht zu verfehlen. Das ehemalige Gut des Conte Citterio (s. o.) wurde mit Geldern der Provinz Perugia unter ökologischen Gesichtspunkten renoviert: Pflanzenkläranlage, Photovoltaik, Regenwassernutzung und mehr. Der Innenraum ist einladend: Bar und kleine Bibliothek, dazu leise musikalische Untermalung. Noch schöner ist's im Freien: Terrasse mit Seeblick, Olivenbäume, Kinderspielplatz, Liegestühle und Hängematte. Mittags wird ein hervorragendes Menü zum Festpreis serviert. Wer an diesem wunderbaren Ort länger bleiben will: Die Fattoria verfügt über 5 komfortable DZ, alle mit Seeblick, einige Mehrbettzimmer und zwei Appartements. DZ inkl. Frühstück ca. 60 €. Isola Polvese, 06060 Castigliano del Lago, 075-9659550 oder 347-9000970, www.fattoriaisolapolvese.com.

Monte del Lago

Ein malerischer kleiner Ort mit kaum mehr als einem Dutzend Häusern, die sich auf einem Hügel über dem See zusammendrängen. Die Hinweistafel am Ortseingang, dass die Straße nach 75 m endet, sollte man ernst nehmen, das Fahrzeug auf dem Parkplatz vor dem wuchtigen, polygonalen Wachturm abstellen und einen Dorfspaziergang unternehmen: großartige Ausblicke auf den See. Ein früher Entdecker des romantischen Dörfchens war übrigens der bayerische König *Ludwig I.*, der hier im Jahr 1823 mit seiner umbrischen Geliebten turtelte, der Marchesa Fiorenzi. Später verbrachte in Monte del Lago die heute weitgehend vergessene italienische Lyrikerin armenischen Ursprungs *Vittoria Aganoor* (1855–1910) oft ruhige Tage im stattlichen Haus ihres Mannes *Guido Pompilj*, der zeitweise auf nationaler Ebene in der Politik mitmischte. Unmittelbar nach dem Krebstod von Vittoria nahm er sich das Leben. Eine Gedenktafel erinnert an die beiden.

Einkaufen Frisches Olivenöl, bei der Fattoria Luca Palombaro, Via della Strage 8, knapp nach dem Wachturm. Die Oliven kommen aus den weiten Feldern unter Castel di Zocco (→ San Feliciano) und werden in der hauseigenen Ölmühle in Monte del Lago kalt gepresst. Besichtigung der Mühle zu den Öffnungszeiten. Der Liter des Olio extra vergine wird für ca. 12 € verkauft. Mo–Sa 9–12.30 Uhr.

Camping *** **Cerquestra**, auf der Landseite der Seestraße, nach dem Abzweig nach Magione. Gepflegtes Terrain mit 115 Plätzen. Bar, Kinderspielplatz, Swimmingpool und auf der anderen Straßenseite Restaurant und Lebensmittelmarkt. Geöffnet April–Sept. S. P. Torricella, Monte del Lago, 06063 Magione, 075-8400100, www.campingcerquestra.it.

Festivalstimmung in Magione (Trasimeno Blues Festival)

Magione

Auf einem Hügel im nahen Hinterland des Trasimenischen Sees gelegen, bekommt Magione vom Tourismus wenig ab. Das Castello di Magione vor den Toren der Stadt gehört seit über 800 Jahren den Rittern von Malta, die gelegentlich hier noch Versammlungen abhalten, ansonsten dient sie ihnen als Sitz eines großen landwirtschaftlichen Betriebs. Auch über der frühgotischen Kirche, etwas oberhalb an der anderen Straßenseite, thront das Malteserkreuz. Sie ist Johannes dem Täufer geweiht, dem Schutzpatron des Ordens. Im Inneren bietet sie nichts Besonderes – oder doch? Zumindest staunt der Besucher über die moderne Ausschmückung: rechts des Eingangs ein Gemälde mit Papst, Erdkugel, Kuppel des Petersdoms, Kinder aller Rassen und Kanonenrohr.

Gegenüber der Kirche steht ein Altenheim, ermöglicht mit der Unterstützung des Malteserordens, wie eine Tafel vermerkt. Nicht zuletzt ist auch der weithin sichtbare Wehrturm an der höchstgelegenen Stelle von Magione, die *Torre dei Lambardi*, ein Werk der Malteser. Er kann bestiegen werden, oder man wählt die bequemere Variante des Aufzugs. Oben öffnet sich per Knopfdruck die Dachluke, die Aussicht ist ganz nett.

Torre: Juli/Aug. Do–So 10.30–13 und 16–19.30 Uhr; Sept. 10.30–13 und 15–18 Uhr. Eintritt 3 €.

Hin und weg Bahn: gute Verbindungen nach Perugia und Assisi–S. Maria degli Angeli (Eisenbahnstrecke Terentóla–Foligno). Bahnhof im Süden des Orts.

Markt Donnerstagvormittag

Agriturismo/Relais Il Cantico della Natura, hoch oben in abgeschiedener Lage über dem Trasimenischen See. Sehr gepflegter biologischer Agriturismo für den gehobenen Urlaub in der Einsamkeit, wo die Belegschaft in Krawatten zur Verfügung steht. Hufeisenförmiger Swimmingpool, eigene Quelle (für das frische Wasser zum dezenten Abendessen), kleine Wellness-Abteilung (Therapien, Massagen, Jacuzzi), gepflegtes, leicht terrassiertes Gelände mit einmaliger Aussicht über den See. Die Zimmer sind mit viel Liebe zum Detail eingerichtet und sehr geräumig. Die Anfahrt ist recht kompliziert: von Magione in Richtung Perugia, dann Richtung Chiusi und nach dem

Auch Marco Polo …

war nicht ohne Reisehandbuch unterwegs. Dessen Verfasser, ein in Magione geborener Franziskaner, nannte sich Giovanni da Pian di Carpine und brach 1225 im Auftrag des Vatikans nach China auf. Dort sollte er dem gefürchteten Dschingis Khan eine Friedensbotschaft des Papstes überbringen. Der Mongolenfürst starb 1227, Giovanni musste mit den Nachfolgern vorlieb nehmen. Seine Mission erledigte er mit Bravour, und da er auf seiner zweijährigen Reise genügend Muße fand, verfasste der bescheidene Franziskaner nebenbei eine *Historia Mongolorum*, ein Büchlein, das sich dann Marco Polo ins Gepäck steckte.

Gleich zwei Gedenktafeln erinnern an der zentralen Piazza Carpine an den frühen Fernost-Reisenden.

Eisenbahn-Torbogen links weg. Beim ersten, kaum sichtbaren Schild „Montesperello" einfach weiterfahren bis Montemelino, beim zweiten Ortsschild „Montesperello" rechts der Beschilderung folgen, nach 700 m bei einer Kapelle wieder links, knapp darauf rechts und noch 900 m Schotterstraße. DZ ca. 100–200 € inkl. reichhaltiges Frühstück. Teurer sind die Suiten und Appartements. Via case Sparse 50, 06063 Montesperello di Magione, ✆ 075-841454, www.ilcanticodellanatura.it.

Restaurants *Al Sottobosco*, im unteren Teil des Orts. Gute umbrische Küche zu raisonnablen Preisen. Im Herbst getrüffelte Küche, Wild, Pilze. Auch die Wildschweinmortadella schmeckt ausgezeichnet. Die Teigwaren sind selbstverständlich hausgemacht. Spezialität sind *Umbricelli* – umbrische Pasta, irgendwo zwischen Spaghetti und Pici anzusiedeln. Mo Ruhetag.

Anfahrt: Vom Ortszentrum auf der Hauptstraße an der Malteserburg vorbei talwärts, dann noch vor dem großen Kreisel links (bei der Banca di Mantignana). Via del Quadrifoglio 12a, ✆ 075-8472188.

Il Casale di Magione, am großen Kreisel unterhalb des Orts in Richtung Perugia, dann auf der rechten Straßenseite. Die Lage ist wenig idyllisch und das Haus unscheinbar. Aber im Inneren wird in dezent eingerichteten Räumen eine preiswerte und hervorragende umbrische Küche und Pizza serviert. Im Sommer tafelt man auch draußen auf der Terrasse. Falls Sie gleich bleiben wollen: Das Haus verfügt über 7 DZ mit Bad (45 €), die eher von Durchreisenden und Arbeitern aufgesucht werden als von Feriengästen. Via Forma Nuova 40, ✆ 075-840479.

Torricella

Ein wenig aufregender Ort an der Stelle, wo Auto- und Eisenbahn von Perugia kommend auf den Lago treffen. Ein paar Häuser dem Meer entlang; vor allem aber gibt es eine Jugendherberge und einen einladenden Campingplatz.

Jugendherberge *Casa sul Lago*, direkt an der Durchgangsstraße, sehr lebendiges, kinderfreundliches Haus. Schöne Gemeinschaftsräume und nach hinten ein betischtes Gärtchen mit Hängematten. Ein preiswertes, einfaches Restaurant ergänzt das Angebot. Im Mehrbettzimmer 18–25 €/Pers., im DZ 30 €/Pers., inkl. Frühstück. Rezeption 13–19 Uhr geschlossen. Geöffnet April–Sept. Via del Popolo 8, 06063 Torricella-Magione, ✆ 075-8400042, www.lacasasullago.com.

Camping *** Eden Park**, kleiner, sauberer Platz im Süden des Orts. Sehr bescheiden, aber sympathisch: ein Stern, ein Mann, eine Bar und eine kleine Badewiese, Sanitäranlagen, viel mehr nicht. Während der Hauptsaison (Juli/Aug.) sind Pkw auf dem Platz nur begrenzt zugelassen. 40 größere Stellplätze, weitere 20 kleinere (für Iglus). Geöffnet April bis Mitte Sept. Via del Lavoro 18, 06063 Torricella-Magione, ✆ 349-5604152, www.campingedenpark.com.

Castel Rigone

Allein die rund 10 km lange Anfahrt von Passignano mit ihren großartigen Ausblicken auf den Trasimenischen See lässt das Herz höher schlagen. Castel Rigone, in der luftigen Höhe von 653 m gelegen, ist einen Ausflug wert. Der Spaziergang durch Gässchen und über Treppen zu immer neuen Plätzchen zeigt rundweg schmucke Häuser. Das Kastell hat in den letzten Jahren an Beliebtheit gewonnen, nicht als Wallfahrtsort, das es immer noch ist, sondern als Feriendomizil für begüterte Römer und Florentiner.

Ziel der Pilger ist die **Kirche Maria dei Miracoli** am Fuß des Kastells. Zwar bröckelt der Sandstein, doch der Harmonie des schmucken Renaissance-Baus mit der hübschen Rosette über dem Hauptportal tut dies keinen Abbruch. Zum Fresko der Madonna, von einem geschmiedeten Gitter geschützt im linken Seitenaltar, meint das deutschsprachige Begleitblatt: „Die Ausdruckskraft dieser Darstellung macht wohl jeden Kommentar überflüssig, die Jungfrau ist von einer solchen Anmut und Zartheit, dass sie im Betrachter stets Heiterkeit hervorruft." Die „Heiterkeit" ist wohl ein Übersetzungsfehler, ein ergänzender Kommentar sei dennoch erlaubt: Man beachte das schöne, mit goldenen Sternen bestickte, dunkelblaue Gewand der Jungfrau und ihre sinnlichen Lippen. Offen bleibt die Frage, was Jesus in der Hand hält. Das Fresko stammt wie die gesamte künstlerische Ausgestaltung der Kirche aus dem 16. Jahrhundert. Lokalkolorit zeigt ein Bild an der rechten Wand: Maria mit Kind segnet das Volk von Castel Rigone, die Miracoli-Kirche ist ins Bild integriert. An derselben Wand zeigt sich, in Stein gehauen und unzertrennlich von seinem Schwein begleitet, der heilige Antonius. Bevor Sie die Kirche verlassen: Werfen Sie noch einen Blick auf die sonderbare Klingel über dem Broschürentisch.

Kreativurlaub auf dem Land Villa La Rogaia, Tangotanzen in den umbrischen Hügeln – zugegeben, das hört sich fürs Erste etwas eigenartig an. Studiert man jedoch den Kurskalender von Wolfgang und Annette, die La Rogaia in den 1990er Jahren gründeten, ge-

Castel Rigone

nauer, staunt man: Alle angebotenen Tangokurse – fast ein Dutzend im Jahr – werden jeweils von einem anderen international renommierten Maestro geleitet und repräsentieren jeweils einen speziellen Stil. Ein weiterer Schwerpunkt im weit gefächerten Kursangebot ist das Steinbildhauen: Der Hausherr selbst ist Steinmetzmeister mit langjähriger Lehrerfahrung. Und falls Ihre Abschlussarbeit nicht in den Kofferraum passt, organisiert La Rogaia den Transport nach Hause. Die Kurse (neben den genannten u. a. auch Salsa, Malen, Fotografie, Italienisch, Gesundheitswochen) werden von Profis geleitet. Die Kunst des Kochens lehrt seit bald 20 Jahren dieselbe fröhliche Mama aus dem Nachbardorf. Von April bis Mitte Nov. bietet La Rogaia die 7 Ferienwohnungen nur wochenweise an, in der übrigen Zeit ist auch ein Kurzaufenthalt (min. 3 Tage) möglich. Verschiedene Größen und verschiedene Preise, jedes Appartement ist individuell gestaltet (da verrät sich der Steinmetz).

Anfahrt: Von Castel Rigone in Richtung Umbértide, nach ca. 1,5 km weist ein Schild „Rogaia" den Weg, die Schotterstraße – ca. 2,5 km – bis ans Ende fahren. Via Campagna 17, Fraz. Castel Rigone, 06065 Passignano sul Trasimeno, ✆ 075-845457, www.rogaia.de.

Passignano sul Trasimeno

Neben Castigliano del Lago ist Passignano der zweite städtische Ort am Lago Trasimeno. Die Unterstadt profitiert von der verkehrstechnisch günstigen Lage und vom Seetourismus, aber auch die höher gelegene Altstadt lohnt den Besuch – vor allem wegen der phantastischen Aussicht.

Der einstige Fischerort an der Hauptverkehrsstraße, die seit Jahrhunderten Umbrien mit der Toscana verbindet, war im Mittelalter ein Zankapfel zwischen Arezzo und Perugia, das sich letztlich die Herrschaft über das Gebiet des Trasimenischen Sees erkämpfte – für die Bewohner von Passignano eine leidvolle Geschichte von Plünderungen, Bränden und Schlachten.

Anfang des 20. Jahrhunderts begann man sich auch in Italien für Wasserflugzeuge zu interessieren, und der Lago Trasimeno gab offensichtlich eine ideale Basis für Experimente ab. 1917 wurde in Passignano die erste italienische Schule für Wasserflugkapitäne gegründet. Tempi passati: 2015 begann man mit dem Abriss des Gebäudes der „Società Aeronautica Italiana", an seine Stelle soll ein Komplex aus Supermärkten und Residenzwohnungen treten. An die Ära der Wasserflugzeuge erinnert noch eine Metallskulptur im See, gleich links der Anlegestelle: drei startende und drei landende Flieger, die allerdings eher an eine moderne Jagdstaffel der Marke Mirage denken lassen. Vielleicht im Sinne eines Ausgleichs steht im Park rechts der Anlegestelle eine zweite Metallskulptur: Tauben, die für den Frieden werben.

Vom pulsierenden Seeufer führen steile Treppen ins alte Passignano hinauf. Das Mauerwerk der von der Geschichte arg gebeutelten Häuser (ein Bombardement im Zweiten Weltkrieg inbegriffen) wurde an vielen Stellen mit Ziegelsteinen ausgebessert, das eklatanteste Beispiel ist die „angeklebt" wirkende Zinne am Turm beim Eingang zum Centro storico. Die *Rocca Medievale*, soweit sie nicht in Privatbesitz ist, wird heute für Kunstausstellungen genutzt. Ihr 32 m hoher Turm ist zugänglich; eine Ausstellung dokumentiert die dafür unternommenen Restaurierungsarbeiten. Von der Plattform oben bietet sich ein wunderbares 360-Grad-Panorama über die Dächer der Stadt und den See. Unten im Hof ruht einsam eine Barke – vielleicht das erste Ausstellungsstück eines künftigen „Museo delle Barche", das dem traditionellen „Palio delle Barche" (siehe unten, *Fest*) Tribut zollt.

Rocca: offiziell 10–12.30 und 15.30–19 Uhr; besser, man vergewissert sich vor dem Aufstieg im Informationsbüro, ob wirklich offen ist. Eintritt 2,50 €.

Postleitzahl 06065

Information Centro di Informazioni, Piazza Trento e Trieste 6, hinter dem rosafarbenen Rathaus. Unregelmäßig geöffnet, Kernzeiten: Di–So 10–13 und 15.30–18.30 Uhr.

Informationen über das ganze Trasimeno-Gebiet, auch in Englisch. ℡ 075-827635.

Hin und weg **Bahn**: gute Verbindungen nach Perugia und Assisi–S. Maria degli Angeli (Eisenbahnstrecke Terentóla–Foligno).

Bus: in beide Richtungen am See entlang. Häufiger wird die Nordstrecke (nach Castiglione del Lago) gefahren.

Markt Samstagvormittag

Fest Meist am letzten Julisonntag findet der traditionelle **Palio delle Barche** statt. Der „Wettlauf der Boote" wird von den vier Stadtteilen ausgetragen und macht seinem Namen alle Ehre: Die mittlere der drei Etappen führt quer durch die Altstadt, die Ruderboote werden geschultert und im flotten Lauf durch die Straßen getragen.

Hotels *** **Lido**, am See. Nach Besitzwechsel ist von einem Umbau zum 4-Sterne-Betrieb die Rede. Oft von Gruppen ausgebucht. Zimmer teils mit Seeblick, Restaurant mit Pfahlbau-Seeterrasse. Swimmingpool. DZ 80–135 €. Via Roma 1, ℡ 075-827219, www.hotellidoperugia.com.

mein Tipp *** **La Vela**, am Ortsende Richtung Tuoro (nach der Bahnlinie rechts abzweigen). Backsteinbau mit angebauter Terrasse, auf der das Ristorante „Il Passo di Giano" (siehe unten) Fisch serviert. Sehr freundlicher Empfang, Zimmer teils mit Balkon, auch 3- und 4-Bett-Zimmer. Hoteleigener Parkplatz. Ruhige Lage. An Wochenenden schnell ausgebucht. DZ inkl. Frühstück 65–90 €. Via Rinascita 2, ℡ 075-827221, www.hotellavela.it.

*** **Trasimeno**, Seestraße, von der Hauptstraße etwas zurückversetzt, daher ruhig. Auch „erdbebensicher", wie der Hotelprospekt vermerkt. Hoteleigener Parkplatz. Freundlicher Besitzer, der sich rund um den Lago Trasimeno hervorragend auskennt. DZ 55–80 €. Via Roma 16/A, ℡ 075-829355, www.hoteltrasimeno.it.

Camping/Wohnmobil *** **La Spiaggia**, am Ortsausgang Richtung Torricella. Gepflegtes Areal mit 50 Stellplätzen, viel Schatten und einer kleinen Wiese zum See. Swimmingpool und Kinderspielplatz. Sehr gute Sanitäranlagen, Waschmaschine, Trockner. Kleiner Lebensmittelladen, Restaurant-Pizzeria und Bar. Wohnmobile finden kompletten Service, wobei die Abwasser in das „WC Kimik" (an die Wand montierte Kloschüssel) geschüttet werden dürfen. Geöffnet April bis Mitte Okt. Via Europa 22, ℡ 075-827246, www.campinglaspiaggia.it.

Restaurants **Del Pescatore**, nahe der Piazza Garibaldi. Hübsche Plätze unter dem dichten Blätterdach, das die Gasse überspannt. Fischspezialitäten vom Lago. Das traditionelle Lokal verlässt sich allerdings zu sehr auf seine lauschige Lage. Der Service ist unfreundlicher geworden, wie Leser bemängeln. Di Ruhetag. Via San Bernardino 5, ℡ 075-8296063.

Il Passo di Giano, im selben Haus wie das Hotel Vela (trotz anderer Adresse). Umbrische und toscanische Gaumenfreuden zu moderaten Preisen, hausgemachte Pasta. Außerhalb der Saison Di Ruhetag. Via Gramsci 14, ℡ 075-8296133.

Tuoro

Als Hannibals Truppen 217 v. Chr. hier in der Nähe Tausende Römer hinmetzelten, war der Ort – obwohl vermutlich besiedelt – noch nicht aktenkundig. Und später, im Mittelalter, erging es Tuoro ähnlich wie dem benachbarten Passignano: Arezzo und Perugia stritten sich um das Gebiet.

Das Centro storico – auf einem Hügel etwas abseits des Sees – bietet nicht viel: etwas Geschäftsleben und einige Bars rund um die zentrale *Piazza Municipio*. Wer mittelalterliche Romantik sucht, wird enttäuscht sein. Unterhalb des Orts, neben dem Landungssteg, wurde Mitte der 1980er Jahre der **Campo del Sole** eröffnet, ein Skulpturenpark mit Werken in- und ausländischer Künstler, die Assoziationen zu Grabstelen der Frühgeschichte, zu Menhiren oder Obelisken wecken. Der verwendete Stein stammt ausnahmslos aus der Umgebung von Tuoro. Die Anlage soll – zumindest ist das die Absicht des Konzepts – eine Gedenkstätte für die Schlacht am Trasimenischen See (→ Lago Trasimeno, Kastentext „Drei Tage färbte der Bach sich rot") sein.

Ein westlich von Tuoro Ende der 1990er Jahre angelegter *historischer Parcours* will ebenfalls an die blutigen Ereignisse erinnern. An neun Stationen, größtenteils bequem mit dem Auto erreichbar, sind Schautafeln aufgestellt, deren informativer Gehalt so dürftig ist, dass man sich ebenso gut in

„Drei Tage färbte der Bach sich rot"

Es war im Halbdunkel der Sommernacht vom 23. auf den 24. Juni 217 v. Chr., als sich die Legionen des Konsuls Flaminius lautlos auf den Weg machten – mehr als 20.000 Mann, ein gewaltiges Heer. Schwer bewaffnet marschierten sie im Nordwesten des Lago Trasimeno in Richtung Tuoro auf, wo sie das Lager Hannibals vermuteten. Und tatsächlich: Weithin sichtbar, auf den Anhöhen des heutigen Friedhofs, waren die Lagerfeuer der feindlichen Söldner auszumachen. Flaminius gab den Befehl, auf der anderen Talseite, in Richtung Sanguineto, in Stellung zu gehen und sich auf den Kampf vorzubereiten.

Die Schlacht begann bald, doch nicht so, wie von Flaminius geplant. Völlig unerwartet stürzten sich von allen Seiten Hannibals Truppen auf das römische Heer, dessen Schlachtordnung, hoffnungslos eingekesselt, sich in Panik auflöste – teils nach Norden Richtung Sanguineto, teils nach Süden in das sumpfige Gelände des Sees. Zwar gelang einem kleinen Teil der Durchbruch zum phönizischen Hauptlager bei Tuoro und die Flucht aus der Todesfalle in die nordöstlichen Hügel. Der Rest der Legionäre, um die 15.000 Mann, konnte dem Hinterhalt Hannibals nicht entkommen. Der Großteil wurde beim heutigen Sanguineto („Ort des Blutes") niedergemacht, die anderen wurden in die sumpfigen Ufer des Trasimeno getrieben und ertranken. Auch Konsul Gaius Flaminius musste sein Leben lassen – wo, wurde nie entdeckt.

Dem Massensterben (weitere 1500 Söldner sollen auf phönizischer Seite gefallen sein) folgte eine Tage andauernde Bestattungsaktion, von Hannibal angeordnet, um die Götter nicht zu erzürnen und um Seuchen zu vermeiden. Die verstümmelten Leiber wurden verbrannt oder verscharrt. Nicht unterschiedslos freilich, wie Grabbeigaben für die höheren Ränge beweisen.

Auch wenn die Wissenschaft in der Erkenntnis des Menschen immer wieder kapitulieren muss, die Diagnose seiner Überreste ist hieb- und stichfest: Die sogenannte C-14-Analyse einiger Schutthügel der Ustrinen (Verbrennungshöhlen) zwischen Tuoro und Sanguineto erlaubt zweifelsfrei die Zuordnung in das 3. Jahrhundert vor Christus.

Horst Christoph

die nächste Bar setzen kann. Vielleicht findet sich dort der von den lokalen Behörden herausgegebene deutschsprachige Prospekt zur Schlacht, in dem auch über die damalige Ausdehnung des Sees nachgedacht wird: „Aufgrund der Forschungen von Professor Giancarlo Susini soll der Trasimenische See 217 v. Chr. viel größer gewesen sein als heutzutage. Aber wenn man bedenkt, wie groß damals die Zahl der gegnerischen Streitkräfte war, muss man davon ausgehen, dass das Schlachtfeld viel größer war als man bisher angenommen hatte und der See kleiner und das Tal größer." Alles klar!?

Camping ***** Punta Navaccia**, beim Landungssteg. Komfortables, großes Gelände mit Aussicht auf Isola Maggiore und Isola Minore. Teilweise Dauercamper, die ihr Revier immer mehr wie zuhause ausstatten: Gartenzäune, Gartenzwerge, Gladiolen. Gleich daneben ein moderner Komplex mit Ristorante, Pizzeria, Bar, Diskothek. Knapp 200 Stellplätze. Geöffnet Mitte März bis Okt. Via Navaccia 4, Loc. Punta Navaccia 4, 06069 Tuoro sul Trasimeno, ℡ 075-826357, www.puntanavaccia.it.

Restaurants **Vecchio Mulino**, an der Durchgangsstraße, knapp westlich des Abzweigs zum Strand. Ein altes Landhaus (ehemalige Mühle) mit Atmosphäre. Wer sich nicht durch die Spezialitätenkarte essen will, kann sich im Nebensaal eine große Pizza bestellen. Mi Ruhetag. Via Firenze 6, ℡ 075-826185.

mein Tipp **Lo Scoiattolo**, ca. 5 km bergauf in Richtung Umbértide, rechts an der Straße. Umbrische Küche vom Wildschwein-Carpaccio bis zum gegrillten Lamm. Vinsanto und Cantucci runden das fürstliche Mahl ab. Auch der Wirt isst gern gut, das sieht man ihm an. Das Weinangebot ist groß, die Preise sind moderat. Im Sommer speist man auf der Panoramaterrasse: großartiger Ausblick über das Grün hinweg auf (fast) den ganzen Lago. Di Ruhetag. Via Gosparini 17, Lisciano Niccone, ℡ 075-844119.

Isola Maggiore

Der Ausflug lohnt sich, auch wenn das fast schon legendäre Schloss Isabella längst nicht mehr zu besichtigen ist. Die einzige noch bewohnte Insel im Lago Trasimeno ist von Tuoro nach 10-minütiger Überfahrt erreicht. Üppiges Grün empfängt den Besucher, weiter oben erstrecken sich Olivenhaine.

An der Anlegestelle liegt das einzige Dorf, eine Reihe einfacher Steinhäuser. Jedes hat seinen eigenen kleinen Kanal bis vor die Haustür – Autos gibt es keine. Vor den Häusern sitzen die Männer und flicken Fischreusen. Die Frauen fertigen Klöppelarbeiten, die im kleinen Pavillon am Landungssteg verkauft werden. Ihr Spitzenprodukt ist der *Pizzo d'Irlanda*, gefertigt in einer um die Jahrhundertwende von einer irischen Meisterin eingeführten Klöppeltechnik.

Wer mehr über die Geschichte der Insel erfahren will, sucht die **Casa del Capitano del Popolo** auf, erkenntlich an der Hausuhr. Eine Art Comicstrip dokumentiert das einstige Leben mitten auf dem Trasimenischen See, u. a. ist auch ein ganz und gar weltliches Abendmahl im Schloss Isabella zu sehen.

Ein schattiger Fußweg führt vom Süden des Dorfes zur **Klosterkirche San Francesco** aus dem 14. Jahrhundert, die naturliebenden Mönche haben vor dem Eingang Palmen und andere heute von Efeu umrankte Bäume gepflanzt. Hier, an der Nordseite, ist die Insel besonders grün. 1890 wurde das Kloster mitsamt Kirche in das Schloss Isabella des Marchese *Giacinto Guglielmi* integriert. Der aufwendige Wohnsitz mit seinen luxuriösen Sälen avancierte schnell zum Treffpunkt der Aristokraten von Rom bis Florenz. Tempi passati – seit die Erben der Guglielmi in den 1960er Jahren das Schloss verkauft hatten, moderte es als freundliche Filmkulisse vor sich hin: dicker Staub auf dem Kirchenmobiliar, im einstigen Theatersaal ein auseinandergebrochener Flügel, ein verlassener Billardtisch, zerbrochenes Pappdekor, zerschlissene Bühnenvorhänge und ähnliches mehr. Die gespenstisch-nostalgische Welt entwickelte sich zum Geheimtipp für Inselbesucher, bis das fürstliche Anwesen 1999 für die Öffentlichkeit geschlossen wurde. Die neuen Besitzer planten den Umbau zu einem 5-Sterne-Paradies mit Beauty-Farm und eigenem Hafen. Doch dann bekamen die Investoren kalte Füße, es ging ihnen die Luft aus. 2015 sollte das Schloss versteigert werden. „Kein weißer Rauch", titelte hinterher die regionale Zeitung in Anspielung auf das Procedere der Papstwahl im Vatikan: Für den Mindestpreis von 7,72 Millio-

Isola Maggiore

Die Isola Maggiore aus der Sicht der Vögel

nen Euro fand sich kein Käufer. 2018 war das Schloss für 4,5 Millionen Euro zu haben, vielleicht sinkt der Preis ja noch weiter …

Wem's nicht zu heiß wird, der wandert in die „höheren" Regionen der Insel und besucht dort die **Kirche San Michele Arcangelo** aus dem 12. Jahrhundert mit doppeltem Glockenturm und 2018 restaurierten Fresken. An die Kirche schließt sich der Dorffriedhof an – die Gräber der Armen mit einer Nummer auf dem Sandhügel, die der Bessergestellten als aufwendige Familiengruften gestaltet. An der Friedhofsmauer gibt's frisches Wasser.

Von der Kirche aus gelangt man in ein paar Minuten hinunter ans Ostufer, wo eine Bronzestatue aus dem Jahr 1982 an *Franzikus von Assisi* erinnert, der die Insel im Jahr 1211 besuchte, um hier 40 Tage lang in Einsamkeit zu fasten. Etwas oberhalb steht eine kleine Kapelle über dem Felsen, den der bescheidene Ordensgründer sich als kargen Wohnsitz aussuchte.

Baden: Um die Insel zieht sich ein breiter Schilfgürtel. Baden kann man an einigen Stellen, wo Felsen dem oft alles überwuchernden Schilf keine Chance bieten. Die besten Plätze findet man hinter dem Albergo da Sauro.

Überfahrt 10-mal tägl. ab Tuoro für 6,70 €; noch häufiger ab Passignano für 8 €, weniger häufig ab Castiglione für 8,80 € (Preise jeweils hin/zurück). Wer nicht sein Gefährt am Festland wieder abholen muss, kann selbstverständlich kombinieren, z. B. von Passignano auf die Insel und weiter nach Castiglione.

Hotel/Restaurant *** **Da Sauro**, am Ende der Dorfstraße. Einziges Hotel auf der Insel (10 Zimmer, 2 Suiten), daneben gleich ein Badestrand, in traumhafter Lage und obendrein preiswert. Im Erdgeschoss geräumiger Speisesaal mit historischen Fotografien der Insel, u. a. eines von 1963, als der See zugefroren war. Im Sommer wird auf der Pergola gegessen oder auf der geräumigen Terrasse auf der anderen Straßenseite – in dieser romantischen Lage nimmt man sogar die Mücken in Kauf. Spezialität sind der Antipasto del Trasimeno und Fischgerichte. Falls es nicht auf der Karte stehen sollte, fragen Sie nach „Tegamaccio", der hier aus Aal mit Tomaten zubereitet wird. Restaurant Mi Ruhetag. Reservierung dringend empfohlen, an Wochenenden oft ausgebucht. DZ 60–70 €. Halbpension 65–70 €/Pers. Via Guglielmi 1, 06060 Tuoro s. T. – Isola Maggiore, ✆ 075-826168, www.dasauro.it.

Borghetto

Eine kleine Häuseransammlung mit einem alten Wachturm am Nordwesteck des Lago Trasimeno. Noch über die Jahrtausendwende hinaus stapelten sich Netze und Reusen am Sträßchen zum Landungssteg. Heute gibt's keine Fischer mehr in Borghetto, der letzte soll 2014 gestorben sein. Geblieben sind die rege Landwirtschaft rund ums Dorf und die intensive Pflege des eigenen Gärtchens. Vielleicht ahnten die Behörden, dass das traditionelle Gewerbe ihres Dorfes bald nur noch Vergangenheit sein würde, als sie 2004 auf dem Dorfplatz einen neuen Brunnen mit der Statue eines stolzen Fischers aufstellen ließen.

Der Verkehr rauscht auf der Schnellstraße vorbei und lässt das Dörfchen im Abseits liegen, also setzt man auf die Wasserwege. Mit dem neuen Landungssteg plante Borghetto seinen Einstieg in das Netz der Kursschiffe, die wenigen Fischer bekamen gleich daneben einen kleinen, neuen Hafen. Doch ist noch kein Kursschiff eingefahren, und der neue Fischerhafen wird nicht mehr gebraucht, er ist heute kaum mehr zu erkennen. Das Sträßchen zum etwas verlorenen Landungssteg endet bei einer kleinen Parkanlage mit Spielplatz und Restaurant.

Camping **** **Badiaccia**, am westlichen Ortsausgang noch etwas in Richtung Castiglione. Großes Gelände mit 270 Stellplätzen, Seestrand und Bootsanlegeplatz (auch Kanuverleih!). Ausreichend Schatten, teils Schattendächer, schon fast luxuriöse sanitäre Anlagen. Grillmöglichkeit. Swimmingpool, Minigolf- und schöner Kinderspielplatz. Im Spielsalon drängen sich Kicker, Pingpong, Billard und Videospiele. Fahrradverleih. Besonders gefallen hat uns die Terrassenbar, auf der im Sommer kleine Gerichte serviert werden. Sehr freundliches Personal. Geöffnet April–Sept. Via Pratovecchio 1, Loc. Badiaccia, 06061 Castiglione del Lago, 075-9659097, www.badiaccia.com.

Città della Pieve

Landeinwärts, etwa 25 km vom Lago Trasimeno entfernt auf einer Anhöhe über dem Val di Chiana, liegt der alte Bischofssitz der trasimenischen Region. Die gesamte Altstadt besteht aus unverputzten, roten Ziegelsteinbauten – ein ungewohntes und überaus eindrucksvolles Bild.

In Città della Pieve wurde 1445 *Pietro Vannucci* geboren, der unter dem Namen *Perugino* Kunstgeschichte machte. Er war der große Meister der umbrischen Schule und Lehrer Raffaels, des Klassikers der Hochrenaissance.

Werke von Perugino sind nicht nur im *Dom*, sondern auch in der *Kirche Santa Maria dei Servi*, im *Oratorium Santa Maria dei Bianchi* sowie in der *Kirche San Pietro* zu sehen. Die Besichtigung der Gemälde ist im Sammelticket „Terre del Perugino" (erhältlich bei der Info-Stelle) inbegriffen und lässt sich ideal mit einem kleinen Stadtrundgang verbinden – aber aufgepasst: Von 13–15.30 Uhr hält der Meister Siesta; sämtliche Kirchen sind dann geschlossen.

Der Spaziergang durch die Altstadt führt an einigen prächtigen Palazzi vorbei (16.–18. Jh.). Besonders imposant sind der vierstöckige *Palazzo della Fargna* an der Via Garibaldi, in dem heute die Stadtregierung sitzt, und der *Palazzo della Corgna*, Sitz der kommunalen Bibliothek. Wer lange genug durch die Gassen streift, findet auch den *Vicolo Baciadonne*, angeblich die engste Gasse Italiens. Der Name bedeutet

Perugino

Über den berühmtesten umbrischen Maler weiß man erstaunlich wenig, und das wenige Bekannte stammt größtenteils aus der Feder von Giorgio Vasari, dem wortgewaltigen und oft angezweifelten Kunsthistoriker der Renaissance.

Geboren wurde Perugino als *Pietro Vannucci* in Città della Pieve um die Mitte des 15. Jahrhunderts. Er ist damit ein Zeitgenosse von Leonardo da Vinci, mit dem er in Florenz bei Andrea del Verrocchio in die Lehre ging. Seinen künstlerischen Durchbruch schaffte Perugino um 1480 in Rom, wo er u. a. mit einem Wandgemälde für die Sixtinische Kapelle beauftragt wurde. Ruhm ist in der Regel geschäftsfördernd, und Perugino war geschäftstüchtig, so dass er in den nächsten zwanzig Jahren oft gleichzeitig an verschiedenen Orten Ateliers unterhielt.

In dieser Zeit, in der der Meister mehr Aufträge annahm als er erledigen konnte, sprach ein junger Mann namens *Raffaello Santi* bei ihm vor. Lehrling Santi, der später als Raffael in die Kunstgeschichte einging, lernte bei Perugino die Kunst der harmonischen Madonnendarstellung mit Landschaft im Hintergrund, war aber bald wesentlich freier in seinen Entwürfen als sein Meister. 1504 ging Raffael nach Florenz, wo er auf Michelangelo und Leonardo da Vinci traf – und einen kometenhaften Aufstieg erlebte.

In Peruginos Ateliers hingegen gingen die Aufträge zurück, er war einfach etwas aus der Mode gekommen. Böse Zungen sehen darin den Grund für seinen Rückzug ins heimatliche Umbrien, hier wenigstens galt er noch etwas. Perugino starb 1523 in Fontignano, vermutlich an der Pest. Seine Werke leben weiter – in Florenz, Rom, München, Wien, Paris, London, St. Petersburg, Washington ... und in Città della Pieve.

„Küss die Frauen" – und bezieht sich darauf, dass ein Macho hier seine Chance hat: Ein Ausweichen lässt das enge Gässchen nämlich nicht zu.

In jüngster Zeit hat sich Città della Pieve stark gewandelt; etliche Landsitze wurden von Ausländern aufgekauft, und nicht wenige Römer haben Altstadtwohnungen renoviert, um sich am Wochenende im Städtchen vom Trubel der Hauptstadt zu erholen. Die Gastronomen freuen sich über die Entwicklung.

Kathedrale: Der lokale Tourismus-Prospekt beschreibt den Sachverhalt freundlich: „Von der Romanik bis zum Neoklassizismus sind hier alle wichtigen Baustile vorhanden." Uns scheint die heterogene Architektur eher ein Stilkarneval. Prunkstück der Kathedrale ist die über dem Hauptaltar thronende *Madonna mit Heiligen* von Perugino. Auf einer Terrasse stehen Petrus und Paulus, flankiert von zwei Standartenträgern, Gervasius und Protasius, den Schutzheiligen der Stadt, denen die Kathedrale gewidmet ist. Über dem heiligen Quartett und der angedeuteten umbrischen Landschaft schwebt auf einer zarten Wolke Maria mit Kind. An der Terrassenmauer ist das Gemälde datiert: 1504.

Ein weiteres Perugino-Gemälde findet man in der ersten Seitenkapelle links: die *Taufe Christi*. An der Wand daneben schaut unter der roten Mütze ein skeptischer Perugino den Besucher an. Das berühmte Selbstporträt ist hier nur Kopie, das Original ist Teil eines Freskos im Collegio del Cambio, Perugia.

Rechts vom Altar – an einem von wirklichen Pfeilen durchbohrten heiligen Sebastian vorbei – führt ein Durchgang zur Kunstsammlung der Kathedrale: hauptsächlich Gemälde aus dem 18. Jahrhundert und ziemlich lieblos präsentiert.

Oratorium der Santa Maria dei Bianchi: Das kleine Oratorium beherbergt ein Meisterwerk von Perugino: *Die Anbetung der Könige*. Auf einem Schemel sitzt unter einer klassizistischen Holzüberdachung Maria, zu der das Volk, Hirten und Ritter, zusammenströmen. Die in zarten Farben gehaltene Szene spielt vor dem Hintergrund der umbrischen Landschaft mit dem Trasimenischen See.

▪ April–Sept. tägl. 9.30–13/15.30–18.30 Uhr; Okt.–März tägl. 9.30–12.30/15–17.30 Uhr. Eintritt 2 € oder 7 Tage gültiges Sammelticket „Terre del Perugino" (Oratorium, Kirche Santa Maria dei Servi, Spazio Kossuth sowie Sehenswürdigkeiten in Panicale und Piegaro) 10 €.

Palazzo della Corgna: Der Palast der einflussreichen Familie ist wie sein Pendant in Castiglione del Lago (siehe dort) zu großen Teilen von *Niccolò Circignani* (auch *Il Pomarancio* genannt) ausgeschmückt. Die Renaissance-Malereien wurden an einer Decke im Erdgeschoss, dem Treppenaufgang entlang und in einem Saal der ersten Etage restauriert – dann ging der Kommune offenbar das Geld aus. Heute ist im Palast die kommunale Bibliothek untergebracht. In der ersten Etage werden Ausstellungen gezeigt. Besucher können, sofern geöffnet ist, frei herumspazieren.

Spazio Kossuth: 30 Jahre lang war der alte Bischofspalast neben dem Oratorium Santa Maria dei Bianchi geschlossen, dann wurde 2015 in den restaurierten Räumen der „Spazio Kossuth" eröffnet, ein Zentrum für Kunst, das alljährlich eine neue Ausstellung verspricht. Der deutsche Künstler Wolfgang Alexander Kossuth (1947–2009), nach dem das Zentrum benannt ist, lebte und arbeitete erst als Musiker, dann als Bildhauer in verschiedenen Städten Italiens, bevor er nach Città della Pieve zog, wo er heute beerdigt liegt. Ihm war die erste Ausstellung im „Spazio Kossuth" gewidmet. Aktuelle Ausstellung unter www.kossuth.org.

▪ April–Juli und Sept. Sa/So 10.30–12.30 und 15.30–19.30 Uhr, im Aug. täglich zu denselben Zeiten. Eintritt 4 € oder im 7 Tage gültigen Sammelticket „Terre del Perugino" (Spazio Kossuth, Oratorium, Kirche S. Maria dei Servi sowie in Panicale und Piegaro) 10 €.

Città della Pieve

Il Giardino dei Lauri: eine Oase der Kunst im Ortsteil San Litardo, rechts an der Straße nach Chiusi. Im renovierten Landhaus sind rund 350 Werke der internationalen Gegenwartskunst zu sehen, die ältesten aus den 1990er Jahren, als Massimo Lauro und seine Frau Angela mit dem Sammeln von Kunst begannen: Gemälde, Fotografien, Skulpturen, Videoinstallationen – ganz und gar sehenswert.

■ Fr/Sa 10–13 und 15.30–18.30 Uhr. Eintritt frei.

Basis-Infos

Postleitzahl 06062

Information Piazza Matteotti, in der Rocca. April–Sept. tägl. 9.30–13 und 15.30–18.30 Uhr, Okt.–März tägl. 9.30–13 und 15–17.30 Uhr. Gut bestückt mit Infos zu Stadt und Umgebung. Verkauf des Sammeltickets „Terre del Perugino" (10 €). ✆ 0578-298840, www.cittadellapieve.org.

Hin und weg Bus zum ca. 10 km entfernten Bahnhof von Chiusi-Scalo (Strecke Florenz–Rom).

Einkaufen Citta della Pieve hat sich in den letzten Jahren einen Namen für den Anbau von Safran gemacht, rund 30 Produzenten bauen das teure Gewürz an. **Allesandro Mazzuoli** unterhält in der Stadt einen Laden, wo er das Gewürz aus eigener Produktion verkauft. Gleich im Nebenhaus vertreibt dieselbe Azienda biologische Weine und Olivenöle. Im uralten Weinkeller ist eine Dokumentation über die Geheimnisse des Safrans zu sehen. Via. P. Vannucci 31-33, ✆ 347-3811394.

Zaffer, ein vergleichsweise kleiner Safranproduzent, verkauft sehr feine, hausgemachte Safranliköre. Via Vannucci 93, ✆ 377-5383928.

Feste Infiorata, am Sonntag, der dem 21. Juni am nächsten kommt. Die gesamte Via Vannucci wird zum Blumenteppich. Ganz verwegene Künstler schaffen mit den Farben der Flora sogar Perugino-Kopien.

Presepe, von Weihnachten bis 6. Januar im Palazzo della Corgna. Città della Pieve ist für sein Presepe berühmt. Zwei Monate vor Weihnachten schon beginnen die Künstler an ihren Krippendarstellungen zu arbeiten, teils großartig illuminierte Installationen. Ein Meisterwerk wird jedes Jahr aufs Neue gezeigt: ein Modell der Stadt – wie das Original ganz aus roten Ziegelsteinen gefertigt.

Presepe vivente in Monteleone d'Orvieto (6 km in Richtung Orvieto). Wer am 24. Dezember in der Gegend ist, lasse sich dieses

Presepe in Città della Pieve

Perugia und Lago Trasimeno

Ereignis nicht entgehen: Das mittelalterliche Borgo verwandelt sich komplett in ein palästinensisches Dorf im Jahre Null – Beduinenwerkstätten, Fladenbrotbäcker in den Hauseingängen, auf dem Dorfplatz Berittene. Rund 200 Darsteller nehmen an dem grandiosen Schauspiel teil (Eintritt ca. 5 €).

Wochenmarkt Sa früh in der Via Veneto.

Übernachten/Essen & Trinken

Hotels ****** Vannucci** 2, in der einstigen Villa Mirafiori, benannt nach ihrer Erbauerin, einer unehelichen Tochter von König Vittorio Emanuele II., ist man gut aufgehoben. Alle Zimmer sind neu eingerichtet, alle mit Aircondition, Minibar und Safe. Im Garten lockt ein Swimmingpool. Der Gast ist hier König – erst recht, wenn's ums Essen geht. Das hoteleigene Restaurant „Zafferano" (siehe unten), dessen Bestuhlung in den Garten übergeht, lädt zu exquisiten Menüs ein. DZ mit Dusche ab 100 €. Via Icilio Vanni 1, ✆ 0578-298063, www.hotelvannucci.com.

*** Fondovalle, außerhalb, im Ortsteil Ponticelli (unten im Chiana-Tal), direkt bei der Tankstelle. Keine attraktive Lage, aber komfortable Zimmer. Das Restaurant ist bei Einheimischen wegen seiner vorzüglichen und preiswerten Küche beliebt, die Pizze werden vor den Augen des Gasts auf Holzkohle gebacken. DZ inkl. Frühstück 65–70 €. Via S. P. 308 di Fondovalle, Ponticelli, ✆ 0578-249027, www.hotelfondovalle.it.

B & B La Vecchia Tenenza 6, schöne Zimmer in bester Lage. Wo vorher die Gendarmerie zuhause war, wurde 2015 ein B & B eingerichtet: zwei Doppelzimmer, ein Dreibett-Zimmer und ein Appartement, modern und mit viel Geschmack gestaltet. Aussicht je nachdem auf die Piazza Matteotti oder auf die Franziskanerkirche. Gemeinschaftlich genutzt werden ein Aufenthaltsraum und eine Küche. Rezeption in der Bar/Gelateria Marconi an der Rückseite des Hauses (Via Guglielmo Marconi). DZ 70–100 €. Piazza Matteotti 3A, ✆ 340-8491076, www.lavecchiatenenza.it.

La Casa del Sarto 3, ebenfalls 2015 fertiggestellt. Ein junges Paar hat an der Stadtmauer eine ehemalige Mühle zum B & B umgebaut und vermietet drei sehr schön eingerichtete Zimmer. Gemeinschaftlicher Aufenthaltsraum. Die Gäste werden nach ihren Frühstückswünschen gefragt, die dann auch erfüllt werden, und obendrein genießt man vom Frühstückstisch einen traumhaften Blick in die Landschaft. „Zimmer, Ambiente, Preis, Freundlichkeit – alles Spitze", resümiert eine Leserin. DZ 55–70 €, zwei miteinander verbundene Zimmer für 2–3 Pers. 70–100 € inkl. Frühstück. Via Case Basse 27, ✆ 338-2417768, www.lacasadelsarto.com.

Wohnmobil Stellplatz direkt außerhalb der Stadtmauer, links an der Straße nach Chiusi. Wasserversorgung, Abwasserentsorgung, Elektrizität.

Restaurants Zafferano 2, im Hotel Vannucci (siehe oben). Safran (*zafferano*), das „gelbe Gold", wurde in Città della Pieve bereits im 13. Jh. angebaut. Früher diente die Pflanze vor allem dem Färben von Stoffen, heute würzt sie die Gerichte im Zafferano. Der Name verpflichtet, ein Safran-Risotto steht selbstverständlich auf der Karte. Als Nachspeise bietet sich eine Ricotta-Safran-Torte mit Safraneis, Naturjoghurt und Pistazien an. Natürlich weiß das kreative Küchenteam auch Speisen ohne Safran hervorragend zuzubereiten, und selbstverständlich ist die Weinkarte breit gefächert. Mi Ruhetag. Via Icilio Vanni 1, ✆ 0578-298063.

Da Bruno Coppetta 5, die alteingesessene Adresse für gute umbrische Küche in gepflegtem Interieur. Im Sommer auch kleine Betischung zur Straße. Mo Ruhetag. Via Pietro Vannucci 90, ✆ 0578-298108.

Serenella 7, Familienbetrieb, der mittags preiswerte Hausmannskost serviert, abends stehen Antipasti, Pasta, Pizze, Calzone und Schiaccoche auf der Karte. Und für die lieben Kleinen, die auf den berühmten Brotaufstrich nicht verzichten wollen, gibt´s – es graust den Gourmet – Pizza Nutella. Mi Ruhetag. Via Fiorenzuola 28, ✆ 0578-299683.

La Fonte del Folletto 1, 200 m außerhalb der Stadtmauer. Wirklich gute Pizze, im Sommer auf der Terrasse serviert. Di Ruhetag. S.S. 71 Nord 15, ✆ 0578-298752.

Snacks Del Duca 8, kleines Lokal an der Stadtmauer mit Aussicht über das Valdichiana. Keine Menus, nur Bruschette, Scamorza, hervorragende Salami- (auch Wildschwein) und Käseplatten zu einem billigen und guten trasimenischen Wein. Letzterer wird gegenüber der Osteria verkauft, das Tunnelsystem der Kellerei reicht bis unter den Palazzo della Fargna. Mi 10–16, Fr–So 16–23 Uhr. Via Po' di Mezzo 3, ✆ 0578-299866.

Umgebung von Città della Pieve

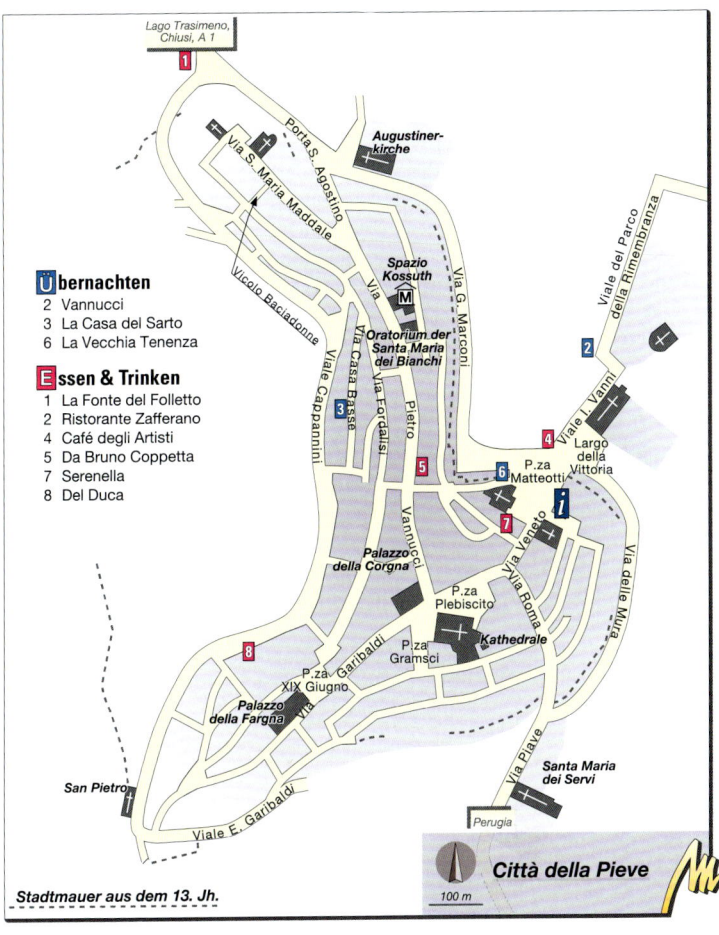

meinTipp Bar **Café degli Artisti** 4, eine junge Belegschaft betreibt in bester Lage und mit viel Engagement die lebendigste Bar der Stadt – über zwei Etagen, in der unteren werden Ausstellungen gezeigt. Jeden Fr um 22 Uhr Live-Konzerte. Largo della Vottoria 4, ℡ 0578-298611.

Umgebung von Città della Pieve

Paciano

Den Stadtplan des mittelalterlichen Borgos (14. Jh.) unweit vom bekannteren Panicale (s. u.) könnte man locker auf einen Handballen zeichnen: ein paar Gassen und drei Stadttore. Der Spaziergang von der Porta Fiorentina am unteren Ende zur Porta Perugina am oberen dauert keine fünf Minuten,

Die etwas andere Reitschule

Ein „Wellness-Center für Pferde und Kinder" – so bezeichnen Regina Mainusch und Jürgen Pfaff ihr Reitzentrum *Great Horse Spirit*, das sie ziemlich versteckt in der Nähe von Città della Pieve betreiben. Regina ist Reitlehrerin und Reittherapeutin, Jürgen Pädagoge und Therapeut. Die Reittherapie ist in erster Linie für körperlich oder geistig behinderte Kinder gedacht, die hier zusammen mit nichtbehinderten Kindern in Gruppen mit den Pferden arbeiten. Die Arbeit beginnt mit dem gegenseitigen Kennenlernen von Pferd und Kind, erst wird eine vertrauensvolle Beziehung aufgebaut, erst dann kommen die ausgebildeten Therapiepferde im Reitunterricht zum Einsatz. Im Übrigen: Auch verspannten Erwachsenenrücken tut die wellenförmige Reitbewegung gut, und so vertrauen mittlerweile auch ältere Semester auf das Konzept von *Great Horse Spirit*.

Neben der therapeutischen Arbeit gibt das Zentrum Reitkurse für Erwachsene und Kinder, auch Akrobatik und Voltigieren gehören zum Angebot, ebenso Ausritte und individuell zusammengestellte Trekkingtouren. Derzeit kümmern sich 10 geduldige Pferde um die Leiden und Freuden von wöchentlich 80 bis 100 Kindern, begeisterte Erwachsene kommen hinzu. Telefonische Voranmeldung ist also unabdingbar.

Anfahrt: Von Città della Pieve in Richtung Orvieto, nach dem Abzweig nach Perugia rechts der Beschilderung „Agriturismo Morasa" folgen, dann geradeaus weiter bis zu einer Dreiergabel, dort ganz links fahren und weiter hinunter, bis man die erste Pferdekoppel (und Skulpturen) sieht.

Associazione Sportiva Great Horse Spirit, Voc. 14, Acquaiola, 06062 Città della Pieve, ☎ 328-7385787, www.greathorsespirit.com.

Umgebung von Città della Pieve

sofern der Besucher nicht stehen bleibt. Eine derart hurtige Ortsbesichtigung wäre allerdings schade. Das unversehrt erhaltene mittelalterliche Ortsbild mit dem restaurierten *Palazzo Comunale* im Zentrum verdient mehr Beachtung, und wer mit offenen Augen durch die Stadt schlendert, kann auch eine sogenannte Totentür, wie man sie vom nordumbrischen Gubbio her kennt, entdecken. Zu Recht wurde Paciano 2002 in die offizielle Liste der schönsten Borghi Italiens aufgenommen.

In den letzten Jahren ist etwas Leben ins verschlafene Borgo gekommen – nicht zuletzt durch den Zuzug von Ausländern. An der Via Danzetta hat sich eine deutsche Keramikerin niedergelassen, und in unmittelbarer Nähe findet man eine englische Sprachschule.

Markt Großer **Frühlingsmarkt** jeweils am Palmsonntag (Sonntag vor Ostern). Fliegende Händler verkaufen, was man für den Start in den Frühling braucht: Kleider, Werkzeug, Pflanzen und Blumen, Spielzeug ... Franco bietet seine hervorragende Porchetta feil, und in der *Oca bruciata* („Zur verbrannten Gans") läuft der Pizzaofen heiß.

Wandern Ein Spaziergang von ca. 30 Minuten führt auf einem Höhenweg zum Nachbarort Panicale, erst relativ steiler Aufstieg. Auch für Mountainbiker empfehlenswert.

Restaurant **Oca Bruciata**, in der ganzen Region bekanntes Lokal mit angenehmer Terrasse, in dem man vorzüglich zu korrekten Preisen speist. Umbrisch-toscanische Küche und hervorragende Pizza. Viale Roma 7C, ☏ 075-8307008.

Agriturismo **La Fattoria**, in Panicarola, auf halbem Weg zum See, dort ab dem Ortszentrum ausgeschildert. Größeres, gepflegtes Gehöft mit mehreren Gebäuden und Swimmingpool. Leser lobten die schöne Lage mit Blick auf Panicale, die kindergerechten Einrichtungen, die Herzlichkeit der italienischen Gastgeber sowie das vorzügliche Essen und den von der Fattoria produzierten roten Tropfen (auch im Verkauf). 9 Appartements mit 2–4 Zimmern, 2-Zimmer-Appartement 35–81 €/Tag, je nach Saison. Via Amadeo 63, 06060 Panicarola, Castiglione del Lago, ☏ 075-9680291, www.trasinet.com/lafattoria.

Panicale

Das Städtchen im Hügelland zwischen Città della Pieve und dem Trasimenischen See ist ein Schmuckstück des Mittelalters. Ringförmig angelegte Straßen unterstreichen den wehrhaften Charakter des Orts, dessen Verteidigungsanlagen früher von einem Wassergraben ergänzt wurden. Von der Stadtmauer im Norden genießt man ein phantastisches Panorama über den Trasimenischen See.

San Sebastiano: Für die Kirche hat *Perugino* 1505 das in den 1990er Jahren restaurierte Fresko „Das Martyrium des heiligen Sebastian" gemalt, das die klassischen Merkmale des umbrischen Meisters trägt: Zentralperspektive, symmetrische Anordnung, antiker Hof, der den Blick auf die umbrische Landschaft freigibt. Im Zentrum der Komposition steht der an eine Säule gefesselte, den Pfeilen der Bogenschützen ausgelieferte Märtyrer.

Teatro Cesare Caporali: Eine weitere Attraktion hält Panicale mit diesem Theater bereit. Wohl um dem Einfluss des lokalen Klerus etwas Weltlichkeit entgegenzusetzen, gründeten im 18. Jahrhundert einige reiche Familien des Orts eine Theaterakademie. Der heutige Theaterbau stammt aus der Mitte des 19. Jahrhunderts und ist ein seltenes Juwel: 32 samtbezogene Plätze im Parkett, mehr als doppelt soviel in den Logen, eine kleine Bühne, ein Orchestergraben – eine Scala en miniature. Eine lokale Vereinigung sorgt dafür, dass das Theater von Panicale bis heute seinen Hauptzweck erfüllt: Aufführungen und Konzerte.

■ Die Kirche San Sebastiano wie das Teatro Cesare Caporali sind nur mit Führung zu besichtigen. Eintritt Kirche 4 €, Teatro 3 €. Oder beide zusammen 6 € im Rahmen einer Stadtführung, die zusätzliche kleinere Sehenswürdigkeiten des Orts einbezieht. Oder 7 Tage gültiges Sammelticket „Terre del Perugino" (Sehenswürdigkeiten in Panicale, Città della Pieve, Piegaro) für 10 €. Tickets und Auskunft über Führungszeiten im Ufficio Turistico.

Die Vetreria von Piegaro

Heiß. Dunkel. Stickig. Beinahe wie in einer Höhle – Männer bewegen sich rhythmisch und führen, wie Maschinen, immer wieder dieselben monotonen Bewegungen aus. Die rot glühende, flüssige Glasmasse erleuchtet gespenstisch ihre verschwitzen Gesichter ... Auf meiner mehrmonatigen Reise durch Italien im Jahr 1966 hatte mich ein Freund überredet, mit ihm nach Piegaro zu fahren. Eine Flaschenfabrik, so meinte er, sei sicher ein tolles Fotomotiv für einen jungen Fotografen aus dem Ausland.

Piegaro, ein umbrisches Dorf in der Nähe des Trasimenischen Sees, liegt etwa zehn Autominuten von Città della Pieve entfernt, malerisch gelegen auf einem Hügel mit Blick ins weite Tal des Nestore, eines Quellarms des Tibers. Die Herstellung von Glas hat hier Tradition. Sie reicht bis ins 13. Jahrhundert zurück. Große Bekanntheit erreichte die Glashütte von Piegaro im 14. Jahrhundert, denn hier wurden die farbenfrohen Fenstergläser für den Dom von Orvieto gefertigt, und auch die unzähligen, weithin leuchtenden Mosaiksteinchen, die heute noch die Außenfassade des Doms schmücken, stammen von hier.

Im Lauf der Jahrhunderte erlebte die Vetreria von Piegaro wechselvolle Zeiten, bis sie 1960 völlig heruntergewirtschaftet in Konkurs ging und für immer geschlossen werden sollte. Ein schwerer Schlag für den Ort, da man seit Generationen vom Handwerk des Glasmachers lebte und keine anderen Erwerbszweige bestanden. In der Landwirtschaft zu arbeiten stellte keine echte Alternative dar. Sie war durch jahrelange Ausbeutung im Halbpachtsystem ausgehöhlt, die Bauernfamilien waren völlig verarmt. Die meisten von ihnen waren in den 1950er Jahren in die Industriezentren im Norden Italiens abgewandert.

Mit dem Rücken zur Wand gründeten daraufhin vierzig Arbeiter von Piegaro eine Kooperative und übernahmen selbst die Leitung der Glasfabrik. Die vorherige Besitzerin, eine Marchese, verkaufte ihnen die gesamte Anlage zum symbolischen Preis von einer Lira. Um dringend benötigte moderne Maschinen kaufen zu können, beschlossen die neuen Firmeninhaber, dass jeder Teilhaber hunderttausend Lire einzuzahlen habe – ein enormer Betrag, den keiner von ihnen in bar aufbringen konnte. So verzichteten alle Mitarbeiter für acht Monate auf ihren Lohn. Der Unterhalt der Familie lastete in dieser langen Zeit allein auf den Schultern der Frauen und Kinder, die nur unter den größten Schwierigkeiten die Familien durchbringen konnten.

Die Vetreria von Piegaro spezialisierte sich unter der neuen Leitung auf die Herstellung von Korbflaschen für Wein, Dreiviertel- und Fünfliterflaschen mit flachem Boden, „fiaschi" genannt, in Deutschland eher bekannt als Chianti-Korbflasche. Die Fiaschi bestanden aus dickem, dunkelgrünem Glas, das aus einer Mischung von Sand aus dem nahegelegenen Trasimenischen See, Soda, pulverisiertem Marmor und Glasabfällen hergestellt wurde.

Es wurde rund um die Uhr in zwei Schichten zu je zwölf Stunden gearbeitet – nach jeweils vier Arbeitsstunden mussten vier Stunden Pause eingelegt werden, denn die wenigen Ventilatoren reichten bei weitem nicht aus, die Fabrikhalle auf ein erträgliches Maß zu kühlen.

Viele Jugendliche im Alter von zwölf bis vierzehn Jahren arbeiteten bereits als Hilfskräfte. Wer keine Arbeit in der Fabrik fand, vor allem Frauen und Mädchen, arbeitete in Heimarbeit und umflocht die Flaschen mit Binsengras vom Trasimenischen See. Die zähen, getrockneten Binsen mussten am Vorabend eingeweicht und nass verarbeitet werden, eine ungeheure Strapaze für die Hände. So waren Hautentzündungen und Arthrose an den Händen im Dorf weit verbreitet.

Die Flaschenfabrik von Piegaro erlebte im Laufe der 1970er Jahre einen großen Aufschwung, in erster Linie dank des wachsenden Weinanbaus rund um Orvieto. Man hatte begonnen, den Weißwein auch in Korbflaschen zu Dreiviertellitern in den Verkauf zu bringen. Dank des wirtschaftlichen Erfolgs und des Einsatzes der Arbeiter konnte die Kooperative 1968 außerhalb des Dorfes eine neue, moderne Fabrikanlage bauen. Die Produktion verlagerte sich immer mehr auf die Herstellung von edlerem Weißglas. Heute ist die „Vetreria Piegaro" einer der größten Flaschenhersteller Europas.

Im alten Fabrikgebäude im Dorfzentrum befindet sich ein besuchenswertes Museum zur Geschichte der Glasherstellung.

Von Città della Pieve in Richtung Perugia, nach 10 km ist Piegaro rechts ausgeschildert. April–Sept. Di–So 10–13/15–18 Uhr, Okt.–März Fr–So 10–13/15–18 Uhr. Eintritt 4 € oder im 7 Tage gültigen Sammelticket „Terre del Perugino" (Sehenswürdigkeiten in Piegaro, Città della Pieve, Panicale) 10 €.

Giorgio Wolfensberger

San Michele Arcangelo: Der Dorfspaziergang führt unweigerlich auch an dieser Kirche vorbei. Die meisten Besucher verharren vor *Giovan Battista Caporalis* „Anbetung der Hirten". Das Gemälde hing früher über dem Hochaltar, heute ist es in der dritten Seitenkapelle links untergebracht. Mit der Landschaft im Hintergrund verrät es eindeutig den Einfluss Peruginos. Mehr beeindruckt als Caporalis Werk hat uns das kleine Taufbecken an der Eingangswand. In den hellen Stein ist ein Holztürchen eingelassen, auf dessen Flügel ein unbekannter Künstler ein Miniatur-Gemälde anbrachte: die Taufe Jesu.

Information **Ufficio Turistico**, Piazza dell'Ospedale April bis Mitte Juni und Okt. tägl. 10.30–12.30 und 15–17.30 Uhr. Mitte Juni–Aug. tägl. 10.30–12.30 und 16–19 Uhr. Sept. 10–12.30 und 16.30–19 Uhr. Nov.–März Sa/So 10.30–12.30 und 15–17 Uhr. ✆ 075-8379531.

Markt Freitagvormittag

Reiten Professionell geführte Reitkurse und Trekking-Touren (auch mehrtägige) beim **Centro Ippico La Rosa Canina**. Kinder können sich auf dem Rücken eines Ponys in der Manege versuchen. Via dei Mandorli 23, Fraz. Casalini, ✆ 340-7265080 oder ✆ 348-3359342.

Wandern Ein Spaziergang von ca. 30 Min. führt auf einem Höhenweg zum Nachbarort Paciano. Auch für Mountainbiker empfehlenswert.

Country House **Villa Rey**, eine Adresse für Aktivurlauber, insbesondere für Radfahrer. Das Villa-Rey-Team – im Kern eine Schweizerin (Schwester des bekannten Schweizer Mountainbikers Hans Rey) und ein Deutscher – verfügt über ein *GPS-Archiv* mit mehr als 1000 km erfassten Touren verschiedener Schwierigkeitsgrade rund um den Lago Trasimeno und in der nahen Toscana. Mountainbikes und GPS-Geräte werden tage- und wochenweise auch an Nichtgäste verliehen, auch einige E-Bikes stehen im Drahteselstall. Wer lieber ohne GPS unterwegs ist, wird mit einer Karte versehen (für Hausgäste kostenlos), zudem gibt's eine *Werkstatt* (für Gäste ebenfalls kostenlos). Und da die Villa Rey ein von Radlern für Radler gegründetes Unternehmen ist, werden auch geführte Halb- oder Ganztagstouren angeboten. Im typisch umbrischen Landhaus sind 6 sehr komfortable Zimmer (teils Suiten) eingerichtet, ein flauschiger Bademantel liegt auf dem Bett. Gegessen wird gemeinsam, was der italienische Koch hinzaubert, der aus der Nachbarschaft stammt und eine solide Ausbildung hinter sich hat: vegetarische Küche oder Bio-Fleisch. Dazu wird biologischer Wein aus dem eigenen Anbau getrunken. Swimmingpool mit Liegen. DZ inkl. Frühstück 140–180 €, HP mit Nachmittagssnack und 4-gängigem Abendessen 110–130 €/Pers. Geöffnet Mitte März bis Mitte Nov. Strada Vicinale di Via Nuova, Loc. Santa Maria Seconda, 06064 Panicale, ✆ 075-8352286, www.villarey.eu.

Restaurant **Il Gallo nel Pozzo**, exzellente umbrische Küche zu etwas überhöhten Preisen in angenehmem, leicht beschalltem Ambiente. Hausgemachta Pasta ist selbstverständlich, das Gemüse stammt weitgehend aus regionalem biologischen Anbau. Mi Ruhetag. Piazza Umberto I, ✆ 327-1283536.

Pflichtversicherung im Mittelalter

„Fausto agli amici, infausto ai nemici" (Ein Glück für seine Freunde, ein Unglück für seine Feinde) – so bringt eine Gedenktafel in Panicale Leben und Wirken von *Giacomo Panieri*, genannt *Boldrino*, auf die Formel. Panicales berühmtester Bürger lebte im 14. Jahrhundert und mutierte vom Söldnerhauptmann rasch zum Räuberhauptmann. Bald war er so gefürchtet, dass die Gemeinden ihn dafür bezahlten, dass er ihren Mauern fernblieb. Auf dem Bühnenvorhang des Teatro Cesare Caporali (s. o.) ist Boldrinos Einmarsch in Perugia dargestellt. Vielleicht war die Stadt mit den Zahlungen im Rückstand.

Santuario della Madonna di Mongiovino

Ein kleiner Ort mit großer Renaissance-Kirche. Kenner spüren schon beim ersten Blick, dass *Bramante*, der Architekt der Peterskuppel in Rom, seine Hand im Spiel gehabt haben könnte. Tatsächlich stammt der Entwurf von ihm, und wäre er 1514 nicht gestorben, hätte er vermutlich auch die Ausführung überwacht; er überließ dies seinem Schüler *Rocca da Vicenza*.

Das architektonische Prinzip entspricht der byzantinischen Kreuzkuppelkirche – mit dem Unterschied, dass alle vier Fassaden im oberen Teil freistehend verlängert wurden. Beachtenswert sind die beiden fast identischen Portale mit ihren dekorierten Säulen und ihrem aufwendigen Fries. Über einen Stützbogen ist die Kirche mit einem ziegelsteinernen Campanile (18. Jh.) verbunden, an den sich die ehemaligen Pilgerhäuser anschließen.

Im reich ausgestatteten Inneren ist besonders das Kuppelgemälde beeindruckend, in dessen Zentrum in schwindelerregender Höhe eine kaum mehr erkennbare Taube fliegt. Die Gemälde der einzelnen Kapellen wurden fast alle restauriert. Eine recht drastische Gestaltung zeigt die Capella del Rosario, in der Georg mit eleganter Bewegung auf den tödlich getroffenen Drachen weist, das Monster ist überaus plastisch dargestellt.

Gegenüber der Kirche, an der anderen Straßenseite, befindet sich ein kleiner Brunnen, so alt wie die Kirche selbst. Hier soll die Gottesmutter der Schäferin Andreana erschienen sein und ihr den Befehl zum Kirchenbau erteilt haben, als Dank ließ sie eine Quelle sprudeln – so einfach wurden Bauaufträge damals ausgehandelt.

■ Von Città della Pieve Richtung Perugia, nach ca. 15 km Ausfahrt Tavernelle-Ovest, im Zentrum von Tavernelle die Via P. Nenni hochfahren, dann ausgeschildert.

Fontignano

Der unscheinbare Ort auf halber Strecke zwischen Città della Pieve und Perugia war die letzte Station im künstlerischen Schaffen von *Perugino*. Der damals bereits über 70-jährige Künstler erhielt den Auftrag, die Kirche dell'Annunziata am Ortsrand von Fontignano mit Fresken zu schmücken. Das Gemälde „Christi Geburt und Anbetung der Hirten" über dem Hauptaltar wurde im 19. Jahrhundert abgenommen und nach London verkauft; es ist heute im Besitz der britischen National Gallery. In Fontignano geblieben ist eine „Madonna mit Kind", die als letztes Werk Peruginos gilt. Das kleine Fresko wurde 1522 fertiggestellt, 1523 fiel der Künstler einer Pestepidemie zum Opfer. Eine bescheidene Urne an der Kirchenwand enthält seine sterblichen Überreste.

■ Tägl. zwischen 10–13 und 15–18 Uhr kann eine der am Eingang angeschlagenen Telefonnummern angerufen werden, und bald erscheint ein Türöffner.

Santuario della Madonna di Mongiovino

La Scarzuola – die Wollust der Imagination

Das alte Kloster ist nicht leicht zu finden. An der Landstraße außerhalb von Montegiove steht zwar ein Wegweiser, doch die Witterung hat ihm arg zugesetzt, und seine Botschaft ist nicht mehr zu entziffern. Aber wer dort abzweigt und auf der holperigen, unbefestigten Straße an Höfen vorbei durch Wiesen und Wälder fährt, gelangt nach knapp zwei Kilometern an einen traumhaften Ort. Hinter majestätischen Zypressen versteckt sich La Scarzuola, ein Kloster, das der heilige Franziskus von Assisi im Jahre 1218 gegründet hat.

In einem flachen, langgestreckten Gebäude der Anlage tigert ein Mann auf und ab, greift da ein Papier heraus, legt dort einen Stapel zur Seite, runzelt die Stirn und rauft sich die Haare. Hier liegen Zehntausende loser Zettel, Tagebuchnotizen, Briefe, Skizzen und Zeichnungen von Stühlen, Vasen, Pforten, Hausfassaden, mit Kohlestift dahingekritzelt oder akribisch koloriert. Dazwischen Fotos, vergilbte Zeitschriften, Kladden, einige Dutzend Ölgemälde. Es ist die Hinterlassenschaft von Tomaso Buzzi, und Marco Solari – vermutlich sein Großneffe, so genau will er es nicht sagen – wühlt täglich in diesem unendlichen Wust von Papieren. Er will begreifen, was der Erblasser eigentlich wollte.

So leicht ist das nicht. Tomaso Buzzi muss ein schrulliger Mensch gewesen sein, auch ein tüchtiges Maß an Hybris war ihm sicher zu eigen. Der 1900 geborene Mailänder Architekt hatte sich in Italien schon in den 20er Jahren einen Namen gemacht, war dem „Club der Urbanisten" beigetreten, war Redakteur einer bekannten Architekturzeitschrift, renovierte die italienischen Botschaften in Berlin, Addis Abeba, Tel Aviv, Tokio und Bangkok, stattete das Interieur der Villen zahlreicher Adliger aus, entwarf Paläste, beschäftigte sich mit Gartenarchitektur und dozierte am Mailänder Polytechnikum. Dann zog er sich zurück, mied fortan jede Öffentlichkeit und kaufte 1957 das Kloster La Scarzuola, um seinen Lebenstraum zu verwirklichen. Bis zu seinem Tod 1981 arbeitete er daran.

Das Gotteshaus war für Buzzi die „città sacra", der er nun seine „città ideale" entgegenstellte: ein phantastisches Ensemble von Tempeln, Toren und Türmen, Gärten, Figuren und insgesamt sieben Theaterbühnen – und all dies voll versteckter Symbolik, enigmatischer Andeutungen und kryptischer Bezüge.

Vor allem die „Hypnerotomachia Poliphili" (Poliphilos Traumliebesstreit), ein berühmter, 1499 erschienener Roman der italie-

La Scarzuola, in Stein gehauene Philosophie eines wunderlichen Architekten – das Vermächtnis von Tomaso Buzzi

nischen Renaissance, dessen Autor vermutlich der Dominikanerpater Francesco Colonna ist, vielleicht aber auch der Humanist Leon Battista Alberti, hat einem Teil von Buzzis Anlage Pate gestanden. Im schwer verständlichen Buch berichtet Polipholo, wie er im Traum den verschlungenen Weg zu seiner geliebten Polia findet. Er durchstreift eine utopische Landschaft voll geheimnisvoller Skulpturen, Bauten und Ruinen, wobei ihm Nymphen helfen, ans Ziel zu gelangen. Am Schluss muss er zwischen drei Toren wählen, die ihm himmlischen Ruhm, Liebe und irdische Ehre versprechen. Er entscheidet sich für das mittlere, für die Liebe, und begegnet einer verschleierten Frau, die sich ihm im Tempel der Venus als seine Geliebte offenbart.

In Buzzis „città ideale" kann man sich den esoterischen Roman förmlich erwandern. Vorbei am Brunnen der Zeit, über dem das meterhohe Gerüst einer Sanduhr hängt, vorbei an Pegasus, dem geflügelten Pferd, das mit den Hufen scharrt, bis es auf Wasser stößt, den Quell allen Wissens, kommt man zu den Nymphen, wählt das richtige Tor und steht vor dem Venus-Tempel. Und dann – Szenenwechsel – hat man eine große Theaterbühne vor sich, an derem rechten Ende die Akropolis steht, ein Tempelberg, auf dem sich Parthenon, Kolosseum, Vesta-Tempel, ein Triumphbogen, das Pantheon, ein Glockenturm und weitere Gebäude verschiedener Kulturen zu einer Stadt vereinigen. Im Zentrum der Bühne steht ein großes steinernes Auge, das den Zuschauer anglotzt und so einen Rollentausch erzwingt. Er wird vom Beobachter zum Beobachteten, zum Schauspieler.

Das Ensemble lässt verschiedene Interpretationen zu, lässt Assoziationen Raum, beflügelt die Phantasie. „Er allein hat das alles verstanden", sagt Solari, der immer nur „er" sagt, wenn er von Buzzi spricht, „die Arbeiter, die hier gebaut haben, sollten nichts kapieren." Valentino Galli, der alte Schmied, der in seiner Werkstatt in Montegiove noch immer mit Hammer und Amboss umzugehen weiß und der über 24 Jahre hinweg für Buzzi in La Scarzuola gearbeitet hat, der die Sanduhr, den Pegasus und die Nymphen geschmiedet hat, ist da anderer Ansicht. „Buzzi hat uns Arbeitern immer alles lang und breit erklärt", erinnert er sich, „bis wir es schließlich verstanden". Buzzi selbst schrieb 1966 auf einen seiner vielen Zettel: „Das Symbolische von La Scarzuola amüsiert mich ein bisschen, ich nehme es nämlich nicht allzu ernst." Vier Jahre später notierte er auf einem anderen Papier allerdings wieder mit einer gewissen elitären Attitüde: „Niemand oder nur sehr wenige werden meine Absichten verstehen."

Der Prozess, das Werden, der Aufstieg vom Materiellen zum Spirituellen, die Sublimation, das sind die Parameter, an denen sich Buzzis Architektur orientiert.

Und deshalb findet sich immer wieder die Spirale, die Wiederkehr und gleichzeitig Fortbewegung symbolisiert: die spiralenförmig angelegten Wege, der spiralenförmige Turm von Babel und die Wendeltreppe in der gläsernen Pyramide, die „Treppe der sieben Oktaven", die beim Aufstieg auf jeder Stufe einen neuen höheren Ton erzeugen sollte (funktioniert hat das ausgetüftelte System allerdings nie). Alles führt nach oben. Und im Innenhof des Jupiter-Tempels ragt eine tote Zypresse in den Himmel, irgendwann mal von einem Blitz getroffen. Buzzi wollte den dürren Baum, der vom göttlichen Feuer heimgesucht wurde, vergolden, hat es dann aber – wie so vieles andere auch – sein lassen. Ganz oben, im wirklichen wie übertragenen Sinn, oberhalb der „città ideale", am Ende des Rundgangs, steht schließlich die kleine alte Kirche des Klosters von La Scarzuola, die „città sacra".

Als Marco Solari 1985, vier Jahre nach dem Tod Tomaso Buzzis, dessen Erbe, das von drei Personen ausgeschlagen worden war, antrat, wusste er noch nicht, was dies für ihn bedeuten würde. Die ganze Anlage war ziemlich heruntergekommen. Ohne jede staatliche Unterstützung versuchte er, als erstes den Verfall zu stoppen. Schließlich renovierte er Gärten und Gebäude, oft mit schlechtem Gewissen. „Ich wusste ja nie, ob ich in seinem Sinn handle oder vielleicht gegen seine Intentionen", meint er heute, „ich bin nicht Architekt, ich bin nur der Kustode der Hinterlassenschaft eines Genies." Der diplomierte Betriebswirtschaftler hat – wie einst Tomaso Buzzi – von seinem früheren Leben Abschied genommen. Er wohnt nun im Kloster, beschäftigt sich ausschließlich mit dem „Porträt in Stein", dem „architektonischen Testament", dem „Museum der abgelehnten Ideen", der „den Wellen der Zeit anvertrauten Flaschenpost", wie Tomaso Buzzi sein großes Freilicht-Oeuvre genannt hat.

Solari sucht im Nachlass Tomaso Buzzis Hinweise für das Verständnis des eigen- und einzigartigen Kunstwerks zu finden. Doch wie soll sich einer in diesem Durcheinander von Stapeln von Zehntausenden von Zetteln und Blättern zurechtfinden! „Die Ordnung ist das Vergnügen der Vernunft, die Unordnung aber die Wollust der Imagination", hatte der Architekt geschrieben.

Wer war Tomaso Buzzi? Wenn er das Epitaph auf seinem eigenen Grabstein schreiben müsste, hatte der Architekt auf einen seiner zahlreichen Zettel gekritzelt, dann hieße es: „Mailänder, er lebte, er zeichnete, er liebte. Dieser Mann verachtete den Teufel, Mussolini und den Knoblauch."

Nachtrag 2018: Der Beitrag stammt aus dem Jahr 1999. Seither wurde der verwitterte Wegweiser durch einen offiziellen, haltbareren ersetzt. Buzzis Werk wurde weiter freigelegt und in einzelnen Teilen nach seinen Vorgaben ergänzt. Der Spaziergang durch die Wunderwelt wird von einer sehr dezenten, leicht meditativen Musik begleitet.

Anfahrt: von Città della Pieve Richtung Orvieto, nach ca. 6 km in Monteleone d'Orvieto links abbiegen und bis Montegiove (ca. 8 km) fahren, auf dieser Straße noch 1,5 km weiter, dann rechts dem Schild „La Scarzuola" folgen; dann noch 1,5 km Naturstraße.

La Scarzuola: Nur nach Voranmeldung unter ☎ 0763-837463 oder info@la scarzuola.com (mindestens 10 Personen). Flexible Einzelreisende haben die Chance, sich einer Gruppe anzuschließen. Eintritt 10 €.

Thomas Schmid

Valle Umbra

Südlich von Perugia zieht sich die Ebene der Valle Umbra bis nach Spoleto. Schon von der Straße aus sieht man die mächtige Franziskus-Basilika von Assisi, die touristische Nummer eins von Umbrien und, hinter Rom und Padua, das Wallfahrtsziel Nummer drei im ganzen Land.

Foligno, das wirtschaftliche Zentrum in der Talebene, ist über seine mittelalterlichen Mauern längst hinausgewachsen und lädt zum Shopping-Bummel ein. Im Süden schließt sich die Ebene bei Spoleto mit einer trutzigen Burg, Zeichen vergangener päpstlicher Macht.

Der Rummel um Franziskus in **Assisi** ist nicht jedermanns Sache, die Stadt hat in ihren mittelalterlichen Mauern aber auch ruhigere Ecken, oder man erholt sich auf einem Spaziergang hinauf zur Rocca, der sich als Wanderung in den Naturpark des Monte Subasio fortsetzen lässt.

Spello, die Nachbarstadt von Assisi und aus demselben hellen rötlichen Gestein gebaut, registriert wachsenden Tourismus, während **Trevi** seit eh und je verschlafen aus den Olivenhainen ragt. Einzig am Stadttor pulsiert etwas Leben, auf dem Spaziergang in den mittelalterlichen Gassen begegnet man kaum jemandem. Ganz anders **Foligno**, das aus seiner günstigen Lage in der Talebene wirtschaftlichen Nutzen zu ziehen versteht. Die Stadt ist längst über ihren historischen Kern hinausgewachsen.

Von Foligno aus bietet sich ein schöner Abstecher an: Das Städtchen **Bevagna** prunkt mit einem der schönsten Plätze Umbriens, um den sich drei Kirchen und ein stolzer Palazzo mit Freitreppe gruppieren. Unweit von Bevagna lädt das Weinstädtchen **Montefalco** an seiner kreisrunden Piazza del Comune zur Verkostung seiner edlen Tropfen ein.

Zurück in der Talebene, führt die Straße am römisch-heidnischen **Tempel von Clitunno** vorbei, wo Freskenreste von der christlichen Übernahme zeugen. Ebenfalls ein Heiligtum der Antike war die nahe **Quelle von Clitunno**, heute ein wunderbares Biotop.

Spoleto bildet den südlichen Abschluss der Valle Umbra. Wahrzeichen der Stadt ist eine gewaltige Burg, ein Überrest des einst mächtigen Kirchenstaats. Im 20. Jahrhundert diente die Burg eine Zeitlang als Hochsicherheitsgefängnis für Mitglieder der linksradikalen Brigate Rosse – und für Mafiabosse.

Was anschauen?

Franziskus-Basilika in Assisi: Die gedoppelte Basilika von Assisi wird nicht nur von Pilgerscharen aus aller Welt besucht, die vor dem Grab des heiligen Franziskus verharren, sondern auch von Kunstinteressierten, die sich die Fresken von Cimabue und Giotto ansehen wollen. → S. 114 ff

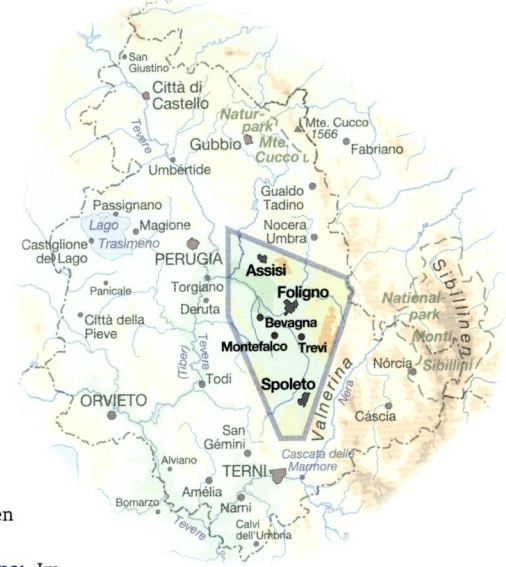

Museo della Città in Foligno: Im Palazzo Trinci wurde 2000 dieses schöne Museum eröffnet, das neben der archäologischen Sammlung und der Pinakothek auch die Geschichte der Familie Trinci dokumentiert, die von 1305 bis 1439 die Geschicke der Stadt bestimmte, bevor sie von den Päpstlichen hinweggefegt wurde. → S. 132

Mueseo Carandente in Spoleto: Kunstfreunde unterbrechen einen Stadtbummel in dieser Sammlung großteils abstrakter Kunst. Vertreten sind neben Alberto Burri auch Henry Moore und Sol Le Witt. → S. 150

Was unternehmen?

Wandern rund um den Monte Subàsio: Der Regionalpark ist mit zahlreichen Wanderwegen durchzogen. Eine Wanderung lässt sich gut mit einem Besuch des Eremo delle Carceri, mitten in einem Steineichenwald gelegen, verbinden. → S. 126

Shopping in Montefalco: Der Rosso di Montefalco und der Sagratino di Montefalco gehören zu den Spitzenweinen Umbriens. Die andere Spezialität des Städtchens sind die Tessuti di Montefalco – Tuch vom Besten. → S. 140

Was sonst?

Eremo Santa Maria Giacobbe: Das winzige Dörfchen in den Hügeln östlich von Foligno klebt über dem Abgrund, ein atemberaubender Felsen- und Treppenweg führt zu ihm hinauf. → S. 136

Bevagna: Ein Besuch lohnt nicht nur wegen der traumhaften Piazza Filippo Silvestri, im Städtchen ist auch ein römisches Mosaik aufbewahrt, und etwas außerhalb werden in der Tenuta Castelbuono unter moderner Architektur in der Form eines Schildkrötenpanzers vorzügliche Montefalco-Tropfen verkostet. → S. 137

Was und wo essen und trinken?

In den Bergen: Umbrische Küche vom Besten zu räsonablen Preisen und als Zugabe eine fantastische Aussicht gibt es im „Rifugio S. Gasparo" auf dem Monte Martano. → S. 142

In der Stadt: In einem Außenquartier von Foligno lädt die „Cucinaa" mit einem hervorragenden Angebot an Vorspeisen zu Tisch – Qualität garantiert. → S. 134

Assisi

Hellrot liegt die Stadt des heiligen Franz an den Hängen des Monte Subásio. Den besten Blick hat man von unten, bei der Anfahrt von S. Maria degli Angeli aus. Über der Stadt thront stolz die mittelalterliche Rocca Maggiore und vor ihr, auf riesigen Stützpfeilern, der Franziskanerkonvent mit der doppelten Basilika.

Vor über 800 Jahren gründete Franziskus von Assisi den später nach ihm benannten Orden. Dem Heiligen verdankt die Stadt ihre heutige Größe und einige Kirchen aus dem roten Subásio-Stein, die zu seinen Ehren gebaut wurden. Den mystisch-religiösen Hauch wird man in Assisi nicht so leicht los, der heilige Franziskus empfängt in seiner Gruft den katholischen Tourismus busladungsweise.

Der Bildungsreisende Goethe ließ sich vom Franziskus-Kult nicht beirren. Über seinen Besuch in Assisi notierte er: „Die ungeheuren Substruktionen der babylonisch übereinander getürmten Kirchen, wo der heilige Franziskus ruht, ließ ich links, mit Abneigung. Dann fragte ich einen hübschen Jungen nach der Maria della Minerva. Endlich gelangten wir in die eigentliche alte Stadt: und siehe, das löblichste Werk stand vor meinen Augen, das erste vollständige Denkmal der alten Zeit, das ich erblickte. Ein bescheidener Tempel, wie er sich für eine so kleine Stadt schickte, und doch so vollkommen, so schön gedacht, dass er überall glänzen würde. An der Fassade konnte ich mich nicht satt sehen." Der Geheimrat, immun gegen katholischen Weihrauch, mit seinem Winckelmann unter dem Arm auf der Suche nach Zeugnissen der heidnischen Antike – was für ein erhaben-skurriles Bild gäbe er im heutigen Assisi ab!

Franz von Assisi

Der blutige Kampf um die Vorherrschaft in Umbrien zwischen den päpstlichen Guelfen und den kaisertreuen Ghibellinen war im 12. Jahrhundert in vollem Gange. In einem der Kriegszüge gegen das benachbarte, guelfische Perugia zog auch der junge, 1182 als Sohn eines reichen Tuchhändlers geborene Giovanni di Bernardone mit, der wohl wegen seiner französischen Mutter „Francesco" genannt wurde. Giovanni galt als einer der zügellosesten reichen Jünglinge Assisis, schmiss mit Geld um sich und hatte dementsprechend viel Anhang, männlichen wie weiblichen. Beim Kampf um Perugia wurde er 1198 gefangengenommen und wanderte für ein Jahr ins Gefängnis. Heimgekehrt, erkrankte er schwer, und wieder gesundet, war er ein anderer Mensch geworden. Er schwor seinem ausschweifenden Treiben ab, entsagte allem irdischen Reichtum und verbrachte sein weiteres Leben in Armut und Enthaltsamkeit. Als Laienprediger zog er jahrelang durch ganz Italien und versuchte, der Bevölkerung in der Mundart des jeweiligen Landstrichs (statt mit Kirchenlatein) die Botschaft Christi näher zu bringen.

Franziskus kämpfte für die Gleichheit der Menschen und sah im Reichtum das hauptsächlichste Hindernis für ein glückliches Leben im Diesseits wie im Jenseits. Mit seinen Reden gegen die verweltlichte Kirche knüpfte er, ähnlich wie die „ketzerischen" Albigenser in Südfrankreich, an die schon fast verlorene Traditionen des Urchristentums an.

Mit seinen hinreißenden Predigten fand er zahlreiche Anhänger. 1209 gründete er den Orden der Fratres Minores (Minoriten), dessen Regeln ein Jahr später von Papst Innozenz III. bestätigt wurden. Vermutlich wollte die Kurie Franziskus als Vermittler zwischen der Kirche und dem unzufriedenen Volk benutzen, zumal der fromme Mann auch ein Gegner der in dieser Zeit häufigen Kreuzzüge ins „Heilige Land" war und sich in eigener Mission nach Jerusalem begab.

1226 starb Franziskus, seine Anhänger gingen damals schon in die Tausende. Bereits zwei Jahre später wurde er heiliggesprochen, gleichzeitig wurde mit dem Bau der Basilica di San Francesco begonnen. Der Giotto zugeschriebene Freskenzyklus in der Oberkirche der Basilika (→ Sehenswertes) gibt die wichtigsten Begebenheiten seiner Vita wieder.

Seit Goethe ist wohl keiner mehr nur wegen des Minerva-Tempelchens nach Assisi gereist, denn es gibt hier noch einiges mehr zu sehen – nicht zuletzt die mittelalterliche Altstadt selbst, die dem, der sich nicht scheut, die engen Seitengassen und Treppen bergab zu gehen, immer wieder überraschende Ansichten und Ausblicke bietet.

Stadtgeschichte: Vor und nach dem heiligen Franz hat Assisi – mit Ausnahme des Erdbebens von 1997, als Teile der Decke der Franziskus-Basilika heruntergekracht – kaum Schlagzeilen gemacht. In römischer Zeit stand hier eine wohlhabende Kleinstadt, Überrest dieser Epoche ist der von Goethe geschätzte Minervatempel auf der Piazza del Comune. Nach dem Zusammenbruch des Weströmischen Reichs musste wie Perugia auch Assisi zuerst mit dem Ansturm der Goten fertigwerden. Im Mittelalter dann waren die beiden Städte in erbitterte Auseinandersetzungen verwickelt, Perugia auf der Seite der Guelfen (Papstanhänger), Assisi auf der der Ghibellinen (Kaisertreue). Ruhe kehrte erst im 16. Jahrhundert ein, nachdem Rom in ganz Umbrien seine Vorherrschaft gesichert hatte.

Heute lebt Assisi vom Pilgertourismus. Jährlich kommen rund 5 Millionen Besucher in die Stadt des heiligen Franziskus, mehr als das Fünffache der Einwohnerzahl ganz Umbriens. Damit nimmt Assisi als nationales Pilgerziel hinter Rom und Padua den dritten Platz ein.

Sehenswertes

Basilica di San Francesco

Die meistbesuchte Pilgerstätte Assisis war vom Erdbeben 1997 besonders schlimm betroffen. Teile des Deckengewölbes der Oberkirche stürzten ein, die weltberühmten Fresken lagen in Scherben. Vier Fratres, die darauf den Schaden begutachten wollten, wurden von einem Nachbeben überrascht und getötet. Zwei Jahre später wurde die Oberkirche wiedereröffnet, die Restaurato-

ren hatten mit Hilfe modernster Computertechnologie über 100.000 Freskenfragmente zusammengefügt. Kosten: ca. 40 Millionen Euro. Die Arbeiten waren im Jahr 2000 abgeschlossen.

Die Franziskusbasilika besteht aus zwei übereinander gebauten Kirchen. Obwohl dieser Aufwand dem Prinzip der Armut, das Franzikus predigte, widersprach, bestand *Fra Elia*, einer der frühen Gefolgsleute des Heiligen und angeblich Architekt der Basilika, auf der Errichtung des Doppelbaus. Die Grundsteinlegung fand 1228 statt, ein Tag nach der Heiligsprechung des Franziskus von Assisi.

Die **Oberkirche** war für Andachten geplant, ist reinste Gotik und birgt in ihrem Inneren Fresken der berühmten Maler *Cimabue* und *Giotto*. Eine Reihe von 28 Fresken, die das Leben des heiligen Franziskus schildern, wird Giotto zugeschrieben, doch wirken sie im Vergleich zu seinen anderen Werken etwas zu surrealistisch. Neueren Forschungen zufolge kommt auch Giottos Lehrer *Pietro Cavallini* als Urheber in Betracht. Die Predigt des heiligen Franziskus zu den Vögeln in der Nähe des Eingangs hingegen ist sicher Giottos Werk. Über dem berühmten Freskenzyklus sind in der Fensterzone – jeweils zwei Darstellungen übereinander – an der rechten Wand Szenen aus dem Alten Testament, an der linken Wand Szenen aus dem Neuen Testament zu sehen.

Beide Zyklen beginnen jeweils beim Querschiff, wobei zuerst die obere Reihe der ganzen Länge nach, erst dann die untere zu lesen ist, sofern man die Chronologie beachten will. Außerdem findet man in der Oberkirche zwei schöne Arbeiten von *Pietro Lorenzetti* („Madonna mit Kind" und „Jesus verlässt das Kreuz").

Franziskanerbrüder arbeiten hier in italienischer, deutscher, französischer, polnischer, ja sogar japanischer Sprache als Führer für Pilger- und Touristengruppen und stellen die Fresken in ihren theologischen Zusammenhang. Nicht übersehen sollte man darob das *Chorgestühl* aus dem 15. Jahrhundert: sehr schöne Intarsienarbeiten, im Mittelteil Porträts hoher kirchlicher Würdenträger in den Rückenlehnen.

■ Sommer tägl. 8.30-18.50 Uhr, Winter tägl. 8.30-18 Uhr. Kompetente Führungen in Deutsch bietet Bruder Thomas Freidel an. Dauer ca. 1 Stunde. Die unentbehrlichen Kopfhörer kosten 2 €, die Führung ist kostenlos, um eine Spende wird gebeten. Keine Führungen an Sonn- und Feiertagen, sonst keine festgelegten Zeiten, einfach anrufen oder schreiben. Einzelreisenden wird angeboten, sich einer Gruppe anzuschließen; gegebenfalls ist aber auch eine Führung für nur zwei Personen möglich. Bruder Thomas Freidel, ℡ 392-2831099, assisi@franziskaner-minoriten.de.

Die **Unterkirche**, ursprünglich eine Krypta, romanisch und wesentlicher niedriger und dunkler als die Oberkirche, ist vollständig mit Fresken ausgeschmückt. Das Auge verliert sich schnell in den zahllosen Darstellungen. Auch hier werden einige Werke *Cimabue*, andere *Giotto* zugeschrieben. Von Letzterem stammt eine Kreuzigung im

Die 28 Bilder des Franziskuszyklus

1) Ein einfacher Mann huldigt Franziskus. Man erkennt den Minerva-Tempel von Assisi.
2) Franziskus spendet einem armen Ritter seinen Mantel.
3) Der Traum vom Palast.
4) Franziskus betet vor dem Kreuz von San Damiano. Eine Stimme vom Kreuz herab gibt Franz den Auftrag, die Kirche wieder in Ordnung zu bringen.
5) Franziskus sagt sich von seinem Vater und seinen Reichtümern los. Ein Bischof bedeckt den nackten Provokateur notdürftig.
6) Der Traum von Innozenz III.: Der Papst träumt vom Einsturz der Laterankirche, den ein armer Mann (Franziskus) verhindert.
7) Innozenz III. bestätigt die Ordensregeln der Franziskaner.
8) Die Vision vom Feuerwagen.
9) Die Vision der himmlischen Throne. Der schönste Thron war einst der von Luzifer, er wird für Franziskus reserviert.
10) Die Vertreibung der Teufel aus Arezzo. Die Vertriebenen fliegen über die Dächer davon.
11) Franziskus schlägt dem Sultan Melek-el-Kamel die Feuerprobe vor. Der Sultan will nichts davon wissen; es gelingt Franziskus nicht, ihn zum Christentum zu bekehren.
12) Franziskus in Ekstase.
13) Das Presepe von Greccio (→ Wissenswertes von A bis Z/Presepe).
14) Das Quellwunder. Franziskus hilft einem Dürstenden, indem er durch Gebet eine Quelle entspringen lässt.
15) Franziskus predigt den Vögeln.
16) Der Tod des Ritters von Celano. Franziskus hat dem Ritter den Tod vorausgesagt und noch rechtzeitig die Beichte abgenommen.
17) Franziskus predigt vor Papst Honorius III.
18) Franziskus erscheint seinen Ordensbrüdern in Arles.
19) Die Stigmatisierung des Franziskus auf dem Berg La Verna.
20) Der Tod des Franziskus.
21) Die Visionen des Bruders Augustinus und des Bischofs von Assisi. Zwei Visionen in einem Bild.
22) Hieronymus überprüft die Wundmale von Franziskus.
23) Die Klarissinnen verabschieden den toten Franziskus.
24) Papst Gregor IX. spricht Franziskus heilig (die Darstellung des Heiligsprechenden ist leider zerstört).
25) Franziskus erscheint Papst Gregor IX.; der Heilige steht auf der Bettdecke.
26) Franziskus heilt einen tödlich verwundeten Mann (diese und die beiden folgenden Darstellungen von Wundern bilden sozusagen den posthumen Abschluss des Zyklus).
27) Beichte einer vom Tod erwachten Frau. Sie erwachte eigens für diesen Zweck vom Tode.
28) Die Befreiung des Häretikers Petrus von Alife. Der wundersame Befreier schwebt davon.

Für eine detaillierte Erklärung der einzelnen Szenen besorge man sich die Vita des Heiligen. Sie ist in jedem Buchladen in Assisi zu finden.

rechten Arm des Querschiffs, die ihr Gegenstück in einer weiteren, *Pietro Lorenzetti* zugeschriebenen Kreuzigung im linken Arm des Querschiffs findet – beide auf blauem Himmelsgrund. Die erste Seitenkapelle links, dem heiligen Martin zugedacht, wurde weitgehend vom Sieneser Meister *Simone Martini* ausgestaltet, der noch stark von der Gotik beeinflusst ist. Die erste Seitenkapelle rechts, *Antonius von Padua* gewidmet, wurde im 17. Jahrhundert ausgemalt: Die Episoden aus dem Leben des Heiligen zeigen mehr Bewegung, mehr plastische Darstellung. Einen überraschenden Kontrapunkt zu den alten Fresken zeigt im Querschiff die Skulptur „Schweißtuch" aus Carrara-Marmor – ein Werk des zeitgenössischen Künstlers *Enzo Scatragli*.

Von der Mitte des Längsschiffs führen zwei Treppen hinunter zur heutigen **Krypta**. Gebetsgemurmel empfängt den Besucher beim Eintritt, so dass es ihm, je nach Veranlagung, mystisch oder mulmig zumute wird. Hier wurde 1230 der heilige Franziskus beigesetzt. Auf Veranlassung der Kurie wurden seine Gebeine 1820 nochmals ausgegraben und deren Authentizität päpstlich bescheinigt, eine weitere Echtheitsurkunde wurde vom Vatikan 1978 ausgestellt.

Die heutige schlichte Ausgestaltung der Krypta, in der neben dem Stadtheiligen in bescheidenen Grabnischen auch vier seiner Weggefährten ihre letzte Ruhe fanden, stammt aus den Jahren 1926–30.

▪ Sommer tägl. 6–18.50 Uhr, Winter tägl. 6–18.30 Uhr. Führungen siehe Oberkirche.

Basilica di Santa Chiara

Neben Franziskus führt die zweite Stadtheilige von Assisi fast ein Schattendasein. Die ihr geweihte Basilika zeigt keine so großen Kunstwerke wie der Franziskanerkonvent – hier herrscht eine stille, andachtsvolle Atmosphäre.

In einer Nebenkapelle hängt eine der meistverehrten Franziskus-Reliquien: das *Christuskreuz*, das mit Franziskus gesprochen und ihm den Auftrag übermittelt haben soll, die Kirche wieder auf den richtigen Weg zu führen (→ Umgebung von Assisi, San Damiano).

Die **Krypta** wurde in den 1980er-Jahren neu gestaltet, und dies ist den 1850 gefundenen Überresten der Heiligen bekommen. War Santa Chiara vorher – wie in italienischen Kirchen üblich – als vom Verwesungsprozess dunkel gewordene Mumie zu sehen, so wird sie heute „clean", als wächserne Gestalt im Glasschrein präsentiert. Die Reliquiensammlung der Krypta umfasst unter anderem neben einer Haarlocke das

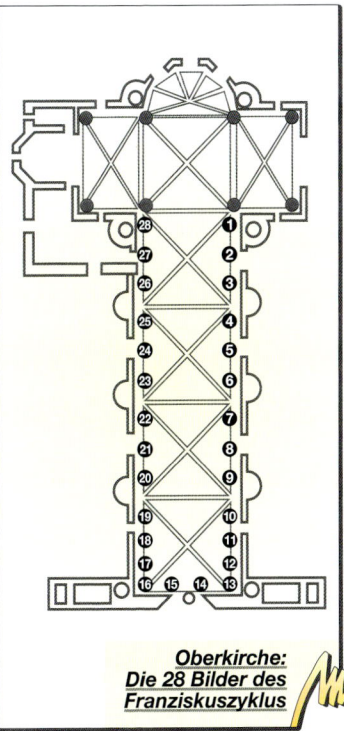

Oberkirche: Die 28 Bilder des Franziskuszyklus

bescheidene Gewand der Heiligen sowie ein von ihr gefertigtes Kleid, dessen Trägerin unbekannt ist – jedenfalls eine recht korpulente Person.

▪ Sommer tägl. 6.30–12 und 14–19 Uhr. Winter tägl. 6.30–12 und 14–18 Uhr.

Weitere Sehenswürdigkeiten

Kathedrale San Rufino: Der Dom zu Ehren des ersten Bischofs von Assisi, der im 3. Jahrhundert als Märtyrer starb, stammt aus dem 12. Jahrhundert. Seine romanische Fassade verdient sowohl wegen der Skulpturen über dem Hauptportal als auch wegen ihrer Rosetten Beachtung. Im Inneren dominiert Barock, da der gesamte Komplex im 16. Jahrhundert umgestaltet wurde und im 17. Jahrhundert teilweise eine neue Ausstattung bekam.

Das Gewölbe der **Krypta** wurde in den 1990ern saniert. Im Geviert über dem Sarkophag, in dem der heilige Rufinus begraben lag, sind noch Reste von Fresken auszumachen. Dargestellt sind die vier Evangelisten mit ihren Symbolen: Johannes mit dem Adler, Markus mit dem Löwen, Matthäus mit dem Engel und Lukas mit dem Stier (der hier eher einem Raubtier gleicht). Vom Ende der Krypta führt ein Kanal zu einer *römischen Zisterne* aus dem 1. Jahrhundert n. Chr. Bei der Restaurierung der vom Erdbeben 1997 lädierten Kirche hat man teilweise den Boden mit Glasplatten versetzt, um die römischen Reste sichtbar zu machen. Ein antikes, viereckiges Wasserreservoir befindet sich links des Eingangs. Im Kirchenkomplex wurde ein kleines **Museum** eingerichtet: drei Säle mit Kapitellen einer früheren Basilika aus dem 11. Jahrhundert und Fresken der Giotto-Schule.

Kathedrale: Sommer Mo–Fr 7–12.30 und 14.30–19 Uhr (im Aug. ohne Mittagspause), Sa/So 7–19 Uhr. Winter tägl. 7–12.30/14.30–18 Uhr. **Krypta/Museum:** im Sommer Mo, Di und Do–Sa 11–13 und 15–18 Uhr; im Winter Mo/Di und Do–Sa 11–13 und 14.30–16.30 Uhr. Eintritt inkl. Kreuzgang 3,50 €.

Abbazia di San Pietro: Der Bau der Kirche (11.–13. Jh.) wurde im romanischen Stil begonnen und im gotischen Stil weitergeführt. Das riesige, von massiven Pfeilern in drei Schiffe unterteilte Innere wirkt düster. Freundlicher sind die Rosetten über dem Eingang, der von zwei Löwen bewacht wird, die ein Lamm verspeisen (oder vielleicht auch nur küssen, so klar ist das nicht). Im Vergleich zum Rummel um die Franziskus-Basilika ist die Benediktinerabtei geradezu ein Ort der Stille.

▪ Tägl. 7.30–19 Uhr.

Tempel der Minerva: inmitten der mittelalterlichen Bauten an der *Piazza del Comune*. Neben dem Bürgerturm aus dem frühen 14. Jahrhundert wirkt der kleine antike Tempel, von dem Goethe so begeistert war (→ Einleitungstext Assisi), leicht deplatziert. Der schmucke Heidentempel mit seinen sechs korinthischen Säulen wurde im 16. Jahr-

Torre del Popolo und Tempel der Minerva

hundert christianisiert – und mutierte zur *Santa Maria Sopra Minerva*, der kleinen Barockkirche, wie sie sich dem Besucher heute zeigt.

▪ Tägl. 6.45–20 Uhr.

Museo e Foro Romano: unterhalb der Piazza del Comune, Eingang an der Via Portica. Das ausliegende Info-Blatt (auch deutschsprachig) ist hilfreich zum Verständnis der Anlage des römischen Forums. Der hintere Teil liegt direkt unter dem Minerva-Tempel. Wichtigstes Ausstellungsstück des Museums ist eine große Grabinschrift. Ansonsten sind Sarkophage, Statuenfragmente und Grabstelen lieblos aneinandergereiht und unkommentiert entlang der unterirdischen Straße platziert.

▪ März–Mai und Okt. tägl. 10–18 Uhr, Juni–Sept. tägl. 10–19 Uhr, Nov.–Febr. tägl. 10–17 Uhr. Eintritt 5 € oder Sammelticket Forum + Pinakothek + Rocca 9 €.

Pinakothek: Das nach dem Erdbeben von 1997 in einen Palazzo an der Via San Francesco verlegte Museum beschränkt sich auf eine Sammlung religiöser Malerei aus dem 14.–16. Jahrhundert, größtenteils aus der Region. Viel Platz für die Schüler von Giotto, der Meister selbst fehlt.

▪ April–Okt. 10–18 Uhr. Eintritt 3 € oder Sammelticket Forum + Pinakothek + Rocca Maggiore 9 €.

Rocca Maggiore: am höchsten Punkt der noch sehr gut erhaltenen Befestigungsmauern aus dem späten 12. Jahrhundert. Nach ihrer Restaurierung vermittelt die Rocca einzigartige Einblicke in eine mittelalterliche Festungsanlage. *Friedrich Barbarossa* ließ sie errichten, später wurde sie mehrfach umgebaut. 1458 wurde der zwölfeckige Turm hinzugefügt und durch eine Mauer mit der Rocca verbunden.

Valle Umbra → Karte S. 112

Klara von Assisi

Begeistert vom Prediger Franziskus verlässt die 18-jährige Clara Sciffi 1211 eines Nachts heimlich ihr wohlbehütetes Zuhause und taucht in der Porziuncola von S. Maria degli Angeli auf, wo sich Franz und seine Anhänger oft aufhalten. Als Zeichen ihrer Abkehr von den Herrlichkeiten der Welt lässt sie sich von Franziskus ihre wunderschönen Haare abschneiden. Die frommen Brüder bringen Klara erst in verschiedenen Benediktinerklöstern unter, um sie dem elterlichen Zugriff zu entziehen. Dann bezieht sie mit gleichgesinnten Frauen das außerhalb von Assisis Stadtmauern gelegene Kloster von San Damiano. Hier lebt die Tochter aus gutem Hause als Mutter des Klarissenordens, des weiblichen Zweigs der Franziskaner, noch 42 Jahre, bis sie 1253 stirbt. Wie Franziskus wird auch Klara von Assisi bald nach ihrem Tod heiliggesprochen. Noch im Jahr ihrer Heiligsprechung (1255) wird mit dem Bau der Basilika begonnen, wo heute ihre sterblichen Überreste verehrt werden.

Ein einzigartiges Indiz für die innige Verbundenheit der beiden Stadtheiligen von Assisi entdeckte die renommierte Hamburger Textilrestauratorin Mechthild Flury-Lemberg. Bei einer Untersuchung der Kutte von Franz fand sie aufgenähte Flicken, die exakt jenen Teilen entsprachen, die an alten Gewändern von Klara fehlten.

Valle Umbra

In dieser Mauer verläuft ein fast 100 m langer Verbindungsgang, der noch heute so lichtarm ist wie ehedem. Schon hier empfiehlt sich eine Taschenlampe, erst recht dann für den Aufstieg im stockdunklen Turm. Oben wird der abenteuerliche Maulwurfsgang mit einer phantastischen Aussicht belohnt: bei klarem Wetter bis Perugia und Spoleto.

■ März 10–18 Uhr, April/Mai und Okt. 10–18.30 Uhr, Juni–Aug. 9–20 Uhr, Sept. 10–19.30 Uhr, Nov.–Febr. 10–17 Uhr. Eintritt 6 € oder Sammelticket Forum + Pinakothek + Rocca 9 €.

Parco Regina Margherita: Nur selten verirrt sich jemand in den abschüssigen, leicht verwilderten Waldpark im Osten der Stadt. Eine Säule beim Eingang erinnert an das römische Theater, das einst hier stand. Verschlungene Pfade führen an verwitterten Steinitischen vorbei, im oberen Teil des Wäldchens hört man den Straßenlärm kaum mehr – eine Oase der Ruhe, auch vor Pilgerströmen, und hervorragend zum Picknick geeignet.

■ Mai–Sept. 7–19 Uhr, Okt.–April 8.30–16 Uhr.

Basis-Infos

Postleitzahl 06081

Information **IAT-Büro**, Piazza del Comune 22. Mo–Fr 9–14 und 15–18.30, Sa 9–19, So 9–18 Uhr. ℡ 075-8138680, www.visit-assisi.it.

Hin und weg **Bahn**: Gute Verbindung nach Perugia. Bahnhof ca. 4 km weiter unten im Tal, in S. Maria degli Angeli. Busse zum Bahnhof im 30-Min.-Takt (Bushaltestellen Piazza Matteotti, Largo Properzio und Piazza Unità d'Italia).

Bus: Gute Verbindungen nach Perugia, Gubbio, Città di Castello. Abfahrt am Largo Properzio oder an der Piazza Unità d'Italia.

Parken Mehrere Parkplätze unterhalb der Stadt, z. T. auch gebührenfrei, von den untersten fährt ein Pendelbus ins Zentrum. Gebührenpflichtig und zentrumsnah sind die Parkplätze unterhalb des Largo Properzio (Rolltreppe), an der Piazza Matteotti und unterhalb der Porta Majano (Rolltreppe).

Einkaufen **Del Santo**, Weiches vom Feinsten, Kaschmirprodukte – garantiert keine asiatische Kinderarbeit, sondern in Umbrien produziert. Via Portica 29a.

Feste/Veranstaltungen Religiöse Feiertage sind oft besonders festliche Anlässe. An Ostern z. B. finden nicht nur lange Prozessionen, sondern auch Schauspiele statt.

Der Mai (erster Donnerstag bis Samstag) wird mit der **Festa di Calendimaggio** begrüßt: Alles macht sich fein, geht gut essen und die Stadt wird mit Fahnen und Tingeltangel geschmückt. Wettspiele zwischen Ober- und Unterstadt, Umzüge in historischen Gewändern, Musik und Tanz. Nachts ist die Wiese vor S. Francesco voll mit kleinen flackernden Öllichtern.

Markt Samstag auf der Piazza Matteotti.

Sprachschule Die **Accademia Lingua Italiana Assisi** an der Via Tiberio d'Assisi (oberhalb der Piazza del Comune) führt das ganze Jahr über Kurse durch, das Angebot reicht vom einwöchigen Kurs für Reisende bis zu Standardkursen von 3 oder 6 Monaten. Gegründet wurde die Akademie von einem Dozenten der Peruginer Ausländeruni und Fachmann für Didaktik des Italienischen als Fremdsprache. Auf Wunsch kümmert sich die Akademie auch um Unterkunft für ihre Studenten. ℡ 075-815281, www.aliassisi.it.

Übernachten → Karte S. 122/123

Rund 50 Hotels zählt Assisi, vor allem in der 2- und 3-Sterne-Kategorie. Das ist viel, doch an Feiertagen, wenn besonders viele Pilger kommen, oft nicht genug. Im IAT-Büro (→ Information) liegt eine Liste mit privaten Zimmervermietern auf, eine weitere mit Unterkunftsmöglichkeiten in religiös geführten Häusern. Wer in Assisi kein Bett mehr findet, versucht sein Glück am besten in S. Maria degli Angeli, in Bastia oder bei einem der „Zimmer-frei"-

Assisi 121

Schilder auf dem Weg dorthin. Wer mit eigenem Fahrzeug unterwegs ist, kann auch eine Übernachtung in Spello erwägen.

Hotels ***** **Nun** 13, in ruhiger Lage am oberen Ende des Centro storico. Ein ehemaliges Kloster wurde zur Luxusherberge umgebaut, wobei Teile der Ruinen des römischen Amphitheaters geschickt integriert wurden. Letztere sind im unterirdischen Wellnessraum mit seinem unregelmäßigen Schwimmbecken auszumachen – alles in angenehm gedämpftem Licht. 18 geräumige Suiten, die keine Wünsche offen lassen. Der Blick auf die Rocca Maggiore einerseits und über die Dächer der Stadt andererseits ist einmalig. Das Restaurant mit seinem jungen, erfindungsreichen Chefkoch stellt auch den verwöhntesten Gaumen zufrieden. Hoteleigene Garage. Suiten ab 290 € aufwärts. Via Eremo delle Carceri 1A, ☎ 075-8155150, www.nunassisi.com.

*** **Sorella Luna** 1, im Untertitel nennt sich das 2012 in einem alten Palazzo eröffnete Hotel „Gallery Hotel". Die moderne Kunstgalerie befindet sich gleich neben der Rezeption, davor zwei kleine Terrassen. Komfortable, helle Zimmer mit Minibar. Gut ausgeleuchtet ist auch der kleine Frühstückssaal, der nüchterne Eleganz verströmt. DZ ab 69 € aufwärts. Via Frate Elia 3/3a, ☎ 075-816194, www.hotelsorellaluna.it.

*** **Umbra** 11, unterhalb der Piazza del Comune. 25 Zimmer, teils mit kleinem Balkon und Blick auf die Stadt. DZ 85–140 €. Via degli Archi 6, ☎ 075-812240, www.hotelumbra.it.

*** **Alexander** 14, unterhalb der Piazza del Comune. Im Haus daneben wurde der hei-lige Franziskus geboren. Vielleicht tröstet dies über die teils asketisch-kleinen (aber gepflegten!) Zimmer hinweg. DZ mit Dusche/WC 50–120 €. Piazzetta Chiesa Nuova 6, ☎ 075-816190, www.hotelalexanderassisi.it.

*** **San Pietro** 2, gutes Mittelklassehotel mit 37 gepflegten Zimmern, geführt von einem freundlichen älteren Herrn, der im Haus geboren ist. Eigener Parkplatz (gratis) 100 m entfernt, allerdings nur für 10 Autos. Oft von Gruppen ausgebucht. DZ 75–90 €. Piazza San Pietro 5, ☎ 075-812452, www.hotel-sanpietro.it (im Aufbau).

mein Tipp *** **Ancajani** 4, in ruhiger Lage. Auf der 1. Etage kleine Terrasse mit Blick über die Ebene, auf der 2. Etage große Terrasse mit Blick über die Stadt (ohne dass man eine Mauer vor der Nase hat). 37 renovierte, komfortable, meist geräumige Zimmer. Angeschlossen ist das Restaurant „Porta Antica" mit umbrischer Küche. DZ mit schönem Bad 70–90 €. Via degli Ancajani 16, ☎ 075-815128, www.albergoassisi.it.

** **Posta Panoramic** 5, restauriertes Gebäude in zentraler Lage. Nach hinten Panorama-Zimmer mit Ausblick auf die Ebene. Zwei Häuser weiter das relativ preiswerte Hotelrestaurant. DZ 60–95 €. Via S. Stefano 1, ☎ 075-812558, www.hotelpostaassisi.it.

** **La Rocca** 6, meist hübsche Zimmer. DZ mit Dusche 58–68 €. Via Porta Perlici 27, ☎ 075-812284, www.hotelarocca.it.

** **Fontemaggio**, ca. 2 km außerhalb, Straße in Richtung Eremo delle Carceri. Neben gleichnamiger Jugendherberge und in gleicher Regie. Zimmer etwas klein, aber sau-ber. DZ mit Bad 54 €. Via Santuario delle Carceri 24, ☎ 075-813636, www.fontemaggio.it.

Zimmer Carli 9, 6 Zimmer in der 2. Etage eines alten Palazzo. DZ mit Dusche 47–60 €. Piazza S. Ufino/Via Porta Perlici 1, ☎ 075-812490, www.camerecarli.it.

Jugendherberge Fontemaggio, gleich neben dem Campingplatz Fontemaggio und in selber Regie, von der Stadtmauer aus zu Fuß in ca. 10 Min. über einen schön bewachsenen Weg erreichbar. Übernachtung 22 €, Frühstück 6 €, kein IYHF-Ausweis nötig. Via Santuario delle Carceri 24, ☎ 075-813636, www.fontemaggio.it.

Camping ** Fontemaggio, Adresse wie Jugendherberge (s. o.), von der Stadtmauer aus zu Fuß in ca. 10 Min. über einen schön bewachsenen Weg erreichbar. Schöne Hanglage mit Blick ins Tal, größtenteils schattig, terrassenförmig angelegt. Freundliches Personal. Ca. 250 Stellplätze. Ganzjährig geöffnet. Via Santuario delle Carceri 24, ☎ 075-813636, www.fontemaggio.it.

*** **Camping Village Assisi**, etwa 2 km außerhalb an der Straße nach Perugia. Viele Wohnwagen, wenig Schatten, Straßenlärm. Kann trotz des 3. Sterns mit dem Fontemaggio in keiner Weise konkurrieren, zumal auch die Rezeption an Freundlichkeit zu wünschen übrig lässt. Ca. 130 Stellplätze. Geöffnet April–Okt. Via Campiglione, ☎ 075-813710, www.campingassisi.it.

Valle Umbra → Karte S. 112

Übernachten

1. Sorella Luna
2. San Pietro
4. Ancajani
5. Posta Panoramic
6. La Rocca
9. Camere Carli
11. Umbra
13. Nun
14. Alexander

Essen & Trinken

3. Da Cecco
7. Piadina Biologica
8. Buca di San Francesco
10. Dell'Arco
12. Pozzo della Mensa
15. La Locanda del Cardinale

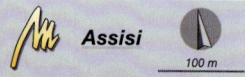

Assisi

100 m

Essen & Trinken

Eine Spezialität Assisis ist *Palombaccia alla ghiotta*. Die Wildtaube wird – mit einer Schinkenscheibe bedeckt – am Spieß gebraten und dabei mit einer Mischung aus Olivenöl und Rotwein eingepinselt. Leider nur selten zu finden.

Restaurants La Locanda del Cardinale 15, gehobene umbrisch-italienische Küche zu stolzen Preisen – serviert in einem früheren Kardinalpalast. Hausgemachte *Lasagne crocante* mit Kaninchen, Chianina-Rind, Spanferkel und anderes mehr für den Gaumen des Feinschmeckers. Spektakulär ist der Glasboden des Speisesaals, der den Blick auf die Reste eines römischen Domus freigibt. Mit etwas Glück speisen Sie direkt über einem Mosaik. Di Ruhetag. Piazza del Vescovado 8, ☏ 075-815245.

Buca di San Francesco 8, Nähe Piazzetta Garibaldi, im Souterrain eines alten Palastes (12. Jh.) – eines der besten Lokale Assisis und für das Gebotene preiswert. Spezialitäten sind *Agnello alla brace*, *Filetto al Rubesco di Torgiano*, *Asce francescano* ... Mo Ruhetag. Via Brizi 1, ☏ 075-812204.

Dell'Arco 10, unterhalb der Via Portica. Hier gibt es solides, leckeres Essen in der Atmosphäre des 14. Jh. Deckengewölbe und Steinwände. Das Menü ist auf einige Spezialitäten begrenzt, daneben auch ein vegetarisches Angebot. Mo Ruhetag. Via S. Gregorio 8a, ☏ 075-812383.

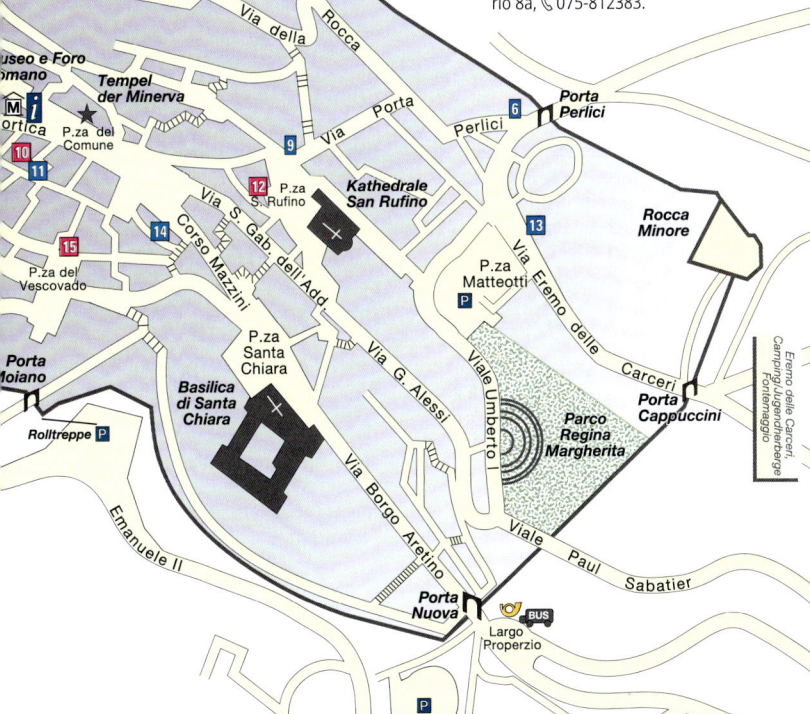

MeinTipp Pozzo della Mensa 🔢, im Gemäuer versteckt, abends weisen Öllichter den Weg zum Lokal. Mittags empfehlenswerte Tagesgerichte. Jugendlich-dynamische Bewirtung in angenehmer Atmosphäre. Mi Ruhetag. Via del Pozzo della Mensa 11b, ☎ 075-8155236.

Da Cecco 🔢 serviert eine typische und sehr schmackhafte Küche. Spezialität: *Faraona alla cecco* (Perlhuhn in Weißwein) und ausgezeichnete Cannelloni. Mi Ruhetag. Piazza S. Pietro 8, ☎ 075-812437.

Piadina Biologica 🔢, eine Adresse für Vegetarier und biologisches Fladenbrot in allen Varianten. „Gemütliches Lädchen mit ein paar Sitzplätzen, offener Wein im Ausschank, umfangreiche Auswahl an Piadine, liebevoll zubereitet und lecker, zudem auch günstig", schreibt eine Leserin. Via Giotto 3, ☎ 075-8155210.

Die besten **Pasticcerie** findet man in der Via Portica: Mandelkrokantteilchen, Früchtebrot und *Brustengolo*, eine Kuchenspezialität Assisis vom Blech, bestehend aus Maismehl, Honig und Rosinen. Die Preise beziehen sich in der Regel auf ein Etto, also 100 Gramm.

Umgebung von Assisi

Einsiedelei Eremo delle Carceri

Ein Kleinod in idyllischer Lage – 3,5 km von Assisi in einem Bergeinschnitt, inmitten von Grün und Eichenwäldern. Ursprünglich war die verschachtelt gebaute Eremitage für zwölf Fratres angelegt, heute leben noch einige Franziskaner und Klarissinnen das ganze Jahr über hier. Im Garten steht der „Vogelbaum" – eine uralte, morsch gewordene Steineiche, die an die Predigt des Heiligen zu den Vögeln erinnert. Und tatsächlich hat sich in der Eremitage eine Kolonie weißer Tauben angesiedelt.

Autofahrer gelangen von Assisi aus bequem über ein asphaltiertes Sträßchen zum Eremo hoch. Der *Aufstieg zu Fuß* (ca. 300 Höhenmeter!) erfolgt von der Piazza Matteotti über die Via Eremo delle Carceri durch die Porta Cappuccini. Direkt nach dem Tor scharf links abbiegen und dann stets den Berg hoch gehen. Die erste Weghälfte ist anstrengend, steil und steinig. Hat man die Höhe einmal erreicht, wird die Wanderung genussvoller. Mit guter Kondition ist das Eremo in einer Stunde erreicht. Der Wald ums Eremo bietet weitere schöne Wandermöglichkeiten – hier liegen viele Grotten versteckt, einst Behausungen von Einsiedlern.

■ Sommer tägl. 6.30–19 Uhr, im Winter tägl. 6.30–18 Uhr.

San Damiano

Die etwas unterhalb von Assisi gelegene Kirche spielt in den Biographien der Heiligen von Assisi – Franziskus und Klara – eine große Rolle und ist deshalb Ziel zahlreicher Pilger. Christus soll hier Franziskus vom Kreuz aus aufgefordert haben, die Kirche wieder auf den rechten Weg zurückzuführen. San Damiano war aber vor allem das Zentrum von Klara und ihrer Anhängerinnen; die Heilige, die über 40 Jahre hier gelebt haben soll, starb 1253.

Ein kurzer Rundgang führt zur *Capella del Crocifisso*, wo eine Kopie des legendären Kreuzes zu sehen ist (das Original hängt in der Basilika Santa Chiara), zum *Oratorium Santa Chiara* und zu einem kleinen *Kreuzgang*. Wer mehr an Kunstgeschichte als an katholischer Legendenbildung interessiert ist, kommt vielleicht im Kellergewölbe auf seine Kosten. Die spätmittelalterlichen Fresken dort sind restauriert.

■ Sommer tägl. 6.15–12 und 14–19.45 Uhr, Vesper 19 Uhr; im Winter tägl. 6.15–12 und 14–17.45 Uhr, Vesper 17 Uhr.

Santa Maria degli Angeli

Ein monumentales Bauwerk, halb Renaissance, halb Barock, erhebt sich wuchtig in der Talebene. Die **Basilica**

Santa Maria degli Angeli dominiert den nach ihr benannten Ort S. Maria degli Angeli (administrativ ein Ortsteil von Assisi und übrigens Partnerstadt von Los Angeles). 1569 wurde der Bau begonnen und erst 100 Jahre später fertiggestellt. Was man heute besichtigt, stammt zum größten Teil aus der Zeit des Wiederaufbaus, nachdem ein Erdbeben 1832 großen Schaden anrichtete. Im Inneren des mächtigen Hallenbaus steht das bunt bemalte Kapellchen *Porziuncola* („Portiönchen"). Das Heiligtum wurde der Legende nach im 4. Jahrhundert von vier heimgekehrten Jerusalem-Pilgern erbaut. Später war es ein beliebter Aufenthaltsort des heiligen Franz.

Um die Kapelle entstanden, damals noch von Wald umgeben, die ersten Klosterzellen des neu gegründeten Franziskanerordens. Erst später wurde die Basilika um die Kapelle erbaut. Ein Rundgang führt zum Rosengarten im Innenhof des Klosters, wo sich Franz in den Dornen gewälzt haben soll, und zur Rosenkapelle: Fresken in leichten Farben und – durch die Ritzung der Umrisse – mit sehr plastischer Wirkung.

- Tägl. 6.15–12.30 und 14.30–19.30 Uhr.

Hotels ** **Moderno**, in Bahnhofsnähe. Die Architektur zeigt nicht den geringsten Charme, doch das Haus hat freundliches Personal und geräumige Zimmer. DZ mit Dusche/WC 65–75 €. Via G. Carducci 37, Fraz. S. Maria degli Angeli, Assisi, ☏ 075-8040410, www.hotelmoderno-assisi.com.

* **Da Elide**, nahe der Basilika. Bescheidene DZ für 55–70 €, die billigeren ohne Dusche. Via Patrono d'Italia 48, Fraz. S. Maria degli Angeli, Assisi, ☏ 075-8040221, www.assisihoteldaelide.com.

Restaurants **Da Elide**, im gleichnamigen Hotel (s. o.). Sehr beliebtes Restaurant, hervorragende Salate; versuchen Sie z. B. den Klostersalat mit geräuchertem Lachs, Orangen, Fenchel und rosa Pfeffer oder Rinderfleischstreifen mit Rucola und Aceto balsamico. Mo Ruhetag. ☏ 075-8040867.

La Basilica, bei der Basilika; regionale Küche, die auf saisonales Gemüse Wert legt. Freundlich und preiswert. Di Ruhetag. Via Protomartiri Francescani 11-13, ☏ 075-8044491.

> ### Regionalpark Monte Subásio
> Östlich von Assisi erstreckt sich der *Parco Regionale del Monte Subásio*, ein wunderbares Wandergebiet.
>
> Lesertipp: Assisi im Osten durch die Porta Cappuccini verlassen und auf dem Wanderweg Nr. 50 Richtung Eremo delle Carceri gehen, noch vor diesem führt Weg Nr. 53 über das Rifugio Stazzi auf den *Colle San Rufino* (1110 m) mit herrlichem Ausblick und weiter über das Rifugio Vallonica hinauf auf den *Monte Subásio* (1290 m), von dem man bei schönem Wetter bis zu den Abruzzen sieht, und zur wunderschönen Doline *Mortaro Grande* (1197 m). Ebenfalls auf den Monte Subásio und zur Doline gelangt man auf dem Wanderweg Nr. 60 vom Eremo delle Carceri aus (über Sassopiano).
>
> Die Wege sind oft steil, aber stets hervorragend markiert, die Flora ist reich und die Aussichtspunkte sind ganz einfach phänomenal.
>
> **Wanderkarte:** Parco del Monte Subásio, 1:25.000, erhältl. in jedem Buchladen in Assisi.

Spello

Das Städtchen, aus demselben hellen Stein des Monte Subásio gebaut wie Assisi, ist alten umbrischen Ursprungs. Die Römer unterhielten in Spello eine kleine Kolonie (Hispellum), deren Stadtmauer fast vollständig erhalten ist.

Im Mittelalter war Spello wie die meisten Orte Umbriens in die päpstlich-kaiserlichen Auseinandersetzungen verwickelt. Das 15. und fast das ganze 16. Jahrhundert hindurch war es das peruginische Geschlecht der *Baglioni* (→ Perugia, Stadtgeschichte), das die Geschicke der Stadt bestimmte. Aus dieser Zeit stammt auch die einzige nennenswerte kunsthistorische Sehenswürdigkeit Spellos, die von *Pinturicchio* ausgestaltete *Baglioni-Kapelle* in der Kirche *Santa Maria Maggiore*.

In den letzten Jahren hat sich Spello herausgeputzt, Vinotheken und Souvenirläden haben Einzug gehalten, offensichtlich profitiert man vom nahen Assisi-Tourismus.

Altstadt: Auch wenn Spello keine kunsthistorische Schatztruhe ist – der Besucher wird nicht enttäuscht sein. Einige überaus malerische mittelalterliche Treppengassen (im oberen Stadtteil) demonstrieren wie nirgendwo sonst in Umbrien ihre Funktionalität: breite, altertümliche Wasserrinnen beidseitig des Wegs erfüllen bei Regen die Aufgabe eines modernen Kanals.

Vorschlag für einen Stadtspaziergang: Das Centro storico durch die römische *Porta Consolare* betreten und die Hauptgasse (Via S. Angelo, Via Cavour) zur Piazza Matteotti hochgehen. Von dort führt die Straße zur Piazza della Repubblica, deren moderne Gebäude ganz und gar nicht ins sonst mittelalterliche Bild passen. Vom oberen Ende des Platzes gelangt man über die Via dell'Ospedale hinunter zur eindrucksvollen *Porta Venere* aus römischer Zeit, flankiert

Porta Venere

von zwei mächtigen, zwölfeckigen Türmen. Knapp oberhalb der Piazza della Repubblica führt links die Via Catena (die namensgebende Kette hängt am Gemäuer) zum *Palazzo delle Catene* aus dem 17. Jahrhundert mit einer beachtenswerten Loggia. Die exklusive Adresse gehört zum städtischen Rathaus. Am oberen Ende des steilen Pflasterwegs, an der Piazza dei Cappuccini, steht die kleine *Porta dell'Arce*, Überreste eines weiteren römischen Stadttors. Von hier genießt man einen einzigartigen Ausblick auf die Spoleto-Ebene und bis nach Assisi und Santa Maria degli Angeli.

Kirche Santa Maria Maggiore: Die Kirche mit dem dekorativen, holzgeschnitzten Portal beherbergt die berühmte *Baglioni-Kapelle*, die komplett mit Fresken von Pinturicchio, einem Zeitgenossen und zeitweiligen Mitarbeiter Peruginos, ausgeschmückt ist. Um sich die Fresken anzusehen, muss man allerdings erst für die Beleuchtung zahlen: links eine „Verkündigung", rechts der „Streit der Doktoren" um die richtige christliche Lehre; die akademischen Streithähne haben einander die Bücher, die am Boden liegen, um die Ohren geschlagen. Eine weitere Sehenswürdigkeit sind zwei Fresken von Perugino beiderseits des Altartempels, links eine in Trauer gealterte Pietà mit Johannes dem Evangelisten und Magdalena, rechts Maria mit Kind, begleitet von einer Heiligen, behütet von zwei geflügelten Putten.

Kirche Sant' Andrea: Sie verwahrt ein weiteres Pinturicchio-Gemälde: „Madonna mit Heiligen". Der Knabe mit dem roten Umhang, der sich zum Schreiben auf dem Sockel des Madonnenthrons niedergelassen hat, ist Johannes der Täufer. Ins Gewand des heiligen Lorenz sind zwei Bilder eingelassen, unten sein Martyrium, oben die Auferstehung Christi. Eine weitere

Madonnendarstellung befindet sich in einer Nische der rechten Kirchenwand, ein Fresko aus dem 13. Jahrhundert, das mit den Mauern einer früheren Kirche freigelegt wurde.

Pinakothek: Die Gemäldesammlung an der Piazza Matteotti besteht vorrangig aus Fresken der umbrischen Schule (15. Jh.) sowie sakralen Bildern aus den Kirchen Santa Maria Maggiore und Santa Maria in Paterno. Einige der Gemälde sind restauriert, andere warten noch auf einen Sponsor. Beachtung verdient eine Madonna mit Kind von *Marco Antonio Grecchi* (17. Jh.): Im unteren Teil präsentieren zwei Personen ein Modell der Stadt Spello.

▪ April–Sept. Di–So 10.30–13 und 15–18.30 Uhr; Okt./Nov. und Jan.–März Fr–So 10.30–12.30 und 15–17 Uhr; Dez. Di–So 10–12.30 und 15–17 Uhr. Eintritt 3 €.

Villa dei Mosaici: außerhalb der Stadtmauern, nahe der Porta Consolare. Bei den Aushubarbeiten für einen Neubau wurden 2005 die Arbeiter stutzig: Sie stießen auf Mauern. Die herbeigerufenen Archäologen gruben vorsichtig weiter und entdeckten einen wunderschönen Mosaikboden, der Löwen, Menschen, Gazellen und anderes mehr zeigt. Man war auf ein stattliches Haus aus römischer Zeit gestoßen. Nachdem der aufregende Fund jahrelang provisorisch überdacht war, eröffnete 2018 ein professionell konzipiertes Museum. Im Zentrum steht der große Mosaikboden, rund um ihn Informationstafeln (Italienisch/Englisch) und interaktive Bildschirme. Ein kurzes Video rekonstruiert, wie die römische Villa – von innen wie von außen – ausgesehen haben muss.

▪ Jan./Febr. und Nov. Sa/So 10.30–13 und 14–17 Uhr; März, Okt., Dez. Di–So 10.30–13 und 14–17 Uhr; April–Sept. Di–So 10.30–13 und 15–18.30 Uhr. Eintritt 6 €.

Basis-Infos

Postleitzahl 06038

Information Pro Spello, Piazza Giacomo Matteotti 3. Tägl. 9.30–12.30 und 16–18 Uhr, im Winter 15.30–17.30 Uhr. ✆ 0742-301009, www.prospello.it.

Einkaufen Vinosofia, im Centro storico. Die freundliche „Enoteca letteraria", 2011 von einem jungen Paar eröffnet, zeigt sich in sehr elegantem Design. In der Hauptsache sind umbrische Weine im Angebot, daneben lokales Bier, Salami und Käse – die literarische Abteilung beschränkt sich auf ein paar exquisite Kochbücher. Via Maddalena 1a.

19 – Dieci Nove, Mikrobrauereien sind in Umbrien noch rar, haben aber Zukunft. Seit 2015 produziert „19" im Centro storico drei Biersorten, insgesamt 150 Hektoliter jährlich. Probiert werden können die Biere bei einem Snack im 2018 eröffneten Lokal gegenüber – auch dieses hat Mikrodimensionen. Via S. Angelo 12.

Enoteca Properzio (in einem alten Stadtpalast). „L'arte di bere un buon bicchiere" ist der Wahlspruch von Roberto Angelini, des umtriebigen Chefs, der daneben gleich noch ein Restaurant (s. u.) und eine „Enonorcineria" (Wein und Wurst) führt. Rund 2200 Etiketten – vorzugsweise aus der unmittelbaren Umgebung: Roter aus Assisi und kostbare Montefalco-Weine. Gute Beratung und Gratis-Degustation, zu der Häppchen gereicht werden. Daneben auch Verkauf des hochwertigen Cipollini-Olivenöls aus biologischem Anbau zwischen Foligno und Spello, laut einem italienischen Gastrojournalisten der „Rolls Royce der Olivenöle". Di geschlossen. Piazza Matteotti 10.

Feste Infiorate di Spello, prachtvolles Stadtfest am Wochenende nach Fronleichnam. Die Tradition stammt aus Bolsena und ist in einigen umbrischen Städten bekannt, die Infiorate von Spello genießen einen besonders guten Ruf: Farbenprächtige Blumenbilder im Centro storico, zu denen nur Blüten und Kräuter verwendet werden. Beeindruckend.

Märkte Wochenmarkt am Samstagvormittag auf der Piazza Matteotti.

Kleiner **Trödelmarkt** am 4. Samstag im Monat auf der Piazza Kennedy (bei der Porta Consolare). Ganz nett.

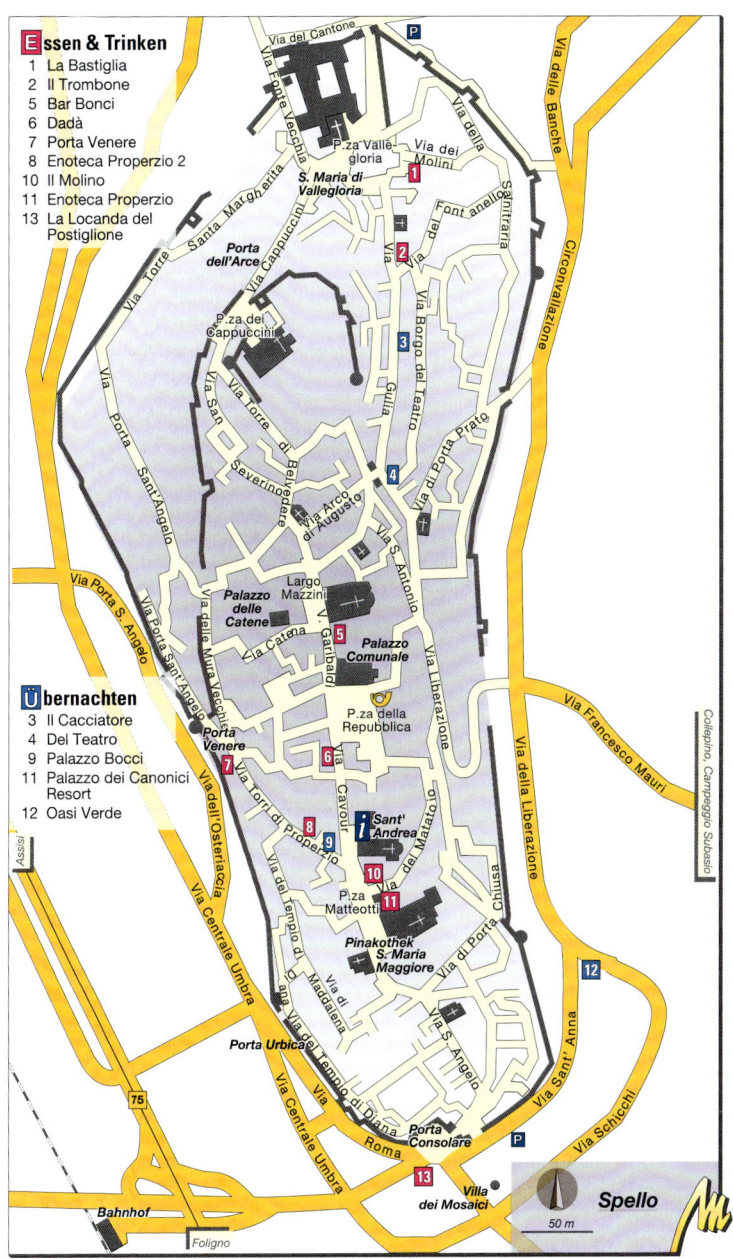

Übernachten/Essen → Karte S. 129

Hotels **** **Palazzo Bocci** 9, der Besitzer des Edellokals „Il Molino" (s. u.) gegenüber hat dem Palazzo Bocci (18. Jh.) eine Totalrenovierung verpasst und sich dabei nicht lumpen lassen. Geräumige und geschmackvoll eingerichtete Zimmer. Zur Ausstattung gehören nicht nur Klimaanlage, Minibar und Haartrockner, sondern auch ein Safe, in dem Sie Ihre Juwelen verstecken können. Alles gediegen, die Diener in Livrée. Traumhafte Dachterrasse in der 1. Etage. DZ inkl. Frühstück 130–160 €. Via Cavour 17, ✆ 0742-301021, www.palazzobocci.com.

*** **Del Teatro** 4, gepflegte Herberge mit 11 Zimmern. DZ 85–95 €. Geöffnet April–Okt. Via Giulia 24, ✆ 0742-301140, www.hoteldelteatro.it.

*** **Il Cacciatore** 3, im selben Besitz wie das Teatro. Große, komfortable Zimmer und nach hinten eine Frühstücksterrasse mit Blick aufs Tal. DZ 85–95 €. Via Giulia 42, ✆ 0742-301603, www.ilcacciatorehotel.com.

** **Oasi Verde** (mit *-Dipendenza) 12, 300 m außerhalb des Centro storico gelegen, Straße in Richtung Collepino, dann in der zweiten Kurve rechts abzweigen. Das frühere „Prato Paolucci" hat den Namen gewechselt, sonst bleibt alles wie bisher: Helle, nüchterne Komfortzimmer zu vernünftigen Preisen. Großer Parkplatz. Ob 2 Sterne im Hauptgebäude oder 1 Stern im motelähnlichen Nebengebäude, die Zimmerpreise sind gleich. In beiden kann man im Sommer den Stuhl vor die Tür stellen und sich bräunen lassen, ansonsten ohne jeden Charme. Großer Parkplatz. DZ 60 € inkl. Frühstück, von letzterem sollte man nicht zuviel erwarten. Via Brodolini 4, ✆ 333-2410618, www.hoteloasiverdespello.net.

Appartements Palazzo dei Canonici Resort 11, die rührige Enoteca Properzio bietet neben ihren guten Weinen auch Appartements für 2 Pers. an, zwei direkt über der Enoteca 2 (sehr schön eingerichtet), fünf weitere in der Nähe. 95–150 €/2 Pers. Piazza G. Matteotti 8/10, ✆ 0742-301521, www.palazzodeicanonici.com.

Camping ** **Subasio**, ca. 8 km außerhalb, erst in Richtung Collepino, dann links der Beschilderung folgen. 100 schattige Stellplätze (nicht für Wohnmobile!). Heißdusche, Bar, Grillplatz. Geöffnet Mitte Mai bis Mitte Sept. Loc. Sportella, ✆ 075-8010655.

Wohnmobile finden an der Hauptstraße unterhalb des Centro storico einen Stellplatz. Entsorgung und Wasser.

Restaurants La Bastiglia 1, im gleichnamigen 4-Sterne-Hotel beim Klarissinnenkloster Vallegloria. Nach Meinung von Einheimischen, der sich auch Leser anschließen, Spellos beste Küche. Junges, kreatives Team. Große Palette an umbrischen Spezialitäten, aber auch ein 4-gängiges Fischmenü sowie ein vegetarisches Menü, auch dieses 4-gängig. Im Sommer Außenbetischung – in jeden Tisch ist eine Keramik-platte eingelassen, z. T. mit Darstellungen historischer Gebäude von Spello. Reservierung angebracht. Mi Ruhetag, Do mittags geschlossen. Via Salnitraria 17, ✆ 0742-651277.

Il Molino 10, teures umbrisches Spezialitätenrestaurant. Di Ruhetag. Piazza Matteotti 6/7, ✆ 0742-651305.

Palazzo delle Catene

Il Trombone 2, im oberen Ortsteil. Für den etwas schmaleren Geldbeutel eine Alternative zu den vorgenannten. Auch Pizza. Sehr schöne Aussichtsterrasse. Mi Ruhetag. Via Fontanella 1, ✆ 0742-651069.

Porta Venere 7, knapp vor der schönen Porta mit den markanten Türmen. Umbrische Küche durch und durch, als Pasta kommen Strangozzi in allen Variationen auf den Tisch. Absolut ruhige Lage und wunderschöne Panoramaterrasse. Do Ruhetag. Via Torri di Properzio, ✆ 0742-301896.

Mein Tipp **Dadà 6**, kleines Lokal im Centro storico, in dem man sich schnell wie zuhause fühlt. Regionale Küche, mit viel Freundlichkeit serviert. Preisgünstiger Mittagstisch. Leider keine Außenbetischung. So abends geschlossen. Via Cavour 47, ✆ 0742-301327.

La Locanda del Postiglione 13, macht von außen nicht viel her, ist aber ganz korrekt. Klassische italienische Küche, Florentiner Steak, viel Getrüffeltes, gekochtes und gegrilltes Gemüse der Saison. Di Ruhetag. Via Roma 5, ✆ 334-3016876.

Enoteca Properzio 11, kleine Gerichte zu großem Weinangebot. Sehr schöner Innenhof! Piazza Matteotti 8, ✆ 0742-301521. Nach Voranmeldung können Gruppen auch nach der **Enoteca Properzio 2** (Via Torri di Properzio 8a) **8** fragen und dort speisen. Italiens möglicherweise älteste Enoteca wurde mit viel Sinn für Design umgestaltet. Drei tropfenförmige Leuchter geben durch den Speisetisch hindurch einen Blick in den Untergrund von Spello frei, im Vorraum sind drei Tische mit iPads ausgestattet, und hinter der Spiegeltür verbirgt sich eine vergoldete Toilette.

Bar/Gelateria Bonci 5, wunderschöne, einladend große Terrasse mit viel Schatten unter Bäumen – und dies mitten in der Altstadt. Largo Mazzini.

Umgebung von Spello

Terme Francescane: Franziskus war nie hier, aber als Namenspatron ist er allemal gut genug. Der kleine Thermalkomplex mitten in der Talebene ist um eine 37 Grad warme Quelle entstanden, die leicht schwefliges Wasser liefert. Neben Kassenpatienten, die sich an Inhalationsapparate setzen, kommen zunehmend auch gesunde Menschen hierher, die eine Fangotherapie buchen, im Innenbecken schwimmen, das Hamam oder die Sauna aufsuchen oder was sonst noch dem Körper Wohlgefühl beschert. Die drei Außenbecken – das kleinste direkt unter dem warmen Wasserstrahl – sind nur im Sommer geöffnet. Der kleine Kurpark, der zum Entspannen oder Lustwandeln gedacht ist, enttäuscht eher; wichtiger war der Leitung der Therme offensichtlich ein ausreichendes Angebot an Parkplätzen.

Anfahrt Ca. 6 km von Spello entfernt. In der Talebene erst in Richtung Assisi, dann in der Nähe des Örtchens Cannara nach den spärlichen Hinweisschildern Ausschau halten.

Hotel *** **Terme Francescane**, die meisten Besucher der Therme sind Tagesgäste. Das Hotel verfügt über nur 8 Zimmer, alle sehr komfortabel eingerichtet (Minibar) und zu leicht überdurchschnittlichen Preisen. DZ 100–140 €. Via delle Acque, 06038 Spello, ✆ 0742-301186, www.termefrancescane.com.

Collepino: ca. 6 km von Spello, am Rand des Regionalparks Monte Subásio. Die Häuser des schmucken mittelalterlichen Kastells sind durchgehend aus demselben hellen Stein wie die von Assisi und Spello gebaut. Der Ortsspaziergang führt irgendwann unweigerlich zur „Piazzetta", wo dann der Cappuccino fällig ist.

Collepino ist ein idealer Ausgangspunkt für Wanderungen im Subásio-Park (→ Umgebung von Assisi, Kastentext „Regionalpark Monte Subásio"), z. B. zum Gipfel des von Almwiesen umgebenen *Monte Subásio* (1290 m) oder zum *Eremo delle Carceri* (→ Umgebung von Assisi). Die Wege sind gut ausgeschildert.

Foligno

Neben Nocera Umbra war Foligno das zweite große Opfer der Erdbebenkatastrophe von 1997. Doch wurde in der geschäftigen Stadt schnell repariert und wiederaufgebaut; man kann sich kaum mehr vorstellen, dass der Turm der Kathedrale damals auf die Piazza della Repubblica hinunterdonnerte.

Foligno hat die mittelalterliche Ummauerung längst gesprengt und breitet sich nach allen Seiten in die Ebene aus – eine blühende Kleinstadt. Wer nach den großen Touristenorten Perugia und Assisi und den schmucken Mittelalterstädtchen Umbriens einfach mal wieder in den italienischen Alltag eintauchen will: Shopping ohne Souvenir-Schnickschnack, dafür Abgasgestank, lärmende Schülergruppen ... Einen Besuch lohnt auf jeden Fall der *Palazzo Trinci* und sein hervorragendes Museum (siehe unten). Weitere Sehenswürdigkeiten wie ein Perugino-Gemälde und ein Zentrum für moderne Kunst sind infolge der restriktiven Öffnungszeiten praktisch inexistent. Vielleicht macht man an der zentralen Piazza della Repubblica Halt, lässt den Blick über die eigenartige Fassade der *Kathedrale San Feliciano* wandern oder stört sich am *Palazzo Comunale* aus dem 15. Jahrhundert, den die Architekten nicht in Ruhe ließen, bis er im 19. Jahrhundert seine klassizistische Gestalt bekam. Hie und da entdeckt man beim Streifzug durch das Centro storico bröckelnde Fassaden von Palazzi, die bessere Zeiten gesehen haben. Doch mischt sich auch Moderneres ins Stadtbild wie die *Piazza Don Minzoni* aus dem Jahr 2009 mit einem abstrakten Monument für den „Sieg des Friedens" sowie drei ganz und gar nicht abstrakten Schildkröten.

Von Folignos Hektik kann man sich in den *Parco dei Canapè* zurückziehen – eine Grünanlage mit Bäumen und Bänken innerhalb der Stadtmauer im Südwesten. Zwar ist auch hier noch der Verkehrslärm zu hören, aber immerhin riskiert man nicht, überfahren zu werden. Die „Kanapees", die dem Park den Namen gaben, stammen aus dem 18. Jahrhundert und sind nicht sehr komfortabel: in Stein gehauene Sitze, mit römischen Ziffern durchnummeriert.

Museo della Città: Das Museum im *Palazzo Trinci* an der Kopfseite der Piazza della Repubblica ist unbedingt einen Besuch wert. Die über drei Stockwerke verteilte Sammlung umfasst drei Abteilungen: die Pinakothek, zu der auch die Fresken des Palazzo gehören, das Archäologische Museum sowie eine Ausstellung der Geschichte des Hauses und der Trinci-Familie.

Pinakothek: Von den zahlreichen an Kirchen in Foligno und der Umgebung abgenommenen Fresken und den Altarbildern sind die bedeutendsten *Bartolomeo di Tommasos* „Martyrium der heiligen Barbara" (die Heilige wird kräftig an den Haaren gezogen) sowie ein „verkündender Engel", der *Benozzo Gozzoli* zugeschrieben wird. Spektakulärer in der Darstellung sind die Fresken der Loggia, die von der Gründung Roms und der Geburt der Zwillinge Romulus und Remus erzählen, teilweise sind nur noch die Sinopien (Skizzierungen der Umrisse eines Freskos, bevor dieses ausgeführt wird) erhalten, doch dies tut den Szenen keinen Abbruch.

Von der Loggia führt ein Treppchen zur *Trinci-Kapelle*, die mit ihrem reichen Freskenschmuck die Bibelkenntnis des Besuchers auf die Probe stellt. Gleich neben der Loggia schließt der von einem anonymen Meister ausgestaltete *Saal der freien Künste und Planeten* an. Im linken Teil verliert sich der Blick in den allegorischen Darstellungen der Grammatik, der Dialektik (sie strickt mit Schlangen!), der Musik und Geometrie, der Philosophie, Astronomie, Arithmetik und der Rhetorik. Ein Informationsblatt auf Italienisch hilft dem Betrachter, sich zurechtzufinden. Den weitaus größeren Teil des Saals beanspruchen die gewaltigen Fresken, die den Planeten gewidmet sind: Der Mondwagen wird von zwei weißen, der Sonnenwagen gegenüber von vier roten Pferden gezogen, neben Mars steht mit geflügelten Stiefeln Merkur; Jupiter, Venus und Saturn sind nur noch teilweise oder gar nicht mehr erhalten.

Archäologisches Museum: Die Sammlung von Epigraphen, Grabstelen und Büsten gehört zu den ältesten Italiens und befindet sich größtenteils bereits seit dem 16. Jahrhundert im Palazzo Trinci. Zu den Schmuckstücken gehört ein Relief mit einer ausdrucksstarken Darstellung eines Wagenrennens im Circus Maximus von Rom: Die Wagenlenker versuchen sich gegenseitig ab- und zum vordersten Platz durchzudrängeln, auf der Tribüne feuern die Zuschauer an; das Relief ist Teil eines Sarkophags aus dem 3. Jahrhundert n. Chr. Weitere Illustrationen des römischen Zirkuslebens findet man auf dem Sarkophag daneben.

Geschichte der Familie Trinci: Sie ist in den unteren Geschossen des Palazzo dokumentiert. Zahlreiche Manuskripte belegen die Macht der Familie, die in Foligno von 1305 bis zum Sieg der Päpstlichen 1439 das Sagen hatte. Ein Inventar listet die Schätze minutiös auf, die dem Vatikan 1439 in die Hände fielen. Fortan diente der Trinci-Palast dem apostolischen Statthalter als Regierungssitz, bis 1860 die Einigung Italiens dem Kirchenstaat ein Ende bereitete.

Foligno, der Dom

Eine Sonderrolle im „Museo della Città" nimmt die *Sala Giuseppe Piermarini* ein. Sie ist dem aus Foligno stammenden Mathematiker Giuseppe Piermarini (1734–1808) gewidmet, der als königlicher Architekt in Milano Karriere machte. Seine Gipsbüste im Saal bewacht ein Holzmodell seines berühmtesten Werks: die Mailänder Scala. Ein weiteres Modell zeigt das Innere des renommierten Opernhauses – spiegelblankes Parkett und sechsstöckige Logen.

- Di–So 10–13 und 15–19 Uhr. Eintritt 6 €.

Kirche San Paolo: Wer an moderner Architektur interessiert ist, macht einen kleinen Abstecher in den Südwesten der Stadt. Dort findet sich in der Nähe des Krankenhauses die 2009 eingeweihte Kirche San Paolo. Ein großer Betonwürfel auf einem Parkplatz und eine Stele davor. Das in ihr eingelassene Kreuz lässt auf einen modernen Campanile schließen, also muss der abweisende, fensterlose Betonklotz die Kirche sein. Wer sie betritt, wird von einer Helligkeit überrascht, die durch das fahle Holz der Bänke noch unterstrichen wird. Das Oberlicht fällt durch eine ausgeklügelte Architektur ein, Verstrebungen zwischen Betonmauern im Inneren und der Außenmauer bilden ausreichend Lücken, ohne dass man ein Fenster sähe. Dem Würfel ist ein Quader angehängt, eine Seitenkapelle. Die ungewöhnliche Kirchenarchitektur ist ein Werk von *Massimiliano Fuksas*, einem der renommiertesten Architekten Italiens.

Postleitzahl 06034

Information IAT-Büro, Corso Cavour 126, bei der Porta Romana. Mo–Sa 9–13 und 15–19, So 9–13 Uhr. Freundliches und kompetentes Personal. ☏ 0742-354459, www.comune. foligno.pg.it/pagina/servizio-turismo.

Hin und weg Bahn: Foligno liegt an der Strecke Rom–Ascona, problemlose Verbindung auch nach Perugia.

Parken Im Centro storico versucht man's am besten gar nicht erst. Parkmöglichkeiten (meist gebührenpflichtig) finden sich außerhalb der Stadtmauer, nördlich des Bahnhofs und westlich des Canapé-Parks.

Markt Dienstag und Samstag an der Via N. Sauro (beim Abzweig nach Montefalco).

Hotels ★★★ **Le Mura** **2**, an der nördlichen Stadtmauer zum Topino-Bach. Familiär geführter Betrieb. Nicht moderne, aber geräumige und geschmackvoll eingerichtete Zimmer. Einladender Aufenthalts- und Leseraum, nach hinten ein kleiner Innenhof mit drei Tischen. Mit Restaurant. DZ 60–95 €. Via Bolletta 27, ☏ 0742-357344, www.albergolemura.com.

★★★ **Italia** **5**, hinter dem Palazzo Comunale, zentral gelegen und doch ruhig. Komplett renovierte 30 Komfortzimmer unterschiedlicher Größe und 7 Suiten. Restaurant angeschlossen. DZ 60–90 €. Piazza Matteotti 12, ☏ 0742-350412, www.hotelitaliafoligno.com.

★★★ **City Hotel** **3**, moderner Bau im Nordwesten der Stadt, bei Einheimischen noch unter seinem alten Namen „Holiday Inn" bekannt. Oft von Reisegruppen aufgesucht, weil hier mit 88 Zimmern genügend Kapazitäten sind und Busse problemlos parken können. Den mangelnden Charme machen die geräumigen, komfortablen, modern eingerichteten Zimmer (auch Raucherzimmer vorhanden) wett, in denen man sogar einen Wasserkocher findet. Auch die bequeme Lounge mit Barbetrieb ist ein Plus. Keine Parkprobleme, und was man von solchen Hotelbauten eher nicht erwartet: Fahrradverleih für Gäste (4 €/Tag)! DZ 50–90 € €, Suite teurer. Via Massimo Arcamone 16, ☏ 0742-321666, www.cityhotelfoligno.com.

★ **Bolognese** **6**, in einer Nebengasse des zentralen Corso Cavour. Ruhige Lage. DZ mit Bad 50–65 €. Via Istituto Denti 6, ☏ 0742-352350, www.hotelbolognese.org.

meinTipp Restaurant Cucinaa **1**, im Nordwesten der Stadt. Im Untertitel nennt sich die einmalige Örtlichkeit „Progetto gastronimco", das trifft die Sache gut. Der Gast kann sich ein Menü oder auch eine Vorspeisenplatte (3, 5 oder 7 Vorspeisen) zusammenstellen oder sich zum Rotwein Käse und Wurst aussuchen. Qualität wird groß, Preise werden klein geschrieben, das Preis-Leistungs-Verhältnis ist also hervorragend. Am besten, man spaziert durch das großzügig gestaltete, helle Interieur und lässt sich inspirieren. Gegessen wird drinnen wie draußen. Die Cucinaa lädt zum Frühstück, Mittag- oder Abendessen ein. Und wer hinterher noch ein hausgemachtes Eis will:

Übernachten
2 Le Mura
3 City Hotel
5 Italia
6 Bolognese

Essen & Trinken
1 Cucinaa
4 Caffè della Piazza

Foligno Zentrum
200 m

Gleich nebenan ist die Gelateria „Amandola". Nebenbei kann man in der Cucinaa auch Qualitätsprodukte einkaufen: Teigwaren, Käse, Wurst, Salate, Grappa und unzählige Weine … So Ruhetag. Viale Firenze 138 A, ☏ 0742-22035.

Snacks & Süßes Antico Caffè della Piazza 4, schräg gegenüber dem Palazzo Comunale. Mit seiner bis ins Jahr 1762 zurückreichenden Tradition ist das Antico Caffè schon fast eine Institution in Foligno. Dolce aller Arten und Farben, Marmeladen, Honig, lokale Weine und Liköre gehen über den Ladentisch. Man kann aber auch einfach einen Caffè bestellen, dazu ein Dolce aussuchen und sich an eines der Tischchen setzen und süchtig werden. Sehr angenehmes Ambiente. Piazza della Repubblica 34.

Umgebung von Foligno

Abtei von Sassovivo: ca. 5 km von Foligno entfernt. Die vermutlich von Benediktinern im 11. Jahrhundert gegründete Abtei steht abgeschieden auf einer Anhöhe in einer grünen, hügeligen Landschaft. Ihr Schmuckstück ist der wunderschöne Kreuzgang aus dem 13. Jahrhundert: doppelte Säulenreihen und inmitten des gepflasterten Innenhofs eine Zisterne.

Seit 1979 sind in Sassovivo die „Kleineren Brüder der Gemeinschaft Jesus Caritas" zuhause, ein auf dem Gedankengut von *Charles de Foucauld* basierender Orden. De Foucauld war als Eremit (und wohl auch als Missionar) in der algerischen Sahara zugange und verfasste nebenbei ein Wörterbuch der Tuareg-Sprache. Er predigte ein bescheidenes Leben, in dem Stille und Gebet einen zentralen Platz einnehmen. Die von ihm angestrebte Ordensgründung erlebte er nicht mehr, er wurde 1916 von Aufständischen erschossen. Wenn Sie eine spirituelle Woche bei den „Kleineren Brüdern" verbringen möchten, ist Ihnen ihre

Gastfreundschaft sicher – vorausgesetzt, Sie passen sich den Ordensregeln an: Stille, Gebet, Suche nach Gott.

▪ Von Foligno aus erst in Richtung Macerata, dann ab der Kreuzung mit der Perugia-Rom-Straße der Beschilderung folgen. Tägl. 8.30–19.30 Uhr.

Quelle von Sassovivo (*Sorgente di Sassovivo*): Die Quelle, deren mineralhaltiges Wasser gelegentlich in umbrischen Restaurants auf den Tisch kommt, befindet sich weit unterhalb der Abtei am Ende einer Schlucht. Man erreicht sie über eine Straße, die ca. 2 km vor der Abtei rechts abzweigt (kein Schild), genauer gesagt erreicht man eine Mineralwasserfabrik, die den einzigen Zugang zur Schlucht gesperrt hat.

Eremo Santa Maria Giacobbe: ca. 8 km von Foligno. Die Einsiedelei aus dem 13. Jahrhundert, ein klitzekleiner Komplex mit Glockenturm, ist in den Felsen über dem Ort Pale versteckt. Man erreicht sie vom unteren Ortsausgang von Pale aus: auf einem Pfad am Abhang entlang, dann nach einigen Minuten bei der Weggabelung rechts, von dort über einen atemraubenden Treppen- und Felsenweg hoch. Bei guter Kondition ist man in zwanzig Minuten oben. Elektrischer Anschluss ist vorhanden, aus dem Hahn fließt frisches Wasser, ein WC und auch ein verrosteter Grill stehen zur Verfügung – einzig das mit Fresken ausgestattete Eremo zeigt sich in der Regel verschlossen.

▪ Von Foligno aus ca. 8 km in Richtung Macerata, dann findet man links der Straße Pale, von dort aus ist das Eremo in den Felsen gut sichtbar.

Bevagna

Das Städtchen inmitten der weichen Hügellandschaft nimmt den Besucher gleich für sich ein. Die Piazza Filippo Silvestri ist nach der Piazza del Popolo von Todi vielleicht der harmonischste mittelalterliche Platz Umbriens. Um den Platz gruppieren sich die Kirchen San Domenico, San Michele und San Silvestro sowie der Palazzo dei Consoli mit seiner fotogenen Freitreppe.

Auf Betreiben reicher Bürger wurde in den mittelalterlichen Palazzo, in dem einst das städtische Amtsgericht seinen Geschäften nachging, 1886 das **Teatro Torti** eingebaut, das noch heute bespielt wird: 61 samtbezogene Sitze im Parkett, die Logen auf drei Etagen bieten 126 weitere Plätze, eine kleine Bühne mit einer Darstellung der Quelle von Clitunno auf dem Vorhang – ein Theater wie aus dem Bilderbuch.

Ursprünglich eine frühe umbrische Siedlung, erfuhr Bevagna im 1. Jahrhundert v. Chr. unter den Römern, die den Ort *Mevania* nannten, eine Aufwertung. Aus dieser Zeit sind noch die Mauern des *Teatro Romano* sowie das großartige Mosaik in den ehemaligen **Thermen** zu sehen: Darstellungen von Seetieren, unter anderem Tintenfische und ein großer Hummer. Die Mauern des römischen Theaters sind heute vollkommen ins Stadtbild integriert, allein die halbrunde Form verrät noch die antike Herkunft.

▪ Sowohl das Teatro Torti wie auch die Thermen sind nur im Rahmen einer Führung des Pro-Loco-Büros zu besichtigen, in der Regel einmal vormittags und einmal nachmittags. Gratis, ein Trinkgeld wird nicht verschmäht.

Wer im Mai in der Stadt ist, bekommt Besonderes zu sehen: Hinter den Mauereingängen tun sich große Ateliers auf, in denen mittelalterliche

Blick auf Bevagna

Papierpressen (aus Fabriano), Glasbläseröfen und anderes altes Gerät gewartet und getestet wird – die Vorbereitungen auf den **Mercato delle Gaite** laufen auf vollen Touren. In der zweiten Junihälfte ist es dann soweit. Eine Woche lang lebt in ganz Bevagna das Mittelalter wieder auf. Wer etwas auf sich hält, zeigt sich im nach historischen Vorlagen selbst geschneiderten Kostüm auf dem Marktplatz, wo zwischen mittelalterlichen Handwerksbuden einmal nicht Gemüse, Wurst, Käse und importierte Textilien feilgeboten werden, sondern geflochtene Körbe, getöpferte Weinkrüge und frisch geschöpftes Büttenpapier.

In jüngster Zeit hat sich Bevagna verändert. Amerikaner, Deutsche und betuchte Römer haben den stillen Ort entdeckt. Die Immobilienpreise steigen, ebenso die Preise in den Restaurants, in der zentralen Straße finden sich schicke Boutiquen. Die Romantik der Italianità, wie Fellini sie uns in seinen frühen Filmen vorgeführt hat, weicht zusehends dem Gesetz des schnöden Mammons.

Postleitzahl 06031

Information Pro Loco, an der Piazza S. Silvestri (zentraler Platz). Tägl. 10–12 und 15–17 Uhr. Freundlich und kompetent. ☏ 0742-361667, www.prolocobevagna.it.

Einkaufen Rund 6 km nordwestlich des Orts befindet sich die **Tenuta Castelbuono**, auch als „Cantina Ferrari" bekannt, erkenntlich an einem roten Turm. Unter dem „Carapace", einer modernen Architektur, die wie ein Schildkrötenpanzer in den Weinbergen liegt, werden hervorragende Rotweine (Rosso di Montefalco) degustiert. Allein die elegante Architektur lohnt den Besuch. Anfahrt: Bevagna auf der SP 403 (Richtung Torgiano) verlassen. Am Ortsende von Cantalupo bei der IP-Tankstelle links die Naturstraße hochfahren.

Fest Mercato delle Gaite in der 2. Junihälfte. Hoch lebe das Mittelalter! (mehr dazu s. o.).

Hotels *** Palazzo Brunamonti, an der Hauptstraße im Centro storico. Der in den 1990ern renovierte Palazzo ist die Nobelherberge von Bevagna. Hoher Komfort zwischen Stilmöbeln unter Deckenmalereien. DZ 89–125 €. Corso G. Matteotti 79, ☏ 0742-361932, www.brunamonti.com.

Camping *** Pian di Boccio, in wunderbar einsamer Lage über den Hügeln von Bevagna gelegen. 250 schattige Stellplätze im leicht terrassierten Wald, gepflegte Sanitäranlagen, 3 Swimmingpools (einer für Kinder). Fahrradverleih. Im Sommer Restaurant/Pizzeria. Die freundliche Besitzerfamilie betreibt in der Nähe noch einen Agriturismo. Das hauseigene Olivenöl ist auch auf dem Campingplatz erhältlich. *Anfahrt*: Bevagna über den Viale Roma Richtung Montefalco verlassen, gleich nach der Bachüberquerung rechts weg, dann noch ca. 3 km (ausgeschildert). Geöffnet April–Sept. Voc. Pian di Boccio 10, ℡ 0742-360164, www.piandiboccio.com.

Restaurant Ottavius, unterhalb des zentralen Platzes; umbrische Küche mit hervorragendem Antipasti-Angebot. Hinterher bieten sich als Spezialität des Hauses *gnocchi al sagrantino* (mit dem lokalen Rotwein zubereitete Gnocchi) und Fleischspieße an. Mo Ruhetag. Via del Gonfalone 4B, Haupteingang von der Piazza hinter dem Teatro Torti, Hintereingang von der Gasse, die beim Teatro hinunterführt. ℡ 0742-360555.

Le Mura, im Centro storico. „Urgemütliches Restaurant" (Lesermail) mit Terrasse zur Piazza. Umbrische Spezialitäten mit frischem Gemüse zu moderaten Preisen. Piazza Garibaldi 14A, ℡ 0742-360819.

Oscar, in einer Seitengasse zum Corso. Ein paar Tische draußen, ein paar Tische drinnen, ein paar Tische im Keller. Klassische italienische Küche, gut und preiswert. Auch das Weinangebot (kein offener Ausschank) lässt sich sehen. Wenn es etwas lange dauert, denken Sie an die Slow-Food-Bewegung und lesen Sie in den Kochbüchern von Meisterkoch Graziano Pozzetto, dessen gesammelte Werke in der Gaststube ausliegen. Di Ruhetag. Piazza del Cirone 2, ℡ 334-3452526.

Kleines Juwel – Teatro Torti

Montefalco

Auch wenn der „Falkenberg" kein Adlerhorst ist: Vom 473 m hohen Plateau Montefalcos hat man einen großartigen Blick auf die Ebene zwischen Foligno und Spoleto – zu Recht wird der Ort als „Balkon Umbriens" bezeichnet.

Seit der totalen Zerstörung der Stadt unter *Friedrich II.* im 13. Jahrhundert und dem darauf folgenden Wiederaufbau hat Montefalco viele Herren kennengelernt, erst die weltlichen von Spoleto und Foligno, ab dem 15. Jahrhundert bis zur nationalen Einigung Italiens dann die kirchlichen.

Im belebten Mittelpunkt des fast vollständig mauerumwehrten Städtchens liegt die kreisrunde Piazza del Comune mit dem Palazzo Comunale aus dem 13. Jahrhundert, der im 15. Jahrhundert mit einem Säulenvorbau versehen und später mehrfach umgebaut wurde. Von hier führt die Hauptgeschäftsstraße zur **Porta Sant'Agostino**, dem eindrucksvollsten Stadttor Montefalcos mit einem wuchtigen, zinnenbewehrten Wachturm; das Fresko im Torbogen, eine Madonna mit Kind und Heiligen, verdient es, von den schwarzen Spuren der Abgase gereinigt zu werden.

Auf dem Weg zum Tor steht rechts die **Kirche Sant'Agostino,** ein gotischer Bau mit einigen Fresken der umbrisch-sienesischen Schule (14.–16. Jh.). Eine etwas makabre Besonderheit dieser Kirche sind die ausgestellten Toten. An der rechten Kirchenwand ruhen im Glassarg die prunkvoll gewandeten Skelette zweier Damen, die als *Beata Chiarella* und *Beata Illuminata* verehrt werden. Im Sarg daneben findet man in sitzend-schlafender Haltung und in ein einfaches Pilgergewand gekleidet ein männliches Skelett, der sog. *Beato Pellegrino* („Seliger Pilger"). Ein Informationsblatt erklärt auf Italienisch seine wundersame Geschichte. So soll der unbekannte Mann eine lange Wanderung unternommen haben, um den beiden Damen seine fromme Aufwartung zu machen. Vermutlich hat ihn dann im Gebet eine Herzattacke ereilt – niemand weiß es genau. Jedenfalls wurde er am Morgen tot in der Kirche aufgefunden, exakt in der Haltung, in der er heute zu sehen ist.

Hauptattraktion Montefalcos ist die zum Museum erklärte **Kirche San Francesco**. Der Freskenzyklus in der Apsis, Stationen aus dem Leben des Heiligen Franziskus von *Benozzo Gozzoli*, einem Schüler Fra Angelicos, ist das Prunkstück der Kirche: leuchtende Farben, darunter ein Band mit Franziskanerporträts. Auch die anderen Fresken sind durchwegs gut ausgeleuchtet; ein kleines Informationsblatt führt durch die Themen, so dass auch der Laie nicht allzu ratlos dasteht.

Die *archäologische Sammlung* im Kellergeschoss ist wenig interessant, die *Pinakothek* in der 1. Etage mit ihren sakralen Gemälden (13.–16. Jh.) ist immerhin liebevoll aufbereitet.

▪ April/Mai und Sept./Okt. tägl. 10.30–18 Uhr, Juni-Aug. tägl. 10.30–19 Uhr, Okt.–März Mi–So 10.30–13 und 14.30–17 Uhr. Eintritt 7 €.

An der Umgehungsstraße, im Süden des Orts an der Abzweigung in Richtung Spoleto, steht die **Kirche Santa Chiara**, der Schutzpatronin von Montefalco. Um sie von ihrer berühmten Namensvetterin, Klara von Assisi, zu unterscheiden, wird sie die „Heilige Klara

Piazza del Comune

vom Kreuz" genannt. Das Attribut geht auf eine Vision zurück, der zufolge Christus auf der Suche nach einem geeigneten Ort, wo er sein Kreuz errichten könnte, sich dafür ihr Herz auserkor. Ihr Leichnam ruht heute in einem silbernen Schrein im rechten Querschiff und gilt bei Gläubigen als „inkorruptibel" („unverderblich"), also nicht der Verwesung anheim fallend.

Interessanter als die Kirche aus dem 17. Jahrhundert ist die **Kapelle Santa Croce**, die man vom linken Querschiff aus erreicht. Während der Öffnungszeiten (9.30–11.30 und 15.30–18, im Winter bis 17 Uhr) funktioniert der automatische Türöffner: Die Geduld nicht verlieren und schon gar nicht am Glockenstrang daneben ziehen, sondern dreißig Sekunden warten und die Tür aufstoßen. Die Apsis der Kapelle – Teil der im Jahr 1303 auf Anregung der Heiligen gebauten Vorgängerkirche von Santa Chiara – ist komplett mit Fresken ausgestattet; ein in den Schlitz geworfener Euro setzt die Beleuchtung in Gang. Kunsthistoriker unterscheiden zwei anonyme Maler, die sie der Einfachheit halber *Erster Meister von Santa Chiara von Montefalco* und *Zweiter Meister von Santa Chiara von Montefalco* nennen. An der rechten Wand wird die Vita der Heiligen illustriert, u. a. auch ihre Vision von Christus, der sein Kreuz in ihr Herz schlägt.

Postleitzahl 06036

Information Pro Loco, Piazza del Comune 17. Di–Sa 9.30–13 und 14–18.30 Uhr. ☏ 0742-378490, www.montefalco.it.

Einkaufen Wein: Montefalco ist ein Zentrum des umbrischen Weinanbaus. Bekannt sind der dunkle Rosso di Montefalco (DOC), der Sagrantino di Montefalco und der Grechetto di Montefalco, sie werden in etlichen Läden der Stadt angeboten; seltener findet man den Caprai, dessen 25-jähriger Tropfen 1999 von Veronellis Önologen zum besten italienischen Wein erkoren wurde. Wer wirklich Auswahl sucht, begibt sich gleich in die Enoteca Federico II (s. u.) und lässt sich zur Degustation ein Häppchen servieren.

Stoffe: Nicht nur für den Wein, auch für fein gearbeitete Textilien ist Montefalco bekannt. Die „Tessuti di Montefalco" werden in ganz Umbrien vertrieben. In den Souvenirläden werden handgewebte Tischtücher und Servietten feilgeboten – zartes Design und sündhaft teure Preise.

Hotels **** Palazzo Bontadosi 4, nach dreijähriger Arbeit hat 2009 ein junger Montefalchese sein Traumhotel eröffnet. Raffiniertes Design und Mittelalterarchitektur halten sich glücklich die Waage. Das Entrée ist überraschend hell, gleich daneben eine Galerie für moderne Kunst und die „Art Lounge Bar". Die 10 Zimmer, einige mit Terrasse, einige zur Suite ausgebaut, sind mit viel Luxus ausgestattet und sehr verschieden; in einem Zimmer ist noch die gesamte barocke Malerei an Wänden und Decke erhalten (restauriert), in einem anderen nur noch das Deckengemälde. Wieder ein anderes zeigt eine Badewannenschale, aus der gleich die Venus von Botticelli steigen könnte. Im Untergrund ein kleine Wellness-Abteilung mit Sauna, Hamam (können von Gästen auch privatissime für eine Stunde gemietet werden) und Massageräumen. Wer noch weiter ins mittelalterliche Gebäude hinuntersteigt, trifft auf ein wunderbares Schwimmbecken, von dem wegen der dicken Mauern für den Nichtbadenden nur der Einstieg zu sehen ist. DZ 170–210 €, teurer sind die Suiten; inkl. Frühstück und Benutzung der Wellnessabteilung. Piazza del Comune 19, ☏ 0742-379357, www.hotel bontadosi.it.

Mein Tipp ***** Ororosso** 8, das frühere „Ringhiera Umbra" setzt nach einer Totalrenovierung unter neuem Namen die Familientradition in vierter Generation fort. Die renovierten Zimmer überzeugen: hell, komfortabel eingerichtet, jedes in eigenem Stil und eigenem Farbton. Wenn Sie die Version „lila" wählen, überrascht das Bad – in einer seitlichen Nische führen ein paar Stufen zur Badewanne hoch. Dem Hotel angeschlossen sind ein Restaurant (Di Ruhetag) und eine Enoteca, wo Sie diverse Montefalco-Weine degustieren können. DZ inkl. Frühstück 80–105 €. Corso Mameli 18, ☏ 0742-378829, www.ororossohotel.it.

Mein Tipp ***** Degli Affreschi** 3, Nähe Piazza Comunale. Renoviertes Stadthaus, erweitert durch die Übernahme einer ehemaligen Bank, an deren Stelle eine wahrhaft prächtige Suite entstanden ist. Als nächstes ist ein Jacuzzi auf einer Terrasse im Freien geplant. 10 hyper-

Montefalco 141

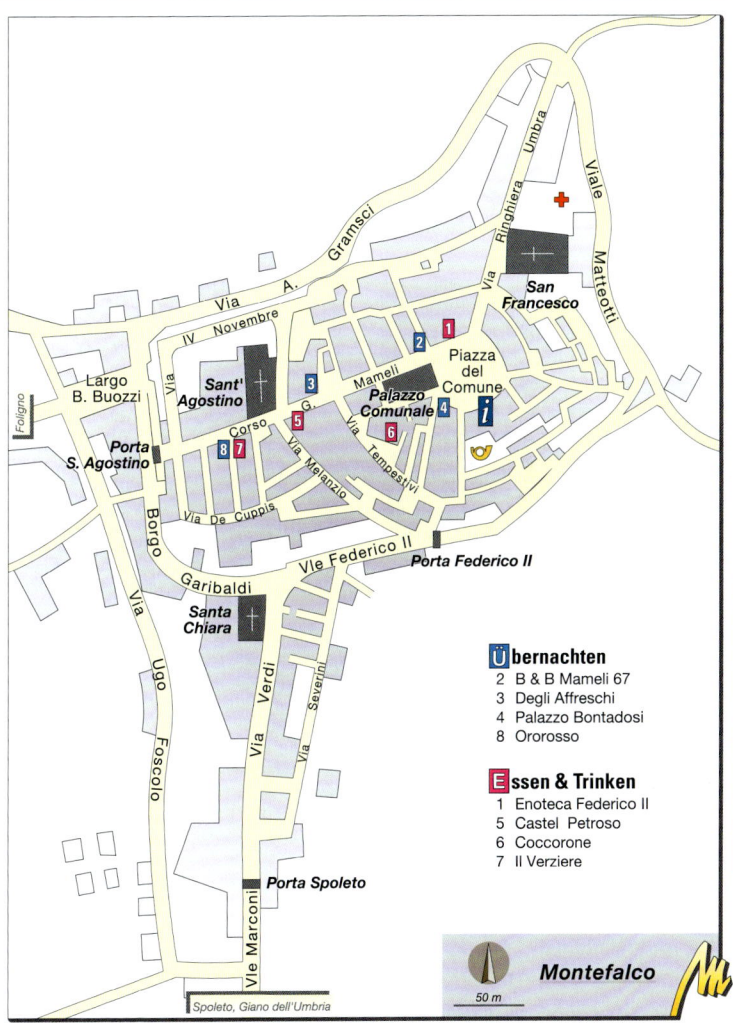

Übernachten
- 2 B & B Mameli 67
- 3 Degli Affreschi
- 4 Palazzo Bontadosi
- 8 Ororosso

Essen & Trinken
- 1 Enoteca Federico II
- 5 Castel Petroso
- 6 Coccorone
- 7 Il Verziere

moderne Zimmer mit gekacheltem Bad und Massagedusche, die durch Einsatz von Glas und Verspiegelungen noch geräumiger scheinen, als sie ohnehin schon sind. DZ 90 €, Frühstück extra. Corso G. Mameli 45, ✆ 0742-378150, www.hoteldegliaffreschi.it.

B & B **Mameli 67** 2, das „Degli Affreschi" (s. o.) hat den alten Palazzo Prosperini übernommen und stellt hier 6 zusätzliche Zimmer bereit, alle 2014 komplett renoviert. DZ mit Bad und **Frühstück** 80 €. Corso G. Mameli 67. Reservierung über Hotel Degli Affreschi, s. o.

meinTipp Restaurants **Coccorone** 6, Montefalcos vorzüglichstes Speiselokal, in einem ruhigen Altstadtwinkel gelegen. Serviert wird regionale Küche (z. B. *stringozzi ai funghi* – vierkantige Pasta mit Champignons): im großen Speisesaal, im kleinen mit Cheminée oder draußen auf der wunderschönen Terrazza. Mi Ruhetag. Largo Tempestivi, ✆ 0742-379535.

Il Verziere 7, ein empfehlenswertes Lokal, vom Bruder der „Ororosso"-Besitzerin geführt. Preiswertes Essen, auch Pizza. Der Aperitif kommt auf Kosten des Hauses auf den Tisch, ebenso der Likör zum Schluss. „So viel Freundlichkeit habe ich noch nie erlebt", schwärmt eine Leserin. Mo Ruhetag. Via Mameli 22, ✆ 0742-379606.

Castel Petroso 5, im sonst eher teuren Montefalco eine unprätentiöse, preiswerte Alternative. Umbrische Küche, aber auch einfache Wurst- und Käseplatten oder gebratener Radicchio. Das geröstete Brot mit Knoblauch und Öl kommt gratis auf den Tisch. Leser schätzen zudem den außergewöhnlich freundlichen Service. Mo Ruhetag. Corso Mameli 34, ✆ 0742-379817.

Enoteca Federico II 1, im selben Besitz wie das Coccorone. Laut Eigenwerbung eine der größten Önotheken Italiens, und dies mag sogar stimmen. Man überzeuge sich durch einen Besuch der Kellersäle. Großes Angebot an umbrischen und toscanischen Weinen, und natürlich fehlt der Rosso di Montefalco nicht. Zum edlen Rebensaft werden auf Wunsch – leicht übertreuert – Antipasti und Pasta serviert. Mi Ruhetag. Piazza del Comune. ✆ 0742-378902.

MeinTipp **Rifugio S. Gaspare**, auf dem Monte Martano in 1094 m Höhe, ca. 17 km südwestlich von Montefalco, über Giano dell' Umbria mit dem Auto in einer halben Stunde zu erreichen. Wer die lange Anfahrt nicht scheut, wird fürstlich belohnt: umbrische Küche vom Besten und dies zu raisonnablen Preisen. Über dem offenen Kamin werden riesige Fladenbrote und Pizze gebacken, auf dem Tisch davor Schinken, Salami und Käse geschnitten. Die Pasta (Linguine) ist hausgemacht, das gegrillte Steak schmeckte vorzüglich, ebenso der rote Hauswein dazu. Von der Terrasse aus öffnet sich ein Panorama bis Montefalco, Foligno und Assisi. M. Martani, Giano dell'Umbria, ✆ 0742-90189.

Porta Sant'Agostino

Trevi

Auf einem steilen Hügel inmitten des weitläufigen Olivenanbaus thront Trevi – von der Straße zwischen Foligno und Spoleto aus gesehen ein majestätisches Bild. Wer von umbrischen Hügelstädtchen noch nicht genug hat, legt hier einen Stopp ein.

Der Stadtbesuch beginnt in der Regel bei der *Piazza Garibaldi*, wo man erst einmal das Gefährt abstellt. Über die *Piazza Mazzini*, das soziale Zentrum der Stadt, geht's dann hoch ins praktisch autofreie Mittelalter. Im Centro storico herrscht fast gespenstische Ruhe, noch rahmen keine Souvenirläden die Treppengassen ein.

Und irgendwann gelangt der Spaziergänger zwangsläufig auf den höchsten Punkt des Stadthügels, zum *Dom Sant'Emiliano*.

Irgendwie wird der Besucher jedoch das Gefühl nicht los, dass Trevi in den letzten Jahren außer einem großen Parkplatz am Ortseingang nichts auf die

Trevi – Olivenbäume bis an die Stadtmauer

Reihe gekriegt hat. Das früher privat geführte und vielbeachtete „Trevi Flash Art Museum" ist als Zentrum für Gegenwartskunst in kommunaler Regie bedeutungslos geworden. Immerhin gibt es einige andere Anzeichen dafür, dass die verantwortlichen Behörden die Zukunft Trevis nicht nur in der Olive sehen: Die Gründung eines Museumskomplexes im ehemaligen Franziskanerkloster, ein moderner, riesiger Schulkomplex am Ortseingang sowie die *Villa Fabri* aus dem 16./17. Jahrhundert sind Anzeichen dafür. Der stattliche Bau, einst Sitz einer umbrischen Nobilität, dann in vatikanischem Besitz und religiöses Institut, später Privat-, heute Gemeindebesitz, wurde mit EU-Geldern restauriert; derzeit wird der Garten der Villa wieder hergerichtet. Die „Stiftung Villa Fabri" hat hier vorläufig sich selbst und das kommunale Tourismusbüro untergebracht. Geplant ist ein regionales Observatorium für Biodiversität sowie ein Ausbildungs-, Forschungs- und Kongresszentrum.

Museen von San Francesco: Im ehemaligen Franziskanerkloster hat die Stadt gleich drei Museen untergebracht, die städtische Kunstsammlung, ein Heimatmuseum (unbedeutend) sowie ein Oliven-Museum.

Pinakothek (*Raccolta d'Arte di San Francesco*): Hier ist die gesamte Kirchenkunst von Trevi und Umgebung versammelt. Die schönsten Werke kommen aus der heute geschlossenen Kirche Santa Croce: ein monumentales Kreuzigungs-Fresko aus dem 14. Jahrhundert, eingerahmt von Madonna mit Kind und einer Verkündigungsdarstellung, sowie ein golden leuchtendes Triptychon mit der Darstellung der Vita Christi (15. Jh.), das angeblich nach einem gescheiterten Kunstraub im 19. Jahrhundert abgenommen und in Sicherheit gebracht wurde. Aus der Kirche San Martino außerhalb der Stadt stammt eine „Krönung Mariens" (16. Jh.) mit einigen interessanten Details: Kinderköpfe lugen mit fast gequältem Blick unter der Wolke hervor, auf der Maria schwebt; über der Krone, die der Gottesmutter aufgesetzt wird, symbolisiert eine von zwei Engeln herbeigetragene Riesenkrone die Bedeutung des Ereignisses. Bestandteil des Museums ist auch die Klosterkirche – sehenswert sind die Freskenreste sowie eine wunderschöne Orgel mit bemaltem Holz, Baujahr 1509.

Das **Museum der Olivenkultur** (*Museo della Civiltà dell'ulivo*) ist wohl eine Konzession an Trevis Landwirtschaft. Neben einer Ölpresse, einer Ölmühle, einer riesigen Amphore und landwirtschaftlichem Gerät ist wenig zu sehen. Wer zuvor das ambitionierte Weinmuseum von Lungarotti in Torgiano (siehe dort) gesehen hat, wird eher enttäuscht sein. Ein Schmankerl immerhin ist die Installation, die zur Degustation einlädt: Je nach Knopfdruck fließt nichtfruchtiges, mittelfruchtiges oder ganz fruchtiges Öl in den Becher. Wir haben das Experiment gemacht und weisen daraufhin, dass der Geschmack auch ranzig sein kann.

▪ Gesamter Museumskomplex: April–Juli und Sept. Di–So 10–13 und 14.30–18 Uhr; Aug. tägl. 10–13 und 15–19 Uhr; Okt. Do–So 10.30–13 und 14.30–17 Uhr; Nov.–März Fr–So 10.30–13 und 14.30–17 Uhr. Eintritt 7 €.

Dom Sant'Emiliano: Er steht am höchsten Punkt der Stadt und stammt aus dem 12. Jahrhundert; umgebaut wurde er im 15. und dann wieder im 19. Jahrhundert, wobei jeweils das Hauptschiff mit Altar erst von Osten nach Nordwesten und dann wieder leicht zurück nach Norden „gedreht" wurde. Der Turm musste 1926 ersetzt werden, sein gotischer Vorgänger wurde vom Blitz er-

Olivenöl

Wie die Toscana ist auch Umbrien für seine Olivenöle bekannt. Im *frantoio* (Olivenmühle, Olivenpresse) werden die Oliven mit Fleisch und Kern zermahlen und gepresst, bis sie den teuren Saft von sich geben. Meist wird dort auch direkt verkauft. Schilder an der Straße weisen auf Kleinproduzenten hin, deren Öl in der Regel besser schmeckt als die Produkte im Supermarkt. Das beste Öl stammt angeblich aus den Hügeln rund um Trevi, was natürlich von Anbauern aus anderen Gebieten bestritten wird. Ganz verwöhnte Gaumen kaufen im November ein, wenn die geernteten Früchte frisch gepresst sind.

Da in Umbrien die Oliven in ungewöhnlicher Höhenlage wachsen (bis 500 m ü. M.), reifen sie nicht voll aus und müssen wie Kirschen von Hand gepflückt werden, man kann sie nicht einfach in Netze fallen lassen wie im Süden Italiens. Auch die Ausbeute ist geringer, doch nimmt man diese Nachteile gern in Kauf (und berücksichtigt sie im Verkaufspreis), da das gewonnene Öl reine Medizin ist: leicht und bekömmlich, weil hochprozentig an ungesättigten Fettsäuren.

Umbrisches Olivenöl wurde als eines der ersten Öle, zusätzlich zur Qualitätsbezeichnung *extra vergine* (kalte Pressung), mit dem Kennzeichen *D.O.C.G.* geadelt, womit auch die Herkunft garantiert ist.

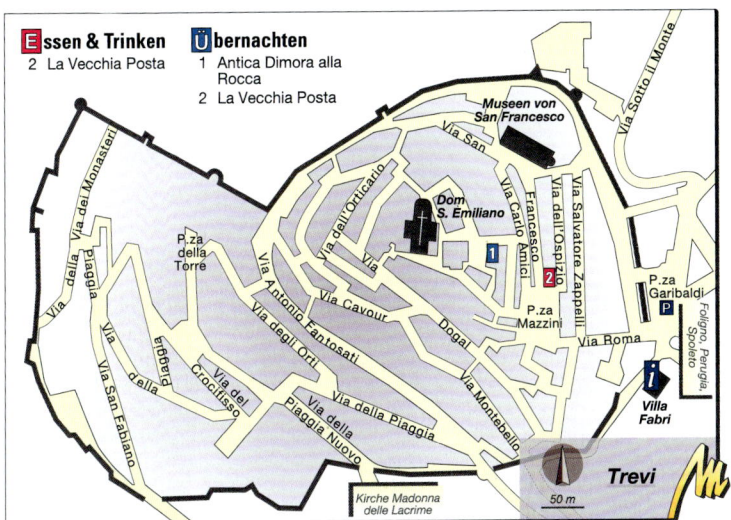

schlagen. Die betende Figur, eingelassen in die rechte Außenmauer, dürfte wohl aus romanischer Zeit stammen.

Kirche Madonna delle Lacrime: Kunsthistorisch interessanter als der Dom ist die monumentale Kirche der „Madonna der Tränen" knapp unterhalb der Stadt. Sie birgt in der zweiten Seitenkapelle rechts ein Spätwerk von *Perugino*. Der Maler war schon über 70 Jahre alt, als er hier noch einmal eine „Anbetung der heiligen drei Könige" gestaltete. Wie bei vielen Perugino-Werken ziert auch hier die umbrische Landschaft den Hintergrund. „Petrus de Castro Plebis pinxit", signierte der Meister und ließ die auf dem Holzthron sitzende Maria von den Seitenwänden durch Petrus und Paulus bewachen.

Postleitzahl 06039

Information Informazione Turistiche, in der Villa Fabri untergebracht. Mai–Okt. 10.30–13 und 15–18 Uhr, während der restlichen Monate zu ähnlichen Zeiten, aber nur an Wochenenden. Via delle Grotte 2, ☏ 0742-332269, www.treviturismo.it.

Hotels **** Antica Dimora alla Rocca **1**, das einzige Hotel im Centro storico, ein „Relais de Charme" in einem alten Stadtpalast und für einen 4-Sterne-Betrieb erstaunlich preiswert, was vermutlich an der unterentwickelten touristischen Situation der Stadt liegt. Die Gäste speisen vorzüglich im hoteleigenen Restaurant „La Prepositura". DZ ca. 80 €, teurer sind die Suiten. Piazza della Rocca 1, ☏ 0742-38541, www.hotelallarocca.it.

Zimmer Das **Ristorante La Vecchia Posta** (s. u.) vermietet 5 in unmittelbarer Nähe gelegene Zimmer mit Dusche/WC. DZ 55 €. Piazza Mazzini, ☏ 0742-381690, www.ristorantevecchia posta.it.

Restaurants La Vecchia Posta **2**, unprätentiös in der alten Post eingerichtetes, beliebtes Restaurant. Regionale Küche zu durchschnittlichen Preisen in einem der renovierten Zimmerchen, wo früher die Postbeamten ihrer Arbeit nachgingen, oder draußen auf dem Platz. Do Ruhetag. Piazza Mazzini, ☏ 0742-381690.

Umgebung von Trevi

Monte Brunette: Den Hinweis auf das Gebiet um den Monte Brunette verdanken wir einer freundlichen Leserin, die wir hier gerne zitieren: „Der Beschilderung zum Wohnmobil-Parkplatz folgen (er befindet sich oberhalb Trevis), die erste Straße Richtung Coste (Casa

Tempel von Clitunno

Vacanze, Mamma Rosa, Riosecco) rechts abbiegen, erst geteert, dann Schotterstraße mit mehreren Serpentinen, nach ca. 5 km in einer Linkskurve Picknick- und Grillplatz. Weitere 3 km bergauf fahren, bis man auf eine Hochebene kommt. Links befindet sich eine kleine Kapelle, Weiterfahrt nur geradeaus zur Casa Vacanze erlaubt. Wenn man links den Weg zur Kapelle geht, erreicht man einen schattigen Picknickplatz mit Grill. Wochentags ist es hier absolut ruhig, viele Blumenwiesen, der Monte Brunette (1425 m), einzelne weit verstreute Gehöfte und gutes Wandergebiet."

Tempel von Clitunno: etwa 5 km südlich von Trevi, an der Straße nach Spoleto. Über das antike Tempelchen mit Säulenvorhalle und skulptiertem Tympanon weiß man wenig. Möglicherweise stammt die Kultstätte aus dem 4. Jahrhundert n. Chr., vielleicht ist sie auch ein paar hundert Jahre jünger. Von der späteren christlichen Besitznahme zeugen die ziemlich heruntergekommenen Fresken über dem Steinaltar.

■ Ohne Gewähr: April–Okt. Di–So 8.15–19.45 Uhr. Eintritt 3 €.

Quelle von Clitunno (*Fonti del Clitunno*): 1,5 km südlich des Tempelchens, ebenfalls direkt an der Straße. Reisebusse pflegen hier eine Rast einzulegen. In der Antike war die Quelle ein Heiligtum, heute ist ein kleines Biotop um den Teich entstanden. Einzig der unüberhörbare Verkehrslärm verhindert das Aufkommen romantischer Gefühle. Das klare Wasser fließt weiter in Richtung des Clitunno-Tempels, betreibt dort eine Mühle und ergießt sich später wie alle umbrischen Gewässer in den Tiber.

■ 1. Märzhälfte und Okt. 9–13 und 14–18 Uhr; 2. Märzhälfte 9–13 und 14–18.30 Uhr; 1. Aprilhälfte 9–19.30 Uhr; 2. Aprilhälfte 9–20 Uhr; Mai–Aug. 8.30–20 Uhr; 1. Sept.-Hälfte 8.30–19.30 Uhr; 2. Sept.-Hälfte 9–19 Uhr; Nov.–Febr. 10–13 und 14–16.30 Uhr. Eintritt 3 €.

Valle Umbra → Karte S. 112

Spoleto

Pures Mittelalter zeigt sich hier gepaart mit der Moderne – düstere Winkel im Centro storico, Kunstgalerien und, wo sich ein Platz auftut, gelegentlich Skulpturen. Das Festival dei Due Mondi, Umbriens renommiertestes Kunstereignis, hat Spoletos Stadtbild leise, aber nachhaltig verändert, auch wenn es von seinem früheren Glanz einiges eingebüßt hat.

Die mittelalterliche Stadt am Rande der breiten Valle Spoletina breitet sich auf einem Hügelrücken aus, obenauf die Burg aus dem 14. Jahrhundert, die später oft als Gefängnis diente, zuletzt in den 1980ern als Hochsicherheitstrakt für Mitglieder der linksradikalen *Brigate Rosse*. Darunter gruppieren sich, aus düsterem schwarzgrauen Stein, die Kirchen und Häuser der Altstadt. Zahlreiche steinerne Bögen überspannen die engen Treppengässchen und stützen das uralte Gemäuer.

Spoletos dunkle Gassen, die im Besucher romantische Gefühle wecken, verbergen ein demographisches Desaster: Das Centro storico entvölkert sich. Außerhalb der Stadtmauern, unten im Tal, ist der Alltag eben bequemer: Man kann das Auto direkt vor die Haustür fahren, hat keine Heizprobleme – und beim nächsten Erdbeben ein halbwegs sicheres Dach überm Kopf. Die leerstehenden Altstadtwohnungen werden zur Beute reicher Römer, die sich hier eine Wochenendbleibe einrichten.

Spoleto wurde wie Assisi ca. 800 v. Chr. gegründet, 295 v. Chr. schloss die Stadt mit den Römern ein Bündnis. Nachdem 217 die römischen Truppen am Trasimenischen See von *Hannibal* vernichtend geschlagen worden waren (→ Lago Trasimeno, Kastentext „Drei Tage färbte der Bach sich rot"), setzten die Spoletiner dem karthagischen Eindringling erbitterten Widerstand entgegen, der daraufhin versuchte, Rom von Süden her anzugreifen. Im 12. Jahrhundert wurde die Stadt, die stets papstfreundlich war, von *Friedrich Barbarossa* zerstört. Trotzdem hielt sie an ihrer Treue zum Vatikan fest und stand bis zur nationalen Einigung Italiens im 19. Jahrhundert praktisch immer auf Seiten des Kirchenstaates.

Heute treffen sich im „Centro Italiano di Studi sull'Alto Medioevo" von Spoleto alljährlich Historiker vom ganzen Kontinent, um ohne die Scheuklappen einer lokal oder national beschränkten Geschichtsschreibung die europäische Geschichte des Hochmittelalters zu erforschen.

Sehenswertes

Altstadt: Etwas oberhalb der zentralen Piazza della Libertà, in der Via Arco di Druso, zeigen sich Bauten aus zwei Jahrtausenden: Auf den noch sichtbaren Grundmauern eines heidnischen Tempels (1. Jh.) steht die **Kirche Sant' Ansano** (18. Jh.), in deren Untergeschoss man die kleine **Krypta Sant'Isacco** mit teilweise noch erhaltenen Fresken (12. Jh.) findet – einziges Überbleibsel einer romanischen Vorgängerkirche. Der vom Verkehr geschwärzte, aus mächtigen Travertinquadern gefügte **Drususbogen**, der neben der Kirche die Straße überspannt, misst heute nur noch weniger als die Hälfte seiner ursprünglichen Höhe, so weit ist er in den Boden eingesunken. Er wurde im Jahr 23 zum Gedenken an die beiden römischen Konsuln *Drusus* und *Germanicus* errichtet. Beide waren Söhne des Kaisers *Tiberius* und kämpften siegreich gegen die Germanen am Rhein. Unweit des Triumphbogens liegt – mit einem auffallend schönen Brunnen aus dem 18. Jahrhundert – die **Piazza del Mercato**, das pulsierende Herz des Centro storico. Am Ende des Platzes gelangt man über die Via del Municipio zum **Rathaus**, dessen Fassade gleich mit drei Uhren die Zeit zu bestimmen versucht. Neben einer komplizierten Sonnenuhr, die neben der Tages- auch die astronomische Zeit anzeigt, findet man eine allgemein verständliche Uhr und eine weitere, die den Tag des Monats verrät.

Am Ende des Corso Mazzini führt linkerhand ein Sträßchen in den unteren Teil der Stadt, durch die **Porta Fuga** mit dem **Torre dell'Olio** (beide 13. Jh.), letzterer überragt vom **Palazzo dei Vigili** (16. Jh.), zum Corso Garibaldi, der Hauptgeschäftsader Spoletos – ein netter Spaziergang.

> **Spoleto Card**: Der Tipp für passionierte Museumsgänger. Die „Spoleto Card" ist 7 Tage gültig und verschafft Eintritt zu folgenden Museen und Sehenswürdigkeiten: Museo Carandente (Städtische Kunstgalerie), Casa Romana, Textil-/Kostümmuseum, Rocca Albornoziana, Nationalmuseum del Ducato, Nationales Archäologisches Museum. Die rote Spoleto Card kostet 9,50 €, die grüne Spoleto Card (15–25 Jahre oder über 65 J.) kostet 8 €. Verkauf bei den Museen.

Dom Santa Maria Assunta: Der weitläufige Vorplatz war der politische Versammlungsort der Gemeinde. Dass in Umbrien eine „pluralistische" Meinungsbildung bereits im Mittelalter öffentlich gepflegt wurde, zeigen die zu beiden Seiten der Kirchenfassade angeordneten Kanzeln – pro und contra. Auf der einen Seite stand der regierende Podestà (Bürgermeister), auf der anderen Kanzel die Opposition. Und eine Inschrift in einer der Fenstereinfassungen vermeldet bedauernd: „Die ganze Welt ist ein großes Babylon".

Der romanische Kirchenbau wurde im 12. Jahrhundert begonnen. Für die Vorhalle und den Turm wurden zahlreiche römische Steinquader verwendet. Dann war das Geld ausgegangen, erst wesentlich später wurde der obere Teil im gotischen Stil angebaut.

Das Innere „modernisierte" man 1640 in üppigem Barock. Vor allem die beiden Seitenkapellen der Apsis legen davon Zeugnis ab. Aus alter Zeit geblieben ist ein hübscher Mosaikfußboden (vermutlich aus römischen Villen gerettet bzw. gestohlen) sowie – heute hinter Sicherheitsglas – ein restauriertes Holzkreuz aus dem 12. Jahrhundert in kräftigen Farbtönen.

Die Fresken der Apsis, Szenen aus dem Leben Mariens, stammen vom berühmten Florentiner *Filippo Lippi* und seinen Schülern, sie sind Lippis letztes Werk, der Meister verstarb 1469, noch vor Beendigung der Arbeiten. Sein Grabmahl findet sich im rechten Querschiff, die Gebeine allerdings sollen während der zahlreichen Umzüge verlorengegangen sein. Auch *Pinturicchio* hat im Spoletiner Dom ein Kunstwerk hinterlassen, sein Fresko „Maria mit Kind, Johannes der Täufer und Leonhard" ziert die erste Seitenkapelle rechts. An sie schließt sich eine weitere Kapelle an, komplett mit Fresken ausgeschmückt und mit separatem Ausgang zum Portikus.

■ April–Okt. tägl. 8.30–19 Uhr, Nov.–März tägl. 8.30–18 Uhr.

Basilika Sant'Eufemia: Knapp oberhalb des Doms, der früheren Bischofsresidenz zugehörig, findet sich diese kleine romanische Basilika aus dem 12. Jahrhundert mit einer dreiteiligen Apsis. Interessant ist die seltene zweigeschossige Architektur, der obere Arkadengang war für die Frauen reserviert. Mehrere Säulen aus römischer Zeit sind in den Bau integriert. Die beiden Fresken an den Säulen vorne rechts stammen vermutlich aus dem 15. Jahrhundert.

Dom Santa Maria Assunta

Nationales Archäologisches Museum und römisches Theater: Wer buddelt, der findet! Als die Spoletiner 1982 das Becken für ein Schwimmbad ausheben wollten, stießen sie auf Gräber der Bronzezeit. Das ist aber das Geringste an diesem mit moderner Ausstellungstechnik arbeitenden Museum, das im einstigen Kloster Sant'Agata untergebracht ist. Der Parcours beginnt in der zweiten Etage mit Grabfunden aus etruskischen Nekropolen im südlichen Umbrien, u. a. ein zierliches, aus Knochen gearbeitetes Bettstattdekor. In den beiden unteren Etagen dominieren die römische Zeit und das Mittelalter. Letzteres ist vor allem durch Funde vertreten, die während der Restaurierung der Rocca Albornoziana (siehe unten)

Die heilige Windel Christi

Bekannt ist, dass Turin sich rühmt, im Besitz des Leichentuchs Christi zu sein. Weniger bekannt ist, dass in Spoleto ein anderes Tuch Christi verehrt wird – die Windel. Das im Museo Diocesano aufbewahrte, 20 mal 25 Zentimeter große Stück Stoff wurde im Jahr 1175 für authentisch erklärt. Jährlich am 24. Dezember wird die Reliquie im Dom während der Mitternachtsmesse gezeigt, dann verschwindet sie wieder im Silberschrein. Auch das Reliquieninventar des Aachener Doms enthält eine Christuswindel, die den Gläubigen alle sieben Jahre gezeigt wird. Vermutlich hat Maria über mehrere Stücke Stoff verfügt.

Für Zweifler: Das Turiner Leichentuch datieren die Experten ins 14. Jahrhundert, die Spoletaner Windel wurde bisher noch nicht mit der Radiokarbon-Methode untersucht ...

gemacht wurden. Auf dem Hügel San Elia, wo sich heute die mächtige päpstliche Festung erhebt, stand früher ein bescheidenes romanisches Kirchlein – der religiöse Ort wurde zum militärstrategischen Ort – der Kirchenstaat war eine politische Macht geworden.

Von der Galerie des Museums aus hat man einen schönen Blick auf das gut erhaltene *römische Theater* aus dem 1. Jahrhundert, das – etwas eingezwängt zwischen den mittelalterlichen Bauten – beim Stadtbesuch meist übersehen wird. Es bot einst Platz für 3000 Zuschauer, heute wird es einzig während des Festival dei Due Mondi wiederbelebt.

- Tägl. 8.30–19.30 Uhr. Eintritt 4 €.

Casa Romana: Im Westflügel des Rathauses wurde eine römische Villa mit mehreren Räumen ausgegraben. Ob es sich um das einstige Domizil der Vespasia Polla, der Mutter von Kaiser Vespasian handelt, ist umstritten. Wer nicht Altertumsforscher ist, wird dem Ort wenig abgewinnen. Man macht den kurzen Rundgang und bewundert die Mosaikböden mit ihren strengen geometrischen Ornamenten – leider schlecht ausgeleuchtet.

- Tägl. 10–13.30 und 14–19 Uhr. Eintritt 3 €.

Museo Carandente (*Städtische Kunstgalerie*): Die im Palazzo Collicola untergebrache Sammlung moderner, großteils abstrakter Kunst kann sich sehen lassen. Von 1956–67 schrieb die Stadt jährlich den „Premio Spoleto" aus, einen anfangs lokalen, später nationalen Wettbewerb. Eine Jury prämierte drei Werke, die von der Stadt gekauft wurden, die sich so den Grundstock einer modernen Kunstsammlung verschaffte. Aber auch Künstler von internationalem Rang sind vertreten, u. a. *Alberto Burri*, Henry Moore und der Konzeptkünstler *Sol Le Witt*. Letzterer hat mit seinem „Band of Color" im Jahr 2000 einen ganzen Raum in farbigen Streifen angemalt.

Einen besonderen Hintergrund hat ein „Teodelapio" genanntes Modell von *Alexander Calder*, dem amerikanischen Bildhauer, Objektkünstler und Erfinder des Mobiles. 1962 erhielt Calder von der Stadt die Einladung, an einer Open-air-Ausstellung teilzunehmen. Der weltbekannte Künstler schickte eben jenes Modell einer 18 Meter hohen Skulptur, die auf vier Beinen stehend als Straßenüberbrückung den nördlichen Eingang zur Stadt markieren sollte, und versprach, zur endgültigen Installation nach Spoleto zu kommen. Metallfirmen und Schiffbauer besorgten die Ausführung. Der Transport des Objekts verursachte logistische Probleme, aber mit zwei Kränen ließen sich diese lösen. Der „Teodelapio" stand schon auf dem Bahnhofsplatz, als man um die etwas fragile Konstruktion zu fürchten begann. Calder flog eiligst nach Rom, nahm den Zug nach Spoleto, stieg aus und sah sich seinem Werk gegenüber – das aus unerfindlichen Gründen bis heute auf dem Bahnhofsplatz steht.

■ Tägl. außer Di 10.30–13 und 15.30–19 Uhr. Eintritt 6,50 €.

Kloster San Ponziano: Ponzianus, der Stadtheilige von Spoleto, wurde im Jahr 175 enthauptet; die Gebeine des Märtyrers ruhen heute im holländischen Utrecht, einzig der Schädel wird in Spoleto verwahrt. Jährlich am 14. Januar, dem Festtag des Heiligen, wird die Reliquie von der Klosterkirche zum Dom gebracht und der Öffentlichkeit gezeigt. Das nach Ponzianus benannte Kloster ist ein ziemlich verwitterter Komplex, bestehend aus einer Kirche (12. Jh.), einem Augustinerkloster, in dem noch über ein Dutzend Mönche wohnen, und ein paar Häusern. Interessanter als die barocke Kirchenausstattung ist die Krypta: ein Gewölbe mit korinthischen Säulen sowie zwei kegelförmig zulaufenden Spitzsäulen aus grünem Marmor und zahlreichen Fresken aus dem 13. bis 15. Jahrhundert, die allerdings der Restaurierung bedürfen.

■ April–Okt. 9.30–19 Uhr, Nov.–März 9.30–17.30 Uhr.

Basilika San Salvatore: Eine kurze, schnurgerade Allee mit uralten Steineichen auf der einen Seite, gepflanzt im Jahr 1225, führt am Friedhof entlang zur kleinen Basilika. Die Kunsthistoriker streiten sich um die exakte Datierung, aber zweifellos gehört San Salvatore zu den ältesten Kirchenbauten Umbriens. Nach dem Umbau im 9. Jahrhundert galt die Kirche als architektonisches Vorbild für frühmittelalterliche Gotteshäuser. Möglicherweise ließ im Jahr 313 Kaiser Konstantin hier eine erste Basilika errichten, als

Verschiedene Zeitmesser am Rathaus

Baumaterial wurden die Steinquader römischer Sommerhäuser benutzt. Syrische Mönche, die sich länger in San Salvatore aufhielten, besserten den Bau später aus. In den beiden Dreiecksgiebeln der Fassade kann man ein Kreuz erkennen, das als Initiale „C" für Constantin interpretiert wird. Der Bogen des Fensters dazwischen zeigt eine in Europa einmalige Ornamentik – vermutlich ein Beitrag der Syrier.

Fassade der Kirche San Pietro (Detail)

Das Innere macht einen äußerst kahlen Eindruck. Die Säulen – im ionischen und korinthischen Stil – stammen allesamt aus römischen Villen. Die Fresken in der Apsis datieren aus der Zeit vor dem 14. Jahrhundert.

■ 2018 war nur Sa/So 10.30–13 und 15–17.30 Uhr geöffnet; eine wieder tägliche Öffnung war geplant.

Kirche S. Pietro: Mit ihren phantasiereichen Reliefdekors aus dem 13. Jahrhundert an der Fassade ist die romanische Kirche, die vermutlich die frühere Kathedrale von Spoleto war, ein einzigartiges Juwel. Einige Details der berühmten Fassade: oben links das Jüngste Gericht – Petrus schlägt dem Teufel, der die Seelenwaage zu seinen Gunsten zu manipulieren versucht, den Himmelsschlüssel auf den Kopf. Unten links macht sich ein Löwe daran, einen Soldaten zu verspeisen. In der Mitte rechts stellt sich ein schlauer Fuchs tot und lockt so zwei Raben an. Auf der rechten Hälfte sind einige Szenen aus dem Neuen Testament dargestellt. Die Motive sind oft schwierig zu deuten, nur einige Symbole wie der Löwe (Gott oder das Volk Juda), Drache und Schlange (Symbol der Sünde), Soldat (Elend und Übermacht) geben Anhaltspunkte zur Interpretation. Im Vergleich mit der großartigen Fassade verblasst die größtenteils barocke Innenausstattung ebenso wie die kargen Freskenreste.

■ April–Okt. 9–20 Uhr, Nov.–März 9–16 Uhr.

Rocca Albornoziana/Museo del Ducato: Die mittelalterliche Burganlage auf dem höchsten Punkt der Stadt wurde im 14. Jahrhundert als wichtige Bastion der päpstlichen Macht errichtet, hier residierten die Statthalter des mächtig gewordenen Kirchenstaats. Berühmteste Statthalterin von Spoleto war die schlecht beleumdete *Lucrezia Borgia*, die von ihrem Vater, dem Renaissancepapst *Alexander VI.* 1499 hier eingesetzt wurde. Der Kirchenstaat war schon längst am Ende, als der Anlage ein unansehnlicher Gebäudeteil hinzugefügt wurde (wohl im 20. Jh.) – die Rocca hatte als Gefängnis eine neue Verwendung gefunden; in den 1980er-Jahren waren in einem mit vier Türmen versehenen Hochsicherheitstrakt sowohl Mitglieder der linksradikalen Brigate Rosse als auch Mafiosi eingekerkert.

Spoleto

Am besten macht man oben erst einmal einen Rundgang um die Rocca und genießt die herrliche Aussicht auf Spoletos Dächer, auf den mittelalterlichen *Ponte delle Torri* und den dicht bewaldeten Abhang des *Monteluco* dahinter.

Die Burg, die sich von außen so trutzig-militärisch zeigt, entpuppt sich im Inneren eher als Palast. Man kann sich gut vorstellen, wie in der Renaissance die päpstlichen Höflinge sich hier den weltlichen Freuden hingaben. Der gesamte erste Innenhof ist auf zwei Geschossen von Arkaden eingesäumt. Päpstliche Wappen schmücken den Renaissance-Ziehbrunnen. In den oberen Arkaden sind zwischen den Fresken die Familienwappen der Gouverneure eingemeißelt. Von hier gelangt man zu einer großen Halle, heute Lucrezia-Borgia-Saal genannt. Freskenreste verraten, dass der Raum einst wesentlich weniger kahl war, vermutlich war er ähnlich ausgeschmückt wie der kleine Saal daneben. Dieser zeigt unter dem puttenverzierten Gewölbe großartigen Freskenschmuck: Szenen aus dem höfischen Leben. Komplett zugeblechte Ritter prügeln aufeinander ein, derweil friedlichere Zeitgenossen den Jungbrunnen austesten.

Das **Museo del Ducato** in der ersten Etage gibt einen geschichtlichen Überblick über das Herzogtum Spoleto von den Etruskern über die Langobarden bis zur Renaissance. Gute Ausstellungstechnik und hilfreiche Kommentare (auf Italienisch und Englisch).

Zugang Es gibt zwei bequeme Wege, um auf die Rocca zu gelangen. Von der Via Ponzianina (unteres Ende) führt eine Reihe von Rolltreppen und -bändern bis direkt unter die Burg, für das letzte Stück steht ein Aufzug bereit (wahlweise 225 Treppenstufen). Oder man fährt unterirdisch auf dem Rollband (Zugänge unterhalb der Torre dell'Olio, an der Piazza Pianciani und bei der Casa Romana), dann auf der Rolltreppe bis unter die Burg, geht am Ausgang links auf die Promenade und steht nach etwa 150 m beim erwähnten Aufzug.

Öffnungszeiten Tägl. 9.30–19.30 Uhr. Eintritt 10 €, letzter Einlass 45 Min. vor Schließung.

Ponte delle Torri und Fortilizio dei Mulini: „Spoleto hab' ich bestiegen und war auf der Wasserleitung, die zugleich Brücke von einem Berg zu einem andern ist. Die zehen Bogen, welche über das Tal reichen, stehen von Backsteinen ihre Jahrhunderte so ruhig da ... Das ist nun das dritte Werk der Alten, das ich sehe", schrieb Goethe enthusiastisch. Der Geheimrat, der auf seiner Italienreise den Spuren der Antike nachspürte, meinte, hier auf ein besonderes Zeugnis römischer Architektur gestoßen zu sein. Auch große Geister können sich bekanntlich irren: Der mächtige Aquädukt, 230 m lang und 80 m hoch, der östlich der Altstadt das üppig-grüne Tessino-Tal überspannt, wurde erst im Jahr 1250 begonnen und ein Jahrhundert später fertiggestellt. Zu ihrem Namen kam die „Brücke der Türme" aufgrund der mittleren drei Pfeiler, die nicht massiv gemauert, sondern mit Räumen für die Stadtwache ausgestattet wurden. An der Nordseite des Aquädukts führt ein Fußgängerweg (nachmittags im Schatten) auf die andere Talseite zum **Fortilizio dei Mulini** – Verteidigungsturm und Mühle zugleich. Das Wasser brachte mittels zweier mächtiger Rückhaltebecken das Mühlrad in Schwung und wurde anschließend in die Stadt geleitet. Leider verwehren eine schwere eiserne Kette und zwei Fratzen über dem Brunnen am Eingang dem Besucher den Zutritt zum Fortilizio.

Wandern: Vom *Ponte delle Torri* (411 m) den bewaldeten Berg hoch nach *Monteluco* (840 m), weiter zur *Forcella delle Porelle* (910 m) und zur *Forcella di Castelmonte* (950 m), dem Wendepunkt der Rundwanderung. Über den „Sentiero Angelo Maiochi" zurück zum *Ponte delle Torri*. Dauer: ca. 2 Std. Wer den etwas mühsamen Aufstieg im Wald scheut, fährt mit dem Bus nach Monteluco hoch.

„Top beschildert, herrliche Landschaft, bissle viel im Wald", bilanziert die Leserin, der wir diesen Wandervorschlag verdanken.

Valle Umbra

Basis-Infos

Postleitzahl 06049

Information IAT-Büro, freundliches und kompetentes Personal. Infolge der Erdbebenschäden ist das Büro bis mindestens 2019 umgezogen: Largo Ferrer 7/Corso Mazzini. Später gilt wieder die alte Adresse: Piazza della Libertà. Mo–Sa 9–13.30 und 15–19, So 10–13 und 15–17.30 Uhr. ℡ 0743-218620, www.spoletocard.it.

Hin und weg **Bahn**: Spoleto liegt an der häufig befahrenen Strecke Rom–Ancona, auch Züge nach Perugia (ca. 10-mal tägl.). 6-mal tägl. nach Orvieto (umsteigen in Orte).

Bus: Nach Assisi und Perugia tägl. mehrmals, nach Monteluco nur Mitte April bis Mitte Sept. ab Piazza della Vittoria und der Kirche San Pietro.

Parken Am einfachsten sucht man einen der beiden großen Parkplätze auf – „Spoletosfera" (unterirdisch) oder „Posterna". Von beiden gelangt man problemlos auf dem Rollband bzw. auf der Rolltreppe ins Zentrum. In der Altstadt ist Parken stets gebührenpflichtig, sofern man überhaupt einen Platz findet. Hotels geben ihren Kunden oft eine für eine bestimmte Zone gültige Berechtigungskarte.

Festival Festival dei Due Mondi, das hochkarätige, einst international renommierte Festival hat leider – seit Francis Menotti, Sohn des verstorbenen Festivalgründers und Komponisten Giancarlo Menotti, das Handtuch geschmissen hat – viel von seinem magischen Glanz eingebüßt. Eine Dokumentation der Geschichte des Festivals ist in der „Casa Menotti" am unteren Ende der Via del Duomo zu sehen. Informationen über das Programm unter www.festivaldispoleto.com.

Markt Fiera di Loreto, jährlich am 8./9. Sept. ein riesiger Markt, der sich von der Piazza Garibaldi an der gesamten westlichen Stadtmauer (intra muros) entlangzieht.

> **Spoleto Mobilità**: Das Bild ist den Spoletanern bekannt: Eine Schlange von Autos, die sich wie ein Tatzelwurm durch die Altstadt schiebt, zur Seite springende oder sich in Eingänge drückende Fußgänger, entnervte Fahrer, Stau. Die Lösung des Problems heißt „Spoleto Mobilità" und besteht aus drei Strecken von Rolltreppen und Rollbändern, teils unterirdisch, die an die Großparkplätze außerhalb der Stadtmauer angebunden sind. Der Innenstadtverkehr wurde mit Verbotsschildern zusätzlich reduziert. Die Autofahrer lernen, die Fußgänger danken. Für Touristen besonders interessant ist der nun bequeme Aufgang zur Rocca Albornoziana – erst eine Reihe Rolltreppen, das letzte Stück im Aufzug.

Übernachten

Hotels ****** San Luca** 3, von Spoletos Nobelherbergen die reizvollste. Ein restaurierter Gebäudekomplex an der Stadtmauer mit wunderschönem Innenhof und einer Liegewiese auf dem Dach, leider kein Swimmingpool, dafür ein riesiger Rosenbusch. Die Zimmer sind hell und geräumig und überaus geschmackvoll eingerichtet. DZ inkl. Frühstück 110–240 €. Preise saisonal stark schwankend und Verhandlungssache. Via Interna delle Mura 21, ℡ 0743-223399, www.hotelsanluca.com.

*** Charleston 6, ebenfalls sehr zentrale Lage. Kleine, 2011 renovierte Zimmer mit schönem Bad, Mini-Bar und TV. Die Sauna kostet extra und wird auch von hotelfremden Gästen benutzt. Hoteleigener Parkplatz (10 €/Nacht). DZ 60–170 €. Piazza Collicola 10, ℡ 0743-220052, www.hotelcharleston.it.

*** Clitunno 7, renovierter Bau in zentraler Altstadtlage. Von einigen im rückwärtigen Teil des Gebäudes gelegenen Zimmern hübscher Ausblick. DZ 62–160 €. Piazza Sordini 6, ℡ 0743-223340, www.hotelclitunno.com.

** Il Panciolle 4, kleines Hotel in ruhiger Altstadtlage, alle Zimmer renoviert. Vor dem Haus ein kleiner, von Linden beschatteter Platz mit Brunnen. In der 2-Sterne-Kategorie die Nummer eins. DZ mit Bad 65–85 €. Via Duomo 3/5, ℡ 0743-45677, www.ilpanciolle.it.

** Boni Cerri 1, außerhalb der Stadtmauer, in Cortaccione, 5 Autominuten zur Piazza Garibaldi. Für Selbstfahrer eine überlegenswerte grüne Alternative zum Stadthotel. Ein großes Plus sind die Sauna und ein Swimmingpool im Innenhof; Letzterer – was rar ist – auch noch

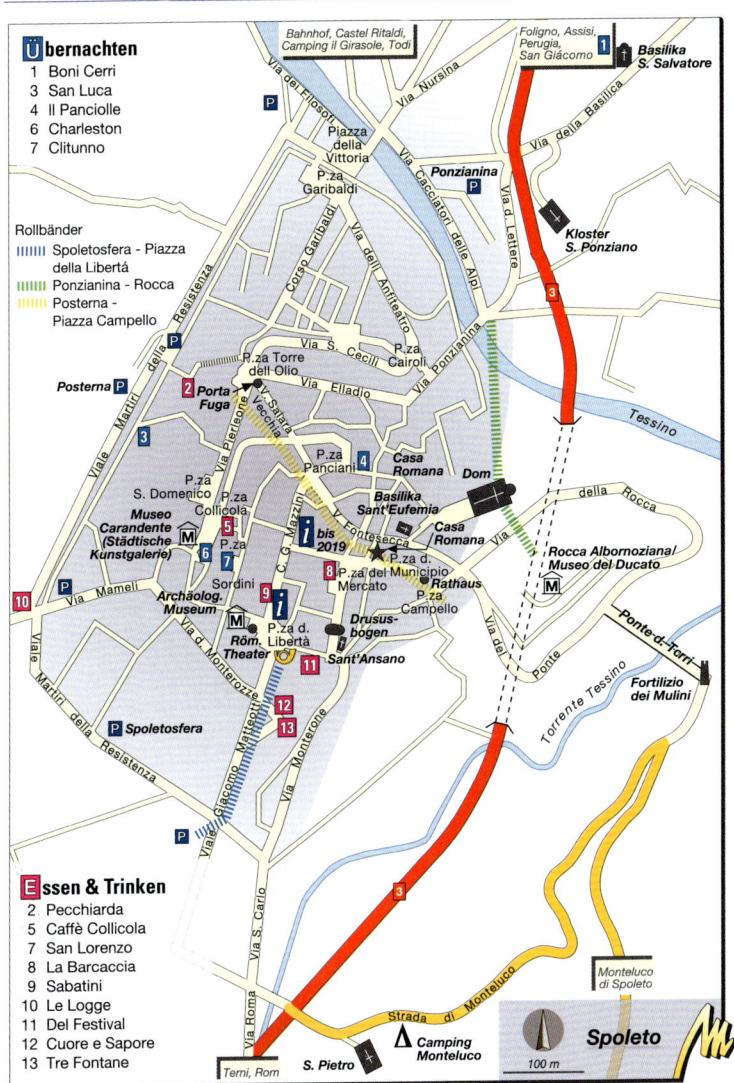

außerhalb der Saison in Betrieb. Zum Hotel gehören ein Café und ein Lebensmittelladen. DZ mit Bad 50–70 €. Via degli Olmi 52/56, Loc. Cortaccione 87, ☎ 0743-46205, www.hotelbonicerri.it.

Appartements Nonna Vittoria, das Hotel Boni Cerri vermietet unter dem Namen „Nonna Vittoria" im Vorort Cortaccione ein paar Ferienwohnungen, jeweils für 2 Pers., Zimmer, Küche und kleiner Aufenthalts-raum. Gemeinsamer Swimmingpool. Alles bescheiden, aber sauber. 60–85 € für 2 Pers. Via delle Magnolie 67, Loc. Cortaccione 157, ☎ 0743-46205, www.casavacanzenonnavittoria.com.

Camping ** Monteluco**, gleich hinter der Kirche S. Pietro. Nur 22 Stellplätze! Tolle Lage, terrassenförmig am Hang, viel Schatten. Leser fanden den Platz etwas verwildert, aber die sanitären Anlagen gut gepflegt. Neben dem Platz eine bei den Spoletinern beliebte Pizzeria. Geöffnet April–Sept. Strada per Monteluco, Loc. S. Pietro, ☎ 0743-46788, www.campeggio monteluco.com.

Wohnmobil Stellplatz und Service an der Via dei Filosofi im Norden der Stadt. Gratis.

Agriturismo Azienda Bartoli, in über 1000 m Höhe und völlig abgelegen in der Einsamkeit der umbrischen Bergwelt. Großartiger Ausblick. Die Familie Bartoli bewirtschaftet den ca. 60 ha großen Bergbauernhof extensiv mit Milchschafen zur Käsegewinnung und einigen Kühen. Vermietet werden 9 Zimmer mit eigenem Bad. Anfahrt von Spoleto: schmales Serpentinensträßchen Richtung Monteluco di Spoleto (8 km); von dort etwa weitere 6 km Schotterpiste (ausgeschildert). DZ inkl. Frühstück 70 €. Loc. Patrico, ☎ 0743-220058, www.agriturismospoleto.net.

Essen & Trinken → Karte S. 155

Viele Altstadtrestaurants bieten ein Menu turistico an, gelegentlich ein Viertel Wein inklusive, manchmal auch Servizio compreso. Langes Rechnen lohnt nicht, in der Regel kommt man summa summarum auf ca. 20 €. Kaffee und Grappa natürlich extra.

Restaurants Sabatini 9, für das dicke Portemonnaie. Dezente Atmosphäre, nach hinten traumhaft schöner Garten. Mo Ruhetag. Corso Mazzini 56, ☎ 0743-47230.

San Lorenzo 7, gehört zum Hotel Clitunno. Kulinarische Höhepunkte der italienischen und umbrischen Küche in sehr gepflegtem Ambiente. Auf der Karte selbstverständlich erlesene Weine. Die Preise sind wie die Qualität: hoch. Mo Ruhetag. Piazza Sordini 6, ☎ 0743-221847.

meinTipp **La Barcaccia** 8, hinter der Piazza del Mercato. Preislich etwas über dem Durchschnitt, dafür in wunderbar ruhiger Lage. Geräumiger Speisesaal, dekoriert mit Festival-Plakaten, sowie eine hübsche, überdachte Terrasse. Spoletinische Spezialitäten à la carte. Di Ruhetag. Piazza Fratelli Bandiera, ☎ 0743-225082.

Pecchiarda 2, riesiger, vegetativ überdachter Innenhof, in dem sich preiswert speisen lässt. Ausgezeichnete Antipasti della casa. Für das Secondo ist das Angebot nicht besonders groß, das Restaurant ist trotzdem sehr populär. Unser Tipp für heiße Sommernächte. Vicolo S. Giovanni 2, ☎ 0743-221009.

meinTipp **Cuore e Sapore** 12, traditionelle umbrische Küche ist die Basis, aber auch Ausflüge über die regionalen kulinarischen Grenzen sind im Angebot. Die Zubereitung ist hervorragend, das Preis-Leistungs-Verhältnis stimmt. Drinnen oder draußen auf dem kleinen Platz wird mit viel Freundlichkeit aufgetragen.

„Wenn man dann einmal gesättigt ist und kein Dessert bestellt, serviert die Inhaberin trotzdem ein paar Stücke Melonen aus ihrem Garten, weil das Essen ja sonst nicht ganz rund ist ...". (Leserbrief). Mittwoch Ruhetag. Via B. Egio 3-5, ☎ 0743-840134.

Del Festival 11, oberhalb der Piazza della Libertà. Menü oder à la carte, Pizza oder auch nur Pasta. Angenehmes Lokal und freundliches Personal, so dass man hier auch einen ganzen Abend verbringen kann. Do Ruhetag. Via Brignone 8, ☎ 0743-220993.

Tre Fontane 13, breites Angebot an klassischer Küche und Pizze. Wir empfehlen das Lokal für laue Sommerabende: hübscher Garten. Im Winter Mi Ruhetag. Via B. Egio 15, ☎ 0743-221544.

Le Logge 10, sympathisches Restaurant abseits des Touristenstroms, das schnörkellose umbrische Küche serviert, als Vorspeise empfehlen wir hausgemachte Strengozzi, Spoletos Pasta-Spezialität. Alternative: eine hervorragende, über Holzkohle gebackene Pizza. Mo Ruhetag. Via Martiri della Resistenza 51, ☎ 0743-225225.

mein Tipp Al Palazzaccio Da Piero, 8 km außerhalb der Stadtmauern, an der Via Flaminia (Richtung Perugia, bei Km 134 nach San Giácomo abzweigen). Im alten, vegetativ überwucherten Natursteinhaus wird hervorragende umbrische Küche serviert, im Sommer auf der rückwärts gelegenen, begrünten Speiseterrasse. Das Angebot an Antipasti ist ein Traum, danach finden Lamm, Rind, Kalb und Huhn den Weg auf den Teller der zufriedenen Gäste. Mo Ruhetag. Ex Statale Flaminia, Km 134, ☏ 0743-520168.

Bars Caffè Collicola (Café des Arts) 5, gegenüber der Kunstgalerie. Großes Angebot an Tapas, die den Drink auf der einladenden Steinterrasse über der Piazza begleiten – ein ruhiger, angenehmer Ort. Piazza Collicola.

Die heiligen Wälder von Monteluco

Der üppig-grüne, dicht mit Steineichen besetzte und trüffelverdächtige Hügel oberhalb der Mühle galt schon in vorchristlicher Zeit als heilig. Hier fand man die *Lex Spoletina*, einen Gesetzesstein mit einer Inschrift aus dem 3. Jahrhundert v. Chr.: Es ist verboten, im heiligen Hain des Jupiters Holz zu schlagen oder zu entwenden, da dieses für die jährlichen Opferfeierlichkeiten bestimmt ist. Wer mit Absicht Schaden anrichtet, muss dem Gott einen Ochsen opfern und dem Rektor der Stadt 300 Sesterzen zahlen … Der Stein ist im Archäologischen Museum von Spoleto zu besichtigen.

Ab dem 4. Jahrhundert wurde die Gegend christianisiert; Eremiten aus Syrien ließen sich in den Wäldern nieder, dann Benediktiner, und schließlich gründete im Jahr 1218 Franziskus von Assisi eine Einsiedelei (→ Monteluco).

Umgebung von Spoleto

Monteluco: Ein windiges Sträßchen führt vom Fortilizio dei Mulini in die bewaldete Sommerfrische in luftiger Höhe von über 800 Metern. Wer Bewegung nicht scheut, nimmt vom Fortilizio aus den Wanderweg (ca. 1 Stunde). Am Wochenende gehört Monteluco den Spoletinern, unter der Woche ist die Streusiedlung mit drei Hotels, einem Ferienheim und großem Picknickplatz ziemlich leer und die Umgebung ein Paradies für Spaziergänger.

Dass auch die Franziskaner die einsame Natur Monteluco zu schätzen wussten, beweist das **Santuario di San Francesco Monteluco**: eine 1218 von Franziskus von Assisi gegründete Eremitage mit diversen winzigen Oratorien und noch winzigeren Zellen für die Fratres. Die Gebäude stehen noch heute unter der Verwaltung des Ordens.

mein Tipp ** Ferretti, in idyllischer, waldiger Lage, ganz in der Nähe des Santuario di San Francesco, von Montelucos drei Hotels das preiswerteste. Das von Massimo Ferretti und seiner Frau in dritter Generation geführte Haus ist eine hervorragende Alternative zu einer Übernachtung in Spoleto. Die meisten Zimmer haben einen Balkon, man atmet am Morgen frische Waldluft und freut sich über das Vogelgezwitscher. Das Restaurant mit seiner einladenden Terrasse verfügt über zwei Speisesäle, einer davon mit großem Kamin, wo – die heiligen Wälder liefern Holz genug – das Steak vor den Augen des Gastes gegrillt wird. DZ mit Bad und Frühstück 60–85 €, HP 45–50 €/Pers. Loc. Monteluco 20, 06049 Spoleto, ☏ 0743-49849, www.albergoferretti.com.

Valnerina und der Süden

Das Tal der Nera ist eine raue Gegend, je höher man kommt. Der Fluss entspringt in den benachbarten Marken, die sich mit Umbrien das Gebirge der Sibillinen teilen. Zum umbrischen Teil des Naturparks der Sibillinen gehört die Hochebene des Piano Grande.

In ihrem unteren Teil fließt die Nera durch die Industriestadt Terni und zieht dann am mittelalterlichen Narni vorbei, bevor sie sich in den Tiber ergießt. Nordwestlich von Narni ist die Landschaft, wie so oft in Umbrien, hügelig. Perlen unter den Städten sind hier Todi und das auf einem Tufffelsen thronende Orvieto.

Nórcia, das Städtchen am Fuß der Sibillinen, war nahe am Epizentrum, als im Oktober 2016 die Erde bebte. Die berühmte Basilika zu Ehren des hier geborenen Benedikt, Gründer des Benediktinerordens, krachte zusammen, die Ruinen und Teile des Zentrums waren auch 2018 noch als „Zona Rossa" ausgewiesen – Zutritt verboten. Auch im Centro storico von Preci, das ein hübsches chirurgisches Museum besitzt, sah es nicht anders aus.

In der Valnerina lohnt ein Besuch des schmuck restaurierten Dörfchens Vallo di Nera, das noch in den 1970ern fast gänzlich entvölkert war. Heute gibt es sogar wieder eine Dorfbar. Noch bevor man die wegen ihrer Rüstungsindustrie im Zweiten Weltkrieg ausgebombte Großstadt Terni erreicht, findet sich links der Straße ein riesiger Parkplatz für die Besucher der spektakulären Cascata delle Marmore. Hinter der Industriezone von Terni führt eine Straße an der Ruine einer pittoresken römischen Brücke, die noch als Hälfte in der Nera steht, vorbei nach Narni, das hoch oben auf seinem Felsen thront. Über Amélia, in dessen altes Zentrum kaum ein Fremder hochsteigt, erreicht man Todi, das mit seiner berühmten Piazza eine Perle des umbrischen Städtebaus ist. Den Städtereigen schließt das von Touristen überrannte Orvieto ab. Die Stadt auf dem Tufffelsen ist nicht nur für ihren Dom berühmt, sondern auch für ihren strohgelben Wein.

Was anschauen?

Chiesa di Sant'Antonio in Cáscia: Reisebusse voller Pilger kommen hierher, um die heilige Rita zu verehren. Interessanter als die Basilika aus dem

20. Jahrhundert ist die Chiesa di Sant'Antonio mit einem restaurierten Freskenzyklus aus dem 15. Jahrhundert, der das Leben des heiligen Antonius erzählt. → S. 165

Museum der Mumien in Ferentillo: Die Kirche San Stefano wurde zu einem Mumienmuseum umbenannt. Die hier ausgestellten Toten widerstanden dank der besonderen chemischen Zusammensetzung der Erde dem Prozess der Verwesung. → S. 181

Piazza del Popolo in Todi: Die Piazza zählt zu den schönsten Plätzen Italiens, drei Paläste und die Kathedrale umrahmen sie. → S. 202

Dom in Orvieto: Die Stadt ist für ihren gestreiften Dom mit der prächtigen Fassade bekannt. Im Inneren ist er kostenpflichtig, einige Touristen bleiben deshalb draußen, und man hat mehr Ruhe, um die Malereien von Luca Signorelli in der Brizio-Kapelle zu betrachten. → S. 212

Was unternehmen?

Spazierengehen in Narni: Hier liegt das Zentrum Italiens. So jedenfalls errechneten es Wissenschaftler der Universität Florenz, und seither will jeder am Nabel des Stiefels gewesen sein – ein schöner Spaziergang. Der mitten im Wald abseits allen Treibens gelegene Convento Lo Speco ist von Narni aus zu erreichen. Ein magischer Ort, der immer noch von den Franziskanern unterhalten wird. → S. 193, S. 195

Was sonst?

Cascata delle Marmore in Terni: Der Wasserfall ist ein Werk der Römer aus dem 3. Jahrhundert v. Chr., die hier das Wasser des Velino in einen Kanal umleiteten, um Überschwemmungen zu verhindern. Wenn die Schleusen geöffnet werden, verwandeln sich die Rinnsale in tosende Wassermassen – spektakulär! → S. 185

Civitella d'Agliano: Nicht mehr in Umbrien, knapp hinter der Grenze zum Latium, liegt das Dörfchen, in dessen Nähe der Schweizer Künstler Paul Wiedmer den Skulpturengarten La Serpara eingerichtet hat. Zahlreiche internationale Künstler sind vertreten. Wiedmers eigene Skulpturen fauchen und speien Feuer. → S. 200

Was und wo essen und trinken?

„L'Amaca all'Eco" in Piediluco: Ein restauranteigenes Schiff fährt über den See bis ans südliche Ufer. Umbrische Küche und Pizza im schattigen Garten am Ufer; die Lage ist einmalig. → S. 187

„Cenacolo" in Norcia: Lokale Küche: Man beginnt am besten mit einem 24 Monate alten Nórcia-Schinken, dann folgen Linsen aus der Hochebene des Piano Grande, die in der Regel mit einer Wurst serviert werden. → S. 170

Oberes Cornotal

Der Corno, der sich aus verschiedenen Gewässern des Latiums speist, ist ein Nebenfluss der Nera. Motorradfahrer toben sich auf der verkehrsarmen Nebenstraße aus, Pilger wallfahren zur heiligen Rita von Cáscia, und exakt an der Stelle, wo die Straße nach Norcia abzweigt, treffen sich die Kanuten, um die wildesten Abschnitte des Corno zu erkunden.

Monteleone di Spoleto

Auf einem der zahlreichen Hügel, ca. 35 km südöstlich von Spoleto, erhebt sich auf fast 1000 Metern Höhe der „Löwenberg" von Spoleto. Geblieben sind hier nur noch die Alten – die Jungen hält kaum etwas an diesem abgeschiedenen Ort. Arbeitsplätze sind rar, und so sind die meisten abgewandert. Am Wochenende kreuzen sie dann mit römischen Autokennzeichen in ihrem Heimatort auf.

Ein kurzer Spaziergang durch das freundliche, mittelalterliche Städtchen: durch die Porta Spoletina hoch, an zwei Palazzi vorbei zur Torre dell'Orologio e Mercato (14. Jh.) und weiter zur Klosterkirche San Francesco. Letztere schmückt ein von zwei Löwen flankiertes, hübsch verziertes gotisches Steinportal. Im Inneren überraschen eine bemalte Holzdecke und einige Fresken aus dem 15. Jahrhundert.

1902 entdeckte ein Bauer beim Umbau seines Hauses unter den Grundmauern einen seltsamen Karren, zu alt für den Einsatz in der Landwirtschaft, aber auch zu schmuck – irgend etwas stimmte da nicht. Er war auf einen antiken zweispännigen Streitwagen gestoßen, eine *Biga*, die heute in das 6. Jahrhundert v. Chr. datiert wird. Ohne zu wissen, welchen Schatz er da gehoben hatte, überließ er das Gefährt zu einem Spottpreis einem florentinischen Antiquitätenhändler. Dieser verstand mehr von der Beziehung zwischen Kunst und Kommerz und verkaufte das Objekt mit viel Gewinn weiter an das New Yorker Metropolitan Museum. Dort steht die Biga von Monteleone noch heute.

Emmer

Rund um Monteleone di Spoleto wird heute noch *Farro* angebaut, auf Deutsch „Emmer" oder „Zweikorn". Der eiweiß- und mineralstoffreiche Emmer gehört zu den frühesten kultivierten Getreidearten der Menschheit. Schon in der Steinzeit bekannt, fand er später den Weg in die etruskische Küche, dann in die römische, heute ist er nur noch selten anzutreffen – etwa auf der Hochebene von Castelluccio und eben in Monteleone. Sollten Sie in einem Restaurant in der Valnerina eine „Minestra di farro" angeboten bekommen, greifen Sie zu: Den herzhaften Eintopf – einst ein klassisches Arme-Leute-Gericht – finden Sie so schnell nicht wieder.

Oberes Cornotal 163

Verstecktes Eremo: Madonna della Stella

Doch brauchen Sie nicht nach Amerika zu fliegen, um die Biga zu sehen – vorausgesetzt, Sie nehmen vorlieb mit einer originalgetreuen Kopie aus dem Jahr 1985. Sie steht unterhalb von San Francesco, in einem direkt an die Kirche angebauten Gebäudetrakt, und ist so schön anzusehen wie das Original: Nussholz, mit vergoldeten Bronzeplättchen und reich mit Reliefs aus der griechischen Mythologie verziert, die Naben des Zweispänners enden in Löwenköpfen.

Eine Dokumentation in italienischer und englischer Sprache über den sensationellen Fund und die Restaurierung des Juwels macht das antike Gefährt auch dem Laien verständlich.

■ Sommer tägl. 10–13 und 15–18.30 Uhr; Winter Mo–Fr 10–13, Sa/So 10–13 und 15–18.30 Uhr. Eintritt frei, Spendenbüchse.

*** Hotel Brufa, am unteren Stadttor in Richtung Leonessa/Cáscia. Von außen macht das rosa Haus weniger her als von innen: sehr gepflegte Zimmer, die meisten mit Zugang zum gemeinsamen Balkon. Betischter, ruhiger, kleiner Gartenstreifen hinter dem Haus. DZ 50–100 €. Strada Provinciale 10, 06045 Monteleone di Spoleto, ✆ 0743-70646, www.hotelbrufa.it.

Einsiedelei Madonna della Stella

Ein Ausflug von Monteleone di Spoleto nach Norden. Mitten im Wald klebt dort an einem Felsen die angeblich im Jahr 529 vom heiligen Benedikt gegründete Einsiedelei. Falls die Jahreszahl stimmt, wäre der Bau exakt so alt wie das benediktinische Stammkloster in Montecassino. Später übernahmen Franziskaner das Eremo, sie waren hier noch bis 1953 tätig. Heute ist die Kirche meist geschlossen. Auch wenn Sie am Glockenstrang ziehen und ein Gebimmel auslösen, wird Ihnen niemand aufmachen. Sie müssen sich mit einem Blick durch die Glastür auf ein paar lädierte Fresken aus der Gründerzeit des Benediktinerordens begnügen. Im brüchigen Felsen über der Kirche sind noch einige Wohnhöhlen der Eremiten auszumachen.

Der Ausflug lässt sich wunderbar mit einem Picknick am rauschenden Bächlein verbinden. Eine Feuerstelle ist vorhanden, und die Chance, dass Sie mutterseelenallein sind, groß.

Anfahrt: Von Monteleone di Spoleto auf einer kleinen Straße nach Norden in Richtung Borgo Cerreto; ca. 6 km nach dem Örtchen Poggiodomo führt links eine Schotterstraße (Schild „Roccatamburo") zur Einsiedelei.

Cáscia

Einst war Cáscia eine römische Befestigung, im Mittelalter selbstständige Republik mit eigener Münzprägung, heute steht Cáscia ganz im Zeichen der heiligen Rita. In punkto Pilgerscharen ist Cáscia nach Assisi die Nummer zwei in Umbrien. Im Unterschied zur Franziskus-Stadt zeigt Cáscia jedoch kein mittelalterliches Stadtbild, das auch nichtreligiöse Touristen anziehen würde.

Im Zentrum steht die Basilika zu Ehren der Stadtheiligen, ein Bau aus der Mussolini-Zeit. Nummerierte Großparkplätze, etliche mehrsternige Hotels, Souvenirläden mit unzähligen Miniatur-Ritas – wer nicht wegen der Schutzpatronin der Hausfrauen hierher gekommen ist, fühlt sich rasch fehl am Platz.

Basilica di Santa Rita: Sehenswert ist der in der Mussolini-Zeit begonnene und 1947 vollendete zweigeschossige Monumentalbau nur für Pilger oder für Menschen, die ein Faible für eine Mischung aus moderner Kirchenmalerei, Kitsch und Kult haben.

In der in byzantinischer Kreuzform konzipierten **Oberkirche** wird gezeigt, wozu moderne Freskenmalerei imstande ist. Im linken Flügel ruht – für die Pilger auf Distanz gehalten – Santa Rita. Für Gläubige zählt sie zu den raren, „inkorruptiblen" Heiligen, deren Körper nicht verwest. In der **Unterkirche** mit ihrer kalten, marmornen Nüchternheit wird ein Eucharistie-Wunder verehrt, wie es in der katholischen Kirchengeschichte häufiger vorkommt. Die Begebenheit soll sich zu Beginn des 14. Jahrhunderts zugetragen haben: Ein Landpfarrer wird an ein Krankenlager gerufen. Er steckt eine Hostie in sein Brevier und zieht los. Beim Kranken angekommen, öffnet er das Brevier – die Hostie ist blutdurchtränkt. Der Landpfarrer überreicht den Corpus Christi einem Augustinermönch, der ihn nach Cáscia bringt. Die blutige Hostie ist ausgestellt, ganz im Geschmack der Örtlichkeit bzw.

Architektur aus der Mussolini-Zeit – Basilica di Santa Rita

Rita – Schutzpatronin der Hausfrauen

Geboren wurde Rita 1381 im oberhalb von Cáscia gelegenen *Roccaporena*. Mit fünfzehn zwangsverheiratet, machte sie die Hölle auf Erden durch: der Gatte ein Rohling und Alkoholiker, die Söhne verschwendungssüchtige Taugenichtse. Der Mann fiel einem Mord zum Opfer, nachdem er kurz zuvor angeblich seinen Lebenswandel bitter bereut und dem Alkohol abgeschworen hatte. Bald darauf – wohl als Folge einer Blutrache – ereilte die Söhne das gleiche Schicksal.

Die vom Unglück geschlagene Witwe suchte ihren Schmerz im Gebet zu lindern und erreichte die Aufnahme in das Augustinerkloster von Cáscia, in dem sie den Rest ihres Lebens verbrachte. 1442 fiel ihr während des Karfreitagsgebets, so die Legende, ein Dorn aus dem Kranz des Erlösers auf die Stirn – eine etwas ungewöhnliche Form der Stigmatisierung. Schon bald nach ihrem Tod im Jahre 1457 steigerte sich Ritas Ansehen beim Volk zur Verehrung. Die päpstlichen Instanzen ließen mit der Seligsprechung bis 1628 auf sich warten, am 24. Mai 1900 erfolgte schließlich – nicht zuletzt auf Druck der pilgernden Öffentlichkeit – die Heiligsprechung.

Jährlich am 21./22. Mai werden Feierlichkeiten zu Ehren der heiligen Rita abgehalten, die ihres ehelichen Martyriums wegen zur Schutzheiligen der Hausfrauen geworden ist.

Ritas für den Hausaltar

im geschmacklosen Glanz einer Edelboutique. In einer Vitrine davor sind – effektvoll angestrahlt – die Knochen des Augustinermönchs verwahrt.

Chiesa di Sant'Antonio: im unteren Ortsteil und kunstgeschichtlich bedeutsamer als die moderne Basilika. Im Chor ist ein vollständig restaurierter Freskenzyklus eines umbrischen Meisters aus dem 15. Jahrhundert zu sehen, der die Vita des heiligen Antonius erzählt. In der Apsis dahinter stellt ein weiterer Freskenzyklus aus derselben Zeit – er stammt von *Nicola da Siena* – die Passionsgeschichte dar, in der Christus auffallend weibliche Züge trägt.

- 2018 war die Kirche geschlossen. Bislang galt: Mitte März–April & Mitte Sept.-Nov. Sa/So 10.30–13 und 15–18 Uhr, Mai–Juli und 1. Sept.-Hälfte Fr–So 10.30–13 und 15–18 Uhr, Aug. tägl. 10.30–13 und 16–19 Uhr.

Postleitzahl 06043

Information IAT-Büro, Piazza Garibaldi 1, direkt an die Kirche San Francesco angebaut (Ortszentrum, unterhalb der Basilika). Mo–Sa 9–13 und 15.30–18.30, So 9–13 Uhr. ☎ 0743-71147.

Hin und weg Busse nach Nórcia, Spoleto und Roccaporena.

Markt Mostra mercato dello zafferanno di Cascia, 4 Tage in der 1. Nov.-Hälfte rund um den Safran. Neben Città della Pieve ist Cascia die zweite umbrische Stadt, in der das kostbare Gewürz angebaut wird.

Rafting, Kajak, Canyoning Rafting River Valnerina, in Serravalle, zwischen Cáscia und Nórcia, am Abzweig nach Nórcia, direkt bei der Mündung des Sordo in den Corno. Letzterer hat stets genug Wasser und genug Schnellen für beide Sportarten. Einen Kajakverleih gibt's direkt am Fluss. ☎ 346-2788236, https://raftigriver-valnerina.business.site.

Hotel ** Cáscia, direkt bei der Parkanlage unterhalb der zentralen Piazza Garibaldi. Eines der wenigen Hotels, das für die Busladungen von Pilgern zu klein ist. Gepflegte Mittelklasse, Restaurant mit regionaler Küche; die meisten Zimmer mit Zugang zu einem gemeinsamen Balkon. DZ 60 €. Viale Cavour 14, ☎ 0743-76961, www.hotelcascia.eu.

Restaurant Da Renato, 2,5 km außerhalb von Cáscia an der Straße nach Nórcia, von dieser aber durch eine größere Wiese getrennt. Wer auf die Pilgerstadt verzichten kann, isst hier abseits des Rita-Rummels preiswert und gut – auf der verglasten Terrasse oder im Freien unter der überdachten Terrasse. Daneben Kinderspielplatz. Di Ruhetag. Loc. Villa Marino. ☎ 0743-76367.

Roccaporena

Von Cáscia aus 5,5 km das Corno-Tal aufwärts. Der von Bergen eingerahmte Geburtsort der heiligen Rita gehört in der Regel zum Pflichtprogramm der Pilgerscharen. Der Ort besteht in erster Linie aus dem ausgedehnten Pilgerbezirk mit seinen Souvenirbuden und dem nüchtern-modernen *Santuario di Santa Rita*, davor die in Bronze gegossene Heilige mit verklärtem Blick und auffällig langfingrig. Dahinter schließt sich ein großes Pilgerheim an. An der Dorfstraße findet man das *Lazarett* (15.–17. Jh.), in dem Rita wirkte, und gleich daneben das zur Kapelle umgebaute *Casa maritale*, in dem sie ihre unglücklichen Ehejahre verbrachte. Interessanter ist das *Casa natale*, das Geburtshaus der Heiligen, etwas weiter oben an der Straße. Zumindest hat der Besucher hier Gelegenheit zu einem Einblick in die verschachtelte Architektur eines ganz gewöhnlichen Hauses von Roccaporena.

Der Spaziergang zum *Orto dei Miracoli*, zum Garten der Wunder, bringt dem Ungläubigen nicht viel. Der Aufstieg führt zu einer Gedenkstätte, wo man dann eines der Wunder beschrieben bekommt. Zusammenfassung: Die schwerkranke Rita wird von einer Verwandten besucht und wünscht sich eine Rose und zwei Feigen. Die Besucherin zweifelt an Ritas Verstand: Es ist nicht gerade die Jahreszeit für Rosen und Feigen. Nach Hause zurückgekehrt, findet sie aber in ihrem Garten – was? Eine Rose und zwei Feigen natürlich, oder eher übernatürlich ... Mag davon etwas halten, wer will. Zumindest hätte uns eine schöne Aussicht die Mühe des Aufstiegs lohnen können. War aber auch nicht der Fall.

Wer eine schöne Aussicht sucht, ersteigt am besten gleich den *Scoglio di Santa Rita*, den nicht zu übersehenden Hügel über dem Dorf, auf dessen Spitze eine Kapelle thront. Der lange Kreuzweg, eine beiderseits von einem Mäuerchen gesäumte Treppe, in dessen Steinplatten Hunderte von Pilgern ihren Namen eingravieren ließen, ist etwas mühsam (aber das ist ja der Zweck eines Kreuzwegs), das Panorama oben ist jedoch phantastisch. Den Wallfahrtsort zu Füßen, gleitet der Blick über die Dorfstraße weiter zum Pilgerbezirk und entdeckt dahinter etwas ganz Weltliches: den Fußballplatz von Roccaporena.

Nórcia

In einer weiten Hochebene im Schutz der Sibillinischen Berge und bis zum Erdbeben von 2016 eingefasst von einer intakten mittelalterlichen Mauer liegt Nórcia. Italiener denken bei Nórcia zuerst an Würste und Linsen, für die die Stadt berühmt ist. Für Wanderer ist die Stadt vor allem eine Basis für ausgedehnte Touren in die Einsamkeit des umbrisch-märkischen Appenin.

In der Bergwelt von Nórcia kursieren noch viele mündlich überlieferte Hexengeschichten, die der Bevölkerung so vertraut sind wie die Vita des heiligen Benedikt. Dieser wurde im Jahr 480 in Nórcia geboren, verbrachte hier seine ersten zwölf Lebensjahre und ging später als Begründer des abendländischen Mönchstums in die Geschichte ein. Jahrhundertelang Schutzpatron von Nórcia, erfuhr Benedikt 1964 eine bedeutende Ausweitung seines Schirmgebiets, als ihn Papst Paul VI. zum Schutzpatron ganz Europas ausrief. Eine im Jahr 2000 am Eingang zur Basilika in den Boden eingelassene Platte erinnerte an das Ereignis.

Nórcia wurde immer wieder von Erdbeben heimgesucht. Nach einem besonders heftigen Erdstoß 1859 erließen die kommunalen Behörden ein noch heute gültiges Gesetz, das für die Häuser eine maximale Höhe von 12,5 m festlegt. Seither besteht praktisch die ganze Stadt aus zweistöckigen Bauten, die ihr im Vergleich zu den Mittelalterstädten Umbriens eine hellere, freundlichere Ausstrahlung verleihen. Ein schweres Beben im Jahr 1979 beschädigte jedoch erneut zahlreiche Häuser. Beim Erdbeben vom September 1997 kam das katastrophenerfahrene, durch Schaden klüger gewordene Nórcia vergleichsweise heil davon. Beim vorläufig

Nórcia nach dem Erdbeben

letzten Beben 2016 aber lag das Epizentrum zu nah, nur 10 km nördlich der Stadt. Die Schäden sind verheerend, die Wiederaubauarbeiten dürften noch viele Jahre in Anspruch nehmen.

Sehenswertes

Piazza San Benedetto: Der kreisrunde Platz mit dem wiederaufgestellten Standbild des Stadtheiligen ist das Zentrum Nórcias. Auf der einen Seite

Das Erdbeben vom 30. Oktober 2016

Mittelitalien kommt nicht zur Ruhe. Am 26. September 1997 zerstörte ein Errdbeben das Centro storico des nordumbrischen Städtchens Nocera, in Foligno krachte der Turm der Kathedrale auf die Piazza, in der Franziskus-Basilika von Assisi fielen Teile des mit Fresken bemalten Gewölbes der Oberkirche herunter. Am 6. April 2009 legte ein Erdbeben große Teile der Abruzzenhauptstadt L'Aquila in Trümmer, 308 starben dabei – und am 30. Oktober 2016 traf es Nórcia.

Das Erdbeben von 1997 hatte die Stärke von 5,8 auf der Richterskala. In Nocera Umbra dauert der Wiederaufbau ziemlich genau 20 Jahre. Das Erdbeben von 2016 zeigte eine Stärke von 6,5. Wie lange der Wiederaufbau in Nórcia dauern wird, ist noch nicht abzusehen.

Im September 2018, knapp zwei Jahre nach dem Beben, bot sich in Nórcia dieses Bild: Von der Basilica San Benedetto, dem Geburtsort des Gründers des Benediktinerordens, standen noch einige wenige Teile der Fassade. Der Stadtteil hinter der Basilica war größtenteils „Zona Rossa" (Rote Zone, abgesperrtes Gebiet). Das einzige Hotel innerhalb der Stadtmauer war geschlossen, ebenso ein weiteres knapp außerhalb der Mauer. Jugendherberge umgezogen, zahlreiche Restaurants zerstört, andere weisen darauf hin, wo außerhalb der Mauer sie ein Provisorium eingerichtet haben, oder schreiben „lavoriamo per una riapertura" (wir arbeiten an einer Wiedereröffnung). 70 % der Trümmer in der Stadt waren noch nicht weggeräumt – woran auch die italienische Bürokratie mit ihren zahlreichen Vorschriften schuld ist.

Noch schlimmer sah es im September 2018 im Bergdorf *Castelluccio* aus. Dieses ist gänzlich zusammengekracht, das ganze Dorf zur „Zona Rossa" erklärt. In *Preci* wiederum, an einem Zufluss der Nera gelegen, war nur der alte Ortskern als „Zona Rossa" ausgewiesen.

Nichts mehr wird sein, wie es war. Eine aktuelle Beschreibung erlaubt aber gelegentlich einen Blick durch die Zerstörung hindurch in die Vergangenheit und manchmal auch einen Ausblick in die Zukunft, ohne dabei die Gegenwart auszublenden. So ungefähr positioniert sich unsere Beschreibung des von der Katastrophe geschüttelten Gebiets.

Nórcia 169

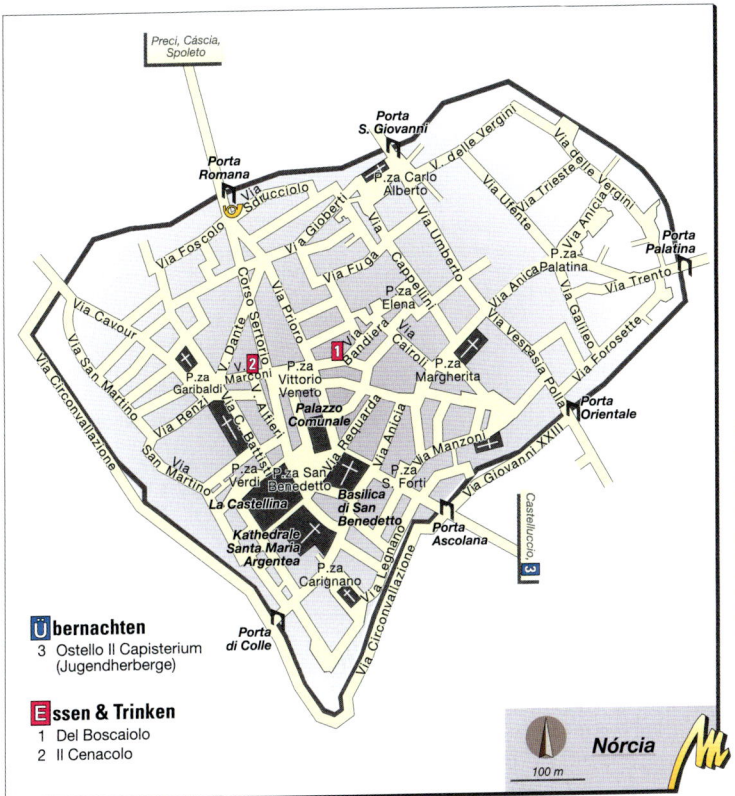

Übernachten
3 Ostello Il Capisterium (Jugendherberge)

Essen & Trinken
1 Del Boscaiolo
2 Il Cenacolo

steht *La Castellina*, ein schmuckes, quadratisches Kastellchen mit vorspringenden Ecktürmen, dessen Eingang von zwei freundlich blickenden Löwen bewacht wird. Es stammt aus dem 16. Jahrhundert und wurde auf Geheiß von Papst Julius III. errichtet, damit der Kirchenstaat die republikanisch gesinnte Bevölkerung Nórcias besser unter Kontrolle halten konnte. Heute dient La Castellina, das dem Erdbeben weitgehend getrotzt hat, als lokalhistorisches Museum.

Die andere Seite der Piazza mit dem *Palazzo Comunale* (13. Jh., mehrfach umgebaut und kürzlich restauriert) und Nórcias einstiger Attraktion Nummer eins, der *Basilica di San Benedetto*, ist weitgehend zerstört.

Basilica di San Benedetto: Die Kirche – 2018 in Trümmern – stammt aus dem 14. Jahrhundert und wurde seither mehrere Male umgebaut. Links und rechts über dem Portal standen in zwei Nischen der heilige Benedikt sowie seine ebenfalls heiliggesprochene Zwillingsschwester *Scholastica*; über dem Portal umrahmten die Symbole der vier Evangelisten eine fein gearbeitete Rosette. Zumindest dieser Teil der Basilika dürfte bald wieder zu sehen sein.

In der *Unterkirche*, so wird vermutet, wurden 480 die heiligen Zwillinge geboren, und ihnen zu Ehren errichtete man hier im 6. Jahrhundert – auf römischen Fundamenten aus dem 1. Jahrhundert – eine kleine Kapelle. Beim Bau der Oberkirche wurde diese teilweise zerstört. Das Erdbeben von 2016 hat sowohl Ober- wie Unterkirche komplett in Trümmer gelegt.

Basis-Infos

Postleitzahl 06046

Information 2018 hatte das vom Erdbeben zerstörte Infobüro noch keine neue Bleibe gefunden. Auf der Piazza San Benedetto war ein Zelt mit unregelmäßigen Öffnungszeiten aufgestellt. ☏ 0743-828173.

Hin und weg Busse nach Cáscia, Castelluccio, Terni, Rom, Perugia, Spoleto, Foligno, S. Maria degli Angeli (Assisi).

Einkaufen Nórcia ist für seine Linsen und Würste landesweit bekannt, Läden, manchmal auch nur Verkaufsstände finden sich in der Stadt genügend. Der Einkauf einheimischer Produkte wird auch als Geste der Solidarität geschätzt. Viele Linsenbauern kommen aus dem Bergdorf Castelluccio, wo ihr Haus zerstört wurde.

Feste Oktoberfest, an einem Wochenende im September. Dirndl, Lederhosen, Sauerkraut, deutsches Bier – einzig die Wurst kommt aus Nórcia (da können die Bayern nicht mithalten). Das traditionelle Oktoberfest von Nórcia ist eine Frucht der Städtepartnerschaft mit dem oberschwäbischen Ottobeuren.

Markt Mostra mercato del tartufo nero, letztes Wochenende im Februar. Verkaufsmesse der schwarzen Trüffel und anderer typischer Produkte der Umgebung. Frisch geerntet (Januar/Februar) kosten 100 g schwarze Trüffeln ca. 100 €!

Übernachten

→ Karte S. 169

Hotel *** Dei Cacciatori, 11 km außerhalb in Biselli (Straße nach Spoleto). Eine Wiese mit Tischen, ein Kinderspielplatz und ein Swimmingpool vor dem Haus laden ein. Der freundliche Besitzer gibt gerne auch Auskunft zu Kajakfahrten (Einstieg etwas oberhalb in Serravalle). Die Zimmer sind nüchtern-sachlich gehalten, teils mit Balkon. Restaurant vorhanden. DZ 50–100 €. Loc. Biselli di Nórcia, ☏ 0743-822347, www.hoteldeicacciatori.com.

Jugendherberge Ostello Il Capisterium ❸, ein Jahr nach dem Erdbeben hat die früher an der Stadtmauer gelegene Jugendherberge südöstlich der Stadt neueröffnet. Doppel-, 3- und 4-Bett-Zimmer. Garten mit Swimmingpool. Übernachtung im Mehrbettzimmer ab 15 €/Pers., im DZ inkl. Frühstück 20–30 €/Pers. Ganzjährig geöffnet. Via dell'Ospedale, 339-5639237, ☏ 349-3002091, www.norciaospitalita.it.

Essen & Trinken

→ Karte S. 169

Im abgelegenen Nórcia lernt man die traditionelle Küche der Valnerina von ihrer besten Seite kennen. Berühmt sind die *Lenticchie di Castelluccio*. Die kleinen grünen Linsen werden auf 1400 m Höhe angebaut; sie haben eine kurze Garzeit und viel Geschmack. Landesweit bekannt sind auch die Würste aus Nórcia. Die kurzen, feisten *Norcini* werden in einem speziellen Pökel- und Räucherverfahren hergestellt. Norcinerias nennen sich heute zahlreiche Wurstwarenläden in ganz Mittelitalien.

Frische Forellen aus dem Sordo-Fluss und schwarze Trüffeln aus den umliegenden Wäldern sind weitere Spezialitäten der lokalen Küche.

Restaurants Il Cenacolo ❷, klein und fein, freundlicher Service. Am besten startet man mit einem 24 Monate alten Nórcia-Schinken und dazu einem jungen Pecorino, dann geht's klassisch umbrisch weiter. Do Ruhetag. Via G. Marconi 4, ☏ 0743-817119.

meinTipp **Del Boscaiolo** ❶, nahe der Piazza Veneto. Das Haus war 2018 noch mit der Behebung von Erdbebenschäden beschäftigt, dürfte aber 2019 wieder aufmachen. Bisher galt: Einfache Hausmannskost, mit viel Freundlichkeit serviert. Abends auch Pizza. Mo Ruhetag. Via Bandiera 9, ☏ 0743-828545.

Die Marcita – benediktinische Bewässerungstechnik

Gemäß dem Leitspruch ihres Ordens *ora et labora* verbanden die Benediktinermönche geistliches und weltliches Leben. Ihrer Arbeit ist die Kultivierung der Valnerina zu verdanken. Es waren Benediktiner, die die Bewässerungstechnik der *Marcita* erfanden. Der Boden wird mit Hilfe von unterirdisch verlaufenden Bewässerungsadern das ganze Jahr feucht und fruchtbar gehalten, was bis zu sieben Grasschnitte pro Jahr erlaubt. Im Winter wird die letzte Ernte liegengelassen, so dass das Heu verfault (*marcire* = verfaulen) und zu Humus wird. Die durch die Marcita fast immer grünen, saftigen Felder findet man nur noch in der Gegend um Nórcia und in der Lombardei.

Hochebene um Castelluccio

Über eine steile Bergstraße erreicht man dieses wunderschöne, 30 Quadratkilometer große Wiesenplateau, umrahmt von den Sibillinen mit ihren 72 Berggipfeln. Mit über 2500 Metern ist das Gebirge nach dem Gran Sasso und der Maiella das höchste des Apennins.

Der riesige weiße Fleck auf der Landkarte unterteilt sich in den sogenannten *Piano Grande* („Große Ebene", 8 km auf 4 km), den *Piano Piccolo* („Kleine Ebene") und den *Piano Perduto* („Verlorene Ebene", sie wurde von Nórcia in einem Scharmützel an das märkische Visso verloren) – sie alle bildeten in der letzten Eiszeit einen einzigen See, der später austrocknete.

Linsenfelder im Piano Grande

Piano Grande im Winter

Im Südosten erstreckt sich quer durch die Hochebene der sumpfige *Fosso di Mergari* – eine Erdspalte von 2,5 km Länge, 30 m Breite und 10 m Tiefe. Hier sammeln sich im Frühjahr die Wassermengen und verschwinden in einem trichterförmigen Abflussloch (*Inghiottitóio*), etwa auf halber Strecke zwischen Castelluccio und Forca Canapine von der Straße aus sehr gut sichtbar. Speläologen drangen durch den Eingang des Abflusssystems, da sie darunter eine Höhle vermuteten. Erfolglose Suche! Wasserfärbungen ergaben jedoch, dass das verschwundene Wasser bei Nórcia wieder zum Vorschein kommt.

In der Nähe des Fosso di Mergari zeichnen sich in der Vegetation seltsame konzentrische Kreise ab. Dort im Morast wächst eine Pflanze, die erst vor gut 10 Jahren entdeckt wurde: *Carex Buxbaumii* – ein Relikt aus der letzten Eiszeit.

Castelluccio

Das romantisch-herbe Dorf am nördlichsten Punkt des Piano Grande ist ein Opfer des Erdbebens von 2016. Sämtliche Bewohner mussten das Dorf verlassen. Ein teilweiser Wiederaufbau ist vorgesehen, 2018 war noch das ganze Dorf als „Zona Rossa" (Betreten verboten) ausgewiesen. Immerhin hatte der Agriturismo *Il Guerrin Meschino* unterhalb des Dorfs den Restaurantbetrieb wieder aufgenommen, die Zimmer sollen frühestens 2020 wieder zur Verfügung stehen.

Auch wenn ganz Castelluccio in Trümmern liegt: Unterhalb des Orts, an der Straße, geht es an schönen Wochenenden äußerst lebendig zu. Nachdem die Straße sowohl auf der umbrischen Seite wie auch auf jener der Marken repariert und wieder befahrbar ist, treffen sich hier Ausflügler, Wanderer, Mountainbiker und unglaublich viele Motorradfahrer. Provisorische Imbisse, Bars und Souvenirbuden werden gezimmert, Wurst und Käse verkauft – und natürlich kiloweise Linsen.

Im Juni verwandeln die berühmten violetten Linsenblüten an den Berghängen und die blühenden Wiesen die

Hochebene des Piano Grande in ein Blumenmeer. Jährlich am 3. Sonntag im Juni findet in Castelluccio die *Fiorita* statt, eines der schönsten Feste Umbriens. Das wird auch nach dem Erdbeben gefeiert, darauf will keiner verzichten. Als die Häuser noch standen, wurden sie geschmückt und die auf den Hausmauern schriftlich festgehaltenen „Untaten" einzelner Dorfbewohner mit Blumen überdeckt.

Ebenfalls im Juni ist es Zeit für die Hirten und Schafe, ihre Winterquartiere zu verlassen und auf langen Pfaden über die Berge ihre Weideplätze auf dem Piano Grande und dem Piano Piccolo zu erreichen.

Castelluccio nach dem Erdbeben

Sportliches

Wanderungen und Bergtouren: Wer Lust auf lange Wanderungen hat, findet in der Umgebung von Castelluccio Möglichkeiten zur Genüge. Wer mehrtägige Wanderungen beabsichtigt, tut gut daran, sich vorab nach einer Übernachtungsmöglichkeit zu erkundigen! *Bilanz 2018: Eingestürzt sind sämtliche Agriturismi von Castelluccio, Hotel Sibilla (Castelluccio), Hotel Forca Canapine (11 km südl. von Castelluccio), Rifugio Perugia (zwischen Castelluccio und Nórcia), Rifugio A.N.A. (Forca di Presta). Der Camping auf dem Piano Grande war die einzige Übernachtungsadresse.*

Mountainbike: Das Mountainbike hat auch den Nationalpark der Sibillinen erobert. Gutes Kartenmaterial (→ Wanderungen und Bergtouren) ist unabdingbar.

Reiten: Über den Piano Grande wie über die Puszta preschen! Oder die weite Welt der Hochebene wie einsamer Westernheld erleben!

Berg- & Wanderführer Zahlreiche Bücher sind auf dem Markt, meist in italienischer, seltener in englischer Sprache.

Wanderkarten Parco Nazionale dei Sibillini, Carta dei Sentieri 1:50.000. Ed. Società Editrice Ricerche.

Ausreiten In der Saison ist beim Verpflegungspunkt auf dem Piano Grande die **Sibillini Ranch** zugange, die hier eine Haflinger-Aufzucht betreibt. ☎ 338-9986579 (Giuseppe) und ☎ 339-2245349 (Gilberto), www.sibilliniranch.it.

Camping/Wohnmobil Campingmöglichkeit auf dem Piano Grande, bei der Verpflegungsstation. Eingezäuntes Wiesengelände für Zelte und Wohnmobile, daneben Container-WC, Bar, mehr nicht.

Land-Art im Piano Grande

Die meisten übersehen es: Wer von Nórcia nach Castelluccio fährt, kann links am Hang einen Wald entdecken, der exakt die Umrisse Italiens zeigt, die Inseln Sardinien und Sizilien inklusive – als hätte die Natur Geographie studiert. Das Werk der Land-Art wurde in den 1960er Jahren anlässlich eines Fests gepflanzt, vielleicht um zu zeigen, wie groß der Piano Grande ist: Ganz Italien hat in ihm Platz.

Das Tal der Nera

Halb verlassene Ortschaften und steile, bewaldete Abhänge über dem rauschenden Fluss: Die raue Tal der Nera, das der Valnerina ihren Namen gab, ist eine landschaftlich bezaubernde Gegend.

Mit der Abwanderung in der zweiten Hälfte des letzten Jahrhunderts geriet das Nera-Tal zusehends ins Abseits. Das hat sich mittlerweile geändert. Wo jahrelang der Wind durch leere Fensterrahmen pfiff, sind heute wieder richtige Fenster zu sehen. Stadtmenschen aus Rom und Terni haben das schöne Tal entdeckt. Man macht sich Gedanken über eine dem Tal angemessene touristische Entwicklung, und einige träumen sogar, dass das Valnerina-Bähnlein dereinst wieder von Spoleto nach Nórcia zuckelt. Vorläufig hat ein anderes Projekt gewonnen: Die Trasse kann erwandert und erradelt werden (braune Schilder: „Ex-Ferrovia Spoleto – Nórcia"), zu Fuß durchgehend, Radler warten noch auf die radkompatible Instandsetzung eines letzten Streckenabschnitts von 7 km zwischen Serravalle und Casale Volpetti.

Preci

Ein paar Kilometer oberhalb des Nera-Tals, über einem Zufluss der Nera gelegen. Das mittelalterliche Bergborgo am Rand des Sibillinen-Nationalparks wurde ebenfalls ein Opfer des Bebens von 2016. Das einzige Hotel krachte zusammen, das kleine Centro storico war 2018 noch „Zona Rossa" (Betreten verboten). Das dürfte sich 2019 ändern, dann wird hoffentlich auch das einzigartige chirurgische Museum seine Türen wieder öffnen. Nach dem Erdbeben tauchte jedoch auch der Vorschlag auf, das Museum zum „Wandermuseum" mit Stationen in ganz Italien zu machen.

Museo della Chirurgia: Die Benediktiner aus der nahen Abtei Sant'Eutizio hatten die chirurgische Kunst bereits seit dem Ende des 10. Jahrhunderts ausgeübt, als ihnen das Laterankonzil von 1215 das Handwerk verbot. Darauf gaben sie ihr Wissen an die Bevölkerung von Preci weiter, wo im 13. Jahrhundert eine Schule für Chirurgie gegründet wurde – so jedenfalls will es die Legende. Tatsache ist, dass in Preci noch bis ins 18. Jahrhundert Augenkrankheiten wie der graue Star, aber auch Nierensteine behandelt wurden. Das Museum präsentiert nicht nur papierene Dokumente, sondern auch einige chirurgische Instrumente, bei deren Anblick der Besucher froh ist, im 21. Jahrhundert zu leben.
▪ Bisher galt: Mo–Fr 8–14 Uhr, Di und Do zusätzlich 15–18 Uhr. Eintritt frei.

Camping ★★★★ **Il Collaccio**, das „Centro agriturismo" mit Campingmöglichkeit liegt 2,5 km von Preci entfernt, unterhalb des Örtchens Castelvecchio. Sehr gepflegtes Terrain, das sich terrassenförmig den Hang hinunterzieht. 100 Stellplätze und 2 Swimmingpools. Wenig Schatten, was in dieser Höhenlage aber nicht so wichtig ist. Vermietung von Appartements und Bungalows, und schließlich gehört zum Betrieb, der von einer überaus freundlichen Familie geführt wird, auch ein ausgezeichnetes Restaurant mit großer Speiseterrasse, das „Al Porcello Felice" („Zum glücklichen Ferkel", Mi geschlossen). Ganzjährig geöffnet. Loc. Castelvecchio, 06047 Preci, ☏ 0743-939084, www.ilcollaccio.com.

Abbazia Sant'Eutizio

Die ungefähr 3 km südlich von Preci, beim Örtchen Piedivalle gelegene Benediktinerabtei, einst berühmt für ihre Schule der Miniaturmalerei und für die Ausübung der chirurgischen Kunst (→ Preci), war im 11. und 12. Jahrhundert ein bedeutendes kulturelles und wirtschaftliches Zentrum, dessen Einfluss sich über die gesamte Valnerina

Das Valnerina-Bähnchen a. D.

Ökologie auf dem Abstellgleis – das Valnerina-Bähnchen

Wer heute in die Valnerina kommt, meist mit dem Auto über die großzügig ausgebaute Straße von Spoleto her, ahnt nicht, dass sich durch dieses enge und abgelegene Tal noch in den 1960er Jahren eine Bahnlinie schlängelte, die von Spoleto bis Nórcia führte. Nur nach genauerem Hinsehen erkennt man hier und da, überwuchert von Efeu und Gestrüpp, einen Tunnel, ein einsames Bahnhofsgebäude oder steht plötzlich verdutzt vor einem verrosteten Eisenbahnwaggon – und weit und breit keine Gleise.

Diese spärlichen Hinweise lassen nicht vermuten, dass es sich hier einmal um ein kleines technisches Wunderwerk handelte, um die Verwirklichung eines alten Traumes: endlich eine sichere Verbindung von Ost nach West zu schaffen, von Meer zu Meer, von Rom nach Ancona. Vorher hatte es nur die alte Passstraße gegeben, die bei schlechten Wetterverhältnissen unbefahrbar war. Ein Linienbus – der mit Dampf betriebene „Pirobus" – verkehrte nur sporadisch und blieb häufig liegen. Wie all die Jahrhunderte zuvor musste man dann mit Maultieren oder zu Fuß den alten Saumpfaden folgen, um ans Ziel zu kommen.

Hier nun eine Eisenbahnlinie zu bauen, war ein gewagtes Unternehmen. Die Strecke war zwar nur 52 km lang, wies aber extreme Höhenunterschiede auf. Innerhalb von nur zehn Kilometern musste man von 320 m ü. M. bei Forca di Cerro auf 732 m ansteigen, um dann abrupt wieder auf 333 m herunterzukommen. Man fand eine geniale Lösung, indem man zahlreiche Kehrtunnel in die Berge schlug, so wie sie der Reisende heute noch bei der Alpenüberquerung am Lötschberg oder Gotthard erleben kann. Dieser Vergleich liegt nahe, denn der leitende Ingenieur im Nera-Tal war kein anderer als der Schweizer Erwin Thomann, der Erbauer der berühmten Bahnlinie durch den Lötschbergtunnel. Es erwies sich als vorteilhaft, die Neratal-Bahn mit Elektrolokomotiven auszustatten, da diese größere Steigungen überwinden konnten. So ergab sich insgesamt ein Streckenverlauf, der sich ganz unauffällig in die natürlichen Gegebenheiten einfügte. Meist folgten die Bahnschienen dem Flusslauf der Nera, verschwanden hier und da in einem Tunnel, der von außen so einfach gehalten wurde, als sei er der Eingang zu einer natürlichen Grotte, um dann über wenige gemauerte Viadukte unwegsame Klüfte zu überwinden.

Mit dem Bau der Spoleto-Nórcia-Bahn wurde 1909 begonnen. Doch erst 1926 konnte sie unter vielen Mühen fertiggestellt werden. Immer wieder drohte das aufwendige und kostspielige Unternehmen zu scheitern, besonders während der Wirren des Ersten Weltkriegs. Dann endlich, nach 17 Jahren Bautätigkeit, war es soweit: Mehrmals täglich verkehrte ein Zug mit Personen- und Güterwaggons zwischen Spoleto und Nórcia.

1945 zerstörten die Deutschen ein Elektrostellwerk, und der Bahnbetrieb brach zusammen. Erst in den 50er Jahren konnte die Strecke wieder aufgenommen werden, doch die Bahnlinie war dringend modernisierungsbedürftig geworden. Statt jedoch die notwendige Sanierung zu wagen, verkaufte man 1968 die Lokomotiven, demontierte die Schienen und setzte in der Verkehrspolitik voll auf den Ausbau der Autostraße.

Heute, im Zeitalter der Suche nach sinnvollen Alternativen zum alles beherrschenden Automobil, denkt man wieder daran, die alte Bahnlinie neu zu beleben. Doch scheitern bislang alle Vorschläge daran, dass das nötige Geld fehlt. Das ehemalige technische Kleinod wäre eine Touristenattraktion, mit der man das wilde und eindrucksvolle Tal der Nera auf ganz andere Weise genießen könnte als nur mit einem Blick aus dem Autofenster.

Margarete Berg

■ **Museum**: Im Stationsgebäude von Spoleto, wo das Bähnchen einst zu seiner Fahrt in die Berge startete, zeigt heute das *Museo della ex ferrovia Spoleto-Nórcia* eine kleine Dokumentation, leider geöffnet nur Sa/So von 17 bis 19 Uhr (Eintritt frei). **Wandern/Fahrradtour**: Wanderer können den gesamten Streckenverlauf des historischen Bähnchens zu Fuß zurücklegen. Für Radler war 2018 ein 7 km langes Teilstück zwischen Casale Volpetti und Serravalle noch nicht fertiggestellt.

erstreckte. Beim Erdbeben 2016 krachten große Teile der Abtei zusammen, teils wegen des über ihr gelegenen Friedhofs, der auf die Abtei hinabstürzte. Die Restaurierung dürfte Jahre in Anspruch nehmen.

Bagni di Triponzo (Terme Cerreto di Spoleto)

Knapp 2 km vor der Brücke von Triponzo kitzelt gesunder Schwefelgeruch die Nase, er ist bereits von der Straße aus wahrzunehmen. Das 2016 eröffnete Bad mit einem großen Thermalbecken unter freiem Himmel (31° C warmes Wasser mit hohem Gehalt an Schwefel und Magnesium) ist verlockend, das Konzept des Wellnessbetriebs weniger, es sei denn, man braucht eine Massage (im alten Thermalgebäude), eine Fangokur, Epilation, Maniküre, Pediküre oder was sonst noch alles im Beauty-Angebot ist. Wer einfach nur im warmen Wasser schwimmen will, zahlt 40–50 €, darf dafür fünf Stunden bleiben. Kurzaufenthalt geht nicht. Mittwoch geschlossen.

Sellano

Der Bergort, in dessen Nähe ein Staudamm am Vigi-Flüsschen einen forellenreichen See (Lago di Sellano) entstehen ließ, ist heute vor allem für sein Mineralwasser bekannt, das unter der Marke „Fonte Tullia" in vielen umbrischen Restaurants auf den Tisch kommt. Entdeckt bzw. wiederentdeckt wurde die Quelle vom Bauunternehmer Alceste Tulli, der daraufhin das Gelände mitsamt dem ehemaligen Augustinerkonvent erwarb. Die letzten Mönche hatten 1882 das alte Kloster verlassen, das nach umfassenden Restaurierungsarbeiten 2014 als Edelherberge eröffnete.

mein Tipp Hotel **Convento di Acqua**, Ruhe garantiert. Anfahrt von Borgo Cerreto insgesamt ca. 10 km in Richtung Sellano – nach 8 km an der Beschilderung „Fonte Tullia" (Mineralwasserfabrik) vorbeifahren, nach weiteren 2 km rechts abzweigen. Der Konvent mit seinem 4 ha großen Park wurde mit großer Sorgfalt restauriert, die Kirche wird noch für Trauungen genutzt, die Krypta kann besichtigt werden. Rund um den Kreuzgang mit seinem Ziehbrunnen sind 10 sehr geschmackvolle Gästezimmer entstanden. Die Bausubstanz wurde belassen, an ihr ist übrigens auch die Geschichte des Konvents abzulesen. Die Zimmer aus der frühen Zeit des Klosters (Benediktiner, 12.–16. Jh.) sind höher als die der späteren Epoche (Augustiner, 16.–19. Jh.). In der Küche sekundiert eine Einheimische, die mit den traditionellen regionalen Rezepten vertraut ist, dem Küchenmeister. Im Garten ein Swimmingpool, und am oberen Ende des gepflegten Parks sprudelt die von Alceste Tulli entdeckte Quelle, von der heute eine unterirdische Leitung zur Mineralwasserfabrik hinunterführt. DZ inkl. Frühstücksbuffet 120–180 €. Loc. Cappuccini 1, 06030 Sellano, ☏ 0743-926663, www.conventodiacquapremula.com.

Vallo di Nera

Der auf einem Hügel über der Nera thronende Ort ist die „Hauptstadt" der Valnerina. Ein kleiner Palazzo a. D. (15.–17. Jh.) und die Stadtmauer aus dem 13. Jahrhundert erinnern daran, dass Vallo di Nera einst mehr war als nur ein Bergdorf. Doch erlitt der Ort das übliche Schicksal: Abwanderung. Bis um die Jahrtausendwende noch glaubte man sich beim Spaziergang durch die Treppengassen des Borgo in einen Geisterort versetzt. Heute sind zahlreiche Häuser restauriert und wieder bewohnt, zumindest am Wochenende, wenn deren Besitzer aus Rom Ruhe suchen.

Knapp außerhalb der Stadtmauern, am oberen Ortsende, findet man bei der San-Rocco-Kirche die alte offene Waschhalle, sie wird gelegentlich noch benutzt. So haben zumindest die Frauen von Vallo di Nera ein Kommunikationszentrum, Männer haben wir keine gesehen …

Rafting/Kanu/Kajak **Rafting Nomad** unterhält an der Nera eine Basis für Wassersportler, direkt beim Abzweig nach Vallo di Nera. ☏ 334-8581414, ☏ 331-5885115, www.raftingnomad.com.

Vallo di Nera – ein stilles, steinernes Bergdorf

Hotel ** **Cacio Re**, (San Giovanni Battista), direkt außerhalb des Borgos, an ein Landhaus angebaut. Gepflegte Mittelklasse in sehr schöner Lage. Aussichtsterrasse, Kinderspielplatz, Tenniscourt und – Hängematte. Die Küche legt Wert auf regionale Produkte und wurde von Veronelli wie auch vom Gambero Rosso ausgezeichnet. DZ inkl. Frühstück 65–75 €. Loc. I Casali, 06040 Vallo di Nera, ☎ 0743-617003, www.caciore.com.

Castel San Felice

Ein klitzekleines Bilderbuch-Kastell über der Nera. Drei „Stadt"-Tore geben den Zugang frei zu ein paar sich zusammendrängenden Häusern, der öffentliche Waschbrunnen zur Talseite hin wird kaum mehr genutzt. Saubere Gassen und Blumen zeugen von neuen Bewohnern: Einige bemittelte Römer haben sich das hübsche Kastell als Zweitwohnsitz auserkoren.

Gleich unterhalb des Kastells steht die **Abbazia dei Santi Felice e Mauro**, ein Benediktinerbau aus dem 12. Jahrhundert. Die klassische Rosette mit den Symbolen der vier Evangelisten über dem Eingang ist hervorragend erhalten. Darunter ist der heilige Felix gerade mit der Tötung des Drachens beschäftigt, der auch in dieser Gegend gehaust haben soll. Im einschiffigen Kircheninneren ist der Altar auffällig erhöht. An der rechten Wand illustriert ein Fresko noch einmal die heldenhafte Tat des Kirchenpatrons: in ganz lockerer Haltung, scheinbar ohne jede Anstrengung wird hier das Monster erledigt. Gleich daneben werden Menschen gewogen – die drastische Darstellung soll fromme Christenmenschen daran erinnern, in ihrem Leben gute Taten statt Sünden anzuhäufen.

Übernachten im Ex-Kloster **Abbazia dei Santi Felice e Mauro**, in wunderbar ruhiger Lage. Die Jakobsmuschel sowie ein paar Schuhe am Klostereingang unterhalb der Kirche signalisieren dem Pilger, dass er hier ein Bett findet. Doch auch Wanderer, Durchreisende und Feriengäste sind im renovierten Gebäude willkommen. Schöne Zimmer für Singles, Pärchen, Familien und Gruppen, alle mit Bad. DZ inkl. Frühstück 60–80 €, auch HP möglich. Loc. Castel San Felice, 06040 Sant'Anatolia di Narco, ☎ 0743-613427, ☎ 338-6376057, www.abbazia.net.

Agriturismo **Zafferano e Dintorni**, direkt vor der Abbazia dei Santi Felice e Mauro. In der ehemaligen Pilgerherberge hat sich ein kleiner

Agriturismo eingerichtet, der Honig und Safran produziert. Nebenbei versteht sich die Örtlichkeit als Radlerstation: Verleih von MTBs, E-Bikes und Fahrrädern (inklusive Helm, Wasserflasche, Reparatur-Set). 3 DZ mit Du/WC für 60–65 €. Loc. Castel San Felice, 06040 Sant'Anatolia di Narco, ☏ 0743-613080, ☏ 347-2692456, www.zafferanoedintorni.it.

Casale Rosso, gut 2 km von der Abbazia entfernt. Erst 1,5 km auf dem Sträßchen Richtung Grotti, dann links der Ausschilderung folgen. Wunderbare Terrasse mit Aussicht auf Castel San Felice und Sant'Anatolia di Narco. Zwei weitere rote Häuser auf dem Terrain sind den Pferden und dem Vieh zugedacht. DZ 40–80 € je nach Saison. Loc. Casale Spinelli, 06040 Sant'Anatolia di Narco, ☏ 380-4185683, www.casalerosso.it.

Camping/Wohnmobil Viel Platz ist nicht, aber der Agriturismo Zafferano e Dintorni (s. o.) findet einen.

Sant'Anatolia di Narco

Der Ort wird vor allem als Verkehrsknotenpunkt wahrgenommen: nach Norden ins obere Valnerina, nach Süden in die Industriestadt Terni, nach Osten in die Berge von Monteleone di Spoleto und nach Westen durch den Tunnel nach Spoleto. Das Leben der Einheimischen und Touristen spielt sich am Platz neben dem großen Kreisel ab: ein heruntergekommenes Hotel, das keine Empfehlung verdient, aber in eine höchst lebhafte Straßenbar übergeht. Anschließend eine gute Metzgerei, deren Fleisch man gleich im großen Garten daneben grillen darf – mehrere Grills und als Zugabe ein Kinderspielplatz. Ein paar Schritte weiter beherbergt der ausgediente Bahnhof ein kleines Info-Büro und eine überaus fröhliche Bar mit dem Namen „Il Binario Giusto" (das richtige Gleis).

Scheggino

Das Dörfchen klebt linksseitig der Nera am Hang, oben stehen noch die Reste einer mittelalterlichen Burganlage, deren Verteidigungsmauer sich bis ins Tal hinunterzieht. Im Dorfkern stößt man gleich zweimal auf den Namen der Familie Urbani. Die neue *Piazza Carlo Urbani* ehrt den Gründer des weit über die Grenzen Italiens hinaus bekannten Trüffelunternehmens „Urbani Tartufi", ein Familienunternehmen, das heute in fünfter Generation von Olga Urbani geleitet wird. Auf ihre Initiative hin wurde 2012 an der Piazza das **Museo del Tartufo Urbani** eröffnet. Die klar präsentierte Sammlung – Legenden auf Italienisch und Englisch – dokumentiert die Geschichte des Unternehmens, zeigt einschlägige Instrumente wie Trüffelreiben und Präzisionswaagen und nebenbei auch Karikaturen rund um die Trüffel. Im Museumsshop können dann allerlei getrüffelte Delikatessen erstanden werden.

▪ Juni–Okt. Mi–So 10–19 Uhr, Nov.–Mai Do–So 10–19 Uhr. Eintritt frei.

Etwas flussaufwärts liegen die *Fonti di Valcasana*; die Quellen speisen eine alte Fischzuchtanlage mit Forellenbecken. Etwas weiter oben schwimmt der Homo sapiens: großes Becken und Becken für Kinder in idyllischer Lage, jedoch in praller Sonne. Gleich dahinter folgt ein Tennisplatz und schließlich der *Activo Park*, Italiens größtes Outdoor-activities-Gelände: Downhill, Klettern, Trekking, Nordic-walking-Route, Gokart und mehr; für ganz Kleine sorgt der „Baby Park", für das Stillen des Hungers ein Restaurant, für das des Durstes eine Bar … alles vorhanden. Geöffnet an Wochenenden von Mai bis Mitte Oktober, im August täglich.

Kanu, Kajak, Rafting, Mountainbike
Pangea, das Outdoor-Unternehmen hat seine Basis direkt an der Nera (Ortsmitte) aufgeschlagen: Verleih von Booten und Zubehör, Umkleidekabinen, Toiletten und obendrein ein schöne kleine Wiese zum Fluss. Gefahren wird auf der Strecke von Sant'Anatolia di Narco (5 km flussaufwärts) bis Caselli (5 km flussabwärts). Mo–Fr ☏ 329-3823590, Sa/So ☏ 348-7711170, www.pangea-italia.com.

Fahrradverleih Pangea (s. o.) ist nicht nur auf dem Wasser zugange, sondern unterhält auch einen Mountainbike-Verleih.

San Pietro in Valle

Im Mittelalter eines der reichsten Klöster der Umgebung, heute, mit Ausnahme der Kirche, eine Nobelherberge. Die Legende schreibt die Klostergründung dem Langobardenfürsten Faroaldo II. zu, der im 8. Jahrhundert Spoleto regierte. Im Traum soll ihm Petrus erschienen sein und – wenn Heilige sich an Erdenmenschen wenden, denken sie in der Regel auch an sich – einen Kirchenbau befohlen haben. Faroaldo II. gehorchte und ging sogar noch weiter: Er dankte als Herrscher von Spoleto ab, um den Rest seines Lebens als Mönch in dem von ihm gestifteten Kloster zu verbringen. Die machtpolitische Wirklichkeit hinter der beschönigenden Darstellung: Der Sohn Faroaldos II. putschte sich an die Macht und steckte seinen Vater kurzerhand ins Kloster. Den Sarkophag des Klostergründers findet man rechts vor dem Hauptaltar.

Sehenswert sind vor allem die restaurierten Fresken aus dem ausgehenden 12. Jahrhundert: Szenen aus dem Alten Testament an der linken Kirchenwand (besonders beeindruckend die Erschaffung der Eva), Szenen aus dem Neuen Testament an der rechten. Die Fresken an der Rückwand kamen erst im 16. Jahrhundert hinzu: „Madonna von Loreto" und „Madonna mit dem heiligen Sebastian" (letzterer lebensgefährlich von drei Pfeilen getroffen, ein vierter erweist sich als Streifschuss am Oberschenkel). Vielleicht schließt Ihnen die Dame, die sich der Besucher annimmt, das Portal zum Kreuzgang auf, um Ihnen Petrus und Paulus zu zeigen. Die beiden Reliefs stammen vermutlich aus dem 9. Jahrhundert, als das Kloster nach der Zerstörung durch die Sarazenen neu aufgebaut wurde.

■ April–Okt. tägl. 10.30–12.30 und 15.30–17.30 Uhr; Nov.–März Sa/So 10–12.30 und 14–15.30 Uhr. Eintritt 3 €.

Ferentillo

Die zwei mittelalterlichen Burgruinen, die beiderseits der Nera den Ort bewachen, gehörten einst zum Verteidigungsdispositiv des Klosters San Pietro in Valle (s. o). Die Natur half zusätzlich bei der Abwehr allfälliger Eindringlinge. Heute sind die Felsen links der Nera am Ortsausgang Richtung Monterivoso eine Herausforderung für fortgeschrittene Kletterer. Auch die Steilwände der *Castillone-Schlucht*, knapp 10 km östlich des Orts (an der Brücke in Richtung Monterivoso), sind nichts für Anfänger. Diese üben besser erst an den künstlichen Kletterwänden, die an einer tribünenähnlichen, futuristischen Konstruktion im Dorf installiert sind.

Ferentillo – Basis für Kletterer und Wanderer

Eine eher makabre Sensation in Ferentillo ist das **Museum der Mumien** im linksufrigen Ortsteil *Precetto*. Dank der besonderen chemischen Zusammensetzung der porösen Erde von Ferentillo wurden die vor über 200 Jahren in der Krypta der Kirche San Stefano beerdigten Toten perfekt mumifiziert. Bei einigen Mumien sind noch die Haare auszumachen, bei anderen stecken noch die Augäpfel in ihren Höhlen. Und, was der Besucher nicht sehen kann, aber die Universität von Perugia bereits im 19. Jahrhundert nachgewiesen hat: die inneren Organe sind noch vorhanden, wenn auch stark geschrumpft. Eine der ausgestellten Gestalten zeigt sich samt ihrer bäuerlichen Kleidung, eine andere, besonders große Mumie wird als Schweizergardist vorgestellt, und dann gibt's auch noch zwei leibhaftige Chinesen – angeblich auf der Pilgerreise nach Rom in Ferentillo gestorben. Eine etwas unglaubliche Geschichte, aber die fernöstlichen Gesichtszüge der beiden Mumien sind tatsächlich nicht zu leugnen. Empfehlenswert!

■ März und Okt. 10–13 und 15–18 Uhr; April–Sept. 10–13 und 15–19 Uhr; Nov.–Febr. 10–13 und 15–17 Uhr. Eintritt 3,50 €.

Hotel *** **Monterivoso**, in einer idyllisch gelegenen ehemaligen Mühle an der Straße nach Monterivoso, 800 m vom „Friedhof der Mumien". Ordentliche Zimmer mit nachträglich eingebauter Duschzelle, einige mit direktem Zugang zum Garten. Das Restaurant serviert in riesigen Portionen gute, preiswerte umbrische Küche und Forellen aus der Nera. DZ inkl. Frühstück 66 €. Via Case Sparse 5, Loc. Monterivoso, 05034 Ferentillo, ℡ 0744-780772, www.monterivoso.it.

Wohnmobil Ausgeschilderter Platz in der Nähe des „Museums der Mumien" (was den Schlaf nicht rauben soll).

Terni

Mit rund 110.000 Einwohnern ist Terni nach Perugia zwar Umbriens zweitgrößte Stadt, doch berühmte Sehenswürdigkeiten findet man hier nicht. Ganz gleich, von welcher Seite man sich Terni nähert: Industrieanlagen und Wohnsilos bestimmen das Bild schon bei der Einfahrt.

Bereits im 19. Jahrhundert wurde die Stadt planmäßig industrialisiert. Eisen- und Stahlproduktion sollten in Umbrien Arbeitsplätze schaffen. Im 20. Jahrhundert wuchs Terni zu einer der größten Rüstungsschmieden Italiens heran und war deshalb im 2. Weltkrieg eines der vorrangigsten Ziele der alliierten Bombardements. Von August 1943 bis Juni 1944 wurden über 100 Angriffe geflogen – mit dem Resultat, dass nicht nur militärische und zivile Produktionsanlagen zerstört wurden, sondern auch die historische Bausubstanz der Stadt.

Die weitgehende Zerstörung der Produktionsanlagen ermöglichte einen wirtschaftlichen Neuanfang vom Nullpunkt aus, und so findet man anstelle eines italienischen Manchesters aus dem 19. Jahrhundert heute eine moderne Industriestadt vor. Einige Industriebauten, die die alliierten Angriffe überstanden haben, sind vielleicht für den von Interesse, der das Zeitalter der industriellen Revolution unter musealen Aspekten zu würdigen weiß. Die zerbombten Palazzi im Zentrum hingegen wurden größtenteils durch Neubauten ersetzt, denen wohl niemand etwas abgewinnen kann.

So erstaunt es nicht, dass Terni vom Tourismus, der lieber Natur- als Industrielandschaften aufsucht und mittelalterlichen Städtchen mehr abgewinnen kann als einer modernen Großstadt, gemieden wird. Doch die Behörden packen den Stier nun an den Hörnern.

Seit einiger Zeit ist die „Altstadt" praktisch autofrei. Das *römische Amphitheater* neben der *Kathedrale* wurde restauriert (seither eintrittspflichtig) und wird gelegentlich als Open-Air-Bühne genutzt. Angesichts der langjährigen Tradition als „Waffenschmiede Italiens" überlegen die Stadtväter derzeit die Gründung eines Waffenmuseums, und was in Deutschland längst erkannt ist, dass nämlich auch die Industriegeschichte zur Geschichte gehört und ganze Industriezweige längst Geschichte sind, hat sich auch in Italien herumgesprochen. Und welche italienische Stadt böte sich für ein Industriemuseum besser an als Terni?

Als Vorläufer eines Museums wurde ein bislang kaum besuchtes Dokumentationszentrum zur Industriegeschichte in der Nähe des Bahnhofs eröffnet. Ursprünglich war als Standort das Gelände der ehemaligen Chemiefabrik Siri vorgesehen, eine Örtlichkeit, die sich geradezu anbot: Vor Siri war dort die päpstliche Gießerei zugange – und mit ihr begann Ternis industrieller Aufstieg. Doch beanspruchten auch die Kulturschaffenden das stadtnahe Gelände und stachen die Konkurrenz aus: Heute prunkt dort das *CAOS*, was man als Abkürzung für „Centro Arti Opificio Siri" (Kunstzentrum Fabrik Siri) lesen kann oder ganz einfach als „caos" (Chaos).

CAOS (*Centro Arti Opificio Siri*): Auf dem Gelände der 1983 stillgelegten Chemiefabrik Siri wurde 2009 Ternis hypermoderner Kulturkomplex eröffnet. Ein neuer Theaterbau, die städtische Bibliothek, das archäologische Museum, die Pinakothek, das Museum für moderne Kunst sowie ein Art-Bookshop und ein großes Café, in dem man bequem Platz findet, sind die Hauptbestandteile des farbigen Chaos'. Interessant für Kulturreisende sind vor allem die Pinakothek und das Museum für moderne Kunst:

Die **Pinakothek** (Museo d'Arte Moderna e Contemporanea „Aurelio de Felice") gliedert sich in zwei Abteilungen.

Die *moderne Abteilung* – der Name verwirrt etwas – zeigt sakrale Kunst. Von *Benozzo Gozzoli* stammt ein Bild mit dem etwas umständlichen Titel „Die mystische Hochzeit der heiligen Katharina von Alessandria und der Heiligen Bartholomäus, Franziskus und Lucia" – ein Werk mit viel Gold, in dem das Jesuskind Katharina den Ring über den Finger streift, darüber halten die Engel Gabriel und Raffael eine Art Bühnenvorhang (man achte auf den feinen Faltenwurf), die Taube zwischen den Engeln symbolisiert den Heiligen Geist, und über der ganzen Szenerie thront Gottvater. Ein symbolträchtiges Meisterwerk ist die „Madonna mit Kind und Heiligen" von *Piermatteo d'Amelia*: Das Jesuskind trägt eine Korallenkette um den Hals (mit einem Amulett gegen den bösen Blick!), das Verhängnis vorwegnehmend, ist ein Dorn aus der Krone Christi auf den Thronsockel gefallen; die fünfteilige Predella schließt mit dem Auftreten Jesu in der Vorhölle. Ebenfalls zu den Meisterwerken zählt „Der gekreuzigte Christus" von *Niccolò di Liberatore*, genannt *Alunno*, ein bis auf die Heiligenscheine von Franziskus und Bernhard äußerst naturalistisches Gemälde.

Die *Abteilung für Gegenwartskunst* gliedert sich in drei Sektoren: Im Erdgeschoss führt ein Parcours vom Realismus der Nachkriegszeit bis zur „Vermischung der poetischen Sprachen mit denen des Materials", wozu auch ein „Kriegsteppich" (1980) aus Afghanistan mit Panzern, Hubschraubern und Bomben als Motiven gehört. Zwischenstationen sind die abstrakte Kunst, die figurative Kunst und postmoderne Experimente.

Die 1. Etage ist gänzlich zwei einheimischen Künstlern gewidmet, die weit über Terni hinaus bekannt wurden: *Orneore Metelli* (1872–1938) und *Aurelio De Felice* (1915–1996). Erst begegnet man dem farbenfrohen Metelli, der als Vater der italienischen naiven Malerei gilt. Seine Themen fand er oft vor der

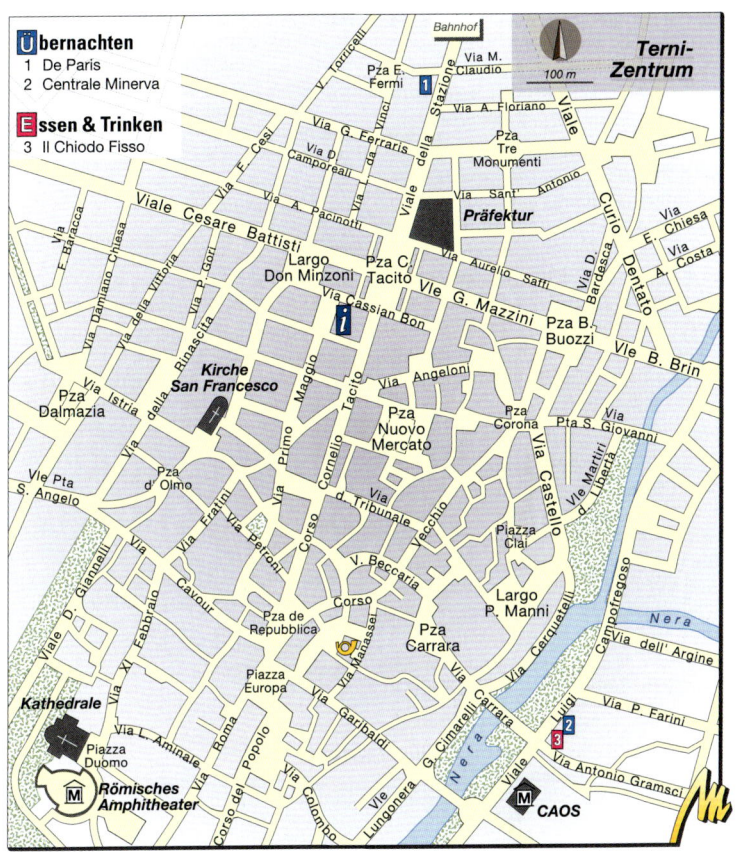

Übernachten
1 De Paris
2 Centrale Minerva

Essen & Trinken
3 Il Chiodo Fisso

Haustür, z. B. „Militärparade in Terni", „Mussolinis Besuch in Terni", „Die Stahlwerke von Terni" – oder in seiner eigenen Person: Das Selbstporträt zeigt einen distinguierten Herrn in Phantasieuniform, die einem Liftboy gut anstünde. Vom Bildhauer De Felice, der in den 1950er Jahren in den Künstlerkreisen um Picasso, Brancusi, Cocteau und Zadkine verkehrte und der Stadt Terni seine Sammlung von Metelli-Bildern vermachte, sind zahlreiche Skulpturen aus Bronze, Holz und Terrakotta ausgestellt, u. a. das Basisrelief „Kampf von Jugendlichen" und „Die Geburt des Tanzes", eine eindrucksvolle Bronzefigur.

Eine exquisite *Grafothek* mit rund zwei Dutzend Werken von Chagall, Picasso, Kandinsky, Mirò, Max Ernst, Cocteau und anderen, die ebenfalls zum Museumsbestand gehört, hat ihre eigenen Räume bekommen.

■ Sommer Di–So 10–13 und 17–20 Uhr; im Winter Di–So 10–13 und 16–19 Uhr. Eintritt 5 €.

Kathedrale Santa Maria Assunta: Mit seinem auffällig breiten Portikus macht der Bau aus dem 17. Jahrhundert von außen mehr her als von innen. Links des Hauptportals wurde ein Teil der Grundmauern einer Vorgängerkirche aus dem 12. Jahrhundert freigelegt, ein

Glasboden gibt den Blick auf sie frei. Das Innere der Kirche bietet nichts Aufregendes. In der Krypta (12. Jh.) hat der heilige Anastasius, der Stadtpatron von Terni, seine letzte Ruhe gefunden.

Kirche San Francesco: Der 33 Jahre nach Franziskus' Tod zu seinen Ehren errichtete, schlichte Bau war einschiffig, die beiden Seitenschiffe wurden erst im 15. Jahrhundert angefügt, ebenso die Apsis. Im rechten Seitenschiff ist die *Paradisi-Kapelle* eine Besichtigung wert. Sie wurde von *Bartolomeo di Tommaso* mit Fresken rund um das Jüngste Gericht (Hölle, Fegefeuer, Paradies) ausgestattet.

Postleitzahl 05100

Information IAT-Büro, freundlich und hilfsbereit (vielleicht, weil sich selten ein Tourist hierher verirrt). Mo–Do 9–13.30/15–17.30, Fr 9–13.30 Uhr. Via Cassian Bon 2/4, ℅ 0744-423047.

Hin und weg Bahn: Hervorragende Verbindung nach Rom, Florenz, Orvieto (umsteigen in Orte), Spoleto und Foligno. **Busse** nach Todi und Amélia.

Festival Festival Internazionale della Creazione Temporanea, seit 2006 jährlich im September. Einwöchiges, ambitioniertes Festival der Gegenwartskunst, das an mehreren Orten stattfindet, hauptsächlich im Kulturkomplex „CAOS". Moderner Tanz, Theater, Musik und interdisziplinäre Produktionen. Programm unter www.ternifestival.it.

Hotels In Terni ist man eher auf Spesenritter als auf Touristen eingestellt. Eine befriedigende Bleibe ist nur schwer zu finden.

*** De Paris ❶, auch das angeschlossene Nobelrestaurant gibt sich französisch: „La Lumière". DZ inkl. Frühstück 55–95 €. Viale della Stazione 52, ℅ 0744-58047, www.hoteldeparis.it.

* Centrale Minerva ❷, an der Nera. Bescheidene Zimmer, aber gepflegt, zur Straße hin allerdings laut. Das Frühstück wird in der Bar eingenommen. Größter Vorteil: die empfehlenswerte Pizzeria „Il Chiodo Fisso" (s. u.) gleich nebenan. DZ mit Du/WC 50 €. Viale L. Campofregoso 50, ℅ 0744-402962, www.albergocentraleminerva.it.

Camping → Umgebung von Terni, Cascata delle Marmore

Restaurant Il Chiodo Fisso ❸, an der Nera. Beliebtes Lokal mit hervorragenden Pizze aus dem Holzofen, auch Primi Piatti. Den Straßenlärm muss man allerdings in Kauf nehmen. Viale L. Campofregoso 54. Mo Ruhetag. ℅ 0744-408099.

Terni – einst die „Waffenschmiede Italiens"

Umgebung von Terni

Cascata delle Marmore

Die mehrstufige Kaskade, in einer grünen, kühlen Oase gelegen, bietet ein einmaliges Schauspiel: In drei Stufen stürzt das Wasser 165 m tief ins Tal hinab. Im Jahre 271 v. Chr. wurde das eigenwillige Projekt von Menschenhand geschaffen, der Cavo-Curiano-Kanal leitete das Wasser des Velino hierher, um Überschwemmungen zu verhindern.

Vom obersten Aussichtspunkt bietet sich ein schöner Blick auf die *Cascata* und den kleinen See darunter, alles eingebettet in grün wuchernde Vegetation. Unterhalb des Hauptbeckens liegen noch mehrere kleine Wannen, von denen das glasklare kalte Wasser in die tiefer gelegenen Bassins strömt. Ein kurzer Wanderweg führt den steilen Abhang entlang zum Fuß des Wasserfalls. Überall tropft es von den Felsen,

Kleiner Cascata-Spaziergang

Einen empfehlenswerten Tipp für die Gesamtansicht der Kaskaden aus der Ferne verdanken wir einer Leserzuschrift: „In ihrer vollen Größe – und wenn man einen Fußmarsch von 15 Minuten hin und 15 Minuten zurück nicht scheut – lässt sich die Cascata von zwei Aussichtsplattformen am Hang des gegenüber liegenden *Monte Pennarossa* bewundern. Man fährt dazu, von Terni kommend, auf der Straße Nr. 209 ins Valnerina, zunächst am Wasserfall vorbei, bis man etwa 2 km weiter das Dörfchen *Collestatte Piano* im Nera-Tal erreicht. Etwa in der Mitte dieses Orts biegt man links ab, dem Schild 'Penna Rossa' folgend. Die Straße schraubt sich langsam den Berg hoch und umrundet das Bergdorf *Collestatte*, bis sie nach weiteren 2 km eine Ansammlung von Gebäuden mit einer alten Kirche erreicht. Hier lässt man den Torbogen mit der Straße nach Terni rechts liegen und fährt links, immer noch nach der Beschilderung 'Penna Rossa'. Nochmals 300 m weiter zweigt wieder links eine Schotterstraße ab, die knapp 1,5 km später an einem Parkplatz endet (mehr als fünf Autos finden hier wohl kaum Platz).

Der breite Fußweg linkerhand führt, vorbei an einer (offen stehenden) Schranke, zu einer Lichtung, von der man nach rechts, den Hügelkamm entlang, weiter abwärts geht. Kurz darauf beginnt eine gemauerte Steintreppe, auf der man in vielen Zick-Zack-Schwüngen schließlich die obere Aussichtsplattform erreicht. Die Aussicht, die man von hier auf den Wasserfall hat, entschädigt für den beschwerlichen Anmarsch. Noch wesentlich eindrucksvoller ist der Ausblick von der etwa 30 m tiefer gelegenen zweiten Plattform, von der aus man auch den unteren Wasserfall sehr gut sehen kann" – und das alles gratis!

Cascata delle Marmore, ein künstlicher Wasserfall aus dem 3. Jahrhundert v. Chr.

schmale Bäche rauschen ins Tal. Werden die Schleusen geöffnet, verwandeln sich die Rinnsale in tosende, wirbelnde, gischtaufspritzende Wassermassen. Auf halbem Weg ein Tunnel im Fels: Nebelschwaden und angenehm kühle Luft wehen heraus. Der Tunnel endet an einem Balkon direkt unterhalb des Wasserfalls. Wenn das Wasser sich voller Kraft ins Tal ergießt, steht man hier inmitten der aufspritzenden Gischt – und wird klitschnass – ein erfrischendes Erlebnis!

Möglicherweise wird man in ein paar Jahren das Wasserspektakel aus einer weiteren Perspektive genießen können. Eine lokale Firma, die sich auf Aufzüge spezialisiert hat, hat das Projekt eines 270 m langen Panorama-Lifts eingereicht; die Zuschauer würden dann sanft der aufspritzenden Gischt entlang schräg nach oben schweben. Doch zwischen Projekt und Realisierung gilt es noch den bürokratischen Hürdenlauf zu absolvieren, der – selbst wenn das Projekt nicht stolpern sollte – noch Jahre in Anspruch nehmen dürfte.

Schleusen-Öffnungszeiten Die Öffnung der Schleusen wird jeweils 15 Min., 10 Min. und 5 Min. vorher von einer nicht zu überhörenden Sirene angekündigt. Spätestens dann sollten Sie sich vom Wasser entfernen! Die Öffnungszeiten übers Jahr folgen einem ausgeklügelten Stundenplan:

Nov.–Jan. Sa/So 12–13 und 15–16 Uhr. **Febr.** Sa/So 11–13 und 15–17 Uhr. **März** Mo–Fr 12–13 und 16–17, Sa/So 11–13 und 16–21 Uhr. **April** Mo–Fr 12–13 und 16–17, Sa/So 10–13 und 16–21 Uhr. **Mai** Mo–Fr 12–13 und 16–17, Sa 10–13 und 16–22, So 10–13 und 15–22 Uhr. **Juni–Aug.** Mo–Fr 11–13, 16–18 und 21–22, Sa/So 10–13 und 15–22 Uhr. **Sept.** Mo–Fr 12–13, 16–17 und 20–21, Sa/So 10–13 und 15–21 Uhr. **Okt.** Fr 15–17, Sa/So 11–13 und 15–20 Uhr. Erw. 10 €, Kind 5–10 J. 7 €.

Anfahrt Es gibt zwei Zugänge zu den Wasserfällen, einen oberen und einen unteren:

Oberer Zugang: Von Terni führt die Straße in Richtung Rieti erst in ein Tal hinein und dann in Serpentinen den Berg hinauf. Im Tal ein Wasserkraftwerk und der Gestank von Industrie. Mittendrin – sehr malerisch – das Dorf *Papigno* auf einer Hügelkuppe. Nach wenigen Kilometern erreicht man den kleinen Ort *Marmore*, in dessen unmittelbarer Nähe das Schauspiel gegeben wird. Von Terni mit dem Bus erreichbar.

Umgebung von Terni

Unterer Zugang: Er ist einfacher zu finden und wird regelmäßig von Bussen aus Terni angesteuert. Für Selbstfahrer: von Terni aus auf der Straße Nr. 209 ins Valnerina. Nach wenigen Kilometern sieht man rechts die Wasserfälle. Großer Eintrittspavillon direkt an der Straße.

Camping ** **Cascata delle Marmore**, in Marmore, am Ortsausgang Richtung Rieti. Sehr ruhig mitten im Wald. Dahinter ein Grillplatz, der besonders am Wochenende beliebtes Ausflugsziel der Städter aus Terni ist. Ca. 140 Stellplätze. Geöffnet April bis Mitte Sept. I Campacci, Fraz. Marmore, 05100 Terni, ℡ 0744-67198, www.campinglemarmore.com.

Lago di Piediluco

Die Lage zwischen den teils bewaldeten Hügeln ist idyllisch, und die Länge des Sees eignet sich hervorragend für Ruderregatten. Zum Baden aber ist der vielarmige Lago an der Grenze zum Latium weniger geeignet. Der Kanal am Nordwest-Ende verunreinigt das Wasser, ein Entschlammungsprogramm schieben die zuständigen Behörden seit Jahren vor sich her. Über das entgangene Badevergnügen mag hinwegtrösten, dass der See auch im Sommer nicht recht warm werden will. Eine Bootsfahrt hingegen kann ganz romantisch sein – auch ohne Mondschein. Fischen ist prinzipiell gestattet, nur der Königsbarsch genießt jährlich seine zeitlich begrenzte Schonzeit.

Piediluco: Der einzige Ort am See ist ein kleines, langgestrecktes Nest. Die einschiffige *Kirche San Francesco* (13. Jh.) mit einer breiten Treppe an ihrer Längsseite zur Straße hin zeigt einige Fresken im Chor. Piediluco ist keine kulturhistorische Fundgrube, eher eine Basis für Ausflüge ins Umland, zum Beispiel nach *Greccio* (auf den Spuren Franz von Assisis) oder ins Bergdorf *Labro*, beide im hohen Latium.

Radfahrer finden zahlreiche *Fahrradwege* im Gebiet zwischen dem Lago di Piedicluo und der Stadt Rieti im Latium. Auch eine Rundtour um den See ist möglich *(Giro del Lago)*; von ihr führt ein Abstecher zur *Eco* genannten Stelle am Südufer (Schild: Porto dell'Eco), bekannt wegen des Echos, das hier besonders deutlich ist; zudem lädt dort eine freundliche Pizzeria (→ Restaurant) zur Rast ein.

Hin und weg Bus ab Terni über Marmore.

Hotel *** **Miralago**, am Ortsausgang, unterhalb der Straße, direkt am See. Komfortable, klimatisierte Zimmer. Swimmingpool, Restaurant und hoteleigene Garage. Das kommunale Strandbad (eher Sonnen- als Seebad) mit Liegestuhlvermietung und schattiger Kneipe liegt gleich daneben. DZ 70–90 €. Via Noceta 2, Lago di Piediluco, 05100 Terni, ℡ 0744-360022, www.miralagohotel.net.

Zimmer Eco, an der Seestraße, östlicher Ortsteil. Das Seerestaurant (Do Ruhetag) vermietet 5 Zimmer mit Dusche, die, sofern nicht zur Straße gelegen, sehr ruhig sind. Traumhafte Gartenterrasse zum See. DZ inkl. Frühstück 70 €. Corso IV Novembre 12, ℡ 0744-368124, www.ristoranteco.it.

Camping/Wohnmobil ** **Lago di Piediluco**, 500 m hinter dem Ortsende, gleich neben dem kommunalen Schwimmbad (Piscina Olimpionica). Das Sträßchen zum nahen Piediluco ist eine Einbahnstraße, deshalb Anfahrt auf der S 79 bei der Gabel Piediluco/Rieti 2 km in Richtung Rieti, dann gut ausgeschildert. Wiesengelände mit lockerem Baumbestand, im hinteren Teil haben sich Dauermieter eingerichtet. Die Sanitäranlagen sind nicht die neuesten, aber gepflegt. Liegewiese zum See und Kinderspielplatz. Snacks-Bar (nur in der Saison) und kleiner Lebensmittelladen (kein Fleisch, aber Brot). Für das benachbarte Schwimmbad zahlen Campinggäste nur den halben Eintrittspreis. Wohnmobile finden Elektrizität, Wasserversorgung und Abwasserentsorgung. Geöffnet April–Okt. Via dell'Ara Marina 2, Piediluco, 05100 Terni, ℡ 349-4987423 und ℡ 328-1099396, www.campinglagodipieduluco.com.

Mein Tipp Restaurant L'Amaca all'Eco, Strandrestaurant mit Anlegestelle am südlichen Ufer des Sees. Die Lage der „Hängematte zum Echo" am ruhigen Südufer ist einmalig. Das Echo ist hier tatsächlich auffällig stark (ausprobieren!), nur die Hängematte haben wir nicht entdeckt. Großer, schattiger Garten zum See und Blick auf Piediluco am anderen Ufer. Vermietung von Liegestühlen und Sonnenschirmen. Das Restaurant bietet umbrische Küche und Pizza, man kann aber auch nur ein Sandwich oder ein Bier bestellen und relaxen. Geöffnet letzte Maiwoche bis Mitte Sept.

Anfahrt: Von Terni kommend noch vor Piediluco in Richtung Greccio abzweigen, dann ab dem Kreisel ausgeschildert: „Ristorante/Imbarco". Besser aber, man überlässt die engen Naturstraßen den Radlern und kommt mit dem Traghetto des Restaurants (5 €), einem alten Zweikufer. Abfahrtshafen am Ortsende von Piediluco, neben dem kommunalen Strandbad. Wer im Restaurant speist, wird gratis transportiert. Via Monte Caperno 5, Piediluco, ✆ 340-1834788.

Cesi

Von Cesi aus, einem mittelalterlichen Borgo an den Abhängen des Monte Torre Maggiore, lässt sich ein lohnenswerter Ausflug zur *Chiesa Sant'Erasmo* auf 790 m Höhe machen. Das schlichte romanische Kirchlein (12. Jh.) ist bestimmt geschlossen, doch das ist weiter nicht schlimm. Was hier zählt, ist die idyllische Lage: Die Chiesa steht auf einem ausgedehnten Wiesengelände, das fast komplett von einer Mauer aus mörtellos gefügten polygonalen Steinquadern umfriedet ist. Sie ist zweifellos ein Werk der frühen Umbrer, möglicherweise die Eingrenzung eines heiligen Bezirks. Die schöne Lage lädt zum Faulenzen ein, das Panorama ist einzigartig: Auf einer Seite überblickt man ganz Terni, auf der anderen Seite die Ebene bei San Gémini, durch die sich zu römischen Zeiten die Via Flaminia zog.

Anfahrt: Am nordwestlichen Ortsausgang von Cesi führt ein Sträßchen zum Monte Torre Maggiore hoch, nach ca. 3 km erreicht man die Chiesa. Besser: Gefährt unterhalb von Cesi parken (die Parkplätze im Centro storico sind alle für Einwohner reserviert) und sich zu einem knapp 45-minütigen Spaziergang aufmachen.

San Gémini

Ein malerisches Städtchen, auf einem Hügel über der Via Flaminia gelegen. Zentrum des öffentlichen Lebens ist die Piazza San Francesco mit dem Rathaus zur einen und der *Kirche San Francesco* zur anderen Seite. Letztere zeigt ein paar Fresken, von denen das in der zweiten Nische rechts (der Gekreuzigte zwischen den Heiligen Girolamo und Leonhard) einen ganz und gar menschlich blickenden Löwen zeigt.

Von der großen Piazza führt die Via Casentino zur wesentlich kleineren Piazza Palazzo Vecchio. Hier liegt ziemlich versteckt der mittelalterliche Regierungssitz der Stadt, der *Palazzo Pretorio* aus dem 12. Jahrhundert mit einer kleinen Freitreppe und ins Gemäuer eingelassenen Herrschaftswappen. Wer die Straße noch etwas weiter geht, findet an der Piazza Garibaldi den *Tempio di San Giovanni Battista*, ein Kirchlein mit einem unregelmäßigen polygonalen Grundriss. Zwei achteckige Pfeiler – der rechte mit Freskenresten – reichen aus, um das Gewölbe abzustützen.

Kurpark der Thermen von San Gémini

(Parco dell Fonte): In dem 1889 geschaffenen Kurpark 2 km nördlich des Orts, an der Straße nach Acquasparta, lustwandelten einst elegante Damen in langen Roben und steif gekleidete Herren mit dem Trinkglas in der Hand. Zwei Mineralquellen sprudeln im Park, deren verdauungsförderndes Wasser in Flaschen abgefüllt und vertrieben wird, das etwas fade *Fabia* und das wesentlich kräftigere *Sangemini*.

Nachdem „Norda-Gaudianella", ein Konzern, der auch andere Mineralwasser vertreibt, die Sangemini-Quelle mitsamt Kurpark 2014 erworben hatte, stand der Park jahrelang leer. 2018 wurde er der Öffentlichkeit wieder zugänglich gemacht, abends finden gelegentlich Konzerte statt.

■ 10–19.30 Uhr (leider ist darauf kein Verlass); an den Trinkquellen wird um 18.30 Uhr das Wasser abgedreht.

Mein Tipp Hotel **Albergo Duomo**, am unteren Ende des Centro storico. Der Palast aus dem 18. Jh. war einst ein adeliger Sommersitz. Daran erinnert noch der mit Fresken ausgeschmückte Saal im ersten Etage, wo heute unter der Schlacht um die Befreiung Jerusalems Bankette abgehalten werden. Ebenfalls in der ersten Etage findet man den

Durchgang zu einer Panoramaterrasse. Der Empfang ist ausgesprochen freundlich, die Zimmer sind unterschiedlich groß. Am besten verlangt man gleich die Superiore-Kategorie: geräumig, neues Bad und Balkon mit Ausblick in die Landschaft. Restaurant vorhanden. DZ inkl. Frühstück 60–90 €. Piazza Duomo 4, 05029 San Gemini, ✆ 0744-630015, www.albergoduomosangemini.it.

Essen & Trinken **La Pecora Nera**, an der zentralen Piazza. Einfaches Lokal mit einfacher umbrischer Küche, zu der im „Schwarzen Schaf" stets auch das Wildschwein gehört. Die Belegschaft ist nicht die schnellste, aber sympathisch, die Musik manchmal etwas laut. An Wochenenden gelegentlich Konzerte auf der Piazza. Mo Ruhetag. Piazza San Francesco 2, ✆ 334-8824346.

/meinTipp **Taverna del Torchio**, im hinteren Ortsteil. Kleines, familiär geführtes Lokal mit Hausmanns- bzw. Hausfrauenkost: Mamma grillt am offenen Cheminée, derweil die Tochter sich um die Pasta kümmert. Mi Ruhetag. Piazza Garibaldi 2, ✆ 0744-331136.

Carsulae

Die Ausgrabungen der römischen Stadt an der Via Flaminia haben zwar kein Pompeji zu Tage gefördert, die Gesamtanlage ist aber durchaus beeindruckend. Eine kleine Hinweistafel hilft dem Besucher bei der Orientierung in den Mauerresten: Basilika, Thermen, öffentliche Gebäude, Zisterne, Amphitheater, Theater. Hinter dem romanischen Kirchlein am Straßenrand kann man einen Spaziergang auf dem originalen Pflaster der Via Flaminia machen.

Anfahrt: Straße in Richtung Acquasparta, nach 2 km in San Gémini Fonte vor dem Restaurant Antica Carsulae rechts hoch, am Kurpark entlang, oben dann links. Spaziergänger folgen der Beschilderung (Abzweig von der Hauptstraße beim Restaurant Antica Carsulae in die Via Carsulae, dann zur Bar Oasi di Carsulae) und erreichen 10 Min. später die Ausgrabungsstätte.
Öffnungszeiten: April–Okt. tägl. 8.30–19.30, Nov.–März tägl. 8.30–17.30 Uhr. Eintritt 5 €.

Narni

Auf einem Bergrücken über der Nera drängen sich die Kirchen, Palazzi und Häuser der mittelalterlichen Stadt. Zahlreiche Verstrebungen und teils bewohnte Brückenbögen zwischen den Häusern halten die steinerne Architektur zusammen. Am Fluss unten stehen als Zeugnis römischer Baukunst die imposanten Überreste des Ponte d'Augusto aus dem Jahr 27 v. Chr.

Die einst 128 m lange Brücke aus hellem Travertin hielt den Fluten der Nera über tausend Jahre stand. Eine Hochwasserkatastrophe im Jahr 1053 besiegelte dann ihr Schicksal. Seither zogen die trutzigen Pfeiler und der noch erhaltene Brückenbogen Kupferstecher, Maler und Fotografen in ihren Bann. Heute überspannt auf hohen Pfeilern eine neue Betonbrücke die Nera, über die der Verkehr nach *Narni Scalo* rollt – eine unansehnliche Industriesiedlung.

Dass bereits das Mammut durch die Gegend um Narni stampfte, bezeugen zahlreiche Funde von Stoßzähnen in der Umgebung. Die menschliche Siedlungsgeschichte ist erst ab den Umbrern nachgewiesen. Ihnen folgten im 3. Jahrhundert v. Chr. die Römer, die hier eine Kolonie für Kriegsveteranen gründeten. Im frühen Mittelalter, als Papst und Kaiser um Macht und Einfluss in Umbrien rangen, galt Narni als sicherer Stützpunkt der Papsttreuen. Eine mittlere Katastrophe vermerkt die Stadtchronik für das Jahr 1527, als eine Truppe desolater Landsknechte an die Gastfreundschaft der Narnesen appellierte. Diese jedoch drohten, die Eindringlinge in die Nera zu werfen, was ihnen offensichtlich nicht gelang. Die Stadt wurde geplündert, viele Bürger ermordet. Eine weitere Dezimierung der Bevölkerung besorgte dann die Pest.

Narni blieb über Jahrhunderte dem Kirchenstaat verbunden, bis auch der Papst den Prozess der nationalen Einigung nicht mehr aufhalten konnte. Mit dem neuen Italien hielt auch die Industrialisierung in Narni Scalo Einzug.

Sehenswertes

Dom San Giovenale: Narni hat keinen Platz für große frei stehende Kirchenbauten, und so fällt der Dom mit seinem gedrungenen Turm dem Besucher, der meist von der Piazza Garibaldi kommt, kaum auf. Die Kirche ist vierschiffig, wobei das vierte Schiff – durch Arkaden abgetrennt – erst später hinzugefügt wurde. Im Inneren wirkt sie sehr heterogen. Die nur teilweise erhaltenen Fresken überzeugen nicht. Rechts findet man die von den Narnesen verehrte *Capella San Cassio*. Die Steinplatte über dem Eingang mit den Flachreliefs zweier Lämmer (die fast wie Pferde aussehen) stammt aus dem 6. Jahrhundert, links in einer Nische thront der heilige Juvenal, der im 4. Jahrhundert Narni christianisierte – die restaurierte Holzstatue des Stadt- und Kirchenpatrons datiert aus dem 15. Jahrhundert. In der Nische rechts trauert eine sehr ausdrucksstarke Terrakotta-Pietà aus dem 13. Jahrhundert. Über zwei Stufen gelangt man hinunter zu einer kleinen Grotte mit dem heute leeren Sarkophag Juvenals. Hier wurden im Jahr 880 seine Gebeine versteckt. Sie wurden vom Markgrafen der Toscana zurückgegeben, der sie zwei Jahre zuvor geraubt hatte. Nach dem frevelhaften Diebstahl – auch die Überreste des heiligen Cassius, Juvenals Nachfolger als Bischof in Narni, und die seiner Gemahlin packte der adlige Räuber damals mit ein – wollte man erst einmal auf Nummer sicher gehen. Die versteckte Grotte wurde erst 1642 entdeckt; seither ruhen die Gebeine Juvenals in der weiter nicht interessanten Krypta, direkt unter dem Hauptaltar.

Piazza dei Priori: Oberhalb des Doms mündet die Via Garibaldi in eine langgestreckte Piazza, an deren Ende ein kleiner bronzener Brunnen aus dem Jahr 1303 sein Wasser in ein großes Steinbecken ergießt.

Die Ostseite des Platzes dominiert der *Palazzo dei Priori* mit großer Loggia und einer hübschen kleinen Steinkanzel. Hier verkündete im Mittelalter der städtische Ausrufer der Bevölkerung die neuesten Nachrichten und Verfügungen. An den Palazzo, in dessen Erdgeschoss täglich Markt abgehalten wird, schließt sich die *Torre civica* aus

Dom San Giovenale

dem 13. Jahrhundert an. Gegenüber steht der *Palazzo Comunale* mit beachtenswerten Basisreliefs über dem Nebeneingang, u. a. die Darstellung eines Ritterturniers.

Teatro Comunale: Das gelbe Haus vor der Piazza dei Priori macht von außen nicht viel her. Innen ist das Theater komplett restauriert und wird wieder bespielt – ein kleines Juwel mit vier Rängen. Auch wenn keine Vorführung ist, steht die Tür manchmal offen.

Museo Palazzo Eroli: In der frühgeschichtlichen und archäologischen Abteilung des städtischen Museums begegnet man erst zwei gewaltigen Stoßzähnen eines Mammuts, dann einem ägyptischen Sarkophag und einer mumifizierten, jungen nubischen Dame. Das Mammut äste tatsächlich in der Gegend, während Sarg und Mumie keinen lokalen Bezug haben. Sie sind das Geschenk eines Sammlers, und wohin sonst soll die Stadt damit?

Die in der 1. Etage untergebrachte Pinakothek ist ein Parcours vorbei an lokalen Malern in einen abgedunkelten Raum, in dem als Höhepunkt Ghirlandaios „Krönung Mariens" zu sehen ist. Das Bild, das erst in der Girolamo-Kirche (Richtung Narni Scalo), später über dem Präsidentensitz des Ratssaals hing, wird recht kompliziert als „Revolution des Werks auf der Ebene der musikalischen Ikonographie" präsentiert. Der von solcher Interpretation überforderte Betrachter freut sich einfach an der Darstellung des in allen Farben gekleideten Personals vor dem goldenen Hintergrund. Neben dem Ghirlandaios Bild fällt das zweite teure Werk des Museums kaum auf: eine kleinformatige „Verkündigung" von Benozzo Gozzoli.

▪ April–Juni Di–So 10.30–13 und 15.30–18 Uhr; Juli/Aug. Di–So 10.30–18.30 Uhr; Sept. Di–So 10–18 Uhr; Okt.–März Di–So 10.30–13 und 15–17.30 Uhr. Eintritt 5 €.

Kirche San Francesco: oberhalb der Piazza dei Priori, etwas versteckt. Der

Palazzo dei Priori

steinerne Löwe am Eingang ist so verwittert, dass er kaum beachtet wird. Im Inneren schmückten einst Fresken aus dem 15. und 16. Jahrhundert die Rundsäulen. Heute sind nur noch Reste davon zu sehen, doch die sind in ihren kräftigen Farbtönen durchaus beeindruckend.

Kirche Santa Maria Impensole: an der Via Mazzini, direkt hinter der Piazza dei Priori. Die Kirche mit der auffallend niedrigen Säulenvorhalle ist auf einem antiken Bacchus-Tempel errichtet. Sie war einst Teil eines Benediktinerklosters aus dem 12. Jahrhundert. Das von zwei Löwen bewachte Portal zeigt ein schmuckes Steindekor. Im Inneren sind nebst einigen Freskenresten die romanischen Kapitelle beachtenswert:

rechts vorne ein recht sorgloser Daniel in der Löwengrube.

Festung *(Rocca Albornoz):* Narnis Burg wurde wie zahlreiche Festungen in Umbrien unter Kardinal Albornoz gebaut; im Mittelalter war sie ein strategischer Stützpunkt der päpstlichen Statthalter zur Überwachung der Via Flaminia. Die jahrelang dauernden Restaurierungsarbeiten waren 1998 beendet. Nach langen Diskussionen über die künftige Nutzung der Rocca wurde 2014 in ihrem Inneren ein größeres Museum über das Mittelalter eingerichtet: Bankettsaal, Waffenarsenal, Musikinstrumente und mehr... nicht sehr überzeugend.

- Sa/So 10.30–12 und 15–17.30 Uhr. Eintritt 3 €.

Abtei San Cassiano: Die etwas abseits von Narni auf einem Hügel thronende Abtei wirkt wie ein mittelalterliches Wehrdorf. Sie wird ins 12. Jahrhundert datiert, vermutlich sind einige Gebäude aber noch älter. Andere wiederum sind jünger: an Stelle der heute dreischiffigen Kirche stand noch bis ins 14. Jahrhundert eine einschiffige in Form eines lateinischen Kreuzes.

Die Abtei untersteht bis heute den Benediktinern und kann nur mit Führung besichtigt werden (Di–So 9.30–12.30/16–18 Uhr), im Sommer wird sonntags von 16 bis 17 Uhr die Messe gehalten. Wer sicher gehen will, vergewissert sich vorher telefonisch (℡ 0744-722080). Der Besuch lässt sich mit einem wunderschönen Spaziergang verknüpfen: In Narni Scalo der Beschilderung „Abbazia San Cassiano" folgend die Hauptstraße links verlassen. Man wandert ein Stück an der Nera entlang und unterquert die gewaltige Ruine der Augustusbrücke, die sich von hier aus in aller Ruhe bewundern lässt. Darauf führt der Weg rechts zum Eingang eines Eisenbahntunnels, von da noch eine Viertelstunde bergauf zur Abtei.

Anfahrt: Von Narni Scalo ein Stück in Richtung Narni, dann vor der Brücke rechts in Richtung Amelia. 100 m nach dieser Abzweigung weist links ein Schild zur Abtei hoch. Straße erst asphaltiert, dann Schotter. Am besten das Gefährt am Anfang des Schotterwegs abstellen und das letzte Stück in ca. 15 Min. zu Fuß zurücklegen. Das Schottersträßchen ist eng und der Platz zum Wenden bei der Abtei allenfalls für einen Cinquecento problemlos. Eindeutig schöner ist der oben beschriebene Spaziergang von Narni Scalo aus!

Narni, Palazzo Comunale, Detail

Il centro d'Italia

Die Amerikaner haben es vorgemacht: In einer öden Landschaft des Bundesstaates Kansas – so ermittelten Wissenschaftler – liegt der geographische Mittelpunkt der USA. Man baute eine Straße dorthin, die seither regelmäßig am Wochenende verstopft ist. Tausende von Touristen wollen einmal im Leben im Zentrum Amerikas gewesen sein – obwohl es dort überhaupt nichts zu sehen gibt. Der deutsche Lyriker und Essayist Hans Magnus Enzensberger prägte für solche Attraktionen den Begriff der „synthetischen Sehenswürdigkeit".

Mitte der 1990er Jahre wurde auch in Italien das geographische Zentrum des Landes ermittelt. Es befindet sich unweit von Narni, exakter: 42° 30' 15,5" nördlicher Breite, 12° 34' 21,5" östlicher Länge. Unterhalb der Stadt weist eine gelb-rote Markierung den Weg zum *Centro d'Italia*. Jährlich pilgern mehr Touristen zum Koordinatenschnittpunkt, Fotoapparate werden an die Nase gedrückt, Selfies geschossen... Die Narnesen schauen dem Spektakel eher gelassen zu: Wenn schon nicht der Nabel der Welt, dann immerhin der des Stiefels...

Synthetische Sehenswürdigkeit

Eines allerdings haben die Italiener den Amerikanern voraus: Die Geschichte hat in ihrem Land überall Spuren hinterlassen. So will es denn das Glück, dass der Besucher direkt neben der unsichtbaren Sehenswürdigkeit eine verwitterte römische Brücke aus der Augusteischen Zeit zu Gesicht bekommt, den *Ponte Cardona*. Damit nicht genug: Zur Brücke führt ein unterirdischer Aquädukt, der teilweise freigelegt wurde. Und als würde auch das nicht reichen, um den Spaziergang zur synthetischen Attraktion zu rechtfertigen, haben die Behörden einige Tafeln am Wegesrand aufgestellt, die mit allerhand Geschichten aufwarten. So soll z. B. über einer abschüssigen Stelle ein römischer Adliger einen Eremiten gefoltert und anschließend den Felsen hinunter gestoßen haben, weil dieser ihm das Versteck eines Schatzes nicht preisgeben wollte – eine Legende, die auch ziemlich synthetisch klingt...

Anfahrt: Von Narni aus den Schildern folgen, durch Wohnviertel gelangt man zu einem Parkplatz. Von dort noch ein genau 890 m langer Spaziergang (auf Exaktheit legt man hier Wert) durch einen romantischen Wald.

Valnerina und der Süden

Postleitzahl 05035

Information IAT Narni im Palazzo Comunale, Piazza dei Priori 3. Mo–Fr 9.30–12.30 und 16.30–19, Sa/So 9.30–12.30 Uhr. ✆ 0744-715362, www.turismonarni.it.

Hin und weg **Bahn**: Gute Verbindung nach Terni, gelegentlich halten auch die Züge der Strecke Rom–Ancona. Bahnhof in Narni Scalo; ab hier **Busse** zum Centro storico (Piazza Garibaldi).

Parken Die Narnesen zeigen sich einsichtig mit laufmüden Touristen: Gefährt unterhalb der Stadt auf dem gebührenpflichtigen großen Parkplatz abstellen, von da mit dem Lift schräg hoch zur Piazza Garibaldi. Ein weiterer Lift – diesmal senkrecht – führt zu einem zweiten Ausgang oberhalb des Doms.

Außenkanzel am Palazzo dei Priori

Feste Corsa all'Anello, am 2. Sonntag im Mai – ein Wettkampf, bei dem jeder der drei Stadtteile einen Reiter stellt. Drei aufgehängte kleine Ringe müssen von den galoppierenden Reitern mit einem Speer „geangelt" werden. Tempo ist ebenso gefragt wie Geschicklichkeit. Im Stadtteil des Siegers wird anschließend bis in die Nacht gefeiert. Dem Festtag geht eine Woche internationaler Folkloreveranstaltungen voran.

Märkte Trödelmarkt (Mercato del rigattiere), auf der Piazza dei Priori, jeweils am 3. Wochenende im Monat, 9–20 Uhr.

Wochenmarkt: Samstag auf dem großen Parkplatz unterhalb der Stadt.

Hotels ***** Loggia dei Priori**, im Palazzo rechts neben dem Palazzo Comunale, Eingang über das Restaurant. Ein überaus freundlicher Wirt sorgt für angenehmen Aufenthalt. Narnis beste Adresse, unauffällig in der Altstadt gelegen. DZ inkl. Frühstück 65–75 €. Vicolo del Comune 4, ✆ 0744-726843, www.loggiadeipriori.it.

*** Ponte d'Augusto, in Narni Scalo, an der Straße nach Terni. Hat mit einer Totalrenovierung zur Jahrtausendwende eindeutig an Qualität gewonnen: 16 angenehme, klimatisierte Komfortzimmer. Restaurant mit preiswerter Hausmannskost. Autofahrer schätzen den großen Parkplatz direkt über der Straße. DZ mit Bad und Frühstück 50–65 €. Via Tuderte 301-303, Loc. Narni Scalo, ✆ 0744-737627, www.pontedaugusto.it.

Camping **** Monti del Sole**, ca. 5 km von Narni. Schattiges Terrain mit 100 Stellplätzen in total abgeschiedener Lage. Gepflegte sanitäre Anlagen, Spielplatz, zwei Swimmingpools, Bar, Pizzeria. Geöffnet April bis 1. Sept.-Woche. Die Anfahrt ist nicht ganz einfach: auf der SS 3 (Flaminia) in Richtung Rom, beim Dörfchen Borgaria links in die Straße Nr. 22 abbiegen, dann nach knapp 2 km links. Geöffnet April bis 1. Septemberwoche. Strada di Borgaria 22, 05038 Borgaria di Narni, ✆ 0744-796336, www.campingmontidelsole.it.

Wohnmobil Stellplatz und Service auf dem großen Parkplatz unterhalb der Stadt. Von dort mit Lift hoch ins Centro storico.

Restaurants La Loggia, im Hotel Loggia dei Priori (s. o.), mit schmuckem kleinem Hinterhof. Ob Fasan, Wildschwein oder Lamm: preiswert und gut. Mo Ruhetag. ✆ 0744-726843.

Fondaco, an der zentralen Straße des Centro storico. Eine gute Adresse für die Mittagspause. Bruschette, Hamburger, Käse, Wurst oder ein 2-Gang-Menü. Gegessen wird an der Theke, draußen auf der Straße und in der 1. und

2. Etage. Vorwiegend jugendliches Publikum. Via Garibaldi 7, ☏ 0744-717134.

Fina, im gleichnamigen Hotel in Narni Scalo. Man soll sich vom 3-Sterne-Bau nicht abschrecken lassen. Einfache, preiswerte Küche im klimatisierten Restaurant. Arbeiter aus Narni Scalo sitzen hier zu Tisch. Keine Speisekarte, Italienischkenntnisse sind also von Vorteil. Mo Ruhetag. Via Tuderte 419, ☏ 0744-733648.

Umgebung von Narni

Visciano

Ein paar Kilometer südlich von Narni. Vom Dörfchen führt eine Schotterstraße hinunter zur vorromanischen *Kirche Santa Pudenziana* (11. Jh.), die mit ihrer Mischung aus römischer und frühchristlicher Architektur überrascht. Die auf sechs Säulen (inklusive der zugemauerten Ecksäulen) abgestützte Vorhalle erinnert an einen antiken Tempel. Rechts des Fensterchens im Tympanon fand ein römischer Sarkophag als Baumaterial Verwendung, weitere Sarkophagteile findet man im rückwärtigen Giebel. Auch für das Kircheninnere wurden römische Relikte recycelt.

Im Inneren wurde 2005 kräftig renoviert, doch die Freskenreste wurden nicht angetastet, gut erhalten ist ein riesiger Christophorus an der Rückwand, der einen winzigen Jesus auf der Schulter trägt.

▪ Von Narni Richtung Otricoli, nach ca. 5 km rechts abbiegen, dann ausgeschildert.

Convento Lo Speco

Eine kleine Einsiedelei in luftiger Höhenlage mitten im Wald, fernab allen weltlichen Treibens. Seit 1993 bewohnen ein paar Fratres, die ihren Alltag streng nach den franziskanischen Ordensregeln leben, den stillen Ort.

Die Einsiedelei wurde um das Jahr 1000 von Benediktinern gegründet und später von den Franziskanern übernommen. Franziskus wie auch der heilige Bernhardin von Siena (1380-1444), ein begnadeter Prediger und Franziskaner, sollen sich zeitweise hier aufgehalten haben. Einige Teile der Anlage können besichtigt werden, so die Kirche, das Refektorium und der Kreuzgang, von dem aus man zum „Brunnen des Wunders" gelangt: Als der erkrankte Franziskus hier lag, soll der Brunnen statt Wasser einen hervorragenden Wein geliefert haben, dank dem der Heilige gesundete, und zwar „in fretta" (unverzüglich), wie sein Biograph, Ordensbruder und Zeitgenosse Tommaso da Celano berichtet.

Mehr als das Kloster selbst beeindruckt die wunderbare Lage fern alles weltlichen Treibens. Die Ruhe, die von dem Ort ausgeht, spürt noch mehr, wer sich auf den Pilgerweg im Wald über dem Konvent begibt. Er führt zur Franziskuszelle, wo die Brüder dem kranken Ordensgründer ein Holzbett bereitstellten, dann an einem Kapellchen vorbei zum „Speco del Santo" (Höhle des Heiligen), kaum mehr als ein Spalt im Berg. Hier, im feuchten Felsen, hielt sich Franziskus am liebsten auf – und wurde krank.

Anfahrt: Mehrere Möglichkeiten, die einfachste: Von Narni-Scala auf die SP 64 (Richtung Stroncone), am Aia-Stausee vorbei, dann rechts hoch nach San Urbano, ab dort ausgeschildert. **Kreuzgang**: Tägl. 9–12 und 15.30–18 Uhr.

Calvi dell'Umbria

Das Bergdorf ist der südlichste Ort Umbriens. Rom liegt nah, am Wochenende sieht man viele Großstädter durch die Gassen streifen. Bekannt ist Calvi für seine *Murales*. Um ihrem Dorf etwas Farbe zu geben, lud die Kommune in den 1980er und 90er Jahren Künstler aus Rom ein, die zahlreiche Häuser mit

Wandgemälden versehen. Die Themen sind unterschiedlich, einige Künstler zeigen sich klassisch-religiös, andere esoterisch inspiriert, und einige überschreiten eindeutig die Grenze zum Kitsch. War die Kunstaktion anfänglich noch Gegenstand heißer Debatten am Bartresen, so steht heute die Dorfbevölkerung der Dauerausstellung eher gelassen gegenüber. Wer den Murales nichts abgewinnen kann, genieße wenigstens die frische Bergluft.

Ocricolum

Unterhalb des Orts *Otrícoli*, an der Via Flaminia (Richtung Rom) ausgeschildert, liegt das riesige Ausgrabungsgelände der römischen Stadt Ocricolum. Die weit verstreuten Ruinen – u. a. Thermen, Theater, Turmruine eines öffentlichen Gebäudes – sind nur vom angelegten Spazierweg aus zu besichtigen. Den antiken Ölhafen im früheren Flussbett des Tiber muss sich der Besucher dazudenken.

Amélia

Das Städtchen ist umbrischen Ursprungs, doch die Etrusker und Römer hinterließen mehr Spuren. Amélia ist von einer mächtigen, „nachgedoppelten" Stadtmauer eingefasst: Auf den etruskischen Wall aus riesigen, mörtellos zusammengefügten Steinblöcken (7. Jh. v. Chr.) bauten die Römer ihre Mauer, die im Mittelalter noch einmal verstärkt wurde.

Besonders fotogene Abschnitte dieser gedoppelten Stadtbefestigung findet man links und rechts der *Porta Romana*, des Hauptzugangs zum Centro storico. Das im oberen Ziegelwerk der Porta Romana eingelassene Madonnenbild ist übrigens der Dank der Stadt an die Barmherzigkeit der Muttergottes, die dafür sorgte, dass Amélia beim Erdbeben von 1703 verschont blieb – so jedenfalls erklärte man sich hier das unbegreifliche Glück, mit dem Schrecken davongekommen zu sein.

Rechts hinter der Porta Romana steht die *Kirche San Francesco*, deren graue, fast abweisende Fassade aus dem 13. Jahrhundert eine hübsche Rosette zeigt. In einer später angebauten Kapelle liegen Mitglieder der Familie Geraldini begraben. Bedeutendster Spross dieser lokalen Nobilität war *Alessandro Geraldini*, der als Berater (andere Quellen sprechen von Erzieher oder Beichtvater, was alles auf dasselbe herauskommen mag) die aragonische Infantin *Katharina* nach London begleitete, wo sie den englischen König *Heinrich VIII.* heiratete. 1533 führte die vom Vatikan nicht genehmigte Scheidung des königlichen Paars zur Abspaltung der anglikanischen Kirche von Rom. Aber da lebte Alessandro schon nicht mehr. Im Jahr 1519 wurde er zum ersten Bischof der kaum entdeckten, schon bekehrten Neuen Welt ernannt – in Santo Domingo, wo er heute noch begraben liegt. Vom Kreuzgang neben Kirche gelangt man ins *Archäologische Museum* (s. u.).

Auf dem höchsten Punkt der Stadt steht der *Dom*, im 17. Jahrhundert nach einem Brand neu aufgebaut und bis ins 19. Jahrhundert mehrmals architektonisch verändert. Interessanter ist die *Torre civica* daneben. Der zwölfeckige Bürgerturm mit Sonnenuhr, der wie ein Campanile des Doms wirkt, stammt aus dem Jahr 1050, als Amélia eine freie Kommune war. Vom einstigen Dekor des Turmes ist noch ein Flachrelief mit drei menschlichen Gestalten übriggeblieben.

Archäologisches Museum: neben der Kirche San Francesco. Angeblich wurde Amélia um 1134 v. Chr. gegründet und ist somit vermutlich die älteste städtische Siedlung Umbriens. In und um die Stadt wurde viel gegraben, zahlreiche Funde wanderten ins Umbrische Archäologische Nationalmuseum von Perugia, ins Nationale Etruskische Museum von Rom und ins Ausland. Doch blieb dem kleinen Amélia genug, und nicht nur Zweitklassiges. Der unumstrittene Star des Museums heißt *Nero Claudius Drusus Germanicus* und präsentiert sich leicht überlebensgroß in Generalsmontur, im Harnisch das Relief einer Kampfszene. Die Bronzestatue wurde 1963 gefunden, nicht so, wie sie heute zu sehen ist, sondern in zahllosen Bruchstücken. Diese wurden erst einen Monat lang im Rathaus ausgestellt, dann beschloss man höheren Orts, die Fragmente wissenschaftlich zu untersuchen und die Statue zu rekonstruieren. Amélia hatte seinen sensationellen Fund schon so ins Herz geschlossen, dass der Abtransport nach Rom von den Carabinieri abgesichert werden musste. Doch die Stadt bekam ihren „Germanico" wieder zurück – obendrein fachgerecht zusammengesetzt. Germanicus (15 v. Chr.–19 n. Chr.) war übrigens ein beim Volk überaus beliebter Mann, im Gegensatz zu seinem Sohn Caligula, der als unberechenbarer Despot in die römische Kaisergeschichte einging.

Die ausgestellten Grabstelen, Kapitelle, Büsten, Amphoren und Urnen in den oberen beiden Etagen geben einen guten Überblick über das antike Amélia, zumal wenn sich der Besucher anhand der ausführlichen Texttafeln (auf Italienisch) über die gesellschaftlichen, politischen und wirtschaftlichen Zusammenhänge informiert, was zugegebenermaßen etwas mühsam ist.

Am höchsten Punkt der Stadt – der Bürgerturm

■ März–Mai Fr–So 10.30–13 und 15.30–18 Uhr; Juni–Sept. tägl. außer Di 10.30–13 und 15.30–18 Uhr; Okt.–Febr. Sa/So 10.30–13 und 15–17 Uhr. Eintritt 5 €.

Postleitzahl 05022

Information IAT **Amélia**, Mo, Mi, Fr 9–13, Di & Do 9–13 und 15–17.30, Sa/So 10–13 und 15.30–18 Uhr. Wenn geschlossen, wende man sich an das Museum nebenan. Ist auch dieses geschlossen: nix zu machen. Piazza Augusto Vera, neben der Franziskanerkirche. ✆ 0744-981453, www.turismoamelia.it.

Hotels ★★★ Anita, rechts der Porta Romana, an der Straße nach Narni. Haus aus den 1930er-Jahren, im Stil der 1960er renoviert und entsprechend charmant. DZ 50–70 €. Via Roma 31, ✆ 0744-982146, www.albergoristorante anita.it.

Umgebung von Amélia

Kloster Sant'Annunziata

5 km außerhalb des Orts in Richtung Giove. Das noch von Franziskanern bewohnte Kloster, ein Ableger von Santa Maria degli Angeli bei Assisi, zeigt eine Dauerausstellung, für die der Name „Presepe" (Krippe) etwas irreführend ist. In einem großen und vierzehn kleinen Dioramen mit Figuren von 8 bis 30 Zentimeter Höhe sind Szenen aus dem Leben Jesu (u. a. die ersten Gehversuche des Knäbleins) dargestellt. Besonderen Wert legte der spanische Meister auch auf die Darstellung von Landschaften und Städten – ein durchaus beachtliches Werk aus den 1980er Jahren. Zweite Attraktion des Klosters ist ein in einem Gartengebäude eingerichtetes Planetarium: unter der Kuppel mit 6 m Durchmesser haben 50 Zuschauer Platz.

Die Klosterkirche hingegen birgt nichts Aufregendes, und das Altargemälde grenzt an Kitsch: Auf einer rosenübersäten Treppe erfährt die mädchenhaft junge Maria von einem blau gewandeten Engel, dass sie mit Jesus schwanger geht, darüber symbolisiert eine Taube im Strahlenkranz den Heiligen Geist.

Lugnano in Teverina

Der auf einem Hügel gelegene ruhige Ort wird vor allem der Stiftskirche *Santa Maria Assunta* (12. Jh.) wegen von Fremden aufgesucht. Der Fassade ist ein Portikus vorgebaut, dessen mittlere beiden Säulen gedrechselt sind. Darüber sind die Symbole der vier Evangelisten zu sehen, und unter dem Dach starrt eine ganze Reihe von Tierfratzen und menschlichen Masken den Besucher an. Wenige farbige Mosaikenreste am Gesims geben eine Ahnung von der früheren Pracht. Die Fassade selbst zeigt die klassische Rosette, eingerahmt von zwei zweibogigen Fenstern und einem Adler auf dem Giebel.

Im dreischiffigen Inneren sind fein gearbeitete Kapitelle zu sehen, das schönste mit einer Darstellung des Sündenfalls, auf der sich die Schlange mit Adam und Eva und sich selbst verknotet. Dem Altarbereich wurde ein zweiter Chorbereich mit zwei Kanzeln vorgebaut, an dessen Schranke noch einige bunte Mosaiksteinchen die Zeiten überdauert haben. Hinter dem überdachten Altar zeigt ein Fresko Mariens Himmelfahrt, daneben die Heiligen Franziskus und Sebastian (mit Pfeilen im Körper), in der rechten Seitenkapelle wird Johannes der Täufer gerade enthauptet, die schöne Salome hält mit starrem Blick den Silberteller bereit.

■ Aus Sicherheitsgründen limitierte Öffnungszeiten: tägl. 8.30–13 und 16.30–19 Uhr.

Von der Kirche sind es nur ein paar Schritte bis zur Piazza della Rocca, von der aus man einen wunderschönen Ausblick auf das Tibertal und Alviano (erkennbar an der mächtigen Burg) genießt.

Agriturismo Poggio del Bolognino, in den Hügeln zwischen Lugnano und Attigliano. Eine sympathische Adresse auf den ersten Blick: ein gepflegtes Rasengelände (mit Sicht bis zum Monte Amiata in der Toscana), mehrere Schattenterrassen, ein Swimmingpool mit Wiese und Liegestühlen, ein Kinderspielplatz, ein Kräutergarten – alles umsichtig gehegt und gepflegt. Im Garten findet sich ein Pizzaofen und ein Grill (vom Sohn des Hauses, einem professionellen Hufschmied, hergestellt). Selbst ein Fahrradständer fehlt nicht, schließlich werden den Gästen Fahrräder ausgeliehen. Wanderer bekommen eine Wanderkarte der Region in die Hand gedrückt, auch Reiten ist möglich: Der Agriturismo arbeitet mit einem Reitstall in der Nähe zusammen. Zur Verfügung stellt die Familie Testore, die diesen schönen Agriturismo 2010 gegründet hat, drei verschieden große Appartements, alle perfekt eingerichtet, sowie zwei geräumige Doppelzimmer mit Bad. „Si parla italiano" und „English spoken". DZ inkl. Frühstück 85–95 €, ab der zweiten Nacht billiger. Anfahrt: von Lugnano in Richtung Attigliano, nach 2 km in einer Linkskurve rechts abbiegen (Schild), dann noch 1,5 km.

Voc. Bolognino 103, 05020 Lugnano in Teverina, 346-2789217, www.poggiodelbolognino.it.

Alviano

Ein kleiner Ort um eine große Burg. Letztere stammt aus dem 15. Jahrhundert und beherbergt neben der lokalen Regierung und dem Lokalmuseum auch eine kleine Dokumentation über das nahe Naturschutzgebiet des Parco Fluviale del Tevere, zu dem auch der Lago di Alviano gehört.

Auf dem Platz vor dem Eingang zur **Burg** predigte einst Franziskus von Assisi einer zahlreich zusammengeströmten Menge, allerdings musste er sich vorab gegen das störende Schwalbengezwitscher durchsetzen. Also wandte er sich erst an die Vögel: „Meine lieben Schwestern Schwalben, jetzt heißt es, mich reden zu lassen!" Die so Ermahnten gehorchten dem Heiligen und verhielten sich während der folgenden Predigt mucksschwälbchenstill. Das Ereignis ist auf einem Fresko in der Burgkapelle festgehalten: Die geschwätzigen Schwalben haben sich ins Gemäuer verzogen.

▪ April–Juli und Sept. Sa 14.30–18.30, So 10.30–12.30 und 15.30–18.30 Uhr; Aug. Di–Sa 16.30–19.30, So 10.30–12.30/16.30–19.30 Uhr; Okt.–März So 10.30–12.30 und 15–18 Uhr. Eintritt 2,50 €.

Lago di Alviano

Rund 20 km westlich von Amélia wurde der Tiber zum *Lago di Alviano* aufgestaut und ein größeres Naturschutzgebiet eingerichtet, die unter dem Patronat des WWF stehenden *Oasi del Lago di Alviano*. Vor allem Ornithologen kommen hier auf ihre Kosten. Den Zugang findet man beim Weiler Madonna del Porto am Nordostende des Sees (ausgeschildert). Zwei Rundgänge sind möglich: der erste (1,5 km, 1 Beobachtungsturm) führt am See entlang, der zweite (3,5 km, 2 Beobachtungstürme) auch durch Wälder. Und lassen Sie nichts in der schönen Natur liegen! Eine weggeworfene Cola-Dose könnten Sie sonst im Schaukasten am Eingang des Parks wiederfinden – als Corpus delicti.

▪ Nur Sept.–Mai an Sonntagen von 10 Uhr bis Sonnenuntergang. Erw. 6 €, 6–14 J. und über 65 J. 4 €.

Burg von Alviano

„La Serpara" – Bambus und fauchende Feuer am Rio Chiaro

Wer nach „La Serpara" kommt, tut gut daran, seine Vorstellungen von Open-Air-Kunstausstellungen an der imaginären Garderobe abzugeben.o Was der Schweizer Paul Wiedmer mit „La Serpara" geschaffen hat, ist weit mehr als ein Skulpturengarten, in dem die Natur nur den Rahmen abgibt. Hier ist die Natur Teil der Ausstellung. Wiedmer erweist sich auch als Landschaftsarchitekt, verändert die Natur, pflanzt Bäume, mit Vorliebe Bambus, manchmal hilft dem Besucher ein Schildchen bei der Identifikation eines Gewächses – wie in einem botanischen Garten. Und dann steht man unversehens vor einem rostigen Objekt, das Feuer speit.

Paul Wiedmer, Feuerskulptur (1975)

Eisen und Feuer – das sind die Markenzeichen Wiedmers, der erst bei Bernhard Luginbühl und Jean Tinguely assistierte, bevor er zu seinem eigenen Stil fand. Eisenskulpturen mit fauchenden Feuern begegnet man öfter auf dem leicht terrassenförmig angelegten Gelände. Bäume und Bambus wachsen weiter und mit ihnen die Ausstellung. Seit der Gründung 1997 sind zahlreiche Werke vor allem italienischer, deutscher und schweizerischer Künstler hinzugekommen. Von Daniel Spoerri (der im toscanischen Seggiano seinen eigenen Künstlergarten hat) stammt der *Sede di Giano* (Janus-Sitz), ein Hochsitz mit einem sportlichen Schuh, vom Duo Petra Fiebig/Uwe Schloen das *Albergo Goldoni*, ein verrosteter Cinquecento, aus dem eine Stimme ins Hotel einlädt. Die fiktive Luftfahrtgesellschaft Ingold Airlines (von Res Ingold) hat auf dem Gelände einen Hubschrauberlandeplatz bekommen, der nach englischer Gartenkunst aus der Wiese geschnitten ist. Ganz unten rauscht oder rieselt der Rio Chiaro vorbei, gesäumt von Weiden und Erlen. Graziano Marini hat die *Eurasia* über ihn geworfen, eine elegante, rote Leuchtbrücke, und damit die Fische im Bach das ihnen zustehende Schwimmtempo einhalten, hat ihnen Samuele Vesuvio eine Radarfalle gestellt. Wer sich am schattigen Bach romantischen Gefühlen hingeben will, dreht sich besser nicht um: Hinter ihm steht schon wieder eine von Wiedmers feuerspeienden Eisenskulpturen. Auch das lauschige Wäldchen daneben ist nicht harmlos. Dort warnt ein Andreaskreuz: „Attenti al Treno – Pericolo" (von Thorsten Kirchhoff).

„La Serpara" ist eine wundersam verspielte Welt, in der Natur und Kunst eine glückliche Symbiose eingehen – oder wie der Herausgeber des Katalogs schreibt, „ein Ökosystem der Kunst".

Anfahrt: Von Alviano auf der SP 12 über die Tiberbrücke, am Ende der Straße rechts in die SP 19 (Richtung Castiglione in Teverina), nach ca. 4 km links auf der SP 5 dem Schild nach Civitella d'Agliano folgen. Auf der SP 5 bleiben, die bis in den Ort hochführt und westlich wieder hinunter, dann bei Km 26 links ausgeschildert (Naturstraße). **Besuch**: Nur nach Voranmeldung unter ✆ 0761-914071. „La Serpara" ist auch privater Wohnsitz der Familie Wiedmer. Kein Eintritt, eine Spendenbüchse steht da.

Todi, Piazza del Popolo

Todi

Die Piazza del Popolo von Todi zählt mit Recht zu den schönsten mittelalterlichen Plätzen Italiens – die Kulisse ist filmreif. Regisseur Joseph L. Mankiewicz hatte dies erkannt, als er 1963 Elizabeth Taylor als Kleopatra die breite Freitreppe des Palazzo del Popolo hinabschreiten ließ.

Die Geschichte hat in der uralten umbrischen Stadt, die von ihrem pyramidenförmigen Hügel ins Tibertal hinabschaut, Spuren aus vielen Epochen hinterlassen. Wer durch die *Porta Romana* (mittelalterlich) die Via Matteotti hinaufgeht, stößt auf die *Porta Catena* (römisch), dann auf die *Porta Marzia* (etruskisch) und hat somit – wenn auch gegen die Chronologie – einen kompakten geschichtlichen Parcours hinter sich gebracht. Oben, an der berühmten Piazza del Popolo, legt man am besten eine Verschnauf- oder Kaffeepause ein, bevor man die weiteren Sehenswürdigkeiten aufsucht.

Todi dürfte etwa 3000 Jahre alt sein. Die Römer gestanden der Stadt – offensichtlich ihrer Treue wegen – ein eigenes Münzrecht zu. Im 12. und 13. Jahrhundert war Todi eine eigenständige Kommune. Wie in den meisten umbrischen Städten kämpften auch hier Guelfen und Ghibellinen um die Macht. Rom war nah, und so gelangte die Stadt mehr und mehr unter päpstlichen Einfluss und wurde schließlich ganz dem Kirchenstaat einverleibt. Im Kampf um die nationale Einigung aber wechselte Todi dann mit wehenden Fahnen die Front – Garibaldi fand hier glühende Anhänger.

1992 schrieb ein amerikanischer Journalist eine enthusiastische Reportage, in der er Todi als die lebenswerteste Stadt ganz Italiens pries. Die Nachricht drang offenbar bis in die

Stadtverwaltung, die sich in den Folgejahren daran machte, dem unverhofften Lob gerecht werden. Zahlreiche Gassen wurden neu gepflastert, Häuserfassaden gereinigt oder neu verputzt, die Immobilienpreise stiegen – und ganz nebenbei förderten die Arbeiter an der Via dei Condotti ein römisches Mosaik zu Tage.

Noch hält sich der Tourismus aber in Grenzen. Es sind meist Reisebusse, die von Perugia aus Todi für einen Tagesausflug ansteuern. Der führt in der Regel auf die berühmte Piazza und – wegen der praktischen Parkmöglichkeiten – zum *Tempio di Santa Maria della Consolazione*. Wer sich nicht gerade an diesen Orten aufhält, kann also ungestört in Todis mittelalterliche Romantik eintauchen.

Sehenswertes

Piazza del Popolo: Am schönsten ist das Erlebnis, wenn man den längeren Aufstieg von der *Porta Romana* her wählt. Einfach immer der Hauptgasse entlang. Erst heißt sie *Via Matteotti*, dann *Via Romana*, dann *Corso Cavour*. Oben tut sich unvermittelt die spektakuläre Piazza auf: am Kopfende die **Kathedrale** mit einer breiten Treppe, ihr gegenüber der **Palazzo dei Priori** (größtenteils 13./14. Jh.), heute Sitz des Gerichts, und ums Eck der **Palazzo del Popolo** mit der eingangs erwähnten filmreifen Freitreppe zur Piazza (die heute nicht mehr ganz so frei ist: Glaswände sichern vor Fehltritten). Er stammt ebenso wie der angebaute **Palazzo del Capitano** aus dem 13. Jahrhundert. Vor allem das Gesamtbild dieser drei Paläste ist es, das der wunderschönen Piazza den Stempel aufdrückt: Keiner der drei stellt den anderen in den Schatten, man bekommt sie sogar zusammen vors Objektiv. Und von der *Piazza Garibaldi*, die sich an den Palazzo del Popolo anschließt, hat man eine überraschend schöne Aussicht auf das Umland im Nordosten.

Pinakothek: im Palazzo del Popolo. Die Gemäldesammlung ist eher enttäuschend; ausgestellt sind vor allem Fresken des 15. Jahrhunderts sowie großformatige Gemälde lokaler Provenienz aus dem 16./17. Jahrhundert.

Todis Kathedrale dominiert einen der schönsten Plätze Italiens

Kloster San Fortunato

Angeschlossen an die Pinakothek ist ein kleines **Museo civico**, nicht von großer Bedeutung, aber mit besucherfreundlicher Ausstellungstechnik. In der numismatischen Abteilung kann man die Münzen durch verschiebbare Lupen (zum Teil bereits geklaut) betrachten. Schmuckstücke zur Stadtgeschichte sind ein Holzmodell des Consolazione-Tempels, angefertigt im 16. Jahrhundert, sowie eine hübsche Sanduhr aus dem 13. Jahrhundert. Keramik und Kostüme ergänzen den Museumsbestand.

▪ April–Sept. Mo und Mi–Fr 10–13, Sa/So 10–18 Uhr; Okt.–März Fr 10–13, Sa/So 10–13 und 14–17 Uhr. Eintritt 5 €.

Kathedrale: Ihr Gründungsdatum ist ungewiss. Vermutlich stammt sie aus dem 11. Jahrhundert, einige Quellen deuten aber auch auf einen früheren Bau aus dem 9. Jahrhundert hin. Im Jahr 1190 wurden große Teile durch einen Brand zerstört, der Wiederaufbau erfolgte im lombardischen Stil. Erneute Änderungen, vor allem an der Fassade, fallen ins 16. Jahrhundert. Bevor man die Kathedrale durch die Holztür mit ihren geschnitzten Bischofsdarstellungen betritt, lohnt ein Blick zurück: Vom oberen Ende der Treppe aus präsentiert sich die Piazza del Popolo in ihrer ganzen Pracht.

Zu den Schmuckstücken im Inneren gehört zweifellos das fein gearbeitete *Chorgestühl* (1530) mit seinen Intarsien – teils Trompe-l'œil-Technik – ein schier unbegrenzter Bilderreichtum. Leider ist das Gestühl nicht aus der Nähe zu betrachten; wer keinen Operngucker mit sich führt, muss sich an die Postkarten halten. Bevor der Besucher die Kathedrale verlässt, wird er noch aufgerufen, seinen Lebenswandel zu überdenken: Im *Jüngsten Gericht*, einem Fresko aus dem 16. Jahrhundert an der Rückwand der Kirche, entschwinden die Geretteten nach oben – unten ächzen die Verdammten. In der *Krypta* (Eintritt 2 €), einer kompletten Unterkirche, ist eine kleine Ausstellung religiöser Kunst untergebracht.

Kloster San Fortunato: Eine großzügig breit angelegte Treppe führt zum Kloster hinauf, das sich an Todis höchster

Porta Marzia (etruskisch)

Stelle erhebt. Am unteren Ende der Treppe begrüßt links ein in Bronze gegossener Jacopone da Todi (s. u.) aus dem Jahr 1930 den Besucher, am oberen Ende warten zwei aus einer romanischen Vorgängerkirche gerettete, verwitterte, steinerne Löwen auf ihn. An der Fassade besticht einzig das reich verzierte gotische Portal, der obere Teil kam wesentlich später dazu und wirkt noch heute provisorisch. Im Inneren überrascht die Helligkeit. Das Spiel mit dem Lichteinfall – die gotischen Architekten entwickelten darin eine Meisterschaft – wird hier exemplarisch vorgeführt.

In der Krypta ruht der um 1230 in Todi geborene Jacobus de Benedictis, *Jacopone da Todi* genannt. Jacopone war ein begüterter und sinnenfroher Rechtsanwalt, bevor er seinen Besitz an die Armen verteilte und Franziskaner wurde. Als solcher soll er dann das Leben eines Büßers geführt und körperliche Selbstkasteiung in extremis betrieben haben. Papst *Bonifaz VIII.* mit seinen Ambitionen auf weltliche Herrschaft war in den Augen Jacopones der personifizierte Antichrist, und so verwundert es nicht, dass der Franziskanerbruder bald im Kerker landete. 1303 wurde der Papst seinerseits von den Franzosen gefangengenommen und starb kurz danach, und noch im selben Jahr veranlasste der neue Papst die Freilassung Jacopones. Berühmt geworden ist Jacopone da Todi vor allem als Verfasser von Satiren und geistlicher Poesie. Er gilt als einer der frühesten Vertreter der italienischsprachigen Literatur, die sich zu dieser Zeit neben der üblichen lateinischsprachigen zu entwickeln begann.

Turmbesteigung: April–Okt Di–So 10–13 und 15–18.30 Uhr; Nov.–März Di–So 10–13 und 14.30–17 Uhr. Eintritt 2 €.

Wer rechts der Kirche an der Klostermauer entlanggeht, sieht im Garten einen eigentümlichen kleinen Steinbau, auf dessen Dach längst Gras gewachsen ist. Es handelt sich um eine römische Zisterne, die später in ein Kirchlein umgebaut wurde. Im Volksmund heißt der Bau **Carcere di San Cassiano**. Die Legende erzählt, dass zu Beginn des 4. Jahrhunderts *Cassiano*, der Bischof von Todi, hier eingekerkert und dann von seinen eigenen Schülern umgebracht wurde.

La Rocca: Weiter an der Klostermauer entlang, gelangt man zur Südwestecke des Stadthügels – ein idealer Platz für Militärarchitekten. Eine erste Burg wurde 1373 errichtet, aber bereits neun Jahre später vom Volk gestürmt und zerstört. Eine zweite hatte immerhin ungefähr hundert Jahre Bestand. Heute ist davon praktisch nichts mehr zu sehen. Die gebliebene Grünfläche ist eine Oase im steinernen Todi: Kinderspielplatz, Basketball, Picknickbänkchen, Ruhe. Vom hintersten Teil des Parks schlängelt sich ein Fußweg hinunter zum Consolazione-Tempel.

Tempio di Santa Maria della Consolazione: ein großes Bauwerk um ein kleines Madonnenfresko. Die Legende will, dass im Jahr 1508 ein auf einem Auge erblindeter Bauarbeiter im Schutt einer verfallenen Kirche das kleine Fresko entdeckte. Er zückte sein Taschentuch und säuberte es von Staub und Spinnweben. Dass er mit demselben Taschentuch danach den Schweiß von seiner Stirn wischte, war sein Glück. Fortan sah er die Welt wieder mit zwei Augen. Das Wunder sprach sich schnell herum, Pilger strömten herbei, um das Fresko zu sehen, und ein Jahr später hatten sich genug Spenden angehäuft, um mit dem Bau einer Kirche zu beginnen.

Die byzantinisch inspirierte Kirche ist zweifellos eines der faszinierendsten Bauwerke der italienischen Renaissance. Der außerhalb der Stadtmauer im Freien stehende „Tempel" zeigt vier kurze Apsiden, drei polygonal, die vierte halbrund, und über dem Mittelbau eine wuchtige Kuppel. Hundert Jahre lang (1509–1607) wurde an der gedrungenen Kirche gearbeitet. Ob der berühmte Renaissance-Architekt *Bramante* am Bau beteiligt war oder zumindest die Pläne vorgab, ist in Fachkreisen umstritten.

In drei der Apsiden sind jeweils vier Apostelstatuen gestellt. Sie stammen aus dem Ende des 17. Jahrhunderts und wirken etwas zu mächtig. In den Altar aus polychromem Marmor ist das wundertätige Fresko eingelassen. Wie in den meisten klassischen Renaissancebauten findet der Betrachter auch hier den idealen Stand-Punkt, der ihn – dem Weltbild der Renaissance entsprechend – in den Mittelpunkt des Geschehens versetzt: Wer sich exakt in der Mitte der Kirche befindet, sieht über sich in der Kuppel eine Taube und

Santa Maria della Consolazione – das Renaissance-Juwel von Todi

vor sich das Madonnenfresko im Altar – in einer Linie mit den Gekreuzigten.

Kirche Santa Maria in Camuccia: Die romanische Kirche aus dem 13. Jahrhundert war einst Teil einer dominikanischen Klosteranlage. Heute ist ihre einzige Sehenswürdigkeit die sog. *Sedes Sapientiae*, eine überaus fein geschnitzte Holzstatue, die Maria mit Kind darstellt. Den Wert des Kunstwerkes wussten offensichtlich auch zwielichtige Gestalten zu schätzen: 1988 wurde die Statue geraubt. Die Polizei von Perugia, die den Fall bearbeitete, wurde 1991 fündig – in einer Garage. Nach Restaurierungsarbeiten in Rom wurde die Sedes Sapientiae – versehen mit einer Antidiebstahl-Sicherung – wieder an ihren angestammten Ort zurückgebracht.

Mit der Drahtseilbahn in die Stadt hoch

Römische Zisternen (*Cisterne Romane*): Erst stülpt man sich einen gelben Bergarbeiterhelm über den Kopf, damit man diesen an der niederen Decke nicht anstößt. Dann geht's ein paar Räume weit in Todis Unterwelt zur Besichtigung des römischen Wassersystems aus dem 1. und 2. Jahrhundert n. Chr. Eine Zisterne liegt unter der „Piazza del Popolo", eine andere – erst 1996 entdeckt – unter der Via Mazzini. Schließlich gibt es auch noch einen Tunnel in Richtung des Klosters San Fortunato – alles ziemlich kompliziert, und die ausführlichen Informationstafeln verwirren den neugierigen Besucher noch mehr.

▪ April/Mai und Sept. Mo und Mi-Fr 15-18, Sa/So 10-18 Uhr; Juni-Aug. Mo und Mi-Fr 10.30-13 und 15-18, Sa/So 10-18 Uhr; Okt.-März Fr 14-17, Sa/So 10-13 und 14-17 Uhr. Eintritt 2 €. Ticket im Informationsbüro.

„Römische Nischen": an der Piazza del Mercato Vecchio. Müsste der „alte Marktplatz" nicht auch noch als Parkplatz dienen, könnte hier durchaus romantische Stimmung aufkommen. Die vier großen Nischen aus Travertin mit einem steinernen Dekorband darüber werden den Römern zugeschrieben. Je nach Quelle werden sie ins 1. Jahrhundert v. Chr. oder ins 1.Jahrhundert n. Chr. datiert. Noch weniger geklärt ist, wie die Nischen überhaupt zu interpretieren seien. Die einen wollen darin Relikte eines Marstempels sehen, andere den Eingang zu einer früheren Basilika oder zum Forum Romanum, und wieder andere meinen, es handle sich einfach um eine architektonisch elegante Abstützung der darüberliegenden Häuser. Solange ihr ursprünglicher Zweck nicht geklärt ist, werden sie wohl weiterhin *Nicchioni Romani*, große römische Nischen, heißen.

Basis-Infos

Postleitzahl 06059

Information IAT-Büro, kompetentes Personal, viel Material über Todi und Umgebung. April/Mai und Sept. Mo-Fr 10-13 und 14-19, Sa/So 9-19 Uhr; Juni/Juli Mo-Fr 9-13 und 14-19, Sa/So 9-21 Uhr; Aug. tägl. 9-13 Uhr; Okt.-März Mo und Mi-Fr 10-13 und 14-17, Sa/So 9-12 und 14-19 Uhr. Piazza del Popolo 38, im Erdgeschoss des Palazzo del Popolo. ☏ 848-004000, www.visitodi.eu.

Hin und weg **Bahn**: Die Bahn (Linie Perugia–Terni) fährt nicht auf den Hügel, hält aber an dessen Fuß. Von den beiden Stationen wählt man besser *Ponte Rio*, da von hier aus oft Busse in die Innenstadt (Piazza Jacopone) fahren.

Bus: Etwas näher ins Zentrum fahren Busse von Perugia und Orvieto aus. Haltestelle ist der Parkplatz beim Tempio di S. Maria della Consolazione.

Parken Gebührenfreies Parken vor der Porta Romana, mehr Platz findet man beim Tempio di S. Maria della Consolazione, und ganz problemlos ist das gebührenpflichtige Parken bei der Porta Orvietana: Die Fahrt vom Parkplatz mit der Drahtseilbahn hoch in die Stadt ist gratis.

Fest/Veranstaltung Todi Festival, alljährlich Ende Aug./Anfang Sept. eine Woche lang. Ambitioniertes Festival mit Theater, Film, Ballett, klassischer Musik, Jazz, Literatur, Ausstellungen. Programm unter www.todifestival.it.

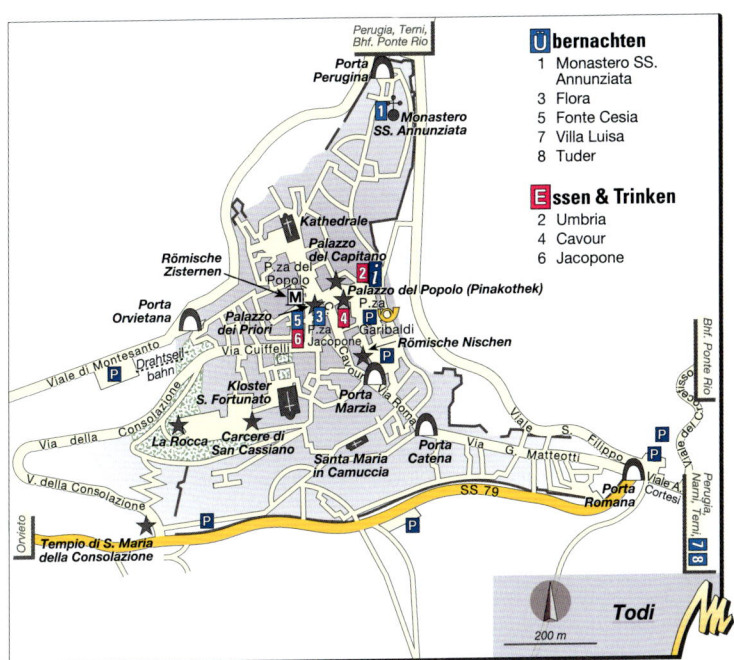

Todi

Sprachkurse **La Lingua La Vita**, 1988 gegründete Sprachschule. Die Methode ist stark kommunikativ ausgerichtet, Konversation im Alltag ist das hauptsächliche Ziel. Kurse von 10 bis 20 Std. pro Woche auf verschiedenen Niveaus, intensiver Unterricht in kleinen Gruppen von max. 8 Personen. Die Schule vermittelt auch Unterkünfte, je nach Wunsch bei einer Familie in der Stadt oder in der ländlichen Umgebung, alleine oder zu mehreren. Eine Ex-Schülerin schrieb uns, die Schule sei wohl eher auf Anfänger und Japaner eingestellt (tatsächlich ist die Website von La Lingua La Vita auf Japanisch und Russisch, aber nicht auf Deutsch verfügbar) und war auch mit der angebotenen Stadtunterkunft nicht zufrieden (bei Fernanmeldung stets ein Risiko). Via Mazzini 18, ☏ 075-8948364, www.lalingualavita.com.

Übernachten

Hotels **** **Fonte Cesia** 5, innerhalb der Stadtmauern in zentraler Lage. DZ inkl. Frühstück 75–170 €. Via Lorenzo Leoni 3, ☏ 075-8943737, www.fontecesia.it.

*** **Villa Luisa** 7, vor der Porta Romana. Größerer Bau mit Parkanlage und Swimmingpool, oft von Gruppen ausgebucht. „Hotel sauber und gut, Essen ausgezeichnet", urteilt kurz und bündig eine Leserin. DZ 75–140 €. Via Angelo Cortesi 147, ☏ 075-8948571, www.villaluisa.it.

*** **Tuder** 8, vor der Porta Romana, in der Nähe des vorgenannten. Obere Mittelklasse. DZ 90–135 €. Via Maestà dei Lombardi 13, ☏ 075-8942184, www.hoteltuder.com.

mein Tipp *** **Flora** 3, innerhalb der Stadtmauern in zentraler Lage, 2016 von einem sehr charmanten, älteren Ehepaar eröffnet. 10 große, helle, modern eingerichtete Zimmer, angenehme Böden (Holzimitat), geräumige Bäder. DZ 90–110 €. Via Giuseppe Cocchi 13, ☏ 075-8944003, www.florahoteltodi.it (soll 2019 aufgeschaltet werden).

Übernachten im Kloster Monastero SS. Annunziata 1, das Kloster aus dem 15. Jh. ist eine sympathische und obendrein preiswerte Adresse. Die weltoffenen Ordensschwestern bereiten einen sehr freundlichen Empfang. Sehr gepflegte Zimmer mit Dusche. Die Gäste können auch zu einem günstigen Preis das Abendessen mit den Schwestern teilen – am langen Tisch im Refektorium, das an der Stirnseite mit dem Letzten Abendmahl ein passendes Fresko zeigt. Über die Bibliothek mit Schmuckstücken und Bücherschränken gelangt man direkt in die Kirche oder in eine kleine Kapelle. Auch ein gepflegtes Gärtchen fehlt nicht. Ruhe garantiert. Einzel-, Doppel- und 3-Bett-Zimmer. DZ inkl. Frühstück 60 €. Via San Biagio 2, ℅ 075-8942268, www.monastero.smr.it.

San Bartolomeo, 2009 eröffneter, freundlicher Betrieb in absolut ruhiger Lage in den Hügeln um Todi. Anna und Gabriele haben ein altes Landhaus renoviert und sind mit zwei Kindern und zwei Katzen eingezogen. Angeboten werden 5 Zimmer, eines davon für drei Personen, alle schön eingerichtet und mit eigenem Bad. Wer gleich alle 5 Zimmer haben will (für Gruppen interessant), bekommt Aufenthaltsraum und eine Küche dazu. Vor dem Haus eine überdachte Terrasse und ein Swimmingpool (7 x 12 m), Liegestühle und Sonnenschirm. Reisenden, die Ruhe suchen, sei das San Bartolomeo ebenso empfohlen wie Reisenden mit Kindern. DZ inkl. Frühstück 65–85 €, je nach Saison, wochenweise billiger.

Anfahrt: Von Todi nach Marsciano (Schnellstraße nach Perugia oder N 397), dort am westlichen Ortsende in die Straße nach Collelungo einbiegen, dann noch vor Collelungo rechts abzweigen (ausgeschildert), noch 1 km Schotterstraße. Voc. San Bartolomeo 30, 05010 Marsciano, ℅ 075-8743990, www.casalesanbartolomeo.com.

Agriturismo Poggio della Volara → Orvieto

Camping In Stadtnähe kein Campingplatz. Wir empfehlen „Scacco Matto" am Lago di Corbara (→ Orvieto).

Wohnmobil Schön gelegener Stellplatz am Fuß von Todi, bei der Porta Orvietana, vom Parkplatz abgetrennt.

Essen & Trinken
→ Karte S. 207

Restaurants Umbria 2, das renovierungsbedürftige Haus ist bekannt und beliebt. Regionale Küche. Großartige, teils von Grün überdachte Speiseterrasse mit Ausblick auf die Ebene. Preise leicht über dem Durchschnitt. Di Ruhetag. Via S. Bonaventura 13, ℅ 075-8942737.

Cavour 4, bei Einheimischen und Touristen gleichermaßen beliebtes Restaurant. Sowohl Pizze als auch à la carte zu vernünftigen Preisen, das Vorspeisenangebot lässt sich sehen. Nicht nur das Bier wird hier vom Fass gezapft, sondern – eine Selten-heit – auch der leicht

perlende, frische Prosecco! Einige Tische auf der Gasse. Mittags preiswertes Menu turistico. Do Ruhetag. Corso Cavour 23, ℡ 075-8943730.

Jacopone 6, kleines, sehr gemütliches Lokal mit einigen regionalen Spezialitäten. Wenig teurer als das Cavour. Mo Ruhetag. Piazza Jacopone 5, ℡ 075-8942366.

Umgebung von Todi

Montecastello di Vibio

Das Bilderbuchkastell über dem Tiber gehörte im Mittelalter zum Verteidigungssystem von Todi. In friedlicheren Zeiten besann man sich auf die Kultur: Montecastello war militärisch schon längst diensttauglich, als Anfang des 19. Jahrhundert unter dem friedlichen Namen **Teatro della Concordia** ein Theater gegründet wurde. Das „Theater der Eintracht" schloss seine Türen 1951, der Bau wurde von der Gemeinde gekauft und stand für Jahrzehnte leer. Einige Bürger besannen sich jedoch auf die lange Theatertradition und gründeten die „Società del Teatro della Concordia", die schließlich eine Restaurierung des Gebäudes durchsetzte. Heute wird das „kleinste Theater der Welt" wieder bespielt.

Das Juwel kann besichtigt werden: eine Minibühne, ein Bühnenvorhang mit Montecastello als Bildmotiv, 37 samtene Sessel im Parkett und 62 weitere in den zweistöckigen Logen, Künstlergarderoben und, last but not least, im Souterrain ein Theatercafé. Zwei dicke Ordner dokumentieren die einzigartige Geschichte des Teatro.

Anfahrt Von Todi auf die Schnellstraße nach Perugia, nach 2 km Abzweig in Richtung Fratta Todina, noch vor diesem Ort führt links ein Sträßchen zum Kastell hoch (ausgeschildert).

Teatro della Concordia April–Juni und Sept./Okt. Sa/So 10–12.30/16–18.30 Uhr; Juli Mo–Fr 10–12.30, Sa/So 10–12.30/16–18.30 Uhr; Aug. tägl. 10–12.30/ 16–18.30 Uhr, Nov.–März Sa/So 15.30–17.30 Uhr – oder gleich eine Vorstellung besuchen! Eintritt frei (ohne Vorstellung).

Collevalenza

Von weitem glaubt man erst, einen Industriekomplex vor sich zu haben. Weit gefehlt – bei den Betonbauten handelt es sich um Umbriens jüngsten Wallfahrtsort.

Zum Pilgerbezirk der „Amore Misericordioso" gehören nebst der Basilika aus dem Jahr 1965 ein Kreuzweg, ein Bad, ein Informationszentrum und vor allem ein riesiger Parkplatz. Als Architekt der hypermodernen Basilika zeichnet der Spanier *Giulio Lafuente*. Aus Spanien stammt auch *Madre Speranza di Gesù Alhama Valera*, die sich 1951 mit einer von ihr gegründeten religiösen Gemeinschaft in Collevalenza niederließ. Madre Speranza selbst rührte kräftig die Trommel für den Wallfahrtsort, in dessen Zentrum sie heute steht. 1960 bestimmte sie, wo göttlicher Eingebung zufolge ein Brunnen gebohrt werden sollte. Um den 122 m tiefen Schacht wurden nachher die Bäder (zur Reinigung von Körper und Seele, Geschlechtertrennung selbstverständlich) gebaut. 1965, im Jahr der Einweihung der Kirche, notierte sie: „Ich habe gehört, der Stellvertreter Christi wolle kommen, um diese Wallfahrtskirche zu besuchen. Ich möchte, dass er dies sofort tut." Papst Johannes Paul II. ließ sie allerdings bis 1981 warten. Zwei Jahre später starb die 90-jährige Madre und wurde in der Krypta bestattet. 2014 erfolgte ihre Seligsprechung durch den Vatikan.

Jenseits der Gretchenfrage, wie man es mit der Religion hält, sei der Besuch von Basilika und Krypta uneingeschränkt allen empfohlen, die sich für moderne Kirchenarchitektur interessieren.

Anfahrt: Von Todi auf der Landstraße in Richtung Acquasparta, nach ca. 7 km links abzweigen (ausgeschildert).

Villa San Faustino

Knapp unterhalb des an der Via Flaminia gelegenen Kastells steht mitten im Grünen die *Abtei San Faustino*. Die romanische Kirche aus dem 12. Jahrhundert kannte eine benediktinische Vorgängerkirche, die ihrerseits auf einem römischen Unterbau ruhte. Links vom dreibogigen Fenster sind an der Fassade noch Reste eines Dekors auszumachen. Später wurde die Fassade mit einem Portikus versehen bzw. entstellt, wie Kunsthistoriker urteilen. Im einschiffigen Inneren wurde die Krypta zerstört, die gefundenen Sarkophage sind im abgesenkten Boden hinter dem Altar ausgestellt.

Unten in der Ebene, wo der Naia-Fluss, die Eisenbahnlinie und die Schnellstraße nebeneinander verlaufen, liegen die *Terme Sanfaustino*. Das gleichnamige Mineralwasser gehörte lange Zeit seiner ausgewogenen Zusammensetzung wegen zu den italienischen Spitzenreitern der Branche. Doch Tradition kann Marketing nicht ersetzen: Heute findet man das Wasser nur noch selten im Supermarkt.

Ein paar hundert Meter flussaufwärts führt hinter der Autobahn ein Sträßchen hoch zu den *Katakomben von Villa San Faustino*. Die frühchristliche Nekropole (3.-4. Jh.) umfasst an die tausend Grabstätten; leider ist sie nur nach Vereinbarung mit der Tourist-Information von Massa Martana (℡ 075-889371) zu besichtigen (Eintritt 5 €). Wenn dort niemand abhebt, mag Sie der *Ponte Fonnaia* in der unmittelbaren Nähe (ausgeschildert) über das Missgeschick hinwegtrösten. Die fotogene römische Brücke in einer Waldlichtung datiert aus dem 3. Jahrhundert v. Chr. und wurde unter Kaiser Augustus restauriert. Sie gehört zur alten Via Flaminia und überspannt heute nur noch ein Rinnsal.

Versteinerter Wald bei Dunarobba

Eine geologische Besonderheit, die man eher im Südwesten der USA erwartet. In der Nähe von Dunarobba (17 km von San Gémini) wurde erst in jüngster Zeit ein fossiler Wald entdeckt. Rund 50 versteinerte Baumstümpfe hat man bisher freigelegt. Der Besuch des eingezäunten Geländes ist nur im Rahmen einer Führung möglich.

Anfahrt Von San Gémini in Richtung Montecastrilli, ab Casteltodino ausgeschildert („foresta fossile"); kurz vor dem Ort Dunarobba steht links das Informationsgebäude, wo die Eintrittskarten verkauft werden.

Führungen April–Juni und Sept./Okt. Di/Mi 10.30 und 11.45, Do–So 10.30, 11.45, 15.30, 16.45 Uhr; Juli/Aug. Di–So 10.30, 11.45, 16.30, 17.45 Uhr; Nov.–März Di-Fr 10.30 und 11.45, Sa/So 10.30, 11.45, 14.15, 15.30 Uhr. Eintritt inkl. Führung 6 €.

Auf Tuff gebaut: Orvieto

Orvieto

Die plastisch aus der Landschaft ragende Stadt auf dem hohen Tuffsteinblock ist schon von weitem zu sehen. Im Frühsommer und im Herbst, wenn das Paglia-Tal noch im dicken Nebel liegt, scheint oben in Orvieto oft die Sonne. Mit ihren Türmen, Kirchen und dem Dom präsentiert sich die Stadt dann wie ein mächtiges Schiff, das lautlos auf schäumenden Wogen dahingleitet – ein zauberhafter Anblick!

Die mittelalterliche Altstadt mit ihren gewundenen, schmalen Gassen ist gut erhalten. Hinter Mauern und geschlossenen Portalen verbergen sich oft schöne Gärten und Innenhöfe. Die Auslagen der kleinen Lebensmittelläden präsentieren die Spezialitäten aus der Umgebung: geräucherte Schinken, kleine Salamis, Käse (*caciotta* und *scamorza*), Olivenöl, getrocknete Waldpilze ... Von den Weinbergen rechts und links des Paglia-Flusses stammt der vorzügliche *Orvieto classico*, ein strohgelber Weißwein, der in den Tuffkellern unter der Stadt reift.

Diese in der Etruskerzeit gegrabenen Vorratsgrotten bereiten den Orvietanern immer wieder Sorgen: In Schlechtwetterperioden verwandeln sich die Stollen in unterirdische Wasserläufe, die bereits gefährliche Erdrutsche am Sockel des Tuffklotzes und oben an den Plateaurändern ausgelöst haben.

Während oben in Orvieto Touristen die uralten Gassen durchstreifen, rauscht unten in *Orvieto Scalo* der Verkehr über den Talboden. Hier befindet sich der Bahnhof (und gleich daneben die Talstation der Drahtseilbahn), hier ist der Anschluss an die Autostrada del Sole, die von Milano nach Rom führt. Die verkehrstechnische praktische Lage begünstigt die Ansiedlung von Industrie, Supermärkte fanden genügend

Platz vor, einige Hotelbauten für größere Reisegesellschaften wurden aus dem Boden gestampft – das ziemlich gesichtslose Orvieto Scalo ist gleichsam die Lebensader von Orvieto.

Stadtgeschichte: Die neuere Forschung vertritt die These, dass auf dem Tuffblock die alte etruskische Stadt *Volsinii* lag, deren Bewohner von den Römern vertrieben wurden und am Bolsenasee die Stadt neu gründeten. Aus *Volsinii* leitet sich der Name *Bolsena* ab, während *Orvieto* auf die lateinische *urbs vetus* (alte Stadt) zurückführt. Nach dem Untergang Westroms fielen die Goten in Orvieto ein, diese ließen sich die Stadt von den Byzantinern abnehmen, eroberten sie zurück, um sie dann 596 endgültig an die Langobarden zu verlieren.

Im Mittelalter wurde Orvieto zur selbstständigen Kommune, aber die Auseinandersetzung zwischen den kaisertreuen Ghibellinen und den Rom verbundenen Guelfen tobte auch hier. Die Päpstlichen siegten, im 14. Jahrhundert wurde Orvieto von Rom regiert, konnte aber seine kommunale Selbstständigkeit zunächst weitgehend erhalten. Die endgültige Einverleibung in den Kirchenstaat erfolgte erst 1450. Im 19. Jahrhundert machte *Napoleon* dem Kirchenstaat ein Ende, der Wiener Kongress stellte ihn 1815 wieder her, und Orvieto wurde erst dem nahen Viterbo zugeschlagen, dann unabhängig – bis es schließlich 1860 in den jungen italienischen Nationalstaat integriert wurde.

> **Carta Orvieto Unica**: Der Tipp für die kulturelle Stippvisite. Die Karte kostet 20 € (erm. 17 €) und berechtigt zur Hin- und Rückfahrt mit der Drahtseilbahn und anschließender Busfahrt ins Zentrum sowie zum *freien Eintritt zu allen hier beschriebenen Sehenswürdigkeiten*. Verkauf bei der Touristinformation, am Parkplatz beim Bahnhof sowie bei allen Sehenswürdigkeiten. Weitere Einrichtungen kooperieren und bieten **Sammeltickets** an (siehe unter den einzelnen Sehenswürdigkeiten).

Sehenswertes

Dom: Der Dom von Orvieto mit seinen aus schwarzem Basalt und grau-gelbem Kalkstein gestreiften Außenmauern und der reich verzierten Front in Form eines dreiteiligen Altarbildes gilt zu Recht als einer der schönsten Kirchenbauten Italiens. Gotischer Baustil, jedoch mit außergewöhnlichen „Stilbrüchen", zahllose Umgestaltungen wurden während seines Baus (13.–17. Jh.) vorgenommen: weniger mystisch-fromm, sondern bunt und glänzend. *La nuvola d'oro* – die Wolke aus Gold – heißt dieses Prunkstück denn auch im Volksmund. Der über drei Jahrhunderte dauernde Bau soll 33 Architekten, 90 Mosaikkünstler, 152 Bildhauer und 68 Maler beschäftigt haben.

In den Flachreliefs an der Fassade verliert sich der Blick des eiligen Besuchers schnell. Man muss sich Zeit nehmen für diese plastische Bilderbibel von der Schöpfungsgeschichte (Eva wird förmlich aus der Rippe Adams hervorgezaubert) bis zum Jüngsten Gericht, wo die ewig Verdammten mit Schlangen und Drachen zu kämpfen haben. Auch der nicht Bibelfeste wird von der Vielfalt der Darstellungen fasziniert sein. Die Türen der Fassade sind aus Bronze und ersetzen seit 1970 die alten Holztüren. Sie stammen von *Emilio Greco*, einem sizilianischen Künstler, dem es gelungen ist, sein Werk in die gotische Fassade zu integrieren, ohne dass es stören würde. Die Reliefs am Hauptportal stellen die Werke der Barmherzigkeit dar.

Brizio-Kapelle: Die große Überraschung im Inneren des Doms ist die Brizio-Kapelle rechts vorn – der Freskenzyklus von *Luca Signorelli* über das Ende der Welt ist ein Meisterwerk. „Die Taten des Antichrist" an der linken Wand zeigen den Verderbten als Prediger, dem der Teufel die Worte einflüstert; wer sich verführen lässt, wird umgebracht. An der Wand gegenüber wird die „Auf-

Dom

Die Rosette des weltbekannten gotischen Doms

erstehung des Fleisches" in aller Fleischlichkeit dargestellt, aus einer monoton grauen Fläche steigen die zu neuem Leben erweckten Leiber hervor. Im „Inferno der Verdammten" an der Stirnwand saust ein beflügelter Teufel mit einer Sünderin durch die Lüfte, eine andere Verdammte wird mit einem Fuß auf dem Kopf zu Boden gedrückt, während ihr die Zehen ausgerissen werden. Die drastischen Darstellungen sind zweifellos eine Hommage an Dante, der wie Vergil, Homer und weitere Klassiker der Antike als Porträt im Werk Signorellis einen Platz gefunden hat.

▪ März & Okt. Mo–Sa 9.30–18, So 13–17.30 Uhr; April–Sept. Mo–Sa 9.30–19, So 13–17.30 Uhr; Nov.–Febr. Mo–Sa 9.30–13 und 14.30–17, So 14.30–16.30 Uhr. In diesen Zeiten kann der Dom nur zusammen mit der Brizio-Kapelle besucht werden! Eintritt 4 €. Eintritt im Sammelticket Brizio-Kapelle + Museo Emilio Greco + Museo dell'Opera del'Duomo 5 €.

Bevor man den Dom verlässt, werfe man noch einen Blick auf den *Taufbrunnen* mit einem Becken aus rotem Marmor, auf das ein zierliches Tempelchen aus weißem Marmor gesetzt ist – acht Löwen tragen das Schmuckstück aus dem 14./15. Jahrhundert.

Torre di Maurizio: Besteigen kann man den Turm nicht, aber er ist ein schönes Fotomotiv. Wer auf dem Domplatz steht, bekommt ihn mitsamt der Bronzefigur, die oben alle Viertelstunden auf die Glocke schlägt, vor die Kamera. „Maurizio" gilt als der älteste Jacquemart (Figur auf dem Uhrturm, die über einen Mechanismus gesteuert die Glocke schlägt) Europas. Er stammt aus dem Jahr 1348, als der Dom noch eine riesige Baustelle war, und regelte dort den Arbeitsrhythmus.

Piazza della Repubblica: An der Südseite der rechteckigen Piazza erstreckt sich der *Palazzo Comunale* (16. Jh.) mit seinen Arkaden und einem Durchfahrtsbogen (man dachte wohl bereits an kommende Verkehrsströme). Östlich schließt sich – in architektonischer Disharmonie zum Palazzo – der zwölfeckige, zinnenbewehrte Campanile der *Kirche Sant'Andrea* an. Hier nimmt der Corso Cavour seinen Anfang, die Hauptgeschäftsstraße der Stadt; vom gegenüberliegenden Ende der Piazza gelangt man in südwestlicher Richtung in das geschäftsfreie, mittelalterliche Gassengewirr Orvietos.

Torre del Moro: Von der Piazza della Repubblica nur ein paar Schritte in den Corso Cavour, und schon sieht man linker Hand den 42 m hohen Geschlechterturm aus dem 14. Jahrhundert. Wenn's nicht gerade regnet, sei der Aufstieg empfohlen: großartige Aussicht über die Stadt und das Umland.

▪ März/April und Sept./Okt. 10–19 Uhr; Mai-Aug. 10–20 Uhr; Nov.–Febr. 10.30–16.30 Uhr. Eintritt 2,80 €.

Palazzo del Capitano del Popolo: An der *Piazza del Popolo*, dem größten Platz der Stadt, ragt dieser frei stehende Palast mit Arkaden im Erdgeschoss und einer seitlichen Freitreppe in den Himmel. Eine Bildstörung verursachen einzig die Autofahrer, die hier meist vergeblich einen Parkplatz suchen. Erbaut Mitte des 12. Jahrhunderts als Residenz des päpstlichen Vertreters in Orvieto, stellte die Kirche das Gebäude später dem *Capitano* (Stadthauptmann) zur Verfügung. Die Zinnen, die dem Palazzo einen wehrhaften Charakter verleihen, sind eine umstrittene Zugabe des 20. Jahrhunderts.

Nationales Archäologisches Museum: Es befindet sich in einem an den Dom angebauten Flügel des *Palazzo dei Papi*. Neben Grabbeigaben der umliegenden Nekropolen *Porano*, *Settecamini* und *Crocifisso del Tufo* (Spiegel, Schmuck, Gefäße aus Bronze, Eisen und Ton) sind zwei Rekonstruktionen der Nekropole *Settecamini* in ihrer natürlichen Größe zu sehen. Wandmalereien zeigen charakteristische Kulturereignisse der etruskischen Zeit: ein Festbankett und eine Beerdigungszeremonie. Auf Farbfotos sind die verschiedenen Etappen der Ausgrabungsarbeiten festgehalten, u. a. der Fund des ersten menschlichen Skeletts in diesem Ausgrabungsfeld 1985.

▪ Tägl. 8.30–19 Uhr. Eintritt 3 € (Sammelticket Nationales Archäologisches Museum + Nekropole Crocifisso del Tufo: 5 €).

Torre di Maurizio

Museo dell'Opera del Duomo: im 1. Stock eines Seitenanbaus des Doms. Zu den Kostbarkeiten gehören die Teile eines Flügelaltars (Polyptychon) von *Simone Martini* (1280–1344) und ein von *Signorelli* mit einem Selbstbildnis bemalter Ziegel – ein Geschenk an seinen damaligen Geldgeber. Nicht zu überzeugen vermochten der Saal 4, der sakrale Großgemälde mit moderner Malerei konfrontiert, sowie der Sinopien-Saal, der die alten Rötelzeichnungen krud mit Malereien aus dem 19. Jahrhundert vermischt.

▪ März und Okt. 10–17 Uhr (Di geschlossen). April–Sept. tägl. 9.30–19 Uhr. Nov.– Febr. 10–13 und 14–17 Uhr (Di geschl.). Eintritt im Sammelticket Brizio-Kapelle + Museo Emilio Greco + Museo dell'Opera del Duomo 5 € (Kasse im Museo Emilio Greco).

Museo Claudio Faina: gegenüber dem Dom. Kern des Museums ist die in den beiden Obergeschossen untergebrachte archäologische Sammlung, die im 19. Jahrhundert von Graf *Mauro Faina* aus Perugia angelegt und nach seinem Tod

Der Patrick-Brunnen

von der gräflichen Familie durch Funde aus den Totenstätten rund um Orvieto erweitert wurde. 1954 vermachte *Claudio Faina* die Sammlung der Stadt, die Betreuung liegt aber weiterhin in den Händen der Stiftung Faina. Schmuck, Münzen, Trinkgefäße, versilberte Vasen, Skulpturen aus gebranntem Ton – alles sehr besucherfreundlich ausgestellt. Eine Besonderheit sind die etruskischen *Buccheri*: metallen wirkende Gefäße aus schwarzer Keramik mit Flachreliefs. In den letzten Räumen wartet das Museum mit einer umfangreichen Amphorensammlung auf. Aus der etruskischen Zeit stammen die hübschen Exemplare aus der sog. *Vanth-Gruppe*: eines der Gefäße zeigt als Henkel zwei männliche „Nixen" mit einem Fisch in jeder Hand. Die attischen Amphoren mit ihren Darstellungen aus der griechischen Mythologie sind Zeugnisse des lebhaften Handels zwischen Etruskern und Hellenen. Im Erdgeschoss hat die Stadt ihre eigene kleine archäologische Sammlung untergebracht, die unserer Ansicht nach besser im Nationalen Archäologischen Museum (s. o.) aufgehoben wäre. Prunkstück der etruskischen Funde ist der aus Tuffstein gehauene „Kopf des Kriegers"; er stammt aus Orvietos berühmtester Nekropole, dem „Crocifisso del Tufo" (s. u.).

▪ März und Okt. tägl. 10–17 Uhr; April–Sept. tägl. 9.30–18 Uhr; Nov.–Febr. Di–So 10–17 Uhr. Eintritt 4,50 €.

Museo Emilio Greco: im Erdgeschoss des Palazzo dei Papi. Skulpturen und Grafiken von *Emilio Greco* (geb. 1913), dem Orvieto das Domportal verdankt. Klein und fein!

▪ Geöffnet wie Museo dell'Opera del Duomo. Eintritt im Sammelticket Brizio-Kapelle + Museo Emilio Greco + Museo dell'Opera del Duomo 5 €.

Brunnen des heiligen Patrick (*Pozzo di San Patrizio*): eine genial durchdachte Brunnenkonstruktion! Papst Clemens VII., der während der Plünderung Roms 1527 in Orvieto Zuflucht suchte, ließ einen Quellbrunnen graben, um im Falle einer Belagerung der Stadt die Festung Albornoz mit ausreichend Trinkwasser versorgen zu können. Als Architekt und Baumeister beauftragte er Antonio Sangallo den Jüngeren. Zehn Jahre dauerte es, bis die Bürger Orvietos den tiefen Schacht ausgehoben und mit Lehm und Ziegelsteinen sowie Tuffsteinblöcken hochgemauert hatten. Der Papst segnete 1534, noch vor der Fertigstellung, das Zeitliche, der Brunnen wurde in seiner eigentlichen Funktion nie genutzt. Fast 62 m tief und 13,4 m im Durchmesser ist der Patricksbrunnen. Von den beiden Eingängen führen zwei übereinanderliegende Spiralen mit jeweils 248 abgeflachten

Orvietos Drahtseilbahn: Wie die Wasserkraft dem Fortschritt zum Opfer fiel

Oberhalb vom Pozzo di San Patrizio (→ Sehenswertes) stand noch bis in die 1980er Jahre das verlassene Gebäude der Bergstation der 1970 stillgelegten wasserbetriebenen (!) Drahtseilbahn. Über mehr als acht Jahrzehnte hatten die beiden Gondeln die Besucher von der Talstation hinauf in die Stadt und von der Stadt hinunter zum Bahnhof transportiert. Jede Gondel besaß einen im Boden eingelassenen großen Wasserbehälter, der – je nach Anzahl der zu befördernden Personen (maximal 20) – mit Wasser aus der höher gelegenen Tione-Quelle, die auch Orvieto versorgte, gefüllt wurde. Immer so viel, dass die etwas schwerere, talfahrende Gondel die bergfahrende Gondel hochzog. Vor jeder Fahrt informierte sich das Bahnpersonal telefonisch über die Anzahl der Personen, worauf oben die entsprechende Wassermenge zugeführt und nach der Ankunft unten im Tal wieder in den Bach abgelassen wurde – genial!

Die Kommune hatte das umweltfreundliche Beförderungssystem irgendwann an eine Privatperson verkauft, die später bankrott ging. Heute denkt man eher ökonomisch als ökologisch, man spart Personal: Eine vollautomatische Drahtseilbahn gleitet seit 1992 zwischen Tal- und Bergstation hin und her. Dass das Transportmittel keinen Führerstand und auch keinen Führer hat, beunruhigt Sie vielleicht – schließlich könnte das Bähnchen mitten auf dem Weg stehen bleiben. Keine Sorge, der Kontakt mit der Außenwelt wird aufrechterhalten. Wie das geschieht, erfahren Sie aus den

„BENEHMENSANWEISUNGEN DER REISENDEN":

1) Im fall von unterbrechung: Warten auf von personal gegebene Anweisungen durch den lautsprecher im wagen.

2) Wenn man mit dem personal sprechen will (im fall von not) kann man die folgenden verbindungssysteme benutzen:

3) Microphon-Monitor bezeichnet vom schild: „COMUNICAZIONI DI EMERGENZA" (um zu sprechen den knoff mitten zu drücken):

4) Sprechhorer in der stromaufseite des wagens. (Man kann mit der hilfe der anweisungen neben dem apparat mittelein). DIR DIREKTION

Stufen hinab zur Quelle. Die Treppengänge sind so angelegt, dass sie sich nicht berühren. Nur durch einen kleinen Steg am Grund des Brunnenschachts, knapp über dem Wasserspiegel, sind sie miteinander verbunden – die zum Wasserholen vorgesehenen Esel (heute sind's die Touristen) sollten einander beim Ab- und Aufstieg nicht in die Quere kommen. Seinen Namen erhielt der Brunnen vom heiligen Patrick, der in einer dem Brunnenschacht vergleichbar tiefen Höhle auf einer Insel bei Irland gelebt haben soll. An der Außenmauer ist zweimal die lateinische Inschrift angebracht: *QUOD NATURA MUNIMENTO INVIDERAT INDUSTRIA ADIECIT* – Was die Natur dem Ort nicht zugestand, fügte ihm menschlicher Fleiß hinzu.

▪ März/April und Sept./Okt. tägl. 9–18.45 Uhr; Mai–Aug. tägl. 9–19.45 Uhr; Nov.–Febr. tägl. 10–16.45 Uhr. Eintritt 5 €.

Nekropole Crocifisso del Tufo: Die am besten erhaltene etruskische Totenstadt ganz Umbriens liegt auf halber Höhe an der Straße zwischen Stadt und Bahnhof. Gut beschilderter Weg – mit Auto oder Bus leicht zu erreichen (Buslinie Nr. 1 ab Dom). Die Nekropole wurde 1830 bei Straßenbauarbeiten entdeckt. Die in mehreren Reihen geradlinig ausgerichteten, rechteckigen Kammergräber sind aus Tuffsteinblöcken gehauen. Über den meisten Eingängen ist noch der eingemeißelte Name des Bestatteten zu lesen – in der von rechts nach links laufenden etruskischen Schrift. Die Grabfunde sind im Nationalen Archäologischen Museum und im Museo Claudio Faina (beide s. o.) ausgestellt.

▪ April–Okt. tägl. 10–19 Uhr; Nov.–März tägl. 10–18 Uhr. Eintritt 3 € (Sammelticket Nekropole Crocifisso del Tufo + Nationales Archäologisches Museum 5 €).

Orvieto Underground: Der Tufffelsen, auf dem Orvieto sich erhebt, ist durchlöchert wie ein guter Emmentaler Käse, ungefähr 1200 Keller wurden bisher geortet. Die Etrusker bauten Zisternen und Stollen, im Mittelalter wurde gar ein Aquädukt gelegt, heute dienen die kühlen Räume vor allem der Weinlagerung. Seit den 1970er Jahren erkundet der lokale Speläologenverband Orvietos Untergrund, in jüngster Zeit verstärkt durch ein archäologisches Team. Die Bemühungen mündeten im Projekt *Orvieto Underground*, das zumindest Teile der Unterwelt öffentlich zugänglich machte.

Die Führung zeigt einen riesigen Kellerraum, von den Wissenschaftlern nüchtern als *Cavità Nr. 536* bezeichnet,

Piazza della Repubblica, Markt

Orvieto

in dem noch bis ins 19. Jahrhundert Esel im Kreis trotteten, um eine Ölmühle in Schwung zu halten, daneben eine Feuerstelle, ein Backofen, mehrere Weinkeller und ein Brunnenschacht aus etruskischer Zeit. In anderen Kellern wird das mittelalterliche Wasserversorgungssystem erläutert. Die Räume zum Abgrund des Felsens hin sind mit Tausenden von Taubenschlägen versehen. Die Taubenzucht sorgte einerseits für guten Dünger in den Weinbergen, andererseits für frisches Geflügel auf dem Mittagstisch. Doch hatten die kleinen Einfluglöcher im Tuff auch Nachteile: So befahl Papst Urban VIII. den Orvietanern unter Androhung der Todesstrafe, die Taubenschläge zuzumauern, weil sie Feinden ermöglichten, den Felsen mühelos zu erklimmen.

Während des Zweiten Weltkriegs wussten die Partisanen aus der Umgebung Orvietos Untergrund zu schätzen. Über versteckte Zugänge fanden sie hier einen sicheren Unterschlupf. In friedlicheren Zeiten wie heute dienen die kühlen Keller vor allem der Lagerung des strohgelben *Orvieto classico*.

▪ Führungen (auch deutsch): Tägl. 11, 12.15, 16, 17.15 Uhr. Eintritt 6 €, Tickets im Informationsbüro, das auch Startpunkt für den Trip in die Unterwelt von Orvieto ist.

Basis-Infos

Postleitzahl 05018

Information **Servizio Turistico**, professionelles, mehrsprachiges Personal. Neben Infomaterial über die Stadt auch Vorschläge für Wanderungen in der Umgebung (2–5 Std.), Kartenmaterial gratis. Mo–Fr 8.15–13.50 und 16–19, Sa/So 10–13 und 15–18 Uhr. Piazza del Duomo 24, ✆ 0763-341772.

Hin und weg **Bahn**: Direkte Anschlüsse nach Rom, Bologna, Mailand, Florenz, indirekte nach Perugia und Assisi (umsteigen in Teróntola), nach Terni und Spoleto (umsteigen in Orte), nach Siena (umsteigen in Chiusi).

Der Bahnhof liegt unten im Tal, in der Neustadt Orvieto Scalo. Er ist durch eine moderne, recht rasante **Drahtseilbahn** mit der Altstadt auf dem Tuffblock verbunden. Ab- bzw. Auffahrt alle 15 Min., Fahrzeit 116 Sekunden, Preis 1,30 €, inkl. anschließendem Busticket bis zum Dom. Letzte Talfahrt 20.30 Uhr!

Parken Es gibt einige kleinere gebührenpflichtige Plätze in Orvieto. Vom Parkplatz „Ex Campo della Fiera" (gebührenpflichtig) im Westen der Stadt führt eine Rolltreppe direkt in die Stadt hinauf. Sinnvoller ist es – vor allem in der Saison – den Großparkplatz (gratis) am Bahnhof zu benutzen und mit der Drahtseilbahn hochzufahren.

Fahrradverleih An der Talstation der Drahtseilbahn werden E-Bikes verliehen. Orvieto per Rad zu erkunden wäre natürlich Humbug. Aber für eine Fahrt über die Hügel an den nahen Bolsenasee (ca. 25 km) ist ein E-Bike sinnvoll, zumal der Busverkehr äußerst dürftig ist. Piazza della Pace, ✆ 0763-300480.

Festivals **Umbria Jazz Winter**, seit 1993 jährlich vor Silvester bis in die 1. Januarwoche hinein. Jazzkonzerte von morgens bis abends an verschiedenen Orten der Stadt, u. a. auch im Teatro Mancinelli, einem klassischen Theaterbau aus dem 19. Jh. Das Festival ist das winterliche Pendant zu „Umbria Jazz" in Perugia (siehe dort) und von denselben Organisatoren veranstaltet. Programm unter www.umbria jazz.com.

Galerie Kunstgalerien findet man einige in Orvieto. Besonders gefallen hat uns **Chioccia & Tsarkova**. Das russisch-italienische Künstlerpaar hat seine farbenfrohen Gemälde schon in ganz Europa und auch in den USA ausgestellt. Über dem Gewölbe des Ausstellungsraums, den man direkt von der Straße aus betritt, haben die beiden ihr Atelier eingerichtet. Via Adolfo Cozza 1 (Nähe Piazza della Repubblica, Seitenstraße zur Via Garibaldi).

Markt Do und Sa vormittags auf der Piazza del Popolo.

Sprachschule **Lingua Sì**, professionell geführte Schule. Einzel- und Gruppenkurse, davon einige in Deutschland als Bildungsurlaub anerkannt. Neben den Kursen in Orvieto auch Spezialkurse im nahen Bolsena für Urlauber am See. Piazza Cahen 8/A, ✆ 0763-342633, www.linguasi.com.

Übernachten

Hotels *** **Virgilio** 18, kleines, sehr gepflegtes Haus mit kleinen Zimmern. Deutschsprachige Rezeption. 2010 renoviert. DZ 88–180 €. Piazza del Duomo 5, ℘ 0763-394937, www.orvietohotelvirgilio.com.

*** **Duomo** 15, in zentraler Lage und doch ruhig. Alle Zimmer geschmackvoll eingerichtet. Professioneller und freundlicher Empfang im großen Foyer. DZ mit Dusche 100–130 €. Vicolo di Maurizio 7, ℘ 0763-341887, www.orvietohotelduomo.com.

*** **Valentino** 6, korrekte, ausreichend große Zimmer in ruhiger Lage. Renovierte Bäder und Klimaanlage. Auf der kleinen Piazza unterhalb darf geparkt werden (nachts gratis). DZ ca. 120 €. Via Angelo da Orvieto 30/32, ℘ 0763-342464, www.valentinohotel.com.

*** **Corso** 3, Zimmer etwas dunkel, aber alle mit Dusche. DZ 70–110 €. Corso Cavour 339, ℘ 0763-342020, www.hotelcorso.net.

*** **Reale** 7, eines der ältesten Hotels der Stadt: Es befindet sich im Palast des Conte

E ssen & Trinken
- 2 Al Corsica
- 4 Posterula
- 6 La Buca di Bacco
- 9 I Sette Consoli
- 10 Da Valerio
- 11 Del Cocco
- 12 Antico Bucchero
- 14 La Palomba
- 16 Gelateria Pasqualetti
- 17 La Grotta
- 19 Etrusca
- 20 La Badia

Ü bernachten
- 1 Picchio
- 3 Corso
- 5 Valentino
- 7 Reale
- 8 La Locanda del Lupo
- 13 Posta
- 15 Duomo
- 18 Virgilio
- 20 La Badia

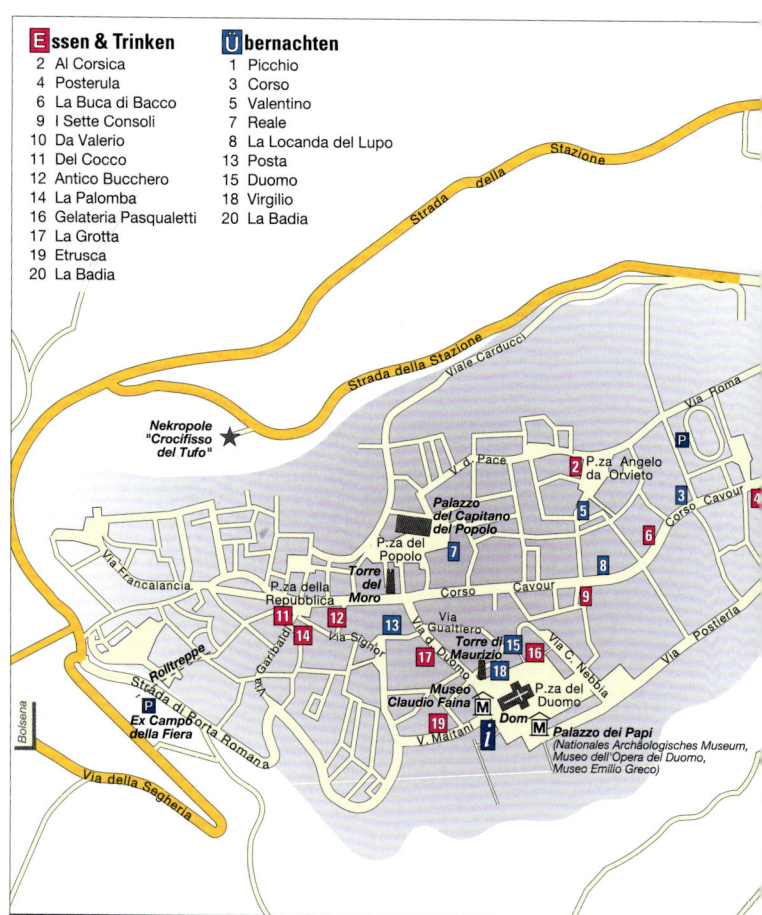

Bracci, genau gegenüber dem Palazzo del Capitano del Popolo. Der Vater des Besitzers, Prosperini, kaufte kurz nach Ende des 2. Weltkriegs das leerstehende Palastgebäude des verarmten Grafen Bracci und verwandelte es in ein Grandhotel mit Prunksälen, Stuckdecken und Marmortreppen. In ganz Italien versuchte der Kunstliebhaber Prosperini die Originalmöbel wieder aufzutreiben – und fand dabei auch viele andere kostbare Kunstobjekte! In der Suite im 1. Stock schlief in jungen Jahren König Umberto I. (Italiens „Mai-König", mit einer Regierungszeit von nur einem Monat, denn am 18. 6. 1946 war's vorbei mit der Monarchie), im Badezimmer eine aus einem einzigen Marmorblock gehauene Wanne, venezianische Möbel im Speisesaal. Die kleine Kapelle im Haus wird von der Familie Prosperini heute noch genutzt, Hotelgäste dürfen sie aber besichtigen. Das „Reale" birgt das lebendige Flair vergangener Tage, hat viel zu erzählen an Familien-, Zeit- und Kunstgeschichte; der alte Glanz müsste jedoch neu aufpoliert und das Gebäude gründlich renoviert werden, um mit den modernen Luxushotels Schritt halten zu können. DZ 66–90 €, teurer sind die Appartements im Hotel. Piazza del Popolo 27, ☎ 0763-341247, www.orvietohotels.it.

** Posta **13**, der kleine Stadtpalast aus dem 14. Jh. mit seiner hübschen Lobby war einst Orvietos Postkutschenstation. In viele Zimmer wurde nachträglich ein Bad eingebaut. Für Autofahrer wegen der Einbahnstraßen schwer zu finden. DZ mit Dusche 62–68 €. Via Luca Signorelli 18, ☎ 0763-341909, www.orvietohotels.it.

Hotels außerhalb des Centro storico
**** La Badia **20**, in ländlicher Ruhe unterhalb der Stadt, von der südlichen Umgehungsstraße her einfach zu finden (nachts angestrahlt). Die luxuriösen Hotelzimmer waren einst karge Zellen der Benediktinermönche; Blick auf weite Olivenhaine oder die zum Greifen nahe Altstadt. DZ 80–270 €. Loc. La Badia 8, ☎ 0763-301959, www.labadiahotel.it.

mein Tipp ***** Picchio** **1**, in Orvieto Scalo (Unterstadt). Nach der Renovierung hat das familiär geführte Hotel einen Stern dazugewonnen, ist aber noch immer preiswert. Zimmer etwas klein. Kuchenreiches Frühstücksbuffet. Abseits vom Straßenlärm und 5 Fußminuten von der Drahtseilbahn entfernt. DZ 62–85 €. Via G. Salvatori 17, ☎ 0763-301144, www.hotelpicchio.it.

*** Lamincia, 16 km in Richtung Todi, am Lago di Corbara, einem Stausee, und im selben Besitz wie der Camping „Scacco Matto", mit dem das Hotel eine Einheit bildet. Komfortzimmer mit Frigo, Safe und Klimaanlage. Nach hinten Speiseterrasse mit Aussicht ins Grüne und auf den Lago, großer Garten. DZ 60–100 €. S. S. 448, Km 3.800, 05023 Baschi, ☎ 0744-950163, www.scaccomatto.net.

Zimmer La Locanda del Lupo **8**, das Restaurant mit Pianobar vermietet 2 Zimmer mit Dusche, eines davon für 3 Pers. Geschlossen Nov.–Jan. (außer über die Tage um Neujahr). DZ 50–90 €. Corso Cavour 229, ☎ 0763-344103, www.lalocandadellupo.it.

222 Valnerina und der Süden

meinTipp Agriturismo Poggio della Volara, 20 km von Orvieto entfernt. Freundlicher, sehr gepflegter Agriturismo mit Wein- und Olivenanbau. Die Lage ist großartig: Der Blick schweift über Täler und Berge bis zum Lago d'Alviano und nach Orvieto. Marco und Gaiva, ein fröhliches Paar, halten 6 Doppelzimmer und 7 Appartements in Schuss, alle mit Aircondition, TV und Kühlschrank. Die zarten Gemälde an den Wänden stammen von Gaiva, die zusammen mit Marcos Mutter, eine echte italienische „Mamma", auf Voranmeldung auch für das Abendessen (30–35 €/Person) sorgt, das wie das Frühstück auf der Veranda eingenommen wird. Marco kennt die Gegend wie seine Hosentasche und gibt den Gästen gern Ratschläge für Ausflüge in die Umgebung. Ein Grill steht zur Verfügung, ebenso ein großer Swimmingpool, an dem sich wunderbar faulenzen lässt. Absolute Ruhe – was will man mehr? DZ mit Bad und Frühstück 90–100 €.

Anfahrt: Von Orvieto Richtung Todi, nach der Brücke über einen Arm des Lago di Corbara rechts hoch in Richtung Cerreto/Montecchio, dann vor Montecchio rechts ausgeschildert, die letzten 500 m Schotterweg. Via Volara 1, 05020 Montecchio, ☎ 347-3352523, www.poggiodella volara.it.

Camping * Scacco Matto, 16 km in Richtung Todi, am Lago di Corbara, einem Stausee. Sehr kleines Gelände mit 12 Stellplätzen im Mischwald, Terrassen bis zum See hinunter, der zum Baden aber nicht geeignet ist, da der Tiber zuviel Dreck anschwemmt. In punkto sanitäre Anlagen eher bescheiden. Ristorante/Pizzeria mit schöner Terrasse und preiswerter, guter Küche, z. B. Coregone und Forellen aus dem See. Geöffnet März–Sept. S. S. 448, Km 3.800, ☎ 0744-950163, www.scaccomatto.net.

Wohnmobil Gut ausgerüsteter Stellplatz neben dem Autoparkplatz beim Bahnhof (und der Talstation der Drahtseilbahn).

In Orvieto

Essen & Trinken → Karte S. 220/221

Restaurants I Sette Consoli 9, das Label „Jeunes Restaurateurs d'Europe" verspricht in der Regel innovative Küche zu hohen Preisen. Die sieben Konsuln empfehlen Fasanenbrust an Zwiebelsauce mit Kartoffelkroketten und andere Leckereien, im Herbst kommen vorzugsweise gefüllte Täubchen auf den Tisch. Zur extravaganten Küche kann man sich auch gleich den passenden Wein aussuchen – das Angebot lässt sich sehen. Serviert wird auch im Gärtchen hinter dem Haus. Geschlossen Mi und Sonntagabend. Piazza S. Angelo 1/A, ☎ 0763-343911.

Antico Bucchero 12, klein und edel, aufmerksame und freundliche Belegschaft mit Fliege. Als Pasta empfehlen wir hausgemachte Lombrichelle (Regenwürmchen, was der Form nach die Sache trifft), zur Pilzzeit gibt's ein ausgezeichnetes Agnello ai funghi. Mi Ruhetag. Via dè Cartari 4, ☎ 0763-341725.

Orvieto

La Buca di Bacco 6, ausgezeichnete Küche in gepflegtem Ambiente. Gemütliches Gärtchen nach hinten. Degustationsmenü mit *Bocconcini di Bacco* als Hauptgang (Bocconcini = Leckerbissen) ca. 35 €, billiger ist das Menu Turistico, abends auch Pizza. Vom Restaurant führt eine Treppe tief hinunter in den Tuffkeller, wo die gelagerten Weine degustiert werden können. Di Ruhetag. Corso Cavour 299-301, ✆ 0763-344792.

mein Tipp **Posterula** 4, umbrische Küche mit ausgezeichnetem Wein- und Käseangebot. Täglich wechselnde Spezialitäten, wobei auf Marktfrische Wert gelegt wird. Bescheiden und sympathisch, ein paar Tische auf der Straße. Sonntagabend und Mo geschlossen. Corso Cavour 312, ✆ 0763-341245.

La Palomba 14, kleines, schlicht möbliertes Lokal mit holzgetäfelten Wänden. Spezialität: verschiedene Braten, geschmort in Marsala, Weißwein und Kräutern. Freundliche Bedienung, angemessene Preise. Mi Ruhetag. Via Cipriano Manente 16, ✆ 0763-343395.

Del Cocco 11, gleich neben der „Palomba" und von gleich guter Qualität. Spezialität ist das „Bistecca Cocco", ein kräftiges Stück Fleisch in Pilzsauce. Fr Ruhetag. Via Garibaldi 4-6, ✆ 0763-342319.

La Grotta 17, „Preise angemessen, angeboten werden Spezialitäten des Hauses, Wildschwein, Trüffel (zur Saison) und gute Weine zu erschwinglichen Preisen. Die Schau ist der Chef, der fast mit jedem ein Schwätzchen hält" (Lesertipp). Di Ruhetag. Via Luca Signorelli 5, ✆ 0763-341348.

mein Tipp **Etrusca** 19, regionale Küche und was selten ist: gute Beratung. „Essensqualität ausgezeichnet, herzliche Bedienung, Preis-Leistung stimmt, der 'Camariere' trägt das Seine dazu bei", schrieb knapp und bündig ein Leser. Stimmt alles, wie wir bei einem lukullischen Mahl feststellen konnten. Via Lorenzo Maitani 10, ✆ 0763-344016.

Al Corsica 2, keine korsische Küche („Corsica" heißt das Stadtviertel), sondern klassische italienische: Entenbrust und Wildschwein, Lamm und Rind, Kalbskutteln. Schöne, ruhige Lage am Platz, übergrünte Terrasse. Mi Ruhetag. Piazza Angelo da Orvieto 7, ✆ 347-7533949.

Restaurants außerhalb **Da Valerio** 10, in Orvieto Scalo (Unterstadt). Freundliche, familiäre Trattoria. Preiswerte Hausmannskost. Geeignet für alle, die in Orvieto Scalo nächtigen und nicht oben im Centro storico speisen möchten. Im Winter So geschlossen. Viale 1 Maggio 37-39, ✆ 0763-301950.

La Badia 20, im gleichnamigen Hotel (s. o.). Geräumiges Spitzenrestaurant in stimmungsvoller Klosteranlage aus dem 8. Jh. Hier pflegt man nicht zu essen, sondern zu speisen (und das vorzüglich!), wobei Geld keine Rolle spielen darf. Eigene Hausmarke: „Orvieto Classico Badia". Abends täglich, mittags nur Sa/So geöffnet. Loc. La Badia 8, ✆ 0763-301959.

Gelateria Pasqualetti 16, Giuseppe Pasqualetti gewann 1994 bei einem landesweiten Eiskonditorwettbewerb in Venedig den 2. Preis und ist seither ungefochten die Nummer eins der Eisspezialisten der Stadt. Besonders gut sind die diversen Fruchteissorten und das Schokoladeneis. Piazza del Duomo.

Nachlesen &

Nachschlagen

Geschichte ■ 226
Anreise ■ 230
Verkehrsmittel vor Ort ■ 234
Übernachten ■ 237
Essen und Trinken ■ 239
Sport ■ 245
Wissenswertes von A bis Z ■ 246

Prozession in Città della Pieve

Geschichte Umbriens: Im Zeitraffer durch 2700 Jahre

7. Jahrhundert v. Chr.: In Umbrien siedeln sich Etrusker und Umbrer an, die Etrusker rechtsseitig des Tibers mit den Städten Perugia und Orvieto, die Umbrer linksseitig des Tibers mit den Städten Gubbio, Assisi, Spello, Spoleto, Narni. Die Umbrer werden von den wirtschaftlich mächtigeren und politisch besser organisierten Etruskern und deren Kultur stark beeinflusst.

3. Jahrhundert v. Chr.: Im 3. Samniterkrieg (298–290) gehen Etrusker und Umbrer zusammen mit anderen Volksstämmen ein Bündnis gegen die expansive Politik Roms ein. Nach dem Sieg der Römer 295 bei Sentinum (nördlich von Fabriano, Region Marken) fällt das gesamte heutige Umbrien unter römische Herrschaft. Der römische Zensor Gaius Flaminius lässt die nach ihm benannte Via Flaminia bauen, die von Rom quer durch Umbrien über den Apennin nach Fano an der adriatischen Küste führt. Derselbe Gaius Flaminius, mittlerweile zum römischen Konsul avanciert, verliert im Zweiten Punischen Krieg gegen den Karthager Hannibal die berühmte Schlacht am Trasimenischen See (mehr darüber im Reiseteil unter Lago Trasimeno, „Drei Tage färbte der Bach sich rot").

1. Jahrhundert v. Chr.: Im Machtkampf, der nach Cäsars Ermordung zwischen Octavian und Antonius ausbricht, stellt sich Perugia auf die Seite von Antonius. Octavian belagert 40 v. Chr. die Stadt und zerstört sie. Unter Augustus, wie sich Octavian nach dem Jahr 27 v. Chr. nennt, blüht Umbrien wirtschaftlich auf. Die großen römischen Ruinenfelder von Ocricolum und Carsulae zeugen von dieser Epoche, ebenso die meisten römischen Theater Umbriens. Die bei der Neugliederung des Römischen Reichs unter Augustus entstandene römische Provinz „Umbria"

Geschichte Umbriens

umfasst das Stammgebiet der Umbrer, das sich linksseitig des Tibers bis zur adriatischen Küste erstreckt.

3. Jahrhundert: Die Verwaltungsreform unter Kaiser Diokletian führt zur Provinz „Tuscia et Umbria", die in etwa das Gebiet der heutigen Toscana und Umbriens umfasst, der Apennin bildet die Ostgrenze. Das von Diokletian aufs Schärfste verfolgte Christentum beginnt sich auszubreiten, einige Christen gehen als Märtyrer in die Kirchengeschichte ein.

4. Jahrhundert: Unter Konstantin, der den Kaisersitz 330 von Rom nach Byzanz (Konstantinopel, Istanbul) verlegt, kann sich das Christentum entfalten, zahlreiche Bischofsitze entstehen.

5./6. Jahrhundert: Die Barbaren kommen. Die Westgoten ziehen unter König Alarich auf der Via Flaminia durch Umbrien nach Rom. Was die Geschichtsbücher später verharmlosend als Völkerwanderung bezeichnen, erfahren die Umbrer vor allem als Plünderungen. Odoaker aus dem germanischen Stamm der Skiren macht dem Weströmischen Reich endgültig ein Ende, indem er 476 Kaiser Romulus Augustulus kurzerhand absetzt. Doch Odoakers Triumph währt nicht lange. Im Jahr 493 betritt der Ostgotenkönig Theoderich die Bühne und spaltet Odoaker mit einem Schwerthieb den Schädel. Der Sieg des greisen byzantinischen Feldherrn Narses über den Ostgoten Totila 552 bei Gualdo Tadino macht dem Germanenspuk nur vorläufig ein Ende. Um 570 fallen sie erneut in Umbrien ein, diesmal sind es die Langobarden. Sie errichten das Herzogtum von Spoleto, das ihrem König in Pavia (Poebene) unterstellt ist und ungefähr die heutigen Regionen Umbrien, Marken und Abruzzen umfasst.

8. Jahrhundert: Karl der Große macht 774 mit der Einnahme der Hauptstadt Pavia dem Langobardenreich inklusive dessen spoletanischem Ableger ein Ende und gliedert die Gebiete dem Frankenreich ein. Dem Namen nach, nur noch formell, besteht das Herzogtum von Spoleto bis ins 13. Jahrhundert weiter.

12./13. Jahrhundert: Umbrien liegt mitten im Spannungsfeld zwischen dem

Reste aus der Urgeschichte

Gedenken an die Resistenza

sog. Heiligen Römischen Reich, das die Nachfolge des Karolingerreichs antritt, und dem Kirchenstaat, dessen Gebiet zwischen Rom und Ravenna liegt. Die erstarkten umbrischen Städte liegen einerseits wegen gegenseitiger Gebietsansprüche miteinander im Streit, andererseits nehmen sie an den „übergeordneten" Auseinandersetzungen zwischen Kaiser und Papst teil, Perugia ist eine Hochburg der päpstlichen Guelfen, in Foligno haben die kaiserlichen Ghibellinen das Sagen. In Assisi macht ungeachtet allen weltlichen Haders der heilige Franziskus von sich reden.

14./15. Jahrhundert: Umbriens Städte fallen zusehends unter die Herrschaft der lokalen Adelsfamilien. Die Päpste versuchen von ihrem Exil in Avignon aus, Umbrien für sich zu gewinnen. Eine besondere Rolle kommt dabei Kardinal Albornoz zu, der als Zeichen der päpstlichen Macht wuchtige Burgen baut (→ Spoleto, Assisi, Narni).

16. Jahrhundert: In den 1620er Jahren dezimiert eine Pestwelle die Bevölkerung, der vermutlich auch Perugino, Umbriens berühmtester Maler, zum Opfer fällt. Des ungeachtet setzt sich die päpstliche Macht in ganz Umbrien durch. Als letzte Stadt fällt 1540 Perugia, wo Papst Paul III. eine kraftstrotzende Festung, die Rocca Paolina, errichten lässt.

18. und 19. Jahrhundert: 1798 kommen französische Revolutionstruppen in Umbrien an und läuten das Ende der kirchlichen Herrschaft ein. Napoleon zeichnet zehn Jahre später die Italienkarte neu und macht aus Umbrien das „Departement Trasimeno" mit der Hauptstadt Spoleto. Zwar verliert der Kaiser 1815 die Schlacht bei Waterloo, aber die französischen Reformideen haben sich in Umbrien festgesetzt. Gegen diese setzt sich der mächtige Kirchenstaat noch ein paar Jahrzehnte zur Wehr. Noch 1859 wird ein Aufstand in Perugia von der päpstlichen Schweizergarde niedergeknüppelt. Ein Jahr später ist es soweit: Umbrien wird dem jungen italienischen Nationalstaat eingegliedert.

20. Jahrhundert: Nachdem 1923 unter Mussolinis Herrschaft das Gebiet von Rieti zur eigenen Provinz erklärt und dem Latium zugeschlagen wird, erhält Umbrien seine bis heute gültigen Grenzen. Die Einteilung in die beiden ungleich großen Provinzen Perugia und Terni geht auf das Jahr 1927 zurück. 1997 erschüttert ein gewaltiges Erdbeben Umbrien, besonders betroffen sind die Städte Nocera Umbra, Foligno und Assisi. Rund 30.000 Menschen werden in Wohncontainern untergebracht

21. Jahrhundert: Seit 2012 wird im Rahmen einer rigiden Sparpolitik eine administrative Neuordnung Italiens diskutiert, die die Fusion der beiden Provinzen Perugia und Terni vorsieht. 2016 bebt die umbrische Erde erneut: Das Centro storico von Nórcia wird zu großen Teilen zerstört, das Bergdorf Castelluccio ist ein Trümmerhaufen, und auch in Preci stürzen Häuser ein.

Historisches Spectaculum

Literaturtipp – Ein Mädchen aus Umbrien

Das umbrische Städtchen Città della Pieve und die umliegenden Dörfer in den letzten Monaten des Zweiten Weltkriegs: Mussolini ist schon weg vom Fenster, seine versprengten Anhänger arbeiten den deutschen Besatzern in die Hände, von Süden rücken die Alliierten vor, in den schwer zugänglichen Bergen organisieren die Partisanen den Widerstand.

Romana Petri präsentiert in ihrem Roman *Ein Mädchen aus Umbrien* ein ganzes Arsenal an Figuren, die, wenn sie nicht tatsächlich existiert haben, existiert haben könnten: Don Luigi, ein etwas hilfloser Priester, für den die Faschisten „schlechte Diener Gottes", aber eben auch Menschen sind; Bitto, der Grundschullehrer mit dem Grauen vor der Einsamkeit; Minghetti, der ebenso hässliche wie gehasste Faschist; der schlaflose Partisan Valtré, der in den Bergen Wache hält; der schöne Spaltiero, der vom Meer träumt, das er noch nie gesehen hat; und Alcina, die Protagonistin, die sich in einsamen Stunden mit ihrem toten Vater unterhält.

Die Autorin schildert das Zeitgeschehen in packender Weise und spinnt ganz nebenbei den zarten Faden eines Liebesromans – unser Tipp für die Urlaubslektüre.

Romana Petri, *Ein Mädchen aus Umbrien*; aus dem Italienischen von Christel Galliani, btb, München 2000 (derzeit nur antiquarisch erhältlich).

Anreise

Die große Mehrheit der Umbrienurlauber reist mit dem eigenen Fahrzeug an. Die Mobilitätsvorteile geben den Ausschlag, den möglichen Anreisestress nimmt man in Kauf. Aus Süddeutschland, Österreich und aus der Schweiz schafft man die Strecke an einem Tag, aus Norddeutschland ist unterwegs eine Übernachtung nötig.

Die Anreise mit der **Bahn** ist eine durchaus überlegenswerte Alternative, zumal für den, der ein Fahrrad mit im Gepäck führt. Seltener ist die Anreise mit dem **Flugzeug**. Direktflüge von Deutschland nach Perugia bot 2018 nur der Billigflieger Ryanair an. Ansonsten führt der Flug meist nach Rom.

Mit eigenem Fahrzeug

Um in das Land zu gelangen, wo die Zitronen blühn, muss man zuerst die Alpen überqueren. In der Regel geschieht das am Brenner oder am Gotthard, Letzterer lässt sich per Tunnel auch unterqueren.

Weitere Möglichkeiten, von der Alpennord- zur Alpensüdseite zu gelangen sind in der Schweiz der *Grand Saint-Bernard* (Pass oder gebührenpflichtiger Tunnel), der *Simplon-Pass*, der *San Bernardino* (Pass oder Tunnel), aus Österreich die *Tauern-Autobahn* oder die Bergstrecke über den *Semmering*.

Papiere/Versicherung: Nationaler *Führerschein* und *Fahrzeugschein* sind unabdingbar. Nicht mehr obligatorisch ist die *grüne Versicherungskarte*, allerdings wird sie bei Routinekontrollen gelegentlich doch noch verlangt. Außerdem ist sie nützlich bei der Regelung von Schadensfällen.

Empfehlenswert ist der Abschluss eines *Auslandschutzbriefs*, den alle Automobilclubs und Versicherer anbieten.

Erstattet werden die Versandkosten von Ersatzteilen, der Heimtransport von Fahrzeug und Personen, im Notfall Automiete, unvorhergesehene Übernachtungskosten, Verschrottung, Überführung und einiges mehr. Über die genauen Bedingungen informieren die Versicherer.

Wenn Sie mit einem teuren Schlitten unterwegs sind, raten wir Ihnen zu einer *vorübergehenden Vollkaskoversicherung*, da die Deckungssummen italienischer Haftpflichtversicherer lächerlich niedrig sind. Bei Diebstahl springt die Vollkasko ebenfalls ein.

Ob man die Alpen am Gotthard, am Brenner oder am Tauern überquert: Spätestens in Bologna treffen sich alle, die nach Umbrien weiterfahren wollen. Von hier aus gibt es hauptsächlich zwei Möglichkeiten, ins grüne Herz Italiens vorzustoßen:

Autostrada del Sole: Von Bologna führt die A 1 in vielen Kurven über und durch den Apennin. Als gälte es, möglichst schnell in Florenz zu sein, donnern die Lastwagen über insgesamt 36 Viadukte und durch 46 Tunnels. Konzentration und starke Nerven vorausgesetzt, erreicht man die Hauptstadt der Toscana in einer guten Stunde. Umbrienfahrer lassen Florenz links liegen und fahren weiter auf der A 1 in Richtung Rom weiter. Nach 85 km, bei der Ausfahrt „Val di Chiana", zweigt die Schnellstraße nach Perugia ab. Auf ihr erreicht man nach 20 km Umbrien an der Nordwestecke des Trasimenischen Sees.

Cesena-Route: Von Bologna aus wählt man die Adria-Autobahn A 14 in Richtung Ancona. Nach ca. 70 km zweigt in Cesena (dort stets der Beschilderung „E 5/Roma" folgen) die gebührenfreie Schnellstraße nach Perugia ab. Allerdings ist sie streckenweise nicht im besten Zustand, und im Frühjahr ist mit Schneematsch zu rechnen. Die umbrische Grenze erreicht man nach weiteren ca. 70 km im oberen Tibertal bei Città di Castello.

Mit der Bahn

Die umweltverträgliche Art der Anreise erfordert vor allem gutes Sitzfleisch. Von Berlin bis zu den Gestaden des Trasimenischen Sees dauert die Fahrt um die 20 Stunden. Der Schlaf- oder Liegewagen bietet sich in diesem Fall an.

Vorab: In Italien ist Bahnfahren wesentlich billiger als nördlich der Alpen. Eine gute Planung – v. a. für die Anreise aus dem Norden Deutschlands – sollte deshalb die Sondertarife der Deutschen Bahn berücksichtigen. Für Umbrienfahrer kommt auf jeden Fall eine *BahnCard* (Version 25 oder 50) in Betracht. Im Familienverband gelten in der Regel Sonderkonditionen für Kinder. Am einfachsten ist es, sich an der Informationsstelle eines größeren Bahnhofs zu erkundigen oder sich durch die Internetseite der DB (www.bahn.de) zu klicken.

Hat man einmal das ideale Ticket erstanden, kann einem nur noch ein Streik der italienischen Eisenbahner einen Strich durch die Rechnung machen. Das passiert alle Jahre mehrmals, mit Vorliebe zu Beginn oder am Ende der Urlaubssaison, wenn die Medienaufmerksamkeit und empörte Beschwerden hängengebliebener Touristen für zusätzlichen Druck auf die Behörden sorgen.

> In der Hauptreisezeit sind die Züge auf allen alpenquerenden Linien brechend voll. Rechtzeitig **Platzkarte** sichern (frühestens drei Monate, spätestens kurz vor Abfahrt)! An großen Bahnhöfen in Deutschland, Österreich und der Schweiz ist auch eine Platzreservierung für inneritalienische Züge möglich. Auf den meisten Strecken gibt es **Schlaf- und Liegewagen**.

Mit dem Fahrrad in der Bahn: Die Mitnahme eines Fahrrads nach Italien ist

Hinweise für Autofahrer

Italien

Europäische Notrufnummer: ☎ 112 (und Sie werden weitergeleitet).

Pannenhilfe/Abschleppdienst: ☎ 116

Polizeinotruf: ☎ 113

Unfall/medizinischer Notruf: ☎ 118

Autobahngebühren: Man zahlt für die gefahrenen Autobahnkilometer. Derzeit gilt für Pkw ein Richtwert von ca. 8 Cent/km. Die Zahlstellen sind oft vollautomatisiert. Bezahlt werden kann stets auch mit Kreditkarte oder mit der italienischen ViaCard (zu 25 €, 50 € oder 75 €, erhältlich bei ADAC, TCS oder ÖAMTC).

Höchstgeschwindigkeit: Auf Autobahnen 130 km/h, bei Regen 110 km/h (Wohnmobile stets max. 100 km/h), auf Landstraßen 90 km/h (Wohnmobile 80 km/h). Für "Neulenker" (Führerschein weniger als drei Jahre alt) gilt auf Autobahnen ein Limit von 100 km/h! Die Strafen für Geschwindigkeitsübertretung sind saftig!

Promillegrenze: 0,5 Promille, für sog. Neulenker 0,0 Promille.

Licht: Auf Autobahnen sowie Straßen außerorts ist in Italien tagsüber Tagfahr- oder Abblendlicht vorgeschrieben.

Warnwesten: Falls Sie das Auto auf der Autobahn oder auf einer Landstraße stehen lassen und sich auf der Fahrbahn aufhalten, z. B. bei einer Panne, ist das Tragen einer Warnweste Pflicht – erhältlich für ein paar Euro in Tankstellen oder im Baumarkt.

Schweiz

Europäische Notrufnummer: 112 (und Sie werden weitergeleitet).

Pannenhilfe: ☎ 140 (Straßenhilfsdienst des schweizerischen Automobilclubs).

Polizeinotruf: ☎ 117

Unfallrettung/Sanitätsnotruf: ☎ 144

Straßenzustand: Unter ☎ 163 erfährt man, ob die Pässe geschlossen, nur mit Winterreifen befahrbar oder gar Schneeketten erforderlich sind.

Autobahngebühren: Pauschal wird der Preis von 40 CHF bzw. knapp 40 € für die Vignette erhoben. Diese ist bei Automobilclubs, an Grenzübergängen sowie an jedem schweizerischen Postamt erhältlich und berechtigt während des laufenden Kalenderjahrs zur Benutzung sämtlicher Autobahnen des Landes. Wer sich ohne Vignette auf der Autobahn erwischen lässt, zahlt ein Strafgeld von 200 CHF – ca. 185 € plus den Aufkleber.

Alpentunnels: Sie sind grundsätzlich gebührenfrei. Eine Ausnahme bildet der binationale Tunnel durch den Grand Saint-Bernard ins Aosta-Tal, der von einer Privatgesellschaft verwaltet wird.

Höchstgeschwindigkeit: Auf Autobahnen liegt die Grenze bei 120 km/h, auf Überlandstraßen bei 80 km/h. Die Geldstrafen für Raser sind hoch.

Fahren mit Licht: Auf allen Straßen muss auch tagsüber mit Licht (Tagfahr- oder Abblendlicht) gefahren werden.

Promillegrenze: 0,5 Promille.

Österreich

Europäische Notrufnummer: 112 (und Sie werden weitergeleitet).

Pannenhilfe: ☎ 120 (ÖAMTC-Pannenhilfe)

Polizeinotruf: ☎ 133

Unfallrettung: ☎ 144

Autobahngebühren: Alle Autobahnen und Schnellstraßen sind vignettenpflichtig. Seit 2015 muss die neue blaue Vignette ("Azur") an der Windschutzscheibe kleben. Man hat die Wahl zwischen der Jahresvignette für 89,20 € (Motorrad 35,50 €), einer 2-Monats-Vignette für 26,80 € (Motorrad 13,40 €) oder einer 10-Tagesvignette für 9,20 € (Motorrad 5,30 €). Wer sich ohne Vignette erwischen lässt, zahlt 120 € Strafgeld. Erhältlich ist der Aufkleber in Postämtern, an Tankstellen in Grenznähe und an der Grenze.

Höchstgeschwindigkeit: Auf Autobahnen liegt die Grenze bei 130 km/h, auf Überlandstraßen bei 100 km/h.

Promillegrenze: 0,5 Promille.

Anreise 233

mit einer *internationalen Fahrradkarte* möglich. Diese kostet inkl. Reservierung eines Stellplatzes 10 € und gilt bis zum Zielbahnhof (z. B. Perugia). Die Karte für die Rückfahrt muss in Italien gelöst werden, kann aber bereits in Deutschland (max. 3 Monate vor dem Abreisetag) reserviert werden. In Italien nehmen nur die sog. *Treno-&-Bici-Züge* Fahrräder mit, sie sind in italienischen Kursbüchern und auf den aushängenden Fahrplänen mit einem Fahrradsymbol gekennzeichnet; dort darf man das Rad selbst ein- und ausladen. Der Transport innerhalb Italiens kostet unabhängig von der Entfernung ca. 4 € (im IC, EC, EN ca. 6 €).

In den meisten IC- und EC-Zügen dürfen Fahrräder nur in *Radtaschen* mitgenommen werden! Diese dürfen die Ausmaße 80 x 110 x 40 cm nicht überschreiten.

▪ Informationen über den Fahrradtransport mit der Bahn bekommt man beim **Allgemeinen Deutschen Fahrradclub (ADFC)**. Hauptstelle: Mohrenstr. 69, 10117 Berlin, ℡ 030-2091498-0, www.adfc.de.

Mit dem Fernbus

Das Geschäft hat sich in den letzten Jahren rasant entwickelt und macht der Bahn ernsthafte Konkurrenz. Auf dem deutschen Markt hat sich dank einer geschickten Übernahmepolitik **FlixBus** durchgesetzt und quasi Monopolstellung. Die Flotte ist auch nachts unterwegs und nimmt Fahrräder mit (bei der Buchung mit angeben), solange im Fahrradständer Platz ist (bis zu fünf Räder). Für Reisen nach Umbrien muss man in der Regel einmal umsteigen, meist in Milano. Information, Preise und Buchung unter www.flixbus.de.

Mit dem Flugzeug

Billigflieger *Ryanair* hat den 2012 ausgebauten Flughafen von Perugia entdeckt und steuert zweimal wöchentlich von Frankfurt aus die umbrische Hauptstadt an. Informationen unter www.ryanair.com.

Ansonsten führen Flüge aus Deutschland in der Regel nach Rom. Für die Weiterreise nach Umbrien per Bahn fährt man vom Flughafen Rom-Fiumicino mit dem Flughafenexpress zum Hauptbahnhof Rom-Termini und steigt dort um. Eine Alternative bietet die Busgesellschaft *Sulga*, die vom Flughafen aus direkt in mehrere umbrische Städte fährt (Abfahrt beim Terminal 3, internationale Flüge). Informationen unter www.sulga.it.

Klimaverträglicheres Reisen

Tourismusmagnet Assisi

Verkehrsmittel vor Ort

Mit eigenem Fahrzeug

Auf vier Rädern: Bei Rot flitzt man noch schnell über die Kreuzung, Geschwindigkeitsbegrenzungen ignoriert man großzügig, auf Autobahnen klebt man an der Stoßstange des Vordermanns und lässt nervös die Lichthupe aufblinken, derweil man mit der Freundin telefoniert. Nicht jeder Italiener entspricht dem Klischee des reaktionsschnellen mediterranen Autofahrers, doch viele versuchen ihm gerecht zu werden. In der europäischen Unfallstatistik nimmt Italien den Platz 1 ein. Seit die italienische Regierung 2007 die Strafgelder drakonisch erhöht hat, zeigen sich italienische Fahrer, vor allem auf den Autobahnen, etwas besonnener.

Defensives Fahren ist die sicherste Strategie gegen den offensiven Verkehr. Besondere Aufmerksamkeit schenke man den Motorrad- und Mopedfahrern. Diese lassen sich von keinem Stau abschrecken und überholen im Slalom die nur zäh vorankommende Autokolonne. Beim Rechtsabbiegen oder Türöffnen gilt also doppelte Vorsicht.

Wohnmobil: Die Vorteile des hauseigenen Komforts sind klar. Natürlich muss man in Kauf nehmen, dass große Gefährte in mittelalterlichen Städten noch weniger zu suchen haben als Pkw. Stellplätze vor den Toren der Stadt findet man jedoch immer, oft wird sogar Service angeboten: Wasserversorgung, Abwasserentsorgung, Elektrizität.

Literatur: Ralf Gréus, *Mit dem Wohnmobil durch Umbrien und die Marken*, WOMO-Verlag, Mittelsdorf/Rhön, 2015, 18,90 €. Das Buch stellt ein Dutzend Touren durch Umbrien und die Marken vor und verzeichnet Camping-, Stell-, Wander-, Picknick- und Badeplätze, die speziell für Wohnmobile geeignet sind sowie deren Service (Strom, Wasser, Entsorgung, Einkaufsmöglichkeiten in der Nähe etc.) – sowohl für den Stadtbesuch wie auch für unterwegs.

Auf zwei Rädern: Der Radrennsport hat in Italien Tradition, den „Giro d'Italia"

Verkehrsmittel vor Ort 235

gibt's seit 1909. Dass es auch langsamer geht, hat sich mittlerweile herumgesprochen. Umbrien auf dem Rad zu erkunden, ist gar keine schlechte Wahl – ein bisschen Kondition vorausgesetzt. Sanfte Touren führen rund um den Trasimenischen See oder in die Valle Umbra, beide Gebiete sind mit speziellen Radwegen – *piste ciclabili* – ausgestattet. Sportliche Radler finden am Monte Cucco und in den Sibillinen Herausforderungen für Exkursionen mit dem Mountainbike. Weitere Informationen → Sport.

Mit Bahn und Bus

Bahn: Die *Ferrovie dello Stato (FS)* fahren auch in Umbrien. Ergänzt wird das staatliche Angebot von der *Ferrovia Centrale Umbra (FCU)*, einer Privatbahn, die von Sansepolcro (Toscana) bis Todi dem Tiberlauf folgt (Città di Castello, Umbértide, Perugia) und von Todi nach Terni weiterführt.

Mit Ausnahme der Städte im gebirgigen Osten (z. B. Gubbio, Norcia) haben alle größeren Orte ihren Bahnhof.

Da die meisten umbrischen Städte auf Hügel gebaut sind, liegt der Bahnhof in der Regel außerhalb, unten im Tal. Stets sorgt aber ein guter Busservice für die schnelle Verbindung zwischen Bahnhof und Stadtzentrum.

Die Zugdichte ist relativ hoch, die Preise sind günstig. Wichtig zum Verständnis der Fahrpläne sind die Bezeichnungen der Züge: *Locale (L)* sind lokale Bummler, die an jeder Station halten, *Regionale (R)* lassen ab und zu eine Station aus, sind aber nicht viel schneller. Etwas flotter kommen der *Diretto (D)* und der *Interregionale (IR)* voran, aber auch sie halten häufig. Schnell ist dagegen der *Espresso (E)*, übertroffen nur noch von den mit teuren Zuschlägen fahrenden *Intercity*-Zügen *(IC)* und *Eurocity*-Zügen *(EC)*.

Und damit Sie nicht mutterseelenallein auf einen Zug warten, der nicht kommt: Wenn auf dem Fahrplan *feriali* steht, verkehren die Züge nur werktags, wenn *festivi* notiert ist, nur an Sonn- und Feiertagen. Die **Mitnahme von Fahrrädern** ist in den meisten Zügen möglich (weiteres dazu siehe *Anreise mit der Bahn*).

Bus: Ein dichtes Netz von Busrouten privater Gesellschaften ergänzt das Schienennetz. Auch kleinste Orte werden angefahren, wenn auch nur ein- bis zweimal am Tag, dem Rhythmus der Schul- bzw. Arbeitszeiten folgend. Entsprechend ist der Verkehr am Sonntag in schwach besiedelten Regionen stark eingeschränkt. Die Busterminals liegen in der Regel in der Nähe des Bahnhofs.

Da die Überlandbusse größtenteils in privater Regie verkehren, gibt es keinen brauchbaren Fahrplan. In größeren Orten geben die Info-Büros Auskunft, in kleineren ist Durchfragen angesagt.

Hat man die Wahl zwischen Bahn und Bus, reist man in der Regel schneller mit der Bahn, sofern es sich nicht gerade um einen *Locale*-Zug handelt.

Wespen und Bienen in Umbrien

Man kann in der Limousine durch Umbrien reisen (bequeme Variante), auf einer Höllenmaschine mit 200 PS über den Asphalt brettern (laute Variante), mit den Füßen in die Pedale treten (sportliche Variante) oder auf einer bunt bemalten Vespa die Landschaft im doppelten Wortsinn erfahren.

Die bunt bemalte Variante gibt's am Lago Trasimeno, in der Nähe von San Feliciano. Hier hat Claudia Acquah, Deutsche und seit über zwei Jahrzehnten in Italien ansässig und selbst leidenschaftliche Vespa-Fahrerin, die Basisstation ihres einzigartigen Unternehmens: *Umbria in Vespa*.

Die Vespa (italienisch für Wespe) ist ein Symbol der Italianità, sie genießt längst Kultstatus. Geburtsort des beliebten Rollers ist die Firma Piaggio, die sich im Zweiten Weltkrieg vor allem als Hersteller von kriegstauglichen Flugzeugen einen Namen machte. Nach dem verlorenen Krieg brauchten die Italiener erst einmal keine Flieger mehr, gefragt hingegen war ein Transportmittel fürs Volk: Sparsam im Energieverbrauch sollte es sein und erschwinglich für den kleinen Mann. Corradino d'Ascanio, bislang Konstrukteur von Helikoptern und Kriegsflugzeugen, löste die für ihn völlig neue Aufgabe mit Bravour und stellte 1946 die Ur-Vespa vor.

Selbstverständlich sind die Wespen, die Claudia Acquah vermietet, neueren Baujahrs und gut in Schuss: Die LX 125 ist vollautomatisch, hat einen 4-Takt-Motor und ist für zwei Personen zugelassen. Ein Autoführerschein reicht – und Sie sind dabei.

Umbria in Vespa hat derzeit knapp 20 Wespen in allen Farben im Stall, die meisten 125 ccm, einige 150 ccm und vier 250 oder 300 ccm (Granturismo, für Motorradfahrer). Zu ihnen gesellen sich drei Bienen (ital. *ape*), die ebenfalls aus der Piaggio-Fabrik stammen. Die Ape 50 ccm ist ein dreirädriger Kleintransporter, den man oft in italienischen Dörfern und Städten sieht. Die beiden Ape Calessino sind Luxusbienen: Die dreirädrige Kabrio-Kutsche ist ein Kultfahrzeug, das gern für eine romantische Fahrt zu zweit oder für den Familienausflug mit Kindern gebucht wird, und manche Hochzeitspaare finden die Calessino einfach schicker und origineller als eine getönte Limousine. Neben dem Verleih organisiert die rührige Unternehmerin auch geführte Touren für Gruppen, Paare oder Singles, zugeschnitten auf die kulturellen, kulinarischen oder önologischen Bedürfnisse der Kundschaft.

Preise: Für die Vespa LX 125: 55 €/Tag, dann tageweise abgestufter Preisnachlass bis zu 35 € ab dem 5. Tag (inkl. Steuern, Versicherung, zwei Helme). Kostenlose Abholung der Kunden am Bahnhof Magione. Eventuelles Bringen und Abholen der Vespa kostet extra.

Anfahrt/Adresse: Die „Oasi delle Vespe", der Sitz von „Umbria in Vespa", liegt in San Savino am Lago Trasimeno, ca. 2 km südlich von San Feliciano, direkt an der Seestraße, knapp vor dem ersten Abzweig nach Magione. Unbedingt vorher anrufen, vielleicht ist Claudia ja gerade unterwegs – auf einer Wespe natürlich.

Umbria in Vespa, Via Case Sparse 42, 06063 San Savino. ✆ 347-4636423, www.umbriainvespa.com.

So sieht gepflegter Urlaub aus

Übernachten

Hotels: Die italienischen Hotels sind von den Tourismusbehörden in fünf Kategorien unterteilt (1 bis 5 Sterne). Wir haben bei unseren Hotelbeschreibungen die offizielle Klassifizierung angegeben; diese richtet sich in der Regel nach dem gebotenen Komfort (Swimmingpool, Minibar, Fernseher, Restaurant etc.), sagt aber oft wenig aus über die Lage des Hotels, über den Zustand der Zimmer – und gar nichts über die Freundlichkeit des Personals.

***** Hotel der Luxusklasse: Davon gibt's in ganz Umbrien nur drei, eines in der Hauptstadt Perugia, eines in der Pilgerstadt Assisi und eines im Weinstädtchen Torgiano. Klimaanlage und Barservice auf dem Zimmer sind rund um die Uhr obligatorisch.

**** First-Class-Hotel: Ebenfalls für sehr gehobene Ansprüche.

*** Obere Mittelklasse: Saubere Ausstattung, Zimmer mit Bad. Innerhalb dieser Kategorie gibt es deutliche Qualitätsunterschiede.

** Untere Mittelklasse: Spürbare Qualitätsunterschiede innerhalb dieser Kategorie. TV ist obligatorisch (die Qualität des Kastens ist nicht vorgeschrieben, über die der Programme schweigen wir). Manchmal herrscht eine sehr persönliche Atmosphäre, manchmal fehlt diese ganz.

* Einfaches Hotel: Meist eine Herberge in sehr abgelegener Gegend oder eine Billigabsteige in größeren Städten. In der Regel Zimmer mit und Zimmer ohne Duschen, in beiden Fällen bescheiden.

Agriturismo: Die Übersetzung „Urlaub auf dem Bauernhof" ist mit Vorsicht zu genießen. Oft handelt es sich einfach um ein Landgehöft mit Appartements, dessen Besitzer nebenher – sonst wird es als Agriturismo nicht zugelassen – ein bisschen Olivenanbau treiben. Aber es gibt auch noch den richtigen Agriturismo mit Landwirtschaft, Kühen und Schafen, Oliven und Weinanbau. Nicht selten sind es ausgewanderte Deutsche oder Schweizer, die dem Begriff am nächsten kommen und als Zugabe dem ökologischen Anbau verpflichtet sind. In der Regel wird das Abendessen auf dem Hof eingenommen und mindestens eine Woche gebucht. Im August ist die Nachfrage groß, eine rechtzeitige Reservierung also sinnvoll.

Preise und Öffnungszeiten: Die in diesem Buch angegebenen Preise beziehen sich in der Regel auf ein Doppelzimmer (DZ) mit Bad, ohne Frühstück. Ist kein Bad vorhanden, wird dies ausdrücklich vermerkt; in diesen Fällen steht stets zumindest eine Etagendusche zur Verfügung. Die angegebene Preisspanne berücksichtigt den Unterschied zwischen Neben- und Hauptsaison, gelegentlich auch die Lage des Zimmers (Seeblick oder Straßenseite). Sind keine Öffnungsperioden angegeben, ist davon auszugehen, dass das Hotel ganzjährig geöffnet ist.

Alle Preisangaben beruhen auf Recherchen von 2018.

Country House: Ein Hotel braucht eine minimale Anzahl von Zimmern, ein Agriturismo muss Landwirtschaft betreiben und eigene Produkte vertreiben – so schreiben es die Behörden vor. Für Betriebe, die nicht die geforderte Anzahl von Zimmern zur Verfügung stellen, in der Landschaft stehen, ohne Landwirtschaft zu betreiben, wurde in Mittelitalien die Zwischenkategorie Country House erfunden, ein Begriff, der keinem Italiener leicht über die Zunge geht. In der Regel handelt sich um sehr gepflegte Einrichtungen auf dem Land, die zu eher überdurchschnittlichen Preisen Ruhe versprechen.

B & B: Bed and Breakfast ist vor allem in Städten eine Möglichkeit, die sich zunehmender Beliebtheit erfreut. Die Preise entsprechen ungefähr denen eines Drei-Sterne-Hotels, wobei das Frühstück inbegriffen ist und meist üppiger ausfällt als im Hotel.

Camping: Wie die Hotels werden auch die Campingplätze von den Behörden klassifiziert (1–4 Sterne). Wir geben in unserem Buch die offizielle Klassifizierung an, sie ist jedoch mit Vorsicht zu genießen. Ausschlaggebend für die Sterne ist vor allem der Komfort; Atmosphäre und landschaftliche Lage fallen kaum ins Gewicht.

Auch die Öffnungsperiode haben wir notiert, stellen diese Angaben aber unter Vorbehalt: Im April warten die Campingbesitzer bei der Eröffnung der Saison oft die erste Schönwetterperiode ab, im September/Oktober wird bei schlechtem Wetter der Platz oft vorzeitig dichtgemacht.

Antipasto

Essen und Trinken

Man kann einfach in eine Pizzeria gehen, eine Pizza bestellen, ein Viertel Rotwein dazu, essen, trinken und zahlen.

Man kann aber auch ein Restaurant aufsuchen, sich die Karte reichen lassen, sich bei einem *aperitivo* der Vorfreude hingeben, dabei schon einmal *bruschette* (leicht angebackene Brotscheiben mit Olivenöl, Olivenpaste, Tomaten etc.) und einen leichten Wein bestellen und erst dann mit der eigentlichen Schlemmerei beginnen. Zwar gehören laut Karte schon die Bruschette zu den *antipasti* (Vorspeisen), doch das Angebot an Vorspeisen ist zu groß, als dass man es dabei belassen möchte.

Nach dem kulinarischen Auftakt lässt man als *primo* (erster Gang) eine *zuppa* (Suppe) oder *pasta* (Teigwaren) kommen. Letztere gibt es in Italien bekanntlich in zahllosen Varianten (*spaghetti, tagliatelle, strangozzi, panzerotti, pici*...) und zudem in verschiedener Zubereitung (*al sugo, al ragù, ai funghi*...) – das all diese Feinheiten über einen Kamm scherende deutsche Wort „Nudeln" ist ein Affront gegenüber der raffinierten italienischen Pastakultur.

Als *secondo* (zweiter Gang) steht in der Regel in Umbrien Fleisch (Schwein, Kalb, Rind, Wildschwein, Lamm...) oder Fisch auf dem Programm, aus dem Trasimenischen See kommt der *coregone* (Felchen) auf die Speisekarte. Eine kleine *insalata* (Salat) und *contorni* (Beilagen) müssen extra bestellt werden, damit der Hauptgang ein bisschen Gesellschaft hat. Alternativen für Vegetarier gibt es natürlich auch – s. u., Abschnitt „Vegetarisch".

Mit *formaggio* (Käse) wird dann das Mahl abgerundet. Zum *caffè* hinterher passt hervorragend eine *grappa* oder ein *vinsanto* (leichter Branntwein), in Letzteren werden mit Vorliebe *cantucci* genannte Biskuits getunkt: sehr bekömmlich!

Porchetta

Ob das gegrillte Spanferkel eine Spezialität Perugias oder ganz Umbriens ist, sei dahingestellt. Auch die Marken reklamieren die Vaterschaft für sich, und vielleicht noch andere Regionen Italiens. In Umbrien jedenfalls gehört die Porchetta auf jedes Dorffest und auf jeden größeren Markt.

Im besten Fall wird das Ferkel hauptsächlich mit Eicheln ernährt und bei einem Gewicht von 40 bis 50 kg geschlachtet. Die Innereien werden klein geschnitten und in den Bauch gestopft. Dann wird das Tier auf einen fünf Zentimeter dicken Holzstecken gepfählt und bei 200° C fünf Stunden lang gegrillt. Rosmarin, Thymian und andere Kräuter würzen die Sauce, die aus dem abtropfenden Fett entsteht. Darin lassen sich übrigens vorzüglich die vorher abgetrennten Füße, Schwanz und Ohren kochen.

Serviert wird die Porchetta auf dem Markt als Broteinlage, wobei neben dem zarten Fleisch auch die krachend-knusprige Haut (gelegentlich noch mit den Borsten des Viehs daran) einen besonderen Geschmack verspricht – an kleinen Knöchelchen soll man sich nicht stören, was zählt, ist der Geschmack. Sollte schließlich das Schild am Stand verraten, dass Franco aus Montegiove Ihnen die Porchetta anbietet, so zögern Sie nicht: Der Mann ist ein Meister seines Fachs und in ganz Umbrien bekannt.

Zwischen der schnellen Pizza und der ausgedehnten Schlemmerei gibt es eine Menge Möglichkeiten, sich im Restaurant zu verköstigen. An Orten mit viel Tourismus wird oft ein preiswertes *menù a prezzo fisso* (Festpreismenü) angeboten, gelegentlich mit einem Viertel Liter Wein inklusive.

Was an Essen und Trinken möglich ist, hängt vom ausgewählten Lokal ab, und deren gibt es vom teuren Ristorante bis zur einfachen Straßenbar, die Sandwiches serviert, viele:

Ristorante: Speiselokal, in das man seine Geliebte, seine Freunde oder Geschäftspartner ausführt.

Trattoria: Ihrem Ursprung nach einfacher, bodenständiger Familienbetrieb mit regionaler Küche. Inzwischen nennen sich aber auch viele Ristoranti Trattoria, um Volksnähe vorzuspiegeln. Über die Preise sagt die Bezeichnung Trattoria nichts aus, man halte sich an die ausgehängte Speisekarte.

Osteria: Traditionell ein bescheidenes, populäres Speiselokal, in dem zu billigen Preisen Hausmannskost serviert wird. Doch ist die Osteria im Aussterben begriffen, und hinter mancher „Osteria" verbirgt sich heute ein Luxuslokal, das mit diesem Etikett Kundenfang betreibt.

Pizzeria: Die sichere Variante, preisgünstig zu essen. Hier trifft sich auch die Dorfjugend, die im teureren Ristorante allenfalls im Familienverband auftaucht.

Enoteca: Weinlokal mit meist großem Angebot an regionalen und überregionalen Weinen, die edlere Enoteca serviert auch Gerichte, die einfachere beschränkt sich auf Snacks, Degustationsangebot und Verkauf von Wein.

Regionale Spezialitäten: Der *tartufo nero* und der *tartufo biancho*, die schwarze und die weiße Trüffel, sind vor allem im Norden und im Osten Umbriens, an den bewaldeten Abhängen des Apennins, bekannt. Vom Spätherbst bis Dezember schmecken die Trüffeln am besten – sie finden Eingang in Pasta, Salate und Fleischsaucen. Doch der köstliche Pilz ist auch kostbar, und oft folgt dem getrüffelten Essen eine gesalzene Rechnung.

Frische, hausgemachte *pasta* serviert jedes umbrische Restaurant, das etwas auf sich hält, Bezeichnungen dafür gibt es so viele wie Formen. In **Città della Pieve** findet man *pici*, kürzer, dicker und unregelmäßiger als Spaghetti (auf deutschsprachigen Speisekarten oft unzutreffend mit „Spätzle" übersetzt). Die Stadt streitet sich mit dem benachbarten toscanischen Chiusi um die Vaterschaft. Die *umbricelli* und *strangozzi* – am besten hausgemacht – gelten als typisch umbrische Pasta-Spezialitäten und sind im Aufwind, seit verstärkt auf regionale Produkte Wert gelegt wird.

Das Bergstädtchen **Norcia** ist nicht nur für seine Würste berühmt, sondern auch für seine *lenticchie*, die kleinen Linsen von der nahen Hochebene von Castelluccio. Die Hausmannsküche kombiniert sie mit *salsiccie* (Bratwürstchen).

Literatur: Anna-Maria Picchi, Umbrien. Herzhafte und raffinierte Rezepte aus Italiens Zauberküche, Hamburg, 1988. Nur noch antiquarisch aufzutreiben. Die Autorin stammt aus Norcia und ist bei ihrer Mutter und ihrer Großmutter in die praktische Lehre gegangen. Hier erfährt der Leser, wie das Schweinswürstchen in die Waldschnepfe oder ins Perlhuhn kommt *(becacce alla norcina)*, wie ein Peruginer Abt aus dem 18. Jh. einen Wachtelgratin *(crostata di quaglie)* zubereitete, und natürlich fehlt auch der Klassiker aus Norcia nicht: *lenticchie con salsicce*.

In **Assisi** – die friedlichen Tauben des heiligen Franz lassen grüßen – kommt die *palombaccia alla ghiotta* auf den Tisch: eine am Spieß gebratene, mit einer Schinkenscheibe bedeckte Wildtaube.

Im **Lago Trasimeno** schwimmt der schmackhafte *coregone* (Felchen); auch Aale tummeln sich im Süßwasser, mehrere Fische kommen im *tegamaccio* (Fischeintopf) zusammen, für den jedes gute Restaurant am Lago sein eigenes Rezept hat.

Vegetarisch: Fleischlose Restaurants wird man in Umbrien nicht finden. In einigen Lokalen steht nach den Rubriken *Carne* und *Pesce* ein vegetarisches Gericht auf der Karte. Wer auf Fleischloses Wert legt und nicht schon wieder eine Pizzeria aufsuchen will, kann auch einfach die Karte beiseite legen und der Bedienung seinen Wunsch nach Salaten und Gemüse erklären. Letzteres kommt in der Regel frisch und in gedünsteter Form auf den Tisch.

Slow Food: Genießen im Zeichen der Schnecke – die Slow-Food-Bewegung wurde in den 1980er Jahren in Italien geboren, als Protest gegen das globalisierende Fastfood. Slow Food hat sich dem Erhalt und der Förderung der regionalen Küche verschrieben, das Gemüse kommt saisongerecht auf den Tisch, auf Massentierhaltung und gentechnisch veränderte Nahrungsmittel wird verzichtet.

Nicht selten wartet man in einem Slow-Food-Lokal etwas länger, bis das Essen auf den Tisch kommt. Es ist nicht der Service, der „slow" ist, sondern der Koch, der nicht in die Tiefkühltruhe greift, sondern sich die Zeit für die Zubereitung frischer Ware nimmt.

Nachtisch: Auch die *dolci* (süße Nachspeisen) kennen zahlreiche lokale Traditionen, die an Ostern und Weihnachten besonders gepflegt werden.

Weine: Der strohgelbe *Orvieto* wird auch in deutschen Pizzerien serviert, er ist Umbriens großer Exportwein. Vor Ort findet man ihn meistens *secco* (trocken), seltener *abboccato* (süffig), *amabile* (mild) oder *dolce* (süß). In einem begrenzten Anbaugebiet darf sich der Tropfen *Orvieto Classico* nennen.

Im Ausland zunehmend bekannter sind auch die Spitzenweine aus *Torgiano* (rot, rosé, weiß) und *Montefalco* (rot, weiß), zwei kleine Anbaugebiete, die sich mit dem Etikett DOCG *(Denominazione di Origine Controllata Garantita)* schmücken dürfen. Mehr darüber siehe im Reiseteil unter den beiden Ortschaften.

Weitere regionale Weine sind: *Colli Altotiberini* (oberes Tibertal), *Colli del Trasimeno*, *Colli Perugini* (südlich von Perugia, rechtsseitig des Tibers), *Colli Martani* (südlich von Perugia, linksseitig des Tibers), *Assisi*, *Colli Amerini* (Hügel um Amélia) und *Lago di Corbara*.

Ein gutes Restaurant hält zumindest die regionalen Tropfen als Flaschenweine bereit. In der Regel ist aber auch auf den offenen Tafelwein Verlass, den man literweise *(un litro)*, halbliterweise *(mezzo litro)*, viertelliterweise *(un quarto)* oder glasweise *(un bicchiere)* bestellt.

Mineralwasser: Die Italiener sind Weltmeister im Trinken – wenn's um Mineralwasser geht. Das hängt mit der gesunden Sitte zusammen, zum Essen nicht nur Wein, sondern auch Wasser zu sich zu nehmen. Allein in Umbrien werden über ein Dutzend Mineralwasser vertrieben, die bekanntesten sind *Flaminia* (aus Nocera Umbra), *Fonte Tulla* (aus der Valnerina) und *San Gemini* (aus dem gleichnamigen Ort). In sehr gediegenen Restaurants kann es vorkommen, dass dem Gast nicht nur die Wein- sondern auch eine Acqua-Karte gereicht wird.

Umbrische Weine, in alter handwerklicher Tradition gekeltert

Umbrischer Safran – ein Fest der Sinne

Safran ist eine Krokusart, die im Herbst lilaviolett blüht. Sie stammt aus Kreta, ist wegen ihres dreifachen Chromosomensatzes unfruchtbar und kann nur durch Knollenteilung vermehrt werden. Bekannt ist Safran vor allem als Gewürz, wird aber auch als Färbemittel verwendet. Früher wurden ihm sogar heilende Kräfte zugeschrieben, und sein Verzehr sollte aphrodisische Wirkung haben.

Auf die roten Fäden kommt es an

Schon die Phönizier wussten um die besonderen Eigenschaften der Krokuspflanze und trieben erfolgreichen Handel damit. Über sie verbreitete sich der Safran im ganzen Orient und kam bis nach Indien, wo man die Kleider der buddhistischen Mönche mit dem Safran gelb färbte. Die Ägypter nutzten Safran zum Färben von Papyrus, die Griechen und reichen Römer hingegen schätzten ihn zum Verfeinern ihrer Speisen, schmückten an Hochzeiten das Brautbett mit Safranblüten und färbten den Brautschleier safrangelb, um einen luststeigernden Effekt zu erzielen, denn auch im alten Rom handelte es sich nicht immer um eine reine Liebesheirat.

Im 13. Jahrhundert gelangte die Safranpflanze schließlich nach Umbrien. Die Regierung in Perugia erteilte den Färbern von Città della Pieve die Bewilligung zum Safrananbau und zum Färben von Seide, Leinen und Wollstoffen, nachdem sie schon als einzige Stadt die Bewilligung für das Färben des Kardinalsrotes hatten. In der Renaissance hielt dann der Safran Einzug in der italienischen Küche, wo man vor allem Fleisch, Fisch, Gemüse und Süßspeisen damit würzte. Berühmtestes Rezept auf der Basis von Safran ist wohl der *Risotto milanese*, der seinen einmaligen Geschmack und seine satte Gelbfärbung dem Safran verdankt. Aber auch in der Malerei spielte Safran eine wichtige Rolle, denn Safran mit Zinn und Silber vermischt ergibt eine glänzende Goldfarbe, die jeden Heiligenschein auf den Gemälden zum Leuchten brachte, ohne dass ein Quäntchen Gold verwendet werden musste.

Die Produktion des Safrans ist sehr aufwendig und auch heute noch reine Handarbeit. Nicht umsonst ist er neben der Trüffel das teuerste Gewürz und wird nur in kleinsten Mengen verwendet. Um ein Kilo Safrangewürz zu erhalten, bedarf es der Blütenfäden von über 150.000 Pflanzen! Jedes Jahr werden im Juli und August die kleinen Safranfelder neu bestellt und dicht bepflanzt. Die Knollen werden geteilt, und nur die schönsten werden für die neue Anpflanzung verwendet. Ende Oktober, Anfang November blühen dann alle Krokusse gleichzeitig und müssen innerhalb von zwei Wochen geerntet und verarbeitet werden. Die Blüten werden am Morgen, wenn sie noch geschlossen sind, gepflückt, so bleiben die Blütengriffel *(stimmt)* mit ihrem kostbaren Blütenstaub am besten geschützt. Dann müssen die Safranfäden aus den Blütenblättern herausgezupft und der weiße und ungenießbare Unterteil abgetrennt werden – eine Arbeit, die die Mitwirkung der ganzen Familie, von den Kindern bis zu den Großeltern, erfordert. Pro Tag kann eine Person höchstens 50 Gramm Safranfäden aus den Blüten zupfen. Dabei färben sich die Finger der Erntehelfer tiefgelb, und der Farbstoff Crocin, der die Speisen später ebenfalls so schön gelb färben wird, bleibt für Tage an den Fingern haften und ist nur schwer wieder zu entfernen. Die Safranfäden werden anschließend zum Trocknen ausgelegt und verlieren dabei etwa 80 % ihres Gewichts. Pro Jahr werden weltweit ungefähr 200 Tonnen Safran produziert. Davon kommt der Großteil von etwa 170 Tonnen aus dem Iran, der Rest aus der Türkei, Spanien, Marokko, Griechenland und ein kleiner Teil aus Italien, wo sich die Anbaugebiete auf Sardinien, die Toscana, die Abruzzen und Umbrien beschränken. Vor 30 Jahren begann Alberto Vigano aus Città della Pieve von Neuem mit dem Safrananbau in Umbrien, der nach dem Ende des Färberhandwerks in Vergessenheit geraten war. Heute sind es bereits 30 Produzenten, die im Konsortium „Croco di Pietro Perugino" zusammengeschlossen sind und im Gebiet zwischen dem Trasimenischen See und Orvieto Safran anbauen. Wer Anfang November nach Città della Pieve kommt, wird auf einem großen Markt die ortsansässigen Safranbauern antreffen, die stolz ihre Produkte ausstellen, über die vielfältigen Verwendungsformen des Safrans informieren und zur Besichtigung der lila blühenden Anbauflächen einladen. Safran wird in Umbrien übrigens nur in Fäden verkauft und nicht wie in vielen Supermärkten in Pulverform. Das gibt dem Käufer die Sicherheit, dass er hundert Prozent Safran kauft und nicht eine billige Mischung aus Safran und ebenfalls gelb färbendem Kurkuma, der nichts mit den köstlichen Eigenschaften des Safrans gemein hat. So erklärt sich auch der stolze Preis von 19 Euro für ein Gramm umbrischen Safrans. Verreibt man diese Fäden zuhause zu Pulver, so reicht bereits eine kleine Messerspitze, um einem Risotto milanese eine gute Würzung und die berühmte goldgelbe Farbe zu geben Wer seinen kostbaren Safrankauf aus Città della Pieve gut verschlossen und lichtgeschützt aufbewahrt, wird an der Würzkraft lange Freude haben. Die Fäden pulverisiert man am besten, indem man sie in ein Stückchen Packpapier wickelt und mit einem Suppenlöffel darauf ein paar Mal hin und her fährt. In Città della Pieve hat man sich übrigens auch der aphrodisischen Eigenschaften des Safrans erinnert und veranstaltet im September unter dem Namen „ZAFF" ein buntes Festival rund um alles, was betörende Düfte verströmt und erotisierende Kräfte verleiht. Im Mittelpunkt stehen natürlich die bezirzenden Kräfte des Safrans. In den Speiselokalen der Stadt werden „Candle light Dinner" auf der Basis von Safran angeboten, und in den Geschäften finden sich edle Badesalze, Seifen, Räucherstäbchen, Parfüms, aber auch Marmeladen, Pralinen und Liköre – alle mit Safran versetzt – ein Fest der Sinne.

Giorgio Wolfensberger

Sport

Wandern kann man fast überall in Umbrien, markierte Wege sind allerdings nicht die Regel. Die Gegend um den *Trasimenischen See* oder der *Monte Tézio* nördlich von Perugia sind auch mit Kindern zu erwandern, etwas mehr Kondition verlangen der *Regionalpark Monte Subasio* und die *obere Valnerina*. Für anspruchsvollere Touren sucht man vorzugsweise das *Sibillinische Gebirge* oder das *Monte-Cucco-Gebiet* auf. Beide alpinen Gegenden gehören zu den italienischen Naturparks, in denen der italienische Alpenclub für eine passable Markierung der Wege sorgt.

Wanderer mit Ausdauer begeben sich auf die **Via Francigena**, den alten Pilgerweg vom englischen Canterbury nach Rom. Die franziskanische Alternative zum Jakobsweg nach Santiago de Compostela gewinnt zunehmend an Beliebtheit. Ein Ast dieses weitverzweigten Weges, die *Via San Francesco,* führt in 14 bis 16 Tagesetappen quer durch Umbrien. Ausgangspunkt ist das in der nahen Toscana gelegene *La Verna*, wo Franziskus die Stigmata (Wundmale Christi) empfing. Ungefähr nach einer Woche hat man *Assisi* erreicht, die Hauptstadt der Franziskaner, von da führt der Weg über *Spoleto* und *Piediluco* nach *Greccio*, knapp hinter der umbrischen Grenze im Latium gelegen, wo Franziskus einst ein lebendiges Krippenspiel veranstaltete. Und wer will, kann weiter nach Rom pilgern, wohin schließlich alle Wege führen.

Radfahren und Mountainbike-Touren werden in Umbrien von Jahr zu Jahr beliebter. Bevorzugt ist das Gebiet um den *Trasimenischen See*, aber auch die *Valle Umbra* zwischen Perugia und Spoleto. Mountainbiker finden im *Sibillinischen Gebirge* und rund um den *Monte Cucco* Herausforderungen.

Geführte Touren und Unterkunft bietet die *Villa Rey* in Panicale an (→ Reiseteil, Panicale).

Tourenvorschläge: Die Region Umbrien hat zwei Tourenbücher herausgegeben, beide mit Kartenausschnitten und Höhendiagrammen: *Umbrien per Rad* (30 Routen, nur auf Italienisch) und *Mountainbike in Umbrien* (22 Touren, nur auf Englisch). Die Bücher findet man allerdings nur noch antiquarisch. Mittlerweile bietet die Region als Alternative eine einschlägige Gratis-App an, Download unter www.bikeinumbria.it.

Kletterer finden Möglichkeiten bei *Ferentillo* (Valnerina) und rund um den *Monte Cucco*, an dessen Abhängen auch **Paragliding** und **Deltaflüge** möglich sind.

Rafting/Kanu/Kajak: Der Wildwassersport ist ausschließlich auf die *Nera* und ihre Zuflüsse beschränkt (→ Reiseteil, Kapitel Nórcia, Vallo die Nera, Scheggino).

Wanderer in Bevagna

Wissenswertes von A bis Z

Adresse

In italienischen Adressen tauchen gelegentlich *Fraz.* und *Loc.*, seltener *Voc.* als Kürzel auf. *Frazione* ist ein Ortsteil, der außerhalb des Stadtkerns liegt, bei einer *Località* handelt es sich um ein Haus oder eine Ansammlung von Häusern in einem bestimmten Gebiet, das so bezeichnet wird – und ein *Vocabolo* ist hierarchisch der Località untergeordnet.

Ärztliche Versorgung

Mit der *EHIC-Karte* (European Health Insurance Card) weist man dem Arzt nach, dass man ordnungsgemäß versichert ist und lässt sich ordnungsgemäß behandeln. Arbeitet der Arzt im Rahmen des staatlichen Gesundheitssystems, so regelt die Kasse die Bezahlung direkt. Doch gibt es in Italien auch Ärzte, die nicht im Rahmen des staatlichen Systems arbeiten. In diesem Fall bleibt nichts anderes übrig, als die Rechnung erst selbst zu bezahlen und sie sich hinterher zuhause gegen Vorlage der Quittung zurückerstatten zu lassen. Die Rückerstattung ist auf den Betrag begrenzt, den die heimische Krankenkasse auch im Inland getragen hätte.

Die EHIC gilt nicht für zahnärztliche Behandlungen. Auch ein Rücktransport im Krankheitsfall ist mit der EHIC nicht gedeckt. Wer das Risiko eines selbst bezahlten Rücktransports ausschalten will, schließt eine Auslandsreise-Krankenversicherung ab.

Die **Apotheke** *(farmacia)* kann in harmlosen Fällen den Arzt ersetzen. Viele Medikamente sind rezeptfrei erhältlich, darunter auch einige Antibiotika. Nachts und an Wochenenden ist die *farmacia di turno* geöffnet; an jeder Apotheke ist angeschlagen, welche den Notdienst versieht.

Borgo

Seit dem Mittelalter ist in Italien damit ein befestigter Ort oder innerhalb einer Stadt eine befestigte Vorstadt gemeint.

Centro storico

Der Begriff, den man auf Hinweisschildern am Stadtrand und auch in diesem Buch antrifft, heißt übersetzt *historisches Zentrum*. Gemeint ist damit der mittelalterliche Kern einer Stadt. Damit Autofahrer nicht so viel lesen müssen, wird auf den Straßenschildern meist ein Piktogramm verwendet: ein Punkt und darum herum zwei konzentrische Kreise.

Diebstahl

Es gibt ihn in Umbrien wie anderswo auch, die allgemeinsten Vorsichtsmaßnahmen sollten beachtet werden. Es besteht z. B. kein Grund, die Fotoausrüstung und den Familienschmuck auf dem Rücksitz auszubreiten, das luxuriöse Autoradio ist nachts im städtischen Gebiet gefährdet.

Sind die Papiere weg, ist der Gang zur Polizei notwendig. Man lässt sich dort eine Verlustbescheinigung ausstellen. Ersatz für Autopapiere, Führerschein und Personalausweis gibt es nur in der Heimat. Bei Verlust des Passes erhält man von der Botschaft kurzfristig ein zeitlich begrenzt gültiges Ersatzpapier (2 Fotos mitbringen). Kopien der Ausweispapiere sind nützlich und helfen der Polizei bei der Identitätsüberprüfung.

Sollten Ihnen nicht nur die Autopapiere, sondern gleich das ganze Auto abhanden gekommen sein, so brauchen Sie für die Verlustanzeige eine *carta bollata*, ein Formular, das in jedem Tabakladen erhältlich ist. Die Polizei muss darauf den Verlust Ihres Wagens bestätigen. Aber überlegen Sie vorher, ob Sie nicht einfach wegen Falschparkens abgeschleppt wurden; in diesem Fall wenden Sie sich ohne Formular an die Polizei *(Vigili Urbani)*.

Ermäßigungen

Verbindliche Regeln gibt es nicht. Jedoch kennen die meisten staatlichen und städtischen Museen Ermäßigungen für Rentner, Studenten, Schüler und Kinder. Nachfragen lohnt sich also. Nur selten wird ein Ausweis verlangt. Wenn Sie sich allerdings in angegrauten Jahren als Student oder mit 30 Jahren als Rentner ausgeben und obendrein noch einen roten Kopf bekommen, könnte der Beamte misstrauisch werden.

Feiertage

Am 15. August, an Mariä Himmelfahrt, wird in ganz Italien *Ferragosto* gefeiert. Dieses Hauptfest der Marienverehrung ist Anlass großer Familienzusammenkünfte und liegt außerdem mitten in der Hochsaison. Folge: Autobahnen und Überlandstraßen sind an diesem Tag regelmäßig verstopft.

Weder Karfreitag noch Pfingstmontag sind in Italien gesetzliche Feiertage, dafür jedoch:

1. Januar: **Neujahr** (Capodanno)

6. Januar: **Dreikönigstag** (Epifania)

25. April: **Tag der Befreiung** (Anniversario della Liberazione) von der Deutschen Wehrmacht

1. Mai: **Tag der Arbeit** (Festa del Lavoro)

2. Juni: **Tag der Republik** (Festa della Repubblica Italiana)

15. August: **Mariä Himmelfahrt** (Ferragosto)

1. November: **Allerheiligen** (Ognissanti)

8. Dezember: **Mariä Empfängnis** (Immacolata Concezione)

25. Dezember: **Weihnachten** (Natale)

26. Dezember: **Stephanstag** (Santo Stefano)

Die beweglichen Feiertage: *Ostern* (Pasqua), *Ostermontag* (Lunedi di Pasqua) und *Pfingsten* (Pentecoste). Beweglich ist eigenartigerweise auch der Nationalfeiertag der *Republikgründung* (Fondazione della Repubblica) – am 1. Sonntag im Juni, die Unternehmer danken, die Arbeitnehmer haben das Nachsehen.

Haustiere

Wer seinen Waldi liebt, will ihn mit auf die Reise nehmen. Kontaktieren Sie Ihren Tierarzt mindestens einen Monat vor der Reise. Benötigt wird ein EU-Heimtierausweis (für Nicht-EU-Mitglieder: Impfpass) sowie ein tierärztliches Impf- und Gesundheitszeugnis; der Hund muss nachweislich gegen Tollwut geimpft sein (frühestens 12 Monate, spätestens 30 Tage vor Reiseantritt). Außerdem muss das Tier mit einem Mikrochip versehen sein. Maulkorb und Leine im Gepäck sind obligatorisch (auch wenn kaum einer kontrolliert). Viele Hotels und Campingplätze akzeptieren – wenn überhaupt – nur kleine Hunde, die in der Regel nicht in den Speisesaal, nicht an den Strand und auch nicht in den Poolbereich mitgenommen werden dürfen.

Information

Für erste allgemeine Anfragen von zuhause aus ist das italienische Fremdenverkehrsamt ENIT (Ente Nazionale Industrie Turistiche) eine brauchbare Adresse. Die Unterlagen kann man per Brief, Telefon oder E-Mail anfordern. Lassen Sie sich am besten allgemeine Informationen über die Städte schicken, die Sie besuchen wollen, eine Landkarte und bei Bedarf das Unterkunftsverzeichnis. Vor Ort kann man in den touristischen Informationsbüros gezielter fragen und sein Prospektmaterial noch aufstocken. Oft sind auch hier deutschsprachige Broschüren erhältlich.

ENIT-Informationsbüros: *Deutschland*: Barckhausstr. 10, 60325 Frankfurt, ℡ 069-237434, frankfurt@enit.it. *Österreich*: Mariahilferstr. 1b, 1060 Wien. ℡ 01-5051639, vienna@enit.it. *Schweiz*: c/o Italienisches Generalkonsulat, Tödistr. 65, 8002 Zürich, ℡ 044-5440797, zurigo@enit.it.

Information im Internet: Mittlerweile hat fast jede größere Stadt Umbriens eine Webseite. Der Informationsgehalt lässt bisher allerdings zu wünschen übrig, und ohne Italienischkenntnisse ist der Nutzen noch geringer.

Information in Italien: In größeren Orten steht dem Besucher ein *IAT-Büro (Ufficio Informazioni e di Accoglienza Turistica)* zu Diensten, oft steht einfach nur *Ufficio Informazioni Turistiche* oder *Ufficio Informazioni* an der Tür. In kleineren Orten nimmt eine lokale Organisation, meist *Pro Loco* genannt, Informationsaufgaben wahr. Zum Informa-

Die heilige Rita von Cáscia

tionsmaterial gehören in der Regel ein Unterkunftsverzeichnis, Stadtplan sowie reich bebilderte Broschüren. Gelegentlich spricht hinter dem Schalter jemand Deutsch oder Englisch.

Im diesem Buch vermerken wir die lokalen Informationsstellen im Adressen-Teil der einzelnen Orte.

Internet/WiFi

Informatiker sehen einen Unterschied zwischen den Begriffen WLAN und WiFi, für den Kunden kommt es auf Dasselbe heraus. Das deutsche WLAN heißt in Italien wie in den meisten europäischen Ländern WiFi. Bei Hotels gehört der kostenlose WiFi-Zugang mittlerweile zum Standard wie die Dusche. Auch in vielen Cafés – erkennbar am WiFi-Logo – kann man sich ins Internet einloggen.

Klima/Reisezeit

Bestimmend für Umbrien ist das mediterrane Binnenklima: warme, trockene Sommer, regenreiche Winter. Letztere sind in den niederen Lagen mild, in den höheren Lagen sehr rau. Ideale Reisezeit ist April bis Oktober.

Polizei

Carabinieri sind Männer und Frauen der nationalen Gendarmerie und für Verbrechen zuständig, nehmen aber auch allgemeine Polizeiaufgaben wahr. In den Städten ist die *Polizia* präsent, die *Polizia Stradale* kümmert sich in erster Linie um das Verkehrsgeschehen außerhalb der Orte und verpasst Rasern gesalzene Bußgelder.

Post

Die italienische Post genießt nicht den besten Ruf. Die Karte an die Lieben daheim kommt in der Regel 5 bis 6 Tage später an. Wer's fixer mag, zahlt einen kleinen Aufschlag für *posta priorità*. Der Aufkleber verspricht eine schnellere Beförderung – oft ein leeres Versprechen.

In größeren Städten hat der Briefkasten oft zwei Schlitze: *per la città* (Adressat innerhalb der Stadt) und *per tutti le altre destinazioni* (Adressat außerhalb der Stadt). Die Postsortierer danken für Beachtung.

Briefmarken: *Francobolli* kann man nicht nur bei der Post erstehen, sondern auch in vielen Tabacchi-Läden und Souvenirshops, die Postkarten verkaufen.

Perugia			
	Ø Lufttemperatur (Min./Max. in °C)		Ø Niederschlag (in mm)	Ø Stunden mit Sonnenschein
Jan.	0,5	6,9	61	3,1
Febr.	2,0	8,4	60	3,7
März	4,1	11,7	70	5,0
April	7,1	15,7	79	5,4
Mai	10,9	20,4	76	6,7
Juni	14,7	24,9	64	7,7
Juli	17,3	28,2	39	9,6
Aug.	17,4	28,0	45	8,4
Sept.	14,6	23,6	76	6,9
Okt.	10,4	17,6	102	6,3
Nov.	6,2	12,0	103	3,7
Dez.	2,9	8,1	75	2,8
Jahr	**9**	**17,1**	**850**	**5,8**

Poste restante: Jedes Postamt nimmt postlagernde Sendungen an. Diese können mit Personalausweis gegen eine kleine Gebühr abgeholt werden. Ein Brief wird normalerweise bis zu zwei Monate aufbewahrt. Name, Zielpostamt und „Poste restante" auf den Umschlag schreiben.

Radio

Die italienischen Privatsender gehen in die Hunderte, die Sendungen bestehen oft aus nervtötendem Gedudel und Geplapper, alle fünf Minuten von einer stupiden Werbung unterbrochen. Nachrichten sind meist kurz, längere Wortbeiträge selten.

Für Autofahrer kann *IsoRadio* (103,3 MHz) nützlich sein. Der auf Verkehrsmeldungen spezialisierte Sender gibt alle 30 Minuten die aktuelle Verkehrslage durch, alle 60 Minuten in englischer Sprache.

Strom

230 Volt sind die Regel, allerdings passt der deutsche Schukostecker nicht in die italienische Steckdose, deren drei Löcher auf einer Geraden liegen. In diesem Fall hilft ein Adapter (*spina di adattamento*), den man in einschlägigen Geschäften oder im Baumarkt kaufen kann. Hotels stellen ihren Gästen oft einen Adapter zur Verfügung.

Telefonieren

Der mobile Zeitgenosse telefoniert mit dem Smartphone oder Handy, das auf Italienisch *cellulare* heißt.

Kaum hat man die italienische Grenze überquert, schaltet das Handy auf einen italienischen Betreiber um. Seit der Abschaffung der Roaminggebühren innerhalb der EU kümmert das Deutsche und Österreicher nicht mehr, sie telefonieren quasi im Inland.

Anders sieht das für Schweizer aus: Da die Weiterleitungsgebühren für ankommende Handy-Anrufe (auch wenn sie vom italienischen Nachbarn kommen) stets über das heimatliche Netz laufen und dem Empfänger berechnet werden, können die Kosten schnell in die Höhe klettern. Tipp für Dauertelefonierer: eine italienische SIM-Karte kaufen, man bekommt eine italienische Telefonnummer und muss aus dem Ausland

Literaturtipp: „Baci aus Perugia"

Baci di Perugia heißen die berühmten Schokolade-Pralinen, die bis vor ein paar Jahren noch die Theke jeder Dorfbar zierten. Man schenkte seiner Liebsten einen „Bacio", und wenn diese die Süßigkeit auspackte, war stets ein Zettelchen mit einem klugen Spruch dabei – von Petrarca, Goethe oder anderen, die etwas Erbauliches zu sagen hatten.

„Baci aus Perugia" ist auch der Titel eines Buchs, in dem Marlies Burget „Alltagsgeschichten aus Umbrien" (so der Untertitel des Buchs) erzählt. Die Autorin aus dem süddeutschen Markgräflerland kommt nach Perugia, um hier an der Ausländeruniversität in sechs Monaten Italienisch zu lernen – wie viele andere auch. Was sie jedoch vielen anderen voraus hat, ist eine gesunde Neugier, eine offene Haltung ihrer Umgebung gegenüber. Sie nimmt Perugia mit allen Sinnen wahr, vornehmlich mit dem Geschmackssinn – die italienische Küche spielt eine große Rolle in ihrem Buch (und für den Leser fällt ab und zu ein Rezept ab).

Wer so offen durch die Welt läuft, dem kommt die Welt auch offen entgegen. Die Autorin lernt Menschen kennen, gewinnt Freunde und Bekannte und bewegt sich bald wie ein Fisch in der umbrischen Gesellschaft. Unter all den Bekannten sticht einer hervor: Giovanni, ein „zu früh schneeweiß gewordener Endvierziger mit Bart und Lausbubenaugen", Kunstbuchhändler in Foligno. Er bietet ihr einen Job an, der für sie mehr als nur eine Aufbesserung ihrer prekären finanziellen Situation bedeutet, schließlich kommt sie aus dem deutschen Verlagswesen, die Arbeit im Buchhandel ist ihr nicht fremd. Sie fühlt sich in der italienischen Bücherwelt rasch zuhause, zumal Giovanni ein angenehmer Chef ist, gern mit ihr beim Caffè diskutiert und ihr genügend Freiheiten lässt. Der Buchhändler mit den Lausbubenaugen ist in den „Alltagsgeschichten aus Umbrien", in denen die Autorin in immer neuen Begegnungen dem umbrischen Lebensgefühl nachspürt, der ruhige Pol.

Man kann Marlies Burgets „Baci aus Perugia" einfach als lockere Bettlektüre nehmen und die schönen Geschichten goutieren. Man kann das Buch aber auch als unaufdringlichen Führer durch den italienisch-umbrischen Alltag sehen: Festtagsbräuche und Redewendungen, Schlitzohrigkeiten und Machismo, Schein und Sein – eine aparte Liebeserklärung an Umbrien. Und wie in den berühmten Peruginer Schokoladeküssen findet man auch in diesen Lektüre-Pralinen hier und dort ein Zettelchen – Einsprengsel von Italo Calvino, Ludwig Wittgenstein, Andrea Camilleri ... oder von einem Anonymus, der in einem Satz zusammenfasst, was das ganze Buch durchzieht: „Das Glück ist überall verborgen, man muss es nur finden." Marlies Burget hat es gefunden. Sie lebt mittlerweile über 25 Jahre in Umbrien – und arbeitet immer noch beim freundlichen Giovanni.

▪ Marlies Burget, *Baci aus Perugia. Alltagsgeschichten aus Umbrien*. Mit Zeichnungen von Rainer Ilg. Georg Olms Verlag, Hildesheim, 3. Aufl. 2017.

kommende Gespräche nicht mehr mitfinanzieren. Die SIM-Karte hat ein bestimmtes Guthaben und ist wiederaufladbar.

> **Vorwahl-Nummern**
>
> **Aus Deutschland, Österreich, Schweiz nach Italien:** 0039 + lokale Vorwahl (mit „0") + Anschlussnummer
>
> **Aus Italien...**
>
> **... nach Deutschland:** 0049 + lokale Vorwahl (ohne „0") + Anschlussnummer
>
> **... nach Österreich:** 0043 + lokale Vorwahl (ohne „0") + Anschlussnummer
>
> **... in die Schweiz:** 0041 + lokale Vorwahl (ohne „0") + Anschlussnummer
>
> **Innerhalb Italiens** muss die lokale Vorwahl (mit „0") immer mitgewählt werden, auch wenn man von Perugia nach Perugia telefoniert!
>
> **Italienische Mobilnummern** beginnen stets mit einer „3". Es wird keine „0" vorgewählt!

Zeitungen/Zeitschriften

Die überregionale deutschsprachige Presse ist nur in größeren Städten im Angebot und trifft oft mit einem Tag Verspätung ein. Aber warum nicht einmal zur *Repubblica*, zum *Corriere della Sera* oder zur *Stampa* greifen? Italienische Zeitungen berichten ausführlich über das Parteiengezänk in Rom, über Mord und Totschlag, und ab Seite 12 hat dann auch die Weltpolitik Platz. Wenn Sie wissen wollen, was den umbrischen Alltag bewegt, welcher Gesangsverein wo auftritt, welches Dorffest wann stattfindet oder ob es in Südumbrien mehr regnet als in Nordumbrien, besorgen Sie sich den *Corriere dell'Umbria*.

Zoll

Deutsche und Österreicher sind *EU*ropäer, Schweizer sind Nicht-*EU*ropäer. Nach dieser grundsätzlichen Unterscheidung richtet sich die Menge an Suchtmitteln, die Sie aus dem Urlaubsland straffrei in Ihre Heimat einführen dürfen.

Nach Deutschland oder Österreich: Im europäischen Binnenmarkt gelten seit Jahren großzügige Richtlinien für die Einfuhr italienischer Waren ins EU-Heimatland. Konkret: Im privaten Reiseverkehr innerhalb der EU dürfen Waren zum eigenen Verbrauch unbegrenzt mitgeführt werden. Um diese vage Formulierung zu präzisieren gelten folgende Richtmengen pro Person, bei denen die Behörden den „persönlichen Bedarf" nicht in Frage stellen:

- 10 l Spirituosen; 20 l alkoholische Zwischenerzeugnisse (Portwein, Sherry); 90 l Wein oder weinhaltige Getränke, davon höchstens 60 l Schaumwein/Sekt; 110 l Bier. 1000 Zigaretten oder 1 kg Tabak.

Ein Überschreiten der angegebenen Mengen stellt kein Problem dar, wenn Sie glaubhaft versichern können, dass z. B. der gesamte mitgeführte Alkohol zum Eigenverbrauch bestimmt ist. Blasen Sie dem Zöllner – falls sich an der innereuropäischen Grenze überhaupt einer zeigt – einfach Ihre Alkoholfahne ins Gesicht, und er wird verstehen, dass Sie die Grappa kistenweise mit sich führen.

In die Schweiz: Die Insel in Europa kennt strengere Limits für die Einfuhr:

- 5 l Getränke bis 18 % Alkohol und 1 l Getränke über 18 % Alkohol; 250 Stück/Gramm Zigaretten, Zigarren oder andere Tabakprodukte. Der Gesamtwert darf 300 Franken nicht übersteigen, sonst ist Mehrwertsteuer zu zahlen. Für die Einfuhr von Alkohol und Tabak gilt eine Altersgrenze von 17 Jahren.

Transit Schweiz: Da die Schweiz nicht zur Europäischen Union gehört, muss beim Transit ein Überschreiten der in der Schweiz für die Einfuhr geltenden Freimengen (s. o.) deklariert werden. Was zu viel ist, ist zu viel und wird verzollt. Den bezahlten Betrag erhält man bei der Ausreise wieder zurück, sofern die Ware wieder ausgeführt wird.

Verzeichnisse

Kartenverzeichnis

Umbrien Übersicht		Umschlaginnenklappe vorne	
Assisi	122/123	Orvieto	220/221
Assisi – Franziskuszyklus	117	Perugia und Lago Trasimeno	50
Cittá della Pieve	99	Perugia – Übersicht	64
Cittá di Castello	24	Perugia – Zentrum	67
Foligno – Zentrum	135	Spello	129
Gualdo Tadino	44/45	Spoleto	155
Gubbio	35	Terni – Zentrum	183
Lago Trasimeno und Umgebung	76	Todi	207
Monte Cucco	37	Trevi	145
Montefalco	141	Valnerina, Orvieto und der Süden	160/161
Nórcia	169	Valle Umbra	112
Nordumbrien	20		

Zeichenerklärung für die Karten und Pläne

Umbrien im Kasten

Alice im Weberland	22	Minimetro – schick und effizient	62
Gubbio im Guinness	30	Wandern am Lago – Camminare Guarisce	77
Der Wettlauf der Ceri	32	Das Eldorado der Torta calda	81
Das Eremo di Monte Cucco (Eremo di San Girolamo)	38	Auch Marco Polo ...	87
Im Albergo Monte Cucco da Tobia	41	„Drei Tage färbte der Bach sich rot"	91
Die Ausländer-Universität	52	Perugino	95
Geh'mer Tauben vergiften im Park	57	Die etwas andere Reitschule	100
Süße Küsse aus Perugia	60	Die Vetreria von Piegaro	102

Pflichtversicherung im Mittelalter	104	Land-Art im Piano Grande	173
La Scarzuola – die Wollust der Imagination	106	Ökologie auf dem Abstellgleis – das Valnerina-Bähnchen	175
Franz von Assisi	113	Kleiner Cascata-Spaziergang	185
Die 28 Bilder des Franziskuszyklus	116	Il centro d'Italia	193
Klara von Assisi	119	„La Serpara" – Bambus und fauchende Feuer am Rio Chiaro	200
Regionalpark Monte Subásio	126		
Olivenöl	144	Orvietos Drahtseilbahn: Wie die Wasserkraft dem Fortschritt zum Opfer fiel	217
Die heilige Windel Christi	150		
Die heiligen Wälder von Monteluco	157	Literaturtipp – Ein Mädchen aus Umbrien	229
Emmer	162	Hinweise für Autofahrer	232
Rita – Schutzpatronin der Hausfrauen	165	Wespen und Bienen in Umbrien	236
		Porchetta	240
Das Erdbeben vom 30. Oktober 2016	168	Umbrischer Safran – ein Fest der Sinne	243
Die Marcita – benediktinische Bewässerungstechnik	171	Literaturtipp: „Baci aus Perugia"	251

Fotonachweis

Alle Fotos von **Giorgio J. Wolfensberger**; außer:
hadzaj/pixabay: S. 224; **hirisflower/pixabay**: S. 16; **Johanschersten/pixabay**: S. 8; **Thomas Loeb**: S. 200; **Parabondio/pixabay**: S. 3; **Marcus X. Schmid**: S. 7, 29, 51, 53, 55, 73, 84, 88, 105, 118, 127, 139, 152, 167, 173, 191, 192, 194, 199, 201, 204, 208, 213, 215, 218, 222, 223, 255, 267.

Ritterturnier am Palazzo Comunale von Narni

Vielen Dank!

... den zahlreichen Leserinnen und Lesern, die mit Briefen und E-Mails bei der Aktualisierung dieses Buchs mitgeholfen haben.

... Margarete Berg für den Beitrag zum Valnerina-Bähnchen; Horst Christoph für den Beitrag zur Schlacht am Lago Trasimeno; Thomas Schmid für den Beitrag zu La Scarzuola.

Die Beiträge zum umbrischen Safran und zur Vetreria von Piegaro stammen von Giorgio J. Wolfensberger (1945-2016), der dieses Buch jahrelang als Fotograf begleitet hat.

Impressum

Text und Recherche: Marcus X. Schmid **Lektorat:** D&M Services GmbH: Horst Christoph **Redaktion:** Johanna Prediger **Layout:** D&M Services GmbH: Sven Talaron, Dirk Thomsen **Karten:** Carlos Borell, Theresa Flenger, Judit Ladik, Benedikt Neuwirth, Gabor Sztrecska **GIS-Consulting:** Rolf Kastner **Covergestaltung:** Karl Serwotka **Covermotiv:** Historic town of Assisi, Umbria, Italy © JFL Photography / Fotolia

Haftungsausschluss

Die in diesem Reisebuch enthaltenen Informationen wurden vom Autor nach bestem Wissen erstellt und von ihm und dem Verlag mit größtmöglicher Sorgfalt überprüft. Dennoch sind, wie wir im Sinne des Produkthaftungsrechts betonen müssen, inhaltliche Fehler nicht mit letzter Gewissheit auszuschließen. Daher erfolgen die Angaben ohne jegliche Verpflichtung oder Garantie des Autors bzw. des Verlags. Autor und Verlag übernehmen keinerlei Verantwortung bzw. Haftung für mögliche Unstimmigkeiten. Wir bitten um Verständnis und sind jederzeit für Anregungen und Verbesserungsvorschläge dankbar.

ISBN 978-3-95654-616-7

© Copyright Michael Müller Verlag GmbH, Erlangen 2000–2019. Alle Rechte vorbehalten. Alle Angaben ohne Gewähr. Druck: Westermann Druck Zwickau GmbH.

Aktuelle Infos zu unseren Titeln, Hintergrundgeschichten zu unseren Reisezielen sowie brandneue Tipps erhalten Sie in unserem regelmäßig erscheinenden Newsletter, den Sie im Internet unter **www.michael-mueller-verlag.de** kostenlos abonnieren können.

Was haben Sie entdeckt?

Haben Sie ein besonderes Restaurant, ein neues Museum oder ein nettes Hotel entdeckt? Wenn Sie Ergänzungen, Verbesserungen oder Tipps zum Buch haben, lassen Sie es uns bitte wissen!

Schreiben Sie an: Marcus X. Schmid, Stichwort „Umbrien"

c/o Michael Müller Verlag GmbH | Gerberei 19, D – 91054 Erlangen

mxs@michael-mueller-verlag.de

Abruzzen ▪ Ägypten ▪ Algarve ▪ Allgäu ▪ Allgäuer Alpen ▪ Altmühltal & Fränk. Seenland ▪ Amsterdam ▪ Andalusien ▪ Andalusien ▪ Apulien ▪ Australien – der Osten ▪ Azoren ▪ Bali & Lombok ▪ Barcelona ▪ Bayerischer Wald ▪ Bayerischer Wald ▪ Berlin ▪ Bodensee ▪ Bremen ▪ Bretagne ▪ Brüssel ▪ Budapest ▪ Chalkidiki ▪ Chiemgauer Alpen ▪ Chios ▪ Cilento ▪ Cornwall & Devon ▪ Comer See ▪ Costa Brava ▪ Costa de la Luz ▪ Côte d'Azur ▪ Cuba ▪ Dolomiten – Südtirol Ost ▪ Dominikanische Republik ▪ Dresden ▪ Dublin ▪ Düsseldorf ▪ Ecuador ▪ Eifel ▪ Elba ▪ Elsass ▪ Elsass ▪ England ▪ Fehmarn ▪ Franken ▪ Fränkische Schweiz ▪ Fränkische Schweiz ▪ Friaul-Julisch Venetien ▪ Gardasee ▪ Gardasee ▪ Genferseeregion ▪ Golf von Neapel ▪ Gomera ▪ Gomera ▪ Gran Canaria ▪ Graubünden ▪ Hamburg ▪ Harz ▪ Haute-Provence ▪ Havanna ▪ Ibiza ▪ Irland ▪ Island ▪ Istanbul ▪ Istrien ▪ Italien ▪ Italienische Adriaküste ▪ Kalabrien & Basilikata ▪ Kanada – Atlantische Provinzen ▪ Kanada – Der Westen ▪ Karpathos ▪ Kärnten ▪ Katalonien ▪ Kefalonia & Ithaka ▪ Köln ▪ Kopenhagen ▪ Korfu ▪ Korsika ▪ Korsika Fernwanderwege ▪ Korsika ▪ Kos ▪ Krakau ▪ Kreta ▪ Kreta ▪ Kroatische Inseln & Küstenstädte ▪ Kykladen ▪ Lago Maggiore ▪ Lago Maggiore ▪ La Palma ▪ La Palma ▪ Languedoc-Roussillon ▪ Lanzarote ▪ Lesbos ▪ Ligurien – Italienische Riviera, Genua, Cinque Terre ▪ Ligurien & Cinque Terre ▪ Limousin & Auvergne ▪ Limnos ▪ Liparische Inseln ▪ Lissabon & Umgebung ▪ Lissabon ▪ London ▪ Lübeck ▪ Madeira ▪ Madeira ▪ Madrid ▪ Mainfranken ▪ Mainz ▪ Mallorca ▪ Mallorca ▪ Malta, Gozo, Comino ▪ Marken ▪ Marseille ▪ Mecklenburgische Seenplatte ▪ Mecklenburg-Vorpommern ▪ Menorca ▪ Midi-Pyrénées ▪ Mittel- und Süddalmatien ▪ Montenegro ▪ Moskau ▪ München ▪ Münchner Ausflugsberge ▪ Naxos ▪ Neuseeland ▪ New York ▪ Niederlande ▪ Niltal ▪ Norddalmatien ▪ Norderney ▪ Nord- u. Mittelengland ▪ Nord- u. Mittelgriechenland ▪ Nordkroatien – Zagreb & Kvarner Bucht ▪ Nördliche Sporaden – Skiathos, Skopelos, Alonnisos, Skyros ▪ Nordportugal ▪ Nordspanien ▪ Normandie ▪ Norwegen ▪ Nürnberg, Fürth, Erlangen ▪ Oberbayerische Seen ▪ Oberitalien ▪ Oberitalienische Seen ▪ Odenwald ▪ Ostfriesland & Ostfriesische Inseln ▪ Ostseeküste – Mecklenburg-Vorpommern ▪ Ostseeküste – von Lübeck bis Kiel ▪ Östliche Allgäuer Alpen ▪ Paris ▪ Peloponnes ▪ Pfalz ▪ Pfälzer Wald ▪ Piemont & Aostatal ▪ Piemont ▪ Polnische Ostseeküste ▪ Portugal ▪ Prag ▪ Provence & Côte d'Azur ▪ Provence ▪ Rhodos ▪ Rom ▪ Rügen, Stralsund, Hiddensee ▪ Rumänien ▪ Rund um Meran ▪ Sächsische Schweiz ▪ Salzburg & Salzkammergut ▪ Samos ▪ Santorini ▪ Sardinien ▪ Sardinien ▪ Schottland ▪ Schwarzwald Mitte/Nord ▪ Schwarzwald Süd ▪ Schwäbische Alb ▪ Schwäbische Alb ▪ Shanghai ▪ Sinai & Rotes Meer ▪ Sizilien ▪ Sizilien ▪ Slowakei ▪ Slowenien ▪ Spanien ▪ Span. Jakobsweg ▪ Sri Lanka ▪ St. Petersburg ▪ Steiermark ▪ Stockholm ▪ Südböhmen ▪ Südengland ▪ Südfrankreich ▪ Südmarokko ▪ Südnorwegen ▪ Südschwarzwald ▪ Südschweden ▪ Südtirol ▪ Südtoscana ▪ Südwestfrankreich ▪ Sylt ▪ Tallinn ▪ Teneriffa ▪ Teneriffa ▪ Tessin ▪ Thassos & Samothraki ▪ Toscana ▪ Toscana ▪ Tschechien ▪ Türkei ▪ Türkei – Lykische Küste ▪ Türkei – Mittelmeerküste ▪ Türkei – Südägäis ▪ Türkische Riviera – Kappadokien ▪ USA – Südwesten ▪ Umbrien ▪ Usedom ▪ Varadero & Havanna ▪ Venedig ▪ Venetien ▪ Wachau, Wald- u. Weinviertel ▪ Westböhmen & Bäderdreieck ▪ Wales ▪ Warschau ▪ Westliche Allgäuer Alpen und Kleinwalsertal ▪ Wien ▪ Zakynthos ▪ Zentrale Allgäuer Alpen ▪ Zypern

Reisehandbuch   **MM-City**   MM-Wandern

MM-Wandern
informativ und punktgenau durch GPS

- für Familien, Einsteiger und Fortgeschrittene
- ausklappbare Übersichtskarte für die Anfahrt
- genaue Weg-Zeit-Höhen-Diagramme
- GPS-kartierte Touren (inkl. Download-Option für GPS-Tracks)
- Ausschnittswanderkarten mit Wegpunkten
- Konkretes zu Wetter, Ausrüstung und Einkehr

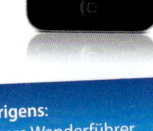

Übrigens: Unsere Wanderführer gibt es auch als App für iPhone™ und Android™

- Allgäuer Alpen
- Andalusien
- Bayerischer Wald
- Chiemgauer Alpen
- Eifel
- Elsass
- Fränkische Schweiz
- Gardasee
- Gomera
- Korsika
- Korsika Fernwanderwege
- Kreta
- Lago Maggiore
- La Palma
- Ligurien
- Madeira
- Mallorca
- Münchner Ausflugsberge
- Östliche Allgäuer Alpen
- Pfälzerwald
- Piemont
- Provence
- Rund um Meran
- Schwäblische Alb
- Sächsische Schweiz
- Sardinien
- Schwarzwald Mitte/Nord
- Schwarzwald Süd
- Sizilien
- Spanischer Jakobsweg
- Teneriffa
- Toscana
- Westliche Allgäuer Alpen
- Zentrale Allgäuer Alpen

Etwas Italienisch

Aussprache

Hier nur die Abweichungen von der deutschen Aussprache:

c vor e und i immer „tsch" wie in *rutschen*, z. B. *centro* (Zentrum) = „tschentro". Sonst wie „k", z. B. *cannelloni* = „kannelloni".

cc gleiche Ausspracheregeln wie beim einfachen **c**, nur betonter: *faccio* (ich mache) = „fatscho"; *boccone* (Imbiss) = „bokkone".

ch wie „k", *chiuso* (geschl.) = „kiuso".

cch immer wie ein hartes „k", *spicchio* (Scheibe) = „spikkio".

g vor e und i „dsch" wie in *Django*, vor a, o, u als „g" wie in *gehen*; wenn es trotz eines nachfolgenden dunklen Vokals als „dsch" gesprochen werden soll, wird ein i eingefügt, das nicht mitgesprochen wird, z. B. in *Giacomo* = „Dschakomo".

gh immer als „g" gesprochen.

gi wie in *giorno* (Tag) = „dschorno", immer weich gesprochen.

gl wird zu einem Laut, der wie „lj" klingt, z. B. in *moglie* (Ehefrau) = „mollje".

gn ein Laut, der hinten in der Kehle produziert wird, z. B. in *bagno* (Bad) = „bannjo".

h wird am Wortanfang nicht mitgesprochen, z. B. *hanno* (sie haben) = „anno". Sonst nur als Hilfszeichen verwendet, um c und g vor den Konsonanten i und e hart auszusprechen.

qu im Gegensatz zum Deutschen ist das u mitzusprechen, z. B. *acqua* (Wasser) = „akua" oder *quando* (wann) = „kuando".

r wird kräftig gerollt!

rr wird noch kräftiger gerollt!

sp, gut norddeutsch zu sprechen, z. B.

st *specchio* (Spiegel) = „s-pekkio" (nicht *schpekkio*), *stella* (Stern) = „s-tella" (nicht „schtella").

v wie „w".

z wie „ts" oder „ds".

Elementares

Frau ...	Signora
Herr ...	Signor(e)
Guten Tag	Buon giorno
Guten Abend	Buona sera (ab nachmittags!)
Gute Nacht	Buona notte
Auf Wiedersehen	Arrivederci
Hallo/Tschüss	Ciao
Wie geht es Ihnen?	Come sta?
Wie geht es dir?	Come stai?
Danke, gut.	Molto bene, grazie
Danke!	Grazie
Entschuldigen Sie	(Mi) scusi
Entschuldige	Scusami/Scusa
Entschuldigung, können Sie mir sagen ...?	Scusi, sa dirmi ...?
ja/nein	si/no
Tut mir leid	Mi dispiace
Macht nichts	Non fa niente
Bitte! (gern geschehen)	Prego!
Bitte (als Einleitung zu einer Frage oder Bestellung)	Per favore ...
Sprechen Sie Englisch/ Sie mir sagen ...?	Parla inglese/ tedesco?
Ich spreche kein Italienisch	Non parlo italiano
Ich verstehe nichts	Non capisco niente
Könnten Sie langsamer sprechen?	Puo parlare un po` più lentamente?
Ich suche nach ...	Cerco ...
Okay, geht in Ordnung	va bene
Ich möchte	Vorrei

Warte/Warten Sie!	Aspetta/Aspetti!	*möglich, dass ...*	
groß/klein	grande/piccolo	*mit/ohne*	con/senza
Geld	i soldi	*offen/geschlossen*	aperto/chiuso
Ich brauche ...	Ho bisogno ...	*Toilette*	bagno
Ich muss ...	Devo ...	*verboten*	vietato
in Ordnung	d'accordo	*Wie heißt das?*	Come si dice?
Ist es	È possibile ...	*bezahlen*	pagare

Fragen

Gibt es/Haben Sie ...?	C'è ...?	*Wo? Wo ist?*	Dove?/Dov'è?
Was kostet das?	Quanto costa?	*Wie?/Wie bitte?*	Come?
Gibt es (mehrere)	Ci sono?	*Wieviel?*	Quanto?
Wann?	Quando?	*Warum?*	Perché?

Smalltalk/Orientierung

Ich heiße ...	Mi chiamo ...	*... die Bushaltestelle*	... la fermata
Wie heißt du?	Come ti chiami?	*... der Bahnhof*	... la stazione
Wie alt bist du?	Quanti anni hai?	*Stadtplan*	la pianta della città
Das ist aber schön hier	Meraviglioso!/ Che bello!/Bellissimo!	*rechts*	a destra
Von woher kommst du?	Di dove sei tu?	*links*	a sinistra
Ich bin aus München/ Hamburg	Sono di Monaco, Baviera/di Amburgo	*immer geradeaus*	sempre diritto
Bis später	A più tardi!	*Können Sie mir den Weg nach ... zeigen?*	Sa indicarmi la direzione per ...?
Wo ist bitte ...?	Per favore, dov'è..?	*Ist es weit?*	È lontano?
		Nein, es ist nah	No, è vicino

Bus/Zug

Fahrkarte	un biglietto	*... der letzte?*	... l'ultimo?
Stadtbus	il bus	*Abfahrt*	partenza
Überlandbus	il pullman	*Ankunft*	arrivo
Zug	il treno	*Gleis*	binario
hin und zurück	andata e ritorno	*Verspätung*	ritardo
Ein Ticket von X nach Y	un biglietto da X a Y	*aussteigen*	scendere
Wann fährt der nächste?	Quando parte il prossimo?	*Ausgang*	uscita
		Eingang	entrata

Auto/Motorrad

Auto	macchina	*Tankstelle*	distributore
Motorrad	la moto	*Volltanken*	il pieno, per favore

Etwas Italienisch   261

Bleifrei	benzina senza piombo	*Lichtmaschine*	la dinamo
Diesel	gasolio	*Zündung*	l'accensione
Panne	guasto	*Vergaser*	il carburatore
Unfall	un incidente	*Mechaniker*	il meccanico
Bremsen	i freni	*Werkstatt*	l'officina
Reifen	le gomme	*funktioniert nicht*	non funziona
Kupplung	la frizione		

Bank/Post/Telefon

Wo ist eine Bank?	Dove c'è una banca	*Brief*	lettera
Postamt	posta/ufficio postale	*Briefkasten*	la buca (delle lettere)
Geldwechsel	cambio		
Ich möchte Reiseschecks einlösen	Vorrei cambiare dei traveller cheques	*Briefmarken*	i francobolli
		Wo ist das Telefon?	Dov'è il telefono?
Postkarte	cartolina		

Hotel/Camping

Haben Sie ein Einzel/Doppelzimmer?	C'è una camera singola/doppia?	*Vollpension*	pensione completa
		Halbpension	mezza pensione
Können Sie mir ein Zimmer zeigen?	Può mostrarmi una camera?	*Frühstück*	prima colazione
		Hochsaison	alta stagione
Ich nehme es/ wir nehmen es	La prendo/ la prendiamo	*Nebensaison*	bassa stagione
		Zelt	tenda
Haben Sie nichts Billigeres?	Non ha niente che costa di meno?	*kleines Zelt*	canadese
		Schatten	ombra
mit Dusche/Bad	con doccia/bagno	*Schlafsack*	sacco a pelo
ein ruhiges Zimmer	una camera tranquilla	*warme Duschen*	docce calde
		Gibt es warmes Wasser?	C'è l'acqua calda?
Wir haben reserviert	Abbiamo prenotato		
Schlüssel	la chiave		

Zahlen

der erste	il primo	halb	mezzo
zweite	il secondo	ein Viertel	un quarto di
dritte	il terzo	ein Paar	un paio di
einmal	una volta	einige	alcuni
zweimal	due volte		

0	zero	4	quattro	8	otto
1	uno	5	cinque	9	nove
2	due	6	sei	10	dieci
3	tre	7	sette	11	undici

12	dodici	20	venti	80	ottanta
13	tredici	21	ventuno	90	novanta
14	quattordici	22	ventidue	100	cento
15	quindici	30	trenta	101	centuno
16	sedici	40	quaranta	102	centodue
17	diciassette	50	cinquanta	200	duecento
18	diciotto	60	sessanta	1.000	mille
19	diciannove	70	settanta	2.000	duemila

Uhrzeit

Wie spät ist es?	Che ore sono?	*viertel nach*	... e un quarto
mittags	mezzogiorno (für 12 Uhr gebräuchlich)	*viertel vor*	... meno un quarto
		halbe Stunde	mezz'ora
Mitternacht	mezzanotte		

Gestern, heute, morgen, Wochentage

heute	oggi	*die Nacht*	la notte
morgen	domani	*Tag*	giorno
übermorgen	dopodomani	*Woche*	settimana
gestern	ieri	*Montag*	lunedì
vorgestern	l'altro ieri	*Dienstag*	martedì
sofort	subito	*Mittwoch*	mercoledì
später	più tardi	*Donnerstag*	giovedì
jetzt	adesso	*Freitag*	venerdì
der Morgen	La mattina	*Samstag*	sabato
der Nachmittag	il pomeriggio	*Sonntag*	domenica
der Abend	la sera		

Monate & Jahreszeiten

Jahr	anno	*April*	aprile
halbes Jahr	mezz'anno	*Mai*	maggio
Frühling	primavera	*Juni*	giugno
Sommer	estate	*Juli*	luglio
Herbst	autunno	*August*	agosto
Winter	inverno	*September*	settembre
Monat	mese	*Oktober*	ottobre
Januar	gennaio	*November*	novembre
Februar	febbraio	*Dezember*	dicembre
März	marzo		

Etwas Italienisch

Maße & Gewichte

ein Liter	un litro	*100 Gramm*	un etto
ein halber Liter	mezzo litro	*200 Gramm*	due etti
ein Viertelliter	un quarto di un litro	*Kilo*	un chilo, due chili
ein Gramm	un grammo		

Arzt/Krankenhaus

Ich brauche einen Arzt	Ho bisogno di un medico	*Fieber*	febbre
Hilfe!	Aiuto!	*Durchfall*	diarrea
Erste Hilfe	pronto soccorso	*Erkältung*	raffreddore
Krankenhaus	ospedale	*Halsschmerzen*	mal di gola
Schmerzen	dolori	*Magenschmerzen*	mal di stomaco
Ich bin krank	Sono malato	*Zahnweh*	mal di denti
Biss/Stich	puntura	*Zahnarzt*	dentista
		verstaucht	slogato

Drogerie/Apotheke

Seife	sapone	*Schmerztabletten*	qualcosa contro il dolore
Tampons	tamponi, o.b.	*Kopfschmerzen*	mal di testa
Binden	assorbenti	*Abführmittel*	lassativo
Waschmittel	detersivo	*Sonnenmilch*	Crema solare
Shampoo	shampoo	*Pflaster*	cerotto
Toilettenpapier	carta igienica		
Zahnpasta	pasta dentifricia		

Einkaufen

Haben Sie ...	Ha ...?	*dieses hier*	questo qua
Ich hätte gern ...	Vorrei ...	*dieses da, dort*	questo là
etwas davon	un poco di questo	*Was kostet das?*	Quanto costa questo?

Geschäfte

Apotheke	farmacia	*Reinigung (chemische)*	lavanderia/lavasecco
Bäckerei	panetteria	*Reisebüro*	agenzia viaggi
Buchhandlung	libreria	*Touristen-information*	informazioni turistiche
Fischhandlung	pescheria		
Laden, Geschäft	negozio	*Schreibwarenladen*	cartoleria
Metzgerei	macelleria	*Supermarkt*	alimentari, supermercato

Essen & Trinken

Haben Sie einen Tisch für x Personen?	C'è un tavolo per x persone?	Es war sehr gut	Era buonissimo
Ich möchte zahlen	Il conto, per favore	Trinkgeld	mancia
Gabel	forchetta	Extra-Preis für Gedeck, Service und Brot	coperto/ pane e servizio
Messer	coltello		
Löffel	cucchiaio	Vorspeise	antipasto
Aschenbecher	portacenere	erster Gang	primo piatto
Mittagessen	pranzo	zweiter Gang	secondo piatto
Abendessen	cena	Beilagen	contorni
Eine Quittung, bitte	Vorrei la ricevuta, per favore	Nachspeise (Süßes)	dessert
		Käse	formaggio

Getränke

Wasser	acqua	(einen) Tee	un tè
Mineralwasser	acqua minerale	mit Zitrone	con limone
mit Kohlensäure	con gas (frizzante)	Cola	coca
ohne Kohlensäure	senza gas	Milkshake	frappè
Wein	vino	(ein) Glas	un bicchiere di ...
weiß	bianco	(eine) Flasche	una bottiglia
rosé	rosato		
rot	rosso		
Bier	birra		
hell/dunkel	chiara/scura		
Saft	succo di ...		
Milch	latte		
heiß	caldo		
kalt	freddo		
(einen) Kaffee	un caffè (das bedeutet Espresso)		
(einen) Cappuccino	un cappuccino (mit aufgeschäumter Milch, niemals mit Sahne!)		
(einen) Kaffee mit wenig Milch	un latte macchiato		
(einen) Eiskaffee	un caffè freddo		

Alimentari/Diversi – Lebensmittel, Verschiedenes

aceto	Essig	marmellata	Marmelade
brodo	Brühe	minestra/zuppa	Suppe
burro	Butter	minestrone	Gemüsesuppe

olio	Öl	panino	Brötchen
olive	Oliven	l'uovo/le uova	Ei/Eier
pane	Brot	zucchero	Zucker

Erbe – Gewürze

aglio	Knoblauch	prezzemolo	Petersilie
alloro	Lorbeer	sale	Salz
capperi	Kapern	salvia	Salbei
pepe	Pfeffer	senape	Senf
peperoni	Paprika	timo	Thymian

Preparazione – Zubereitung

affumicato	geräuchert	cotto	gekocht
ai ferri	gegrillt	duro	hart/zäh
al forno	überbacken	fresco	frisch
con panna	mit Sahne	fritto	frittiert
alla pizzaiola	Tomaten/Knobl.	grasso	fett
allo spiedo	am Spieß	in umido	im Saft geschmort
al pomodoro	mit Tomatensauce	lesso	gekocht/gedünstet
arrosto	gebraten/geröstet	morbido	weich
bollito	gekocht/gedünstet	piccante	scharf
alla casalinga	hausgemacht	tenero	zart

Pasta – Nudeln

cannelloni	gefüllte Teigrollen	penne	Röhrennudeln
farfalle	Schleifchen	tagliatelle	Bandnudeln
fettuccine	Bandnudeln	tortellini	gefüllte Teigtaschen
fiselli	kleine Nudeln	tortelloni	große Tortellini
lasagne	Schicht-Nudeln	vermicelli	Fadennudeln
maccheroni	Makkaroni	gnocchi	(Kartoffel-) Klößchen

Contorni – Beilagen

asparago	Spargel	cicoria	Chicoree
broccoletti	wilder Blumenkohl	cipolla	Zwiebel
carciofo	Artischocke	fagiolini	grüne Bohnen
carote	Karotten	fagioli	Bohnen
cavolfiore	Blumenkohl	funghi	Pilze
cavolo	Kohl	finocchio	Fenchel
cetriolo	Gurke	insalata	allg. Salat

lattuga	*Kopfsalat*	polenta	*Maisbrei*
lenticchie	*Linsen*	pomodori	*Tomaten*
melanzane	*Auberginen*	riso	*Reis*
patate	*Kartoffeln*	spinaci	*Spinat*
piselli	*Erbsen*	zucchini	*Zucchini*

Pesce e frutti di mare – Fisch & Meeresgetier

aragosta	*Languste*	polpo	*Krake*
aringhe	*Heringe*	razza	*Rochen*
baccalà	*Stockfisch*	salmone	*Lachs*
calamari	*Tintenfische*	sardine	*Sardinen*
cozze	*Miesmuscheln*	seppia/totano	*großer Tintenfisch*
gamberi	*Garnelen*	sgombro	*Makrele*
merluzzo	*Schellfisch*	sogliola	*Seezunge*
muggine	*Meeräsche*	tonno	*Thunfisch*
nasello	*Seehecht*	triglia	*Barbe*
orata	*Goldbrasse*	trota	*Forelle*
pesce spada	*Schwertfisch*	vongole	*Muscheln*

Carne – Fleisch

agnello	*Lamm*	lingua	*Zunge*
anatra	*Ente*	lombatina	*Lendenstück*
bistecca	*Beafsteak*	maiale	*Schwein*
capretto	*Zicklein*	maialetto	*Ferkel*
cinghiale	*Wildschwein*	manzo	*Rind*
coniglio	*Kaninchen*	pollo	*Huhn*
fagiano	*Fasan*	polpette	*Fleischklöße*
fegato	*Leber*	trippa	*Kutteln*
lepre	*Hase*	vitello	*Kalb*

Frutta – Obst

albicocca	*Aprikose*	lamponi	*Himbeeren*
ananas	*Ananas*	limone	*Zitrone*
arancia	*Orange*	mandarino	*Mandarine*
banana	*Banane*	mela	*Apfel*
ciliegia	*Kirsche*	melone	*Honigmelone*
cocomero	*Wassermelone*	pera	*Birne*
dattero	*Dattel*	pesca	*Pfirsich*
fichi	*Feigen*	pompelmo	*Grapefruit*
fragole	*Erdbeeren*	uva	*Weintrauben*

Im Urlaub zu Hause

Finden Sie Ihr Feriendomizil in über 70 Ländern weltweit.

www.casa-feria.de
Casa Feria wünscht schöne Ferien

Wir sind Partner von:

Register

Die in Klammern gesetzten Koordinaten verweisen auf die beigefügte Umbrien-Karte.

Abbazia dei Santi Felice e Mauro (E6) 178
Abbazia Sant'Eutizio (F5) 174
Adresse 246
Aganoor, Vittoria 85
Agriturismo 237
Alarich 227
Albornoz, Kardinal 72, 228
Alexander VI. 152
Alunno, Niccolò 43, 55, 182
Alviano (C7) 199
Amélia (C7) 196
Amelia, Piermatteo di 182
Anreise 230
Apotheke 246
Ärztliche Versorgung 246
Assisi (D4) 112
Augustus 51, 226
Auslandschutzbrief 230
Auto 230, 234

Bagni di Nocera (E4) 47
Bagni di Triponzo 177
Bahn 231, 235
Bartoletti, Efrem 37
Bartolo, Taddeo di 55
Beato Angelico 55
Belisar 51
Bellucci, Giuseppe 56
Bellucci, Roberto 30
Benedikt von Nursia 163, 167
Benedikt XI. 56
Bernhardin von Siena 53
Bettona (C4) 72
Beuys, Joseph 59
Bevagna (D5) 136
Boldrino 104
Bonfigli, Benedetto 54, 55, 69
Bonifaz VIII. 204
Borghetto (A3) 94
Borgia, Lucrezia 152
Borgo 246
Bramante 105
Burget, Marlies 251
Burri, Alberto 21, 59, 150

Bus 233, 235
Buzzi, Tomaso 106

Calder, Alexander 150
Calvi dell'Umbria (D8) 195
Camping 238
Caporali, Giovan Battista 104
Carducci, Giosuè 61
Carsulae 226
Carsulae (D7) 189
Cascata delle Marmore (E7) 185
Cáscia (F6) 164
Castel Rigone (B3) 88
Castel San Felice (E6) 178
Castelluccio (G6) 172
Castiglione del Lago (A4) 78
Cavallini, Pietro 115
Celano, Tommaso da 195
Centro storico 247
Cesi (D7) 188
Cimabue 115
Città della Pieve (A5) 94
Città di Castello (B2) 20
Clemens VII. 216
Clitunno, Quelle (E6) 147
Clitunno, Tempel (E5) 147
Collepino (D4) 131
Collestatte Piano (E7) 185
Collevalenza (C6) 209
Convento Lo Speco, Einsiedelei (D8) 195
Corciano (D4) 69
Cospaia (B1) 26
Costacciaro (D2) 36
Cucinelli, Brunello 70

De Felice, Aurelio 182
Deltaflüge 245
Deruta (C5) 73
Deutsche Bahn 231
Diebstahl 247
Diokletian 227
Dottori, Gerardo 59

Drachenfliegen 39
Dunarobba (C6) 210

EHIC (European Health Insurance Card) 246
Emmer (Farro) 162
Eremo delle Carceri (D4) 124
Eremo di Monte Cucco (E2) 38
Eremo Santa Maria Giacobbe (E5) 136
Ermäßigungen 247
Essen 239

Fahrrad mit der Bahn 235
Feiertage 247
Ferentillo (E7) 180
Fiebig, Petra 200
Flaminius, Gaius 91, 226
Flugzeug 230
Flury-Lemberg, Mechthild 119
Foligno (D5) 132
Fontignano (B4) 105
Fosso di Mergari (G6) 172
Foucauld, Charles de 135
Fra Bevignate 54
Fra Elia 115
Franchetti, Alice und Leopoldo 22
Franz von Assisi 93, 113, 228
Friedrich II. 42, 43, 138
Frisch, Max 44
Fuksas, Massimiliano, Architekt 134

Gattapone, Matteo 52
Gentile da Fabriano 55
Geschichte 226
Ghibellinen 228
Ghirlandaio 191
Giotto 115
Giovanni da Pian di Carpine 87
Gozzoli, Benozzo 132, 139, 182, 191
Greco, Emilio 212, 216

Register

Grotta di Monte Cucco (E2) 37
Gualdo Tadino (E3) 42
Gubbio (D2) 28
Guelfen 228

Hannibal 91, 226
Haustiere 247
Hotels 237

Information 248
Ingold, Res 200
Innozenz III. 113
Internet 249
Isola Maggiore (B3) 92
Isola Polvese (B4) 84

Jacopone da Todi 204
Johannes Paul II. 209
Julius III. 79, 169

Karl der Große 227
Kirchhoff, Thorsten 200
Klara von Assisi 119, 139
Klettern 245
Klima 249

Lago di Alviano (B7) 199
Lago di Piediluco (E7) 187
Lago Trasimeno (A/B3/4) 48, 75
Le Witt, Sol 150
Leonardo da Vinci 95
Liberatore, Niccolò di 43
Lippi, Filippo 149
Lorenzetti, Pietro 115, 117
Lorenzo, Fiorenzo di 72
Ludwig I. 85
Luginbühl, Bernhard 200
Lugnano in Teverina (C7) 198
Lungarotti, Giorgio 70
Lungarotti, Maria Grazia 70, 71

Madonna della Stella, Einsiedelei (F6) 163
Magione (B4) 86
Majolika-Kacheln 73
Mankiewicz, Joseph L. 201
Marc Anton 51
Marcita-Bewässerungstechnik 171
Marco Polo 87
Marini, Graziano 200
Martinelli, Valentino 59
Martini, Simone 117, 215
Metelli, Orneore 182
Migiana di Monte Tézio (C3) 69

Mongiovino, Santuario della Madonna (B4) 105
Monte Brunette (E5) 145
Monte Cucco (E2) 36
Monte del Lago (B4) 85
Monte Pennarossa (E7) 185
Monte Tezino (C3) 69
Monte Tézio (C3) 69
Montecastello di Vibio (C5) 209
Montefalco (D5) 138
Monteleone di Spoleto (F7) 162
Monteluco (E6) 157
Montessori, Maria 22
Montone (C2) 27
Mountainbike 173
Mussolini, Benito 228

Napoleon I. 212, 228
Narni (D7) 189
Narses 42, 51, 227
Nelli, Ottaviano 30
Nicola da Siena 165
Nocera Umbra (E4) 46
Nórcia (F6) 167

Oasi Naturalistica La Valle 83
Ocricolum 226
Ocricolum (C8) 196
Odoaker 227
Oliven 71
Orvieto (B6) 211
Otrícoli (C8) 196

Paciano (B4) 99
Panicale (B4) 101
Paragliding 39, 245
Parco Fluviale del Tevere 199
Parco Regionale del Monte Subásio (D4) 126
Passignano sul Trasimeno (B3) 89
Paul III. 52, 228
Paul VI. 167
Pepini, Fabrizio 77
Perugia (C4) 48
Perugino 54, 55, 56, 58, 69, 72, 94, 95, 96, 101, 105, 127, 228
Petri, Romana 229
Piano Grande 171
Piediluco (E7) 187
Piedivalle (F5) 174
Piermarini, Giuseppe 134

Piero della Francesca 55
Pinturicchio (Bernardino di Betto) 54, 56, 127, 149
Pisano, Giovanni 54
Pisano, Nicola 54
Polizei 249
Pomarancio 79, 96
Pompilj, Guido 85
Post 249
Preci (F5) 174

Radio 250
Raffael 21, 58, 95
Reisezeit 249
Reiten 173
Rita, Heilige 165
Rocca da Vicenza 105
Roccaporena (F6) 165, 166
Romulus Augustulus 227
Rosso Fiorentino 21

Samuele Vesuvio 200
San Cassiano, Abtei (D7) 192
San Damiano 124
San Feliciano (B4) 82
San Gémini (D7) 188
San Giustino (B1) 25
San Pietro in Valle (E7) 180
San Sisto (C4) 50
Sangallo, Antonio (der Jüngere) 21, 216
Sant'Anatolia di Narco 179
Sant'Annunziata (C7) 198
Santa Maria degli Angeli (D4) 124
Sassovivo, Abtei (E5) 135
Sassovivo, Quelle (E6) 136
Scarzuola, Park (B5) 106
Scatragli, Enzo 117
Scheggino (E6) 179
Schloen, Uwe 200
Sellano (E5) 177
Serpara, La (Skulpturengarten) 200
Sibillinisches Gebirge (G5) 171
Siculo, Iacopo 72
Signorelli, Luca 21, 56, 212, 215
Solomeo (B4) 69
Spello (D5) 126
Spoerri, Daniel 200
Spoleto (E6) 147
Sport 245
Sprachkurse 52, 120, 207, 219
Strom 250

Taylor, Elizabeth 201
Telefonieren 250
Terme Cerreto
 di Spoleto 177
Terme di Fontecchio (B2) 25
Terme Francescane (D4) 131
Terni (D7) 181
Theodorich 227
Tinguely, Jean 200
Todi (C6) 201
Tommaso, Bartolomeo
 di 55, 132, 184
Torgiano (C4) 70
Torricella (B3) 87
Torta calda 81
Totila 42, 51, 61, 227
Trevi (E5) 142
Trinken 239
Trüffeln 25
Tuoro (B3) 90

Umbértide (C3) 26
Unterkunft 237
Urban VIII. 219

Valle Umbra (D4/5) 110
Vallo di Nera (E6) 174, 177
Valnerina (E6) 158, 175
Valsorda (E3) 45
Vasari, Giorgio 95
Verkehrsmittel 234

Verkehrsregeln
| Italien 232
| Österreich 232
| Schweiz 232

Verrocchio, Andrea 95
Vespa 236
Via Francigena 245
Villa San Faustino (D6) 210
Visciano (C8) 195
Vivarini, Antonio 21
Vollkaskoversicherung 231

Wandern 173, 245
Wein 70, 242
Wiedmer, Paul 200
Wohnmobil 234

Zeitschriften 252
Zeitungen 252
Zoll 252
Zug 231, 235

Der Umwelt zuliebe
Unsere Reiseführer werden klimaneutral gedruckt.

Eine Kooperation des Michael Müller Verlags mit myclimate

Sämtliche Treibhausgase, die bei der Produktion der Bücher entstehen, werden durch Ausgleichszahlungen kompensiert. Unsere Kompensationen fließen in das Projekt »Kommunales Wiederaufforsten in Nicaragua«:

- Wiederaufforstung in Nicaragua
- Speicherung von CO_2
- Wasserspeicherung
- Überschwemmungsminimierung
- klimafreundliche Kochherde
- Verbesserung der sozio-ökonomischen und ökologischen Bedingungen
- Klimaschutzprojekte mit höchsten Qualitätsstandards
- zertifiziert durch Plan Vivo

Einzelheiten zum Projekt unter myclimate.org/nicaragua.

Michael Müller Reiseführer
So viel Handgepäck muss sein.

Die Webseite zum Thema:
www.michael-mueller-verlag.de/klima